Le Bled Philosophie

Yohann Durand
Professeur certifié de Philosophie

Lisa Klein
Professeur agrégé de Philosophie

Éric Marquer
Maître de conférences, agrégé de Philosophie,
ancien élève de l'E.N.S. de Fontenay-Saint-Cloud

Éric Marquer tient à remercier Christian Bonnet, André Charrak et Sabine Plaud.

Conception graphique : Couverture : Olivier Calderon

Intérieur : **Médiamax**

Mise en page : **Médiamax**

Responsable de projet : Fabrice Pinel

Crédits photographiques :
pp. 107, 199 : © Albert Harlingue/Roger-Viollet. pp. 111, 115, 119, 120, 126, 133, 141, 143, 144, 149, 153, 157, 165, 166, 170 (photo De Selva), 171, 173, 177, 181, 182, 183, 191, 195, 196, 198, 201, 205, 217 (photo Henri Manuel), 221 (photo Henri Manuel) : © Photothèque Hachette. pp. 124, 135, 225, 231 : D.R. pp. 132, 145, 215 : © AKG. p. 161 : cliché Hachette, © BNF. p. 200 : © Collection Viollet. pp. 209, 224 : © Keystone, Eyedea. p. 213 : © The Bridgeman Art Library. p. 223 : © Centre cuturel américain, U.S.I.S., Paris. p. 228 : © BNF. p. 230 : © Horst Tappe/Fondation Horst Tappe/Roger-Viollet. p. 235 : © *Suddeutsche Zeitung*/Rue des Archives. p. 236 : © Louis Monier/Rue des Archives. p. 237 : © ImageForum. p. 239 : © Bruno de Monës/Roger-Viollet.

© HACHETTE LIVRE 2015, 58, rue Jean Bleuzen, CS 70007, 92178 Vanves Cedex.
ISBN 978-2-01-270734-4
Tous droits de traduction, de reproduction et d'adaptation réservés pour tous pays.
Le Code de la propriété intellectuelle n'autorisant, aux termes des articles L.122.4 et L.122.5, d'une part, que les « copies ou reproductions strictement réservées à l'usage privé du copiste et non destinées à une utilisation collective », et, d'autre part, que « les analyses et les courtes citations » dans un but d'exemple et d'illustration, « toute représentation ou reproduction intégrale ou partielle, faite sans le consentement de l'auteur ou de ses ayants droit ou ayants cause, est illicite ».
Cette représentation ou reproduction par quelque procédé que ce soit, sans autorisation de l'éditeur ou du Centre français de l'exploitation du droit de copie (20, rue des Grands-Augustins 75006 Paris), constituerait donc une contrefaçon sanctionnée par les articles 425 et suivants du Code pénal.

SOMMAIRE

Qu'est-ce que la philosophie ? 7

LES NOTIONS
au programme des Terminales L, ES et S

▶ LE SUJET
1 Le sujet *(L, ES, S)* 10
2 La conscience *(L, ES, S)* 12
3 L'inconscient *(L, ES, S)* 16
4 La perception *(L)* 18
5 Autrui *(L, ES)* 22
6 Le désir *(L, ES, S)* 24
7 L'existence et le temps *(L)* 26

▶ LA CULTURE
8 La culture *(L, ES, S)* 28
9 Le langage *(L, ES)* 32
10 L'art *(L, ES, S)* 34
11 Le travail et la technique *(L, ES, S)* 38
12 La religion *(L, ES, S)* 42
13 L'histoire *(L, ES)* 44

▶ LA RAISON ET LE RÉEL
14 La raison et le réel *(L, ES, S)* 46
15 Théorie et expérience *(L)* 48
16 La démonstration *(L, ES, S)* 50
17 L'interprétation *(L, ES)* 52
18 Le vivant *(L, S)* 54
19 La matière et l'esprit *(L, ES, S)* 56
20 La vérité *(L, ES, S)* 60

▶ LA POLITIQUE
21 La politique *(L, ES, S)* 64
22 La société *(L, ES, S)* 66
23 Les échanges *(ES)* 68
24 La justice et le droit *(L, ES, S)* 70
25 L'État *(L, ES, S)* 72

▶ LA MORALE
26 La morale *(L, ES, S)* 74
27 La liberté *(L, ES, S)* 76
28 Le devoir *(L, ES, S)* 80
29 Le bonheur *(L, ES, S)* 82

LES REPÈRES

30 Repères philosophiques 86

■	1	Absolu / Relatif	86
■	2	Abstrait / Concret	86
■	3	Analyse / Synthèse	87
■	4	Cause / Fin	87
■	5	Contingent / Nécessaire / Possible	88
■	6	Croire / Savoir	88
■	7	En acte / En puissance	89
■	8	En fait / En droit	89
■	9	En théorie / En pratique	90
■	10	Essentiel / Accidentel	90
■	11	Expliquer / Comprendre	91
■	12	Formel / Matériel	91
■	13	Genre / Espèce / Individu	92
■	14	Idéal / Réel	92
■	15	Identité / Égalité / Différence	93
■	16	Intuitif / Discursif	94
■	17	Légal / Légitime	94
■	18	Médiat / Immédiat	95
■	19	Objectif / Subjectif	95
■	20	Obligation / Contrainte	96
■	21	Origine / Fondement	97
■	22	Persuader / Convaincre	97
■	23	Principe / Conséquence	98
■	24	Ressemblance / Analogie	98
■	25	Transcendant / Immanent	99
■	26	Universel / Général / Particulier / Singulier	99

LES AUTEURS

▶ PHILOSOPHIE ANTIQUE

■ Histoire de la philosophie antique 102

31 Platon 107
32 Aristote 111
33 Épicure 115
34 Cicéron 119
35 Épictète 120
36 Sextus Empiricus 124
37 Saint Augustin 126

▶ PHILOSOPHIE MÉDIÉVALE

■ Histoire de la philosophie médiévale 128

38	Anselme de Canterbury 132
39	Thomas d'Aquin 133
40	Guillaume d'Ockham 135

▶ PHILOSOPHIE MODERNE

■ Histoire de la philosophie moderne 136

41	Machiavel 141
42	Montaigne 143
43	Bacon 144
44	Hobbes 145
45	Descartes 149
46	Pascal 153
47	Spinoza 157
48	Locke 161
49	Malebranche 165
50	Leibniz 166
51	Berkeley 170
52	Montesquieu 171
53	Hume 173
54	Rousseau 177
55	Diderot 181
56	Condillac 182
57	Kant 183

▶ PHILOSOPHIE CONTEMPORAINE

■ Histoire de la philosophie contemporaine 187

58	Hegel 191
59	Schopenhauer 195
60	Comte 196
61	Tocqueville 198
62	Mill 199
63	Kierkegaard 200
64	Marx 201
65	Nietzsche 205
66	Freud 209
67	Durkheim 213
68	Husserl 215
69	Bergson 217
70	Alain 221

71 Russell 223

72 Bachelard 224

73 Wittgenstein 225

74 Heidegger 228

75 Popper 230

76 Sartre 231

77 Arendt 235

78 Lévinas 236

79 Merleau-Ponty 237

80 Foucault 239

Lexique 240

Index général 250

QU'EST-CE QUE LA PHILOSOPHIE ?

▶ La philosophie est **une recherche de la sagesse**. Mais que signifie cette définition apparemment simple ? On comprend que celui qui philosophe veut devenir sage, c'est-à-dire devenir un homme raisonnable et prudent, qui réfléchit avant d'agir et sait ce qu'il convient de faire ou de ne pas faire. Ainsi, le sage ne commet pas d'excès ni de folie et n'agit pas en dépit du bon sens. Ce premier sens définit effectivement l'un des aspects de la philosophie : le philosophe n'est ni un fou, ni un illuminé, ni un fanatique, mais un homme qui sait **faire usage de sa raison**.

▶ Pourtant, il ne suffit pas de vouloir être sage pour être philosophe et nombre de ceux qui cherchent à bien agir ou à être raisonnables ne sont pas philosophes et n'ont même jamais songé à le devenir. Inversement, il n'est pas certain que tous les philosophes soient des sages, ni même que l'exercice de la philosophie rende plus sage. Il faut alors comprendre que la philosophie, qui signifie étymologiquement « amour de la sagesse » (*philo* et *sophia*), désigne **une manière particulière de rechercher la sagesse**.

▶ Le philosophe ne cherche pas à être sage pour cesser d'être inquiet ni pour parvenir à une forme d'harmonie qui lui assurerait enfin une existence à la fois tranquille et vertueuse. L'amour de la sagesse est bien une recherche, mais il ne s'agit pas de trouver une sagesse toute faite, déjà définie par une secte ou une religion. Rechercher la sagesse en philosophe, c'est avant tout chercher à la définir et non suivre aveuglément des principes ou des dogmes. Il ne s'agit donc pas de chercher à être sage, à la manière d'un délinquant repenti qui voudrait rentrer dans le rang, mais de **mener une réflexion ou une recherche théorique**, qui passe par un questionnement sur la sagesse et ce que c'est qu'être juste.

▶ De ce point de vue, la philosophie ne met pas fin à l'inquiétude de l'esprit mais, au contraire, la provoque. Celui qui cherche tout simplement à être sage ou à faire le bien ne se pose pas nécessairement la question du bien : il suit son cœur ou les valeurs et les normes dictées par la société dans laquelle il vit, de même que l'enfant sage obéit aux ordres et fait ce qu'on lui dit. Au contraire, **le philosophe se méfie des idées toutes faites** et, plutôt qu'à faire le bien, il cherche ce que sont le bien et le mal, mais aussi le vrai et le faux.

▶ On peut donc dire que, pour la philosophie, la recherche de la sagesse est **inséparable d'une recherche de la vérité**, c'est-à-dire d'une recherche de ce qu'est la vérité. Le détective cherche ce qui est vrai et faux pour démasquer le coupable ; le scientifique cherche à vérifier ou démontrer pour formuler des lois ; mais le philosophe cherche la vérité, non parce qu'elle lui permettrait de punir les assassins ou les menteurs, mais parce que **la vérité est, pour lui, une valeur**.

▶ Se demander ce que sont la sagesse ou la vérité suppose d'entreprendre une réflexion abstraite et de **s'interroger sur des abstractions**. Mais qu'est-ce qu'une abstraction ? La vérité que recherche le philosophe ne désigne pas tel fait ou tel événement. La question n'est pas « Où était le suspect jeudi à 17 h ? », ni « Pourquoi un corps plongé dans un liquide remonte-t-il à la surface ? ». Les questions que pose le philosophe portent sur le sens de certains termes dont nous savons qu'ils ont une grande importance dans notre existence, mais qui ne désignent pas des objets que nous pouvons rencontrer sur notre chemin. Ainsi, nous voulons tous être libres et nous savons que la liberté est précieuse. Mais savons-nous ce qu'est la liberté ? De même, quoi de plus précieux que le temps et quoi de plus évident que le temps qui passe – et pourtant, pouvons-nous dire clairement ce qu'est le temps ? **Ces concepts ou abstractions désignent**

donc des réalités à la fois évidentes et insaisissables : nous ne pouvons pas les voir ni les toucher. N'existent-elles donc que dans notre esprit ?

❱ **S'interroger sur le sens de concepts abstraits est à la fois naturel et difficile.** C'est parce que nous ne pouvons décrire ce que sont le juste ou le beau qu'il est naturel de s'interroger sur leur signification, mais c'est pour la même raison que cette réflexion demande un effort pour l'esprit : il est très simple de dire que nous trouvons belle une sonate de Mozart ou bien de crier à l'injustice devant le massacre d'innocents, et pourtant nous ne savons pas expliquer pourquoi nous disons que c'est beau ou juste, car **nous ignorons, en réalité, le sens de ces mots abstraits** que nous utilisons.

❱ Il n'y a pas de philosophie sans ce questionnement naturel et sincère sur le sens des mots et des concepts abstraits. La philosophie commence ainsi nécessairement par **une prise de conscience de notre ignorance** : nous nous rendons compte que le sens des mots que nous utilisons est loin d'être évident. Ce questionnement ne peut être réel que s'il correspond à **une démarche individuelle** : celle d'un esprit qui décide de ne pas s'en tenir à de fausses évidences. Cela ne signifie pas pour autant que l'esprit qui se lance dans cette réflexion soit livré à lui-même : celui qui s'interroge rencontre nécessairement les philosophes du passé. Il pourra ainsi, en les lisant, suivre le parcours de leur réflexion et accomplir à son tour le cheminement et le raisonnement effectués par l'auteur, comme le lecteur des *Méditations métaphysiques* de Descartes qui suit pas à pas le chemin qui conduit au doute puis à la certitude.

❱ On distingue néanmoins – et le présent ouvrage ne déroge pas à cette règle – la philosophie comme étude des concepts et l'histoire de la philosophie, c'est-à-dire l'étude de la pensée des philosophes. Ainsi, après la présentation des grandes **notions ou questions de la philosophie** (classées par thèmes) et des **repères philosophiques** (classés alphabétiquement), le lecteur trouvera une présentation de **grands philosophes** (classés par ordre chronologique et périodes philosophiques). Mais les concepts renvoient aux auteurs et les auteurs aux concepts. « Est-il donc impossible de penser par soi-même ? » se demandera le lecteur. À celui qui attend de la philosophie qu'elle l'incite à penser et à développer une pensée sincère et authentique, il faut répondre que penser par soi-même, ce n'est pas se replier sur soi, mais dialoguer et comprendre. D'une certaine manière, **comprendre, c'est déjà penser.**

❱ Enfin, si la philosophie ne peut se confondre avec aucune autre discipline et correspond à une démarche bien particulière, elle n'est pas pour autant coupée des autres domaines du savoir. La philosophie s'interroge sur le sens de concepts qui sont utilisés dans l'art, dans la science ou dans la politique et la morale. Comment se demander ce que signifie *démontrer* ou *calculer* sans s'intéresser aux mathématiques ? Comment parler de l'État sans se tourner vers le droit et la politique ? **Parce qu'il s'interroge sur le monde qui l'entoure, le philosophe est susceptible de s'intéresser à tous les domaines du savoir.**

❱ Puisqu'elle n'est pas étrangère au monde dans lequel elle s'élabore, **la philosophie n'est pas non plus indifférente à l'histoire et aux transformations historiques,** qu'il s'agisse des grands événements et des grandes crises qui ont marqué l'humanité, des transformations politiques, ou des progrès de la science et de la technique.

❱ Cet ouvrage est conçu pour donner au lecteur l'occasion de **conjuguer le plaisir et la rigueur dans l'exercice de la philosophie.** Il y trouvera des connaissances utiles et précises, ainsi qu'un propos et des raisonnements qui, sans céder à la généralité ou la facilité, tentent d'être les plus clairs possible, car ils visent **tout lecteur désireux d'apprendre et de réfléchir.** Et, en définitive, la philosophie ne requiert qu'un peu d'attention, c'est-à-dire un effort qui ne contrarie pas l'esprit mais lui permet de progresser.

LES NOTIONS

AU PROGRAMME DES CLASSES DE TERMINALES L, ES ET S

LE SUJET

1 Le sujet	L, ES, S
2 La conscience	L, ES, S
3 L'inconscient	L, ES, S
4 La perception	L
5 Autrui	L, ES
6 Le désir	L, ES, S
7 L'existence et le temps	L

LA CULTURE

8 La culture	L, ES, S
9 Le langage	L, ES
10 L'art	L, ES, S
11 Le travail et la technique	L, ES, S
12 La religion	L, ES, S
13 L'histoire	L, ES

LA RAISON ET LE RÉEL

14 La raison et le réel	L, ES, S
15 Théorie et expérience	L
16 La démonstration	L, ES, S
17 L'interprétation	L, ES
18 Le vivant	L, S
19 La matière et l'esprit	L, ES, S
20 La vérité	L, ES, S

LA POLITIQUE

21 La politique	L, ES, S
22 La société	L, ES, S
23 Les échanges	ES
24 La justice et le droit	L, ES, S
25 L'État	L, ES, S

LA MORALE

26 La morale	L, ES, S
27 La liberté	L, ES, S
28 Le devoir	L, ES, S
29 Le bonheur	L, ES, S

1 LE SUJET

Le mot *sujet* (du latin *sub*, « dessous », et *jectum*, « jeté ») signifie littéralement « ce qui est jeté sous », sens suggéré notamment par les expressions « être sujet à (des allergies) » ou « être un sujet de (dissertation) ». Ce sens, assez négatif, désigne un être passif et soumis, « assujetti ». Mais le terme a également un sens positif et désigne un être caractérisé par la conscience et la liberté. Il est synonyme alors de *personne* et s'oppose à la notion d'« objet ». Dès lors, la question est de savoir en quel sens l'homme peut être dit « sujet » et si, en tant que « sujet », il est toujours conscient, libre et maître de lui-même.

Un être conscient et libre

Sujet, subjectivité et conscience

La notion de « sujet » renvoie à celle de « subjectivité », laquelle désigne le fait pour l'homme d'avoir une conscience. Celle-ci exprime la possibilité pour l'homme de **penser**, d'avoir une vie spirituelle, intérieure et personnelle. Il peut se mettre à distance des choses et de lui-même pour se les représenter en son esprit et dialoguer avec lui-même. Cette conscience lui permet également de produire une autre réalité par la pensée ; il peut produire des idées, les comparer, les remettre en question, et ainsi **réfléchir**, c'est-à-dire faire retour sur ses propres pensées.

Connaissance de soi, construction de soi et liberté

Cette dimension consciente, qui fait que l'homme est un sujet, prend le sens d'une possible connaissance de soi-même, à comprendre comme une **introspection** (du latin *intra*, « à l'intérieur », et *specto*, « regarder »). L'homme peut chercher à savoir ce qu'il est en regardant en lui-même. Mais être sujet implique aussi pour l'homme le pouvoir de modifier ce qu'il est et de construire lui-même son identité, montrant par là même sa capacité à décider **librement** de ses pensées et de ses actes. Poser l'homme comme sujet revient en effet à le doter de volonté, à le concevoir comme capable de se fixer lui-même des buts, là où l'objet est soumis à la nécessité* et au déterminisme* : l'objet ne peut être que ce qu'il est, l'homme peut **décider de ce qu'il veut être**.

Souci de soi et sagesse

Cette liberté entraîne pour l'homme une sorte de **devoir envers lui-même**. Parce que sujet, doué de conscience, l'homme ne peut pas faire n'importe quoi ni être n'importe qui. Il se doit de faire valoir cette conscience et cette liberté qui le définissent en tant qu'« humain » et qui font sa dignité. Il se doit d'être ainsi digne de son humanité, en ne vivant ni comme un animal ni comme une chose*. Pour cela, il doit chercher à savoir ce qu'est l'homme pour vivre le plus humainement possible. Cette quête de soi est ce qui résume et inaugure l'**entreprise philosophique**, incarnée par la figure de Socrate*.

Un être complexe et contradictoire

L'homme : un être subjectif

Le mot *subjectivité* qui qualifie ainsi la dimension de sujet a cependant un autre sens. Elle ne s'applique pas seulement à l'idée de posséder une conscience, une pensée et une vie intérieure, capables de connaissance objective. Elle suggère aussi le fait d'être « subjectif », c'est-à-dire dépendant de sa conscience, limité par elle et comme enfermé dans un point de vue particulier pouvant déformer les choses. À ce titre, en effet, l'être humain peut « croire savoir » : il peut se tromper sur les choses et sur sa propre personne, se révélant un sujet **obscur à lui-même**.

Une connaissance et une liberté à conquérir et à défendre

Par conséquent, la liberté qui semble caractériser l'homme peut être discutée. Le sujet humain n'est **peut-être pas toujours libre** ; il peut être également soumis à diverses forces qui le maintiennent ou le ramènent au rang de l'animal et des choses et le rendent inhumain. On constate que l'homme subit la nature extérieure, mais aussi ses propres désirs et qu'il doit composer avec autrui et avec la société. Réfléchir sur la dimension de « sujet » qui caractérise l'être humain, c'est donc chercher à percer la complexité humaine plutôt que d'en affirmer la simplicité et la transparence.

Le sujet

Les auteurs clés

Platon : le modèle socratique
« Connais-toi toi-même »

Une sagesse impliquant le questionnement

Le dialogue est pour Platon une manière de montrer sur quoi repose la démarche philosophique, laquelle doit être un véritable questionnement sur soi, incarné par la figure de Socrate*. On trouve en effet dans les dialogues de Platon le personnage central de Socrate, confronté à l'assurance des sophistes*, des hommes qui se croient sages et savants. Socrate les invite à se remettre en question, à douter de leur savoir et à reconnaître leur ignorance. Alors seulement peut naître le désir philosophique, le désir de savoir ce que l'on admet ne pas savoir. Ainsi, dans l'*Apologie* de Socrate*, Platon montre comment Socrate, comparé à ces hommes prétendus sages et savants, représente le seul vrai sage, celui qui ne pense pas savoir ce qu'il ne sait pas.

Une sagesse consistant à prendre soin de son âme

Cette sagesse est définie par Socrate comme l'attitude consistant à se connaître. Reprenant l'inscription du temple de Delphes « *Connais-toi toi-même* », Socrate montre que la sagesse consiste à distinguer ce que l'on sait de ce que l'on ne sait pas, aussi bien en soi-même que chez les autres. Une telle attitude est ce qui fait toute la dignité de l'homme, seul être capable de se connaître grâce à son âme. Dans l'*Alcibiade*, Platon explique à travers Socrate que l'homme doit contempler son âme s'il veut se connaître, tel un œil ne pouvant se voir qu'en se contemplant dans un autre œil, comme dans un miroir. En regardant cette partie essentielle de son être, l'homme saisit alors ce qu'il a de divin en lui : la pensée. C'est ce soin de l'âme que l'homme doit cultiver.

Rousseau : redevenir soi
La vanité déforme l'homme

Confronté à la difficulté d'être sincère envers soi-même dans ses différents ouvrages autobiographiques, Rousseau met en évidence la manière dont l'homme oublie ce qu'il est à force de vivre dans le monde, parmi les autres hommes. L'homme se tisse en quelque sorte une existence faite de vanité, telle une toile d'araignée dont les fils s'agitent et se cassent, et que l'araignée s'emploie à réparer sans cesse. L'homme serait ainsi comparable à un être dont l'agitation des fils résumerait toute l'existence, devenu insensible et inexistant par lui-même. Seul un retour sur soi permettrait alors de redevenir authentique et sincère envers soi-même, non plus préoccupé de l'opinion des autres mais de sa propre pensée.

Le modèle de la nature

Pour cela, Rousseau suggère de « *nous rassembler où nous sommes* », en nous concentrant sur ce qui compose notre vrai Moi, sur ce que la nature a mis en lui. Il s'agit de revenir à notre Moi d'origine, celui que nous avons oublié, et de nous défaire de notre Moi artificiel fabriqué selon l'opinion des autres et nous permettant d'avoir une bonne image de nous-même. Certes la difficulté est grande, non pas tant parce que notre Moi est complexe que parce que nous vivons avec les autres et dépendons de leur jugement. D'où, pour Rousseau, la nécessité de privilégier la solitude quitte à vivre sans amis et exclu de la société.

Une sincérité possible

Dans ses *Confessions*, Rousseau affirme son projet de se décrire tel qu'il est. Croyant à la possibilité de cette entreprise, il en fait un exercice exemplaire et orgueilleux, le mettant quasiment au-dessus des autres hommes.

Les citations clés

▶ « Connais-toi toi-même » (Platon, *Charmide*, vers 388 av. J.-C.).
Platon définit ainsi la sagesse, laquelle consiste à se connaître en devenant capable de distinguer ce que l'on sait de ce que l'on ne sait pas. Ici, la sagesse dont l'homme est capable est une tâche à accomplir.

▶ « Que dit ta conscience ? – Tu dois devenir celui que tu es » (Friedrich Nietzsche, *Le Gai Savoir*, 1882).
Par cette formule paradoxale qu'il emprunte au poète grec Pindare (518-438 av. J.-C.), Nietzsche rappelle à l'homme qu'il a, en quelque sorte, à vouloir être lui-même. Être soi-même n'est pas quelque chose de donné pour l'homme, mais une véritable tâche à accomplir.

Cf. fiches 2, 3, 26, 30 (19, 26), 45, 46, 57

2 LA CONSCIENCE

L'une des étymologies du mot *conscience* (du latin *cum*, « avec, ensemble », et *scientia*, « connaissance, savoir ») désigne d'abord le fait d'être « accompagné de savoir ».
On distingue une conscience psychologique, qui désigne la connaissance intérieure que le sujet a de lui-même et de ses actes, et une conscience morale, qui désigne la connaissance du bien et du mal.
La question est de savoir quelle est la valeur de la conscience humaine, mais aussi quelles en sont les limites.

Conscience et souveraineté du sujet

La conscience comme « miroir » de soi-même et de la pensée

Au sens le plus simple, être conscient, c'est être éveillé, attentif (on parle de « conscience spontanée »). Mais dans son sens le plus accompli, la conscience désigne ce qui rend possible le fait de se penser soi-même et donc de se contempler intérieurement en se mettant à distance de soi-même, comme face à un miroir. Elle est ce qui permet un dédoublement de soi, par lequel nous pensons et **savons que nous pensons** (on parle alors de « conscience réfléchie »). Elle s'apparente en ce sens à la notion d'« âme » ou de « psychisme » (du grec *psychè*, qui, en français, désigne un grand miroir sur pieds). La conscience devient par là même un lieu de vie intérieure dans lequel l'homme se penserait et se parlerait à lui-même. De même, notre conscience serait l'expression de notre Moi, marque de notre **identité**.

La conscience comme spécificité humaine

Seul l'être humain semble capable d'un tel dédoublement allant jusqu'à l'**introspection** (du latin *specto*, « regarder », et *intra*, « à l'intérieur ») : lui seul peut se contempler en se questionnant sur ce qu'il est, en cherchant à se connaître, en se posant à lui-même la question « Qui suis-je ? ». En effet, certains animaux (chimpanzés, orangs-outans, gorilles, éléphants, orques, pies...) peuvent se reconnaître dans un miroir, mais la conscience qu'ils ont d'eux-mêmes reste souvent extérieure (contemplation physique) et est incapable d'atteindre un niveau d'identification qui, chez l'homme, suppose le langage et l'utilisation de mots tels que *je, moi, mon, ma* (même si, par ailleurs, ils montrent des capacités cognitives très élevées).

La conscience de soi comme modèle de vérité et d'objectivité

Une telle coïncidence possible avec soi-même, dans un regard intérieur sur soi capable de nous faire découvrir notre Moi, représente alors un modèle de connaissance et de vérité. Dans son *Discours de la méthode*, René Descartes, cherchant à fonder la science sur des certitudes absolues, découvre ainsi l'évidence du sujet, conscient de lui-même et dès lors certain de sa propre existence. La conscience qui accompagne nos pensées nous livre du même coup notre propre existence : dès lors que nous avons conscience, nous avons conscience de nous-même. « Je pense » et « Je suis » se confondent, suggérant une **possible transparence du sujet à lui-même**, capable de saisir ce qu'il est par la conscience. Celle-ci ferait du sujet humain un sujet « souverain », maître de ses pensées et garant de la connaissance.

La nature de la conscience

Une telle conception de la conscience fait de celle-ci une **chose***, une « *substance pensante* » (Descartes). La conscience peut en effet être conçue comme une réalité (immatérielle) en laquelle viendraient s'imprimer nos différents états, comme sur une pâte à modeler. Toutefois, concevoir la conscience comme une chose peut être discuté. La conscience est peut-être davantage un **acte** (Kant), condition préalable de toute pensée et de tout sujet, plutôt qu'une réalité permanente. Pour les philosophes des courants issus de la phénoménologie* (Husserl, Merleau-Ponty, Heidegger, Sartre), la conscience n'est pas une chose en laquelle les objets viendraient s'imprimer, mais un rapport au monde, une visée, un **projet**, permettant l'apparition et la constitution d'un monde. Elle exprime la liberté du sujet dont la nature ne peut se confondre avec celle des « choses ».

(suite, p. 14)

La conscience

Les auteurs clés

Descartes : le _cogito_

Le cogito du Discours de la méthode

Dans le _Discours de la méthode_, publié en 1637, Descartes s'exprime en tant que scientifique cherchant une méthode pour atteindre la vérité et fonder les sciences. Descartes résume les fondements de sa méthode et c'est dans la quatrième partie du _Discours_ qu'il établit l'évidence du _cogito_ dans la formulation « _Je pense, donc je suis_ », après avoir mis en doute un certain nombre de certitudes (évidence sensible*, certitudes rationnelles*, distinction entre veille et rêve). Ici, l'évidence que constitue l'existence de celui qui pense n'est qu'une manière de mettre un terme au doute : mes idées sur les choses sont peut-être fausses, mais une chose au moins est certaine, c'est que mes idées prouvent que moi, sujet pensant, j'existe. C'est une évidence logique affirmant que, « _pour penser, il faut être_ ». Le doute ne dure pas et Descartes peut ensuite et rapidement rétablir la croyance en la certitude des sciences.

Le cogito des Méditations métaphysiques*

Dans les _Méditations métaphysiques_, essai publié en 1641, Descartes s'exprime en tant que métaphysicien interrogeant non plus le rapport entre nos idées et la réalité, mais le fondement de la réalité elle-même. Le doute qui s'y manifeste dure et se prolonge ; il faut même le maintenir artificiellement. Car Descartes doute des choses elles-mêmes, se demandant si l'on peut être vraiment certain qu'elles existent. Les six méditations ne sont pas un résumé rétrospectif comme dans le _Discours_, mais suivent l'ordre chronologique et temporel de sa pensée. Le _cogito_ apparaît dans la _Méditation seconde_ dans une autre formulation : « _Cette proposition_ : je suis, j'existe _est nécessairement vraie toutes les fois que je la prononce, ou que je la conçois en mon esprit._ » Ici, le _cogito_ est « le » moment essentiel et fondamental de la réflexion : il vient garantir la certitude d'une réalité – celle du sujet pensant – et il ouvre l'interrogation sur la nature même de ce sujet par la question « Que suis-je ? ».

Kant : « _Posséder le Je dans sa représentation_ »

La conscience comme activité de synthèse

Pour Kant, la conscience n'est pas une chose* mais une activité, un pouvoir, une fonction de synthèse. La conscience distingue l'être humain des autres êtres de la nature, car elle le rend capable de « se penser », c'est-à-dire d'accompagner ses états (idées, sensations, sentiments) d'un « Je pense ». Kant explique que cette conscience suppose toutefois la possibilité de dire « je », qui n'apparaît que progressivement chez l'enfant. Ainsi, l'enfant qui parle de lui à la 3e personne ne possède pas encore tout à fait la conscience de lui-même. C'est seulement avec l'emploi du « je » que l'on peut accompagner ses états d'âme d'un « Je pense », lequel témoigne de la conscience de soi. On ne sent plus simplement que l'on a faim : on accompagne cet état d'un « Je pense ». On a ainsi « conscience » d'avoir faim et l'on se dit intérieurement : « Je pense que j'ai faim. » On ramène ses états à « soi ».

Conscience et responsabilité

Kant montre que cette possession du « Je pense » fait toute la dignité et la valeur de l'homme. En effet, par la conscience, l'homme s'attribue à lui-même ses états de conscience, il les ramène à son Je, il leur donne une unité, il les synthétise. Il devient, en ce sens, une personne. Ne pouvant plus se défaire en quelque sorte de ses propres états en posant « Ce n'est pas moi » ou « Ce n'est pas à moi », il doit répondre de lui-même. C'est ce qui fait de lui un être responsable, à qui il incombe de prendre en charge ses pensées, ses sentiments, ses actions, ses paroles. C'est en ce sens qu'il devient un « sujet moral ».

Le sujet

Les citations clés

▶ « Je pense, donc je suis » (René Descartes, _Discours de la méthode_, 1637).
Par cette phrase, Descartes fait de la conscience le fondement de la vérité. En effet, cherchant une vérité absolument certaine sur laquelle fonder la science, Descartes entreprend de douter de tout ce qu'il tient pour évident. Or, ce qui résiste au doute, c'est la certitude de notre existence, garantie par le fait même de penser et d'avoir conscience.

▶ « L'homme n'est qu'un roseau, le plus faible de la nature, mais c'est un roseau pensant » (Blaise Pascal, _Pensées_, posthume 1670).
Pascal montre que la pensée est ce qui fait la dignité de l'homme, quand bien même elle lui fait savoir sa petitesse dans l'univers. Elle permet à l'homme de ne pas être ignorant de lui-même ni de sa condition.

Les limites subjectives de la conscience

Une conscience influencée, source d'illusions

Si la conscience n'est pas une chose* mais une activité, alors elle se révèle capable de créer chez l'homme certaines illusions. Au lieu de livrer un savoir objectif, la conscience pourrait se révéler fondamentalement **subjective**, rendant le sujet humain obscur à lui-même, incapable de se connaître et se méprenant sur ses propres états. En ce sens, la conscience ne serait peut-être pas « première » dans la constitution du sujet, mais le résultat de diverses influences : influence du corps et du désir (Spinoza), influence du milieu social (Marx).

La possibilité de pensées inconscientes

Il devient alors possible d'envisager des **états d'âme inconscients**, c'est-à-dire des éléments présents dans notre âme mais dont nous ne serions pas conscients. La conscience pourrait en cela ne pas « tout » savoir ou bien ne pas « vouloir » savoir certaines choses pourtant présentes en nous. Freud montre que certaines pensées sont ainsi refoulées dans l'inconscient, parce qu'inacceptables pour le sujet. Il attribue ces refoulements à un conflit entre nos exigences morales et nos pulsions (de nature sexuelle et infantile).

L'illusion du Moi

Il devient également possible de douter de la réalité de ce que nous appelons « notre Moi » (Hume) : pouvons-nous dire « qui » nous sommes ? La notion d'« **identité** » implique en effet trois éléments : l'unité (être « un » sujet), la singularité ou l'unicité (le fait d'être unique) et la permanence (demeurer le même). Or, ces trois éléments se saisissent-ils réellement ? Notre Moi ne montre-t-il pas des conflits et des contradictions comme si nous étions « plusieurs » personnes ? Comment mesurer ce qui nous distingue radicalement des autres auxquels pourtant nous ressemblons ? Enfin, ne changeons-nous pas sans cesse ? Ainsi, notre conscience ne saisit-elle peut-être pas notre Moi mais des états fugitifs, confus, changeants.

Remèdes à la subjectivité

La conscience pratique*

On peut toutefois chercher des moyens permettant à la conscience d'atteindre une plus grande objectivité. Hegel distingue ainsi deux façons d'acquérir la connaissance de soi-même et de se contempler : l'une théorique, consistant à s'interroger sur soi-même par la pensée et la réflexion ; l'autre pratique, consistant à se voir à travers ses actions sur le monde extérieur, que l'on forme à son image. Ainsi, l'artiste peut se voir à travers ses œuvres. C'est dire qu'il y a différents **degrés** de conscience et d'objectivité, et l'on peut distinguer le fait de simplement « avoir conscience » du fait de « prendre conscience ». Même si nous ne saisissons jamais notre Moi, nous pouvons plus ou moins bien nous connaître.

Le rôle d'autrui

De même, le regard **extérieur** qu'autrui porte sur nous et sur le monde peut venir rectifier ou compléter le point de vue subjectif de notre conscience. En définissant autrui comme le « *médiateur indispensable entre moi et moi-même* », Sartre montre que l'on doit passer par le point de vue d'autrui pour se voir plus **objectivement**, même si cela implique une épreuve comme la honte. Celle-ci permet la « reconnaissance de soi », le fait d'admettre être comme autrui nous voit. Cette reconnaissance nous fait sortir de la mauvaise foi.

Conscience et morale

Une conscience morale innée, des valeurs universelles

La conscience a également une dimension morale : elle semble nous indiquer ce qui est bien ou mal, juste ou injuste. On parle de la « voix de la conscience » ou encore de « bonne » ou de « mauvaise conscience ». Ces valeurs, données par notre conscience, seraient **innées** et **universelles**. Tout être humain « aurait » donc une conscience morale, identique, capable de le guider mais aussi de lui donner du remords s'il ne l'écoute pas.

Le rôle de l'éducation

Il apparaît toutefois que la conscience morale de l'homme subit aussi des influences et se construit avec le temps et avec autrui. Freud montre que notre conscience morale (le Surmoi) est un produit de l'éducation. C'est une **morale intériorisée et acquise**. Dans ce cas, on peut alors douter de la légitimité des valeurs données par notre conscience et s'exercer à les réinterroger au moyen de la raison, plus à même de définir des valeurs universelles (tels les « droits de l'homme »).

La conscience

Le sujet

Les auteurs clés

Husserl : la conscience comme intentionnalité

La phénoménologie* (du grec _phainomenon_, « ce qui apparaît »), courant représenté par Husserl, s'intéresse à la manière dont les objets apparaissent à la conscience et au rapport entre le monde et la conscience. Dans ses _Méditations cartésiennes_ (1931), Husserl montre ainsi que la conscience ne peut pas se saisir elle-même, ni être son propre objet. Même en faisant un effort, il semble impossible de vider en quelque sorte la conscience pour saisir le sujet lui-même, telle une chose. En posant que _« toute conscience est conscience de quelque chose »_, Husserl veut signifier que la conscience est toujours porteuse d'un objet qu'elle « vise » (tel arbre que je regarde, telle chose que je désire...) et qui l'empêche de saisir le sujet lui-même : en regardant l'objet de mon désir, ce n'est pas « moi » que je vise. Et inversement, ma conscience ne saisit pas l'objet non plus, puisque, en le visant, elle lui donne un sens et un point de vue qui le modifient (désirer telle chose, c'est voir celle-ci à travers mon désir et non pas en elle-même). Cette visée, nommée « [état] _intentionnel_ », fait que la conscience est un « rapport » au monde non pas figé mais dynamique, porteur de sens et de liberté. Cette analyse sera prolongée par la réflexion de Jean-Paul Sartre, notamment dans _L'Être et le Néant_ (1943).

Spinoza : l'influence du corps

Dans le livre III de l'_Éthique_* (1677), Spinoza montre que la conscience crée chez l'homme l'illusion d'être libre. En effet, lorsque nous agissons, notre conscience nous informe de ce que nous faisons. Mais alors nous croyons agir par notre propre volonté, de manière libre. La conscience nous fait croire que l'esprit est en quelque sorte à l'origine de nos actions et elle ignore que cette origine est à situer dans notre corps, lequel nous détermine à agir. Prenant l'exemple de l'homme ivre qui parle, Spinoza explique que cet homme a conscience de parler et croit donc parler par sa propre volonté, alors qu'il parle sous l'effet de son corps ivre. Il a

conscience d'être libre et n'a pas conscience d'être en réalité influencé par son corps. Sa conscience lui fait croire qu'il est libre.

Hume : un Moi illusoire

Critiquant les idées métaphysiques dont nous ne pouvons avoir aucune expérience, le philosophe empiriste* Hume dénonce, dans son _Traité de la nature humaine_ (1739-1740), l'illusion que constitue l'idée du « Moi ». Selon lui, nous n'avons à aucun moment conscience de notre Moi. Le Moi se définit en effet par une constance (être toujours le même) qui supposerait que l'on ait toujours les mêmes impressions. Or, nous n'avons que des sentiments variés et changeants (douleur, plaisir, chagrin, joie...). De même, lorsque l'on s'arrête sur l'un d'eux, on ne voit rien d'autre que la perception elle-même, et non pas le Moi. Par exemple, si j'ai froid, c'est le froid que ma conscience saisit et non moi-même. La preuve en est, selon Hume, que, lorsqu'on dort, on ne perçoit plus rien, et il n'y a rien d'autre derrière ces perceptions absentes. Le Moi n'apparaît pas, et, en ce sens, on n'existe pas.

Rousseau : une conscience morale innée

Dans son _Discours sur l'origine et les fondements de l'inégalité parmi les hommes_ (1755), Rousseau décrit le caractère pacifique de l'état de nature, préservé grâce à la « pitié naturelle » des hommes. Celle-ci, présente en chaque homme, leur permettrait de viser leur satisfaction en faisant le moindre mal possible à autrui. De même, dans son ouvrage l'_Émile_ (1762), consacré à l'éducation, Rousseau met en évidence la présence en tout homme de la conscience morale, qu'il qualifie d'« _instinct divin_ » ou encore de « _juge infaillible du bien et du mal_ ». Ainsi conçue, la conscience morale apparaît comme une faculté innée et universelle, s'imposant avec force à tous les hommes pour les mener vers le bien. Si les hommes sont mauvais, c'est, selon Rousseau, que la vie en société les a éloignés de la nature et qu'ils n'écoutent plus la voix de leur conscience.

La citation clé

▶ « Les hommes sont conscients de leurs actions, mais ignorants des causes par lesquelles ils sont déterminés » (Baruch de Spinoza, _Éthique_, 1677).

Spinoza montre ici les limites de la conscience. L'homme est conscient de ce qu'il fait, mais il ne sait pas pourquoi il le fait. Sa conscience lui fait croire que c'est sa volonté qui est la cause de ses actions et qu'il est libre, mais elle n'atteint pas la vraie cause de ses actions, laquelle est à situer dans le corps et dans le désir.

_Cf._ fiches 1, 3, 20, 26, 30 (6, 19), 45, 57, 68

3 L'INCONSCIENT

Le terme *inconscient* est construit à partir du préfixe latin *in* (signifiant « non » ou « contre ») et de *conscire* (« avoir connaissance de »). Ce terme peut être pris dans deux sens : négativement, en désignant ce qui est dépourvu de conscience, telle une conscience affaiblie (substantif : *inconscience*) ; positivement, comme structure fondamentale du psychisme. Ce second sens est inauguré par la pensée freudienne et suggère la possibilité d'éléments présents et actifs dans le psychisme, mais inconnus de la conscience. La réflexion philosophique interroge surtout cette possibilité pour l'homme d'avoir des éléments psychiques inconscients, c'est-à-dire des formes de pensées inconscientes.

Différents types d'inconscients

Un inconscient du corps

On peut tout d'abord qualifier d'« inconscient » tout ce qui serait relatif aux aspects vitaux du corps : respiration, digestion, circulation, etc. On peut également ranger dans ces éléments inconscients les réflexes (clignement des paupières...) et les tics. Cet inconscient serait de nature **somatique** (du grec *soma*, « le corps »). De même, certains automatismes acquis par l'apprentissage (marche, lecture, écriture...) deviennent inconscients au fur et à mesure que l'**habitude** s'installe.

Un inconscient de l'esprit

Certains éléments inconscients existent aussi dans l'esprit et sont donc de nature **psychique** et non plus somatique. Leibniz met en évidence des « *petites perceptions* » qui existent en nous sans que nous le sachions (nous sommes, par exemple, conscients du bruit de la mer mais non conscients du bruit de chaque vague, que pourtant nous percevons). Il arrive également que certaines pensées s'enchaînent dans des **mécanismes** et **automatismes** que notre conscience ne saisit pas. Enfin, Bergson montre que c'est parce qu'ils sont inutiles que certains de nos **souvenirs** sont maintenus hors du champ de la conscience. Ils surgissent alors involontairement dès que notre conscience n'est plus occupée à agir.

Un inconscient refoulé et dynamique

Plus encore, nous agissons et nous nous comportons parfois sans que notre conscience puisse expliquer ces actions et comportements. Le père de la psychanalyse, Freud, montre que ces éléments sont le produit de **refoulements**. Ainsi, les **rêves**, les **actes manqués** (lapsus, oublis, maladresses...) et les **symptômes névrotiques** (phobies, angoisses, inhibitions...) seraient la réalisation indirecte et déguisée de désirs inconscients, que notre conscience morale condamnerait et refoulerait notamment à cause de leur contenu sexuel et infantile. Seule la **psychanalyse** permettrait de connaître ces éléments inconscients et de soigner les effets parfois pathologiques du refoulement (les névroses).

Critiques de la thèse freudienne et objections possibles

Les critiques

Certains philosophes estiment que la conception freudienne **menace l'unité et la liberté du sujet**. Alain critique ainsi la diabolisation que l'on aurait tendance à faire de l'inconscient, comme s'il s'agissait d'un autre Moi. Pour lui, l'inconscient n'est que l'effet du corps et des instincts, que l'on peut maîtriser par la volonté. De même, pour Sartre, l'inconscient n'est qu'une conduite de « *mauvaise foi* » que l'homme adopte pour refuser sa liberté, en faisant semblant de ne pas être conscient de ce qu'il fait.

Objections possibles à ces critiques

Cependant, on peut opposer que Freud n'encourage pas l'homme à se laisser dominer par son inconscient ni à se déresponsabiliser. Au contraire, la psychanalyse invite à une meilleure connaissance de soi et à une plus grande maîtrise. Il s'agit pour Freud de dénoncer l'illusion faisant croire au sujet qu'il est transparent à lui-même et parfaitement maître de ses pensées. De même, la théorie freudienne offre une **richesse d'interprétation** de certains phénomènes (rêves, etc.) qu'une conception strictement matérialiste* n'offrirait pas (en expliquant, par exemple, les rêves par des mécanismes purement cérébraux).

L'inconscient

Les auteurs clés

Bergson : les souvenirs utiles et les souvenirs inutiles

Les souvenirs utiles, expression de notre Moi social

En réaction au courant scientifique qui réduit la vie et l'homme à des mécanismes matériels et utilitaires, liés à la conservation, Bergson s'attache au contraire à mettre en valeur la nature spirituelle et immatérielle de la conscience humaine, ainsi que sa liberté essentielle.

Certes, parce que nous faisons partie du vivant, notre conscience a pour souci d'agir et de rendre efficace notre action, notamment en la soumettant aux règles de la vie en société et aux règles de la communication. Ainsi, lorsqu'on est occupé à agir, seuls certains de nos souvenirs sont conscients : ceux qui servent à l'action et à la vie en société. Ils sont l'expression de notre Moi social, superficiel, celui que nous communiquons aux autres. Ils seraient également liés à une « mémoire-habitude », ancrée dans des mécanismes cérébraux.

Les souvenirs inutiles, expression de notre Moi profond

Bergson montre que, derrière ces souvenirs conscients et utiles, se cachent en quelque sorte d'autres souvenirs, bien plus nombreux et que notre conscience ne mobilise pas lorsqu'elle est occupée à agir. Ces souvenirs seraient néanmoins conservés dans notre esprit et se manifesteraient à certaines occasions, lorsque nous ne sommes plus occupés à agir, notamment quand nous dormons et rêvons. Ces souvenirs seraient l'expression de notre Moi profond, de notre vrai Moi, et seraient issus d'un autre type de mémoire, la « mémoire pure », de nature spirituelle et immatérielle.

Freud : refoulement et sexualité

Le mécanisme du refoulement

En étudiant certaines maladies (les névroses), et plus particulièrement l'hystérie, le médecin viennois Freud met en évidence une autre façon pour la conscience de maintenir certains éléments à l'écart : le refoulement. Il observe en effet que certains malades soumis l'hypnose (sommeil artificiel) deviennent capables de se souvenir d'événements désagréables, comme si l'hypnose faisait tomber une résistance. Freud constate que le rappel de ces souvenirs douloureux les guérit de leurs symptômes. Ces souvenirs ont souvent un rapport avec la vie sexuelle des malades et s'enracinent dans leur petite enfance. Freud élabore ensuite une théorie plus générale du psychisme, pouvant s'appliquer à tous. Il montre ainsi que notre psychisme est constitué de plusieurs instances organisées en un système : le Ça (totalement inconscient, lieu des pulsions et des désirs refoulés), le Moi (partie la plus consciente de notre personnalité) et le Surmoi (conscience morale acquise par l'éducation). Ces éléments en conflit généreraient des actes parfois incompréhensibles pour la conscience (rêves, lapsus, phobies...), dont le sens et l'origine seraient donc inconscients. Pour les interpréter, il faudrait saisir leur aspect sexuel et infantile, refoulé par la conscience morale. Prenant l'exemple d'une patiente souffrant d'un mal de jambes, Freud montre que cette patiente aurait contracté ce symptôme en tombant amoureuse du mari de sa sœur lors d'une promenade et en ayant ensuite ressenti de la joie à la mort de sa sœur. Plutôt que de s'avouer son désir, la patiente serait tombée malade, pour ainsi ne pas en être consciente (elle est consciente d'avoir mal aux jambes sans savoir pourquoi).

Le complexe d'Œdipe

Mettant en évidence l'existence d'une sexualité infantile, Freud montre que chaque enfant entre 3 et 6 ans passe par une étape difficile : le complexe d'Œdipe (attirance pour le parent de sexe opposé et rejet du parent de même sexe). La névrose, selon Freud, aurait pour « noyau » ce fameux complexe, selon que le sujet parvient plus ou moins à refouler ces sentiments d'amour et de haine pour ses parents.

La citation clé

▶ « Là où le Ça est, le Moi doit advenir » (Sigmund Freud, *Nouvelles Conférences sur la psychanalyse*, 1933).

Freud montre ici le rôle de la psychanalyse, qui est à la fois une théorie de l'inconscient et une thérapie. La psychanalyse doit permettre au sujet de connaître ses refoulements et de s'en délivrer, en rendant au Moi sa santé et sa liberté.

Cf. fiches 1, 2, 5, 6, 20, 27, 30 (6, 19, 21), 66

LA PERCEPTION

Le mot *perception* (du latin *percipere*, « s'emparer de », et *perceptio*, « récolte ») se définit comme une manière, pour le sujet conscient, de saisir le monde extérieur par l'intermédiaire des sens. La perception met donc en jeu à la fois notre sensibilité (nous sentons les choses que nous percevons) et le jugement (nous pensons les choses que nous percevons). Le problème est donc de déterminer ce rapport entre sensibilité et jugement et d'interroger les limites de la perception ainsi que sa valeur.

Primat de la perception

Perception et adaptation du vivant
En premier lieu, la perception se présente comme l'équivalent de la **sensation**, comme une manière, pour nos sens, de se rapporter au monde extérieur. Elle serait donc un outil d'adaptation lié à l'instinct de **conservation**. Le monde vivant est ainsi caractérisé par un système perceptif lui permettant de satisfaire ses besoins et de survivre ; chaque animal a son propre système perceptif : par exemple, la tique étudiée par Uexküll ne voit pas mais est capable de sentir sa proie grâce à un odorat très développé ; la chauve-souris se dirige et se repère grâce à des ultrasons.

La perception à l'origine de nos idées*
De ce fait, ce serait la perception qui serait à l'origine de nos idées, comme le suggèrent les empiristes*. En posant que « *rien n'est dans l'esprit qui n'ait d'abord été dans les sens* » et en comparant l'esprit à une « *table rase* », Locke suggère que nos idées proviennent de nos sens. La perception devient **une manière de sentir d'abord, puis d'accompagner ces sensations de jugement**. Ainsi, pour Hume, l'idée de « causalité » n'est que l'effet de l'habitude : à force de voir le soleil se lever chaque matin, nous avons l'idée que le soleil se lèvera nécessairement demain et les jours suivants, et qu'il est nécessaire qu'il se lève.

Le jugement à l'origine de la perception
À l'inverse, nos idées peuvent également être à l'origine de nos perceptions. Le jaloux ou le paranoïaque vont percevoir le monde extérieur à la lueur de leurs fantasmes. De même, la psychologie de la forme (*Gestalttheorie* en allemand) pose que la perception **structure** ce qu'elle saisit pour le constituer en un **tout** et non pas en un ensemble d'éléments isolés. La perception ne serait pas une réception passive, mais une organisation structurante, une **mise en forme** du monde extérieur selon certaines structures mentales.

Limites de la perception

Perception et illusion
La perception peut pourtant se révéler limitée. Ainsi, les **illusions d'optique** montrent la faiblesse du jugement accompagnant nos sensations : j'ai beau savoir que le bâton que je vois dans l'eau est droit, je le perçois toujours comme brisé. De même, nous ne pouvons percevoir l'infiniment grand ni l'infiniment petit. Enfin, nous ne percevons jamais les objets eux-mêmes, mais seulement notre perception, comme le suggère Berkeley : **impossible de sortir de ma perception** pour vérifier que ce que je perçois existe réellement. Le réel semble ainsi « jouer » (le mot *illusion* vient du latin *ludo*, « je joue ») avec nos sens, en nous faisant « seulement percevoir » les choses sans jamais nous les livrer.

Caractère acquis et culturel de la perception
Notre perception n'est pas innée mais le résultat d'un **apprentissage** : nous apprenons à voir, entendre, etc. Dans sa *Lettre sur les aveugles*, Diderot montre que, lorsqu'un aveugle-né recouvre la vue suite à une opération, il n'a au début qu'une vision diffuse des choses. Ce n'est que par l'expérience qu'il va apprendre à distinguer les formes. Ainsi, notre perception est conditionnée par notre vécu et nos habitudes. Dans son allégorie de la Caverne, Platon montre que les prisonniers ne voient que ce que leur condition leur permet de voir : le mur et des ombres.

Caractère utilitaire de la perception
De même, comme le suggère Bergson, « *mes sens et ma conscience ne me livrent de la réalité qu'une simplification pratique* ». C'est dire que notre perception, bien que plus fine que celle de l'animal, reste grossière et influencée par des **critères d'utilité** : nous percevons les choses en fonction de ce que nous pouvons en faire.

(suite p. 20)

La perception

Les auteurs clés

Uexküll : la perception de la tique

Une perception limitée mais efficace

Dans son ouvrage *Mondes animaux et Monde humain* (1934), Uexküll s'intéresse notamment à la tique, appelée aussi « ixode ». La tique présente d'abord une peau sensible à la lumière, lui permettant de se diriger vers son « *poste de garde* » (pointe d'une branche), mais la perception de la tique est centrée sur l'odorat : « *Ce brigand des grands chemins, aveugle et sourd, perçoit l'approche de ses proies par son odorat.* » C'est ainsi l'odeur de l'acide butyrique, dégagée par les mammifères, qui lui fait lâcher son poste et se laisser tomber sur l'animal. Elle dispose d'un sens tactile pour la guider vers une zone dépourvue de poils. Enfin, l'auteur montre que la tique n'a pas le sens du goût.

Une perception en vue de la seule reproduction

On pourrait croire que la vie de la tique (qui peut rester plusieurs années sans se nourrir) consisterait à demeurer indéfiniment sur ses proies, en parasite. Mais Uexküll montre qu'une fois nourrie, « *il ne reste plus rien à faire* » à la femelle fécondée, à part « *se laisser tomber sur le sol, y déposer ses œufs et mourir* ». Il apparaît alors que ce système assez sophistiqué de perception n'a d'autre fin, comme chez la plupart des animaux, que la reproduction.

Une perception adaptée à chaque mode d'existence

Cette étude de la perception animale montre à quel point, en étant pourtant placés dans le même univers, nous n'en avons pas tous la même perception. Chaque animal a ainsi sa propre perception du monde, selon les actions qu'il a à réaliser. La perception semble alors viser la meilleure adaptation possible pour le maximum d'efficacité et de conservation (de soi et de l'espèce).

Berkeley : l'immatérialisme*

Dans *Trois Dialogues entre Hylas et Philonoüs* (1713), George Berkeley défend ce que l'on appelle « l'immatérialisme ». Cette thèse consiste à nier la possibilité de prouver que la matière existe à partir de nos perceptions : ce n'est pas parce que je perçois une chose* que cette chose existe réellement (comme le prouvent nos rêves : ce que nous voyons en rêve n'existe pas matériellement mais seulement dans notre esprit qui rêve). Ainsi, les choses n'existent réellement que dans nos perceptions ; nous ne les saisissons jamais autrement que comme « *choses perçues* », simplement présentes en nous, dans notre esprit. Le personnage Philonoüs (« l'ami de l'esprit », littéralement, en grec) peut en ce sens affirmer que « *toutes ces choses [...] existent bien. Quoique bien sûr je nie qu'elles aient une existence distincte du fait d'être perçues* ».

Diderot et Condillac : le problème de Molyneux

Dans sa *Lettre sur les aveugles* (1749), Diderot reprend notamment une question posée par J. Locke dans son *Essai sur l'entendement* humain (1690), question venant d'un savant, spécialiste de l'optique : Molyneux. Cette question interroge la manière dont un aveugle ayant recouvré la vue pourrait distinguer un cube d'une sphère. Ayant appris à les distinguer par le toucher, serait-il capable de les distinguer par la vue ? S'attachant à réfuter la thèse cartésienne selon laquelle l'esprit humain disposerait d'idées innées provenant d'une raison unique, Diderot veut montrer au contraire que nos idées proviennent de l'expérience et qu'il n'y a pas de raison universelle, identique en chaque homme. Pour Diderot, l'aveugle qui découvre pour la première fois des objets à sa vue ne pourrait les distinguer qu'en s'aidant du toucher, et non par la vue seule, incapable d'elle-même de faire ces distinctions. L'analyse, imaginaire chez Diderot, devient réelle chez Condillac, dans son *Traité des sensations* (1754), où il décrit justement les réactions d'un jeune aveugle opéré de la cataracte et ayant recouvré la vue : « *Il apercevait tous les objets pêle-mêle et dans une grande confusion, et il ne les distinguait point, quelques différentes qu'en fussent la forme et la grandeur. C'est qu'il n'avait pas encore appris à saisir à la vue plusieurs ensemble. Comment l'aurait-il appris ? Ses yeux n'avaient jamais rien analysé, ne savaient pas regarder ni par conséquent remarquer différents objets, et se faire de chacun des idées distinctes.* »

La citation clé

▶ « **Être, c'est être perçu** » (George Berkeley, *Traité sur les principes de la connaissance humaine*, 1710).

Berkeley remet en question le point de vue matérialiste* qui pose le primat de la matière sur l'esprit. Pour lui, rien ne prouve que la matière existe, car nous ne la saisissons qu'à travers nos perceptions, lesquelles seules existent avec certitude.

Le sujet

Perception et vérité

Le rôle d'autrui dans la perception

Pour prétendre à une plus grande objectivité de la perception, il nous faut comprendre le rôle que peut jouer autrui dans notre perception. Comme le montre Tournier dans *Vendredi ou les Limbes du Pacifique*, Robinson Crusoé, à force d'être seul, finit par douter de sa perception des choses. Il se demande si ce qu'il perçoit existe réellement, car aucun point de vue extérieur ne vient confirmer son propre point de vue. Il doit « inventer » des observateurs imaginaires. Ainsi, autrui doit être compris comme « *structure de mon champ perceptif* », comme le montre G. Deleuze : ma perception intègre toujours un autre point de vue pour compléter le mien, incapable à lui seul de me faire percevoir tous les angles d'un objet (par exemple, un cube). On peut alors poser que la confirmation de mon propre point de vue par celui ou ceux d'autrui garantit une plus grande objectivité de la perception.

Perception et raison

La perception peut également être réinterrogée et rectifiée par un effort de la raison, comme en témoignent les sciences. La connaissance ne peut en effet se passer complètement de l'expérience, de ce que nos sens observent. Il est impossible de renoncer à la perception. Pour autant, l'on peut douter de ce que l'on perçoit. En posant qu'il « *fallait être Newton pour voir que la lune tombe, alors que tout le monde voit bien qu'elle ne tombe pas* », Paul Valéry montre que le génie scientifique se mesure peut-être à sa capacité de **percevoir autrement que la perception commune, c'est-à-dire autrement que l'opinion**. C'est ce que suggère également Gaston Bachelard lorsqu'il montre comment la science doit se construire « *contre l'opinion* ». En affirmant que « *l'opinion pense mal,* [qu']*elle ne pense pas* » (*La Formation de l'esprit scientifique*), Bachelard fait de la perception commune un « *obstacle épistémologique** » que la science doit « *détruire* » pour envisager les choses autrement, à savoir en termes de problèmes et de questions, de doutes. Tel est le travail de la raison pour faire parvenir la perception à une possible vérité.

Valeur de la perception

Perception et conscience

Malgré ses limites, la perception est l'expression de la dimension consciente de l'homme, dimension que l'on peut comprendre, avec Merleau-Ponty, comme inséparable du corps. Je perçois donc avec mon corps conscient – ce qui fait que ma perception me fait saisir le monde extérieur mais aussi moi-même. Si je perçois cette table, par exemple, je perçois la table mais aussi **moi-même comme corps percevant** la table. La perception témoigne alors de la façon dont l'homme est une intériorité ouverte sur elle-même et sur le monde extérieur.

Art et perception

Enfin, la grossièreté de notre perception, limitée à saisir ce qui « sert », peut être également compensée par une autre façon de percevoir, que Bergson attribue aux artistes : ils sont capables de « *percevoir pour rien, pour le plaisir* », en se montrant paradoxalement **détachés du réel**. Autant l'homme commun, concentré sur l'aspect utilitaire des choses*, est incapable de percevoir leur singularité (il confond les choses qui ont le même usage), autant l'artiste, détaché de l'aspect pratique des choses, se montre sensible aux détails qui rendent chaque chose **singulière**, unique.

C'est en ce sens que l'art permet d'élargir les possibilités de notre perception : qu'il s'agisse de l'ouïe (musique) ou de la vue (arts plastiques), l'art n'a de cesse d'**inventer de nouvelles approches de la réalité**. Le cubisme, par exemple, cherche à nous faire voir la réalité comme à travers les 6 faces d'un cube. L'impressionnisme veut permettre à notre regard d'arrêter le temps qui passe. La musique contemporaine, quant à elle, joue avec les capacités de notre oreille à s'ouvrir à des sonorités nouvelles, voire à la dissonance.

La perception

Les auteurs clés

Bergson : perception et utilité

La perception commune est au service de l'action

Dans un passage du *Rire* (1900), Bergson interroge l'objectivité de la perception humaine. Il montre que la perception humaine est influencée par ce que l'homme a en commun avec le reste du vivant : le besoin pratique* d'agir. C'est ce besoin qui conditionne la manière dont l'homme perçoit les choses : il ne perçoit que par rapport à un critère, celui de l'utilité. D'où une perception assez grossière, qui simplifie les rapports entre les choses et tend à les confondre lorsqu'elles ont la même utilité. Comparant la perception humaine à la perception animale, Bergson montre qu'« *il est peu probable que l'œil du loup fasse une différence entre le chevreau et l'agneau* », car ce sont « *deux proies identiques* ». Il explique que l'homme sait, quant à lui, faire la différence entre une chèvre et un mouton, mais il demande si l'homme distingue « *une chèvre d'une chèvre, un mouton d'un mouton* ». En effet, cette différence n'est pas perçue s'il n'est pas « *matériellement utile de la percevoir* ».

La perception de l'artiste est gratuite

Dans *La Pensée et le Mouvant* (1934), Bergson s'attache au caractère « *distrait* » de l'artiste et montre notamment en quel sens cette distraction est paradoxale. Les artistes semblent détachés du réel et pourtant ils en perçoivent des aspects que nous-mêmes, pourtant moins détachés, ne percevons pas. Or, c'est précisément parce que leur perception n'est plus « intéressée », parce qu'elle n'est plus soucieuse d'agir sur la réalité ni d'être efficace, que les artistes perçoivent d'autant plus librement et de façon plus riche. Ils se montrent capables de saisir des choses dont l'habitude nous détourne ou qui nous laissent sinon indifférents.

Merleau-Ponty : corps percevant et corps perçu

Dans son ouvrage *Le Visible et l'Invisible* (posthume, 1964), Merleau-Ponty montre à quel point la perception humaine témoigne du caractère particulier de la conscience, non pas conscience pure mais conscience incarnée, conscience prise dans l'épaisseur du corps, conscience faite chair et faisant partie du monde qu'elle interroge. Ainsi, lorsque la main touche un objet, elle ne saisit pas seulement l'objet qu'elle touche, mais elle se saisit aussi elle-même comme objet (pour l'autre main) – ce qui lui permet de se comprendre comme à la fois sujet touchant et objet touché, réalisant ainsi ce que Merleau-Ponty appelle un « *recroisement en elle du toucher et du tangible* ». Ici, la main qui touche l'autre main en train de toucher les choses fait aussi l'expérience du « *toucher du toucher* » : la perception montre le corps percevant au milieu du monde et dans les choses, comme objet également perçu ; il n'est pas seulement à l'extérieur du monde qu'il perçoit, il en fait partie et l'interroge depuis ce lieu intérieur. Pour Merleau-Ponty, l'inconscient devient, en ce sens, l'origine même de la perception, laquelle s'exprime d'abord comme chair : espace où corps et conscience se confondent.

Les citations clés

▶ **« Le corps propre est dans le monde comme le cœur dans l'organisme »** (Maurice Merleau-Ponty, *Phénoménologie de la perception*, 1945).
Le « *corps propre* » désigne chez Merleau-Ponty le corps vécu, le corps conscient. Ce corps vécu est la condition même de la perception du monde. C'est par lui que le monde est donné non pas comme dans un rapport d'extériorité aux choses, mais comme dans un rapport d'intériorité : le corps qui perçoit le monde fait partie du monde qu'il déploie à travers sa perception ; il ne lui est pas extérieur.

▶ **« Je comprends par la seule puissance de juger qui réside en mon esprit ce que je croyais voir de mes yeux »** (René Descartes, *Méditations métaphysiques*, 1641).
Descartes s'aperçoit, en regardant par la fenêtre, qu'en voyant des manteaux et des chapeaux il en conclut que ce sont des hommes qui passent dans la rue. Or, il ne voit pas réellement des hommes, mais simplement des manteaux et des chapeaux. C'est donc par l'esprit que l'on connaît et non pas par les sens.

Cf. fiches 1, 2, 10, 14, 30 (6, 19), 51, 55, 79

5 — AUTRUI

Autrui (du latin *alter*, « l'autre, celui qui n'est pas le même ») désigne l'autre dans sa dimension de personne (comme être conscient distinct d'une simple chose*), de sujet moral. Autrui est à la fois celui qui n'est pas moi (une autre conscience, celui que je ne suis pas) et le même que moi (c'est-à-dire un sujet comme moi, une conscience comme moi, une subjectivité). La réflexion philosophique interroge la relation à autrui, le mode de communication de ces consciences à la fois mêmes et autres : ne peuvent-elles qu'entrer en conflit et se tolérer par nécessité ou bien une vraie relation de respect est-elle possible ?

Autrui comme obstacle

Une relation de conflit

On peut concevoir la relation à autrui comme essentiellement marquée par le **conflit** et la rivalité, chaque conscience cherchant à s'imposer à l'autre en exprimant sa dimension de liberté et sa capacité à désirer. L'analyse que propose Hobbes de l'état dit « de nature » montre ainsi des individus aux aptitudes différentes mais finalement égaux dans la guerre de « *tous contre tous* » qui les opposerait dans leur lutte pour la survie et pour le pouvoir.

Une lutte pour être reconnu par autrui

D'une autre façon, Hegel montre que la conscience de soi passe par une « *lutte pour la reconnaissance* », véritable lutte à mort dans laquelle chaque conscience cherche à être **reconnue par l'autre comme conscience**, en montrant sa capacité à risquer sa vie. La conscience qui parvient à affirmer sa liberté à l'égard des valeurs vitales est alors reconnue par l'autre comme conscience. Celle qui reste attachée à la vie est au contraire esclave, non reconnue par l'autre comme conscience (avoir peur de mourir est, en ce sens, une manière de dépendre de l'autre).

Une perte de liberté

Autrui peut être conçu comme une conscience qui juge, qui nous enferme dans un jugement, et qui par là même nous prive de notre liberté : face au jugement d'autrui, je ne suis plus qui je veux, je deviens un **objet pour le regard d'autrui**, je deviens ce que je suis pour autrui (ce que Sartre appelle « *l'aliénation* »).

Autrui comme moyen

Autrui nécessaire à la constitution du « Je pense »

Il apparaît que cette dimension conflictuelle de la relation à autrui peut être complétée par des aspects positifs, faisant d'autrui un moyen nécessaire à l'élaboration de notre propre conscience. Si, pour Descartes, le « Je pense » qui fait de l'homme un sujet se découvre dans la solitude (solipsisme*), il apparaît plutôt que le « Je pense » a besoin d'une autre conscience pour le constituer comme tel. Ainsi, un enfant a besoin qu'une autre conscience le reconnaisse et lui dise « tu » pour prendre conscience de lui-même et dire « je ».

Autrui nécessaire à la connaissance de soi

De même, Sartre interroge la manière dont autrui, tout en nous privant de notre liberté en nous enfermant dans son jugement, nous permet de nous voir **extérieurement**, tel un **objet** – ce que notre conscience seule ne peut faire sans risquer de se mentir à elle-même dans une attitude de mauvaise foi. D'un point de vue philosophique, autrui peut prendre la figure de Socrate*, lequel délivre les sophistes* de leurs faux savoirs et les invite à philosopher, imposant à chacun le fameux « *Connais-toi toi-même* ». Le mode du dialogue ou de l'échange remplace alors le mode du conflit.

Autrui comme fin : les différentes figures du respect

Respecter autrui comme semblable

La relation à autrui peut être plus encore conçue comme essentiellement morale et fondée sur le respect. Au-delà du simple respect de convention, imposé par la nécessité de vivre ensemble, on peut concevoir un respect plus **désintéressé**, dégagé de tout intérêt, nous imposant de respecter autrui « pour le respecter ». Dans la formulation de l'**impératif catégorique** (symbole du vrai devoir), Kant fait d'autrui la personne que je dois m'interdire d'utiliser et que je dois traiter comme une « fin » en elle-même.

Autrui

Respecter autrui pour sa différence

Plus encore, on peut s'interroger sur la possibilité et le devoir de respecter autrui pour sa **différence**, pour son altérité, et non pas parce qu'il est « mon semblable ». Le visage d'autrui, ouvert sur l'infini de l'altérité et exprimant sa fragilité fondamentale, incarne ainsi pour Lévinas « la » règle éthique : l'interdiction de tuer. C'est ce qui me rend responsable d'autrui avant tout.

Les auteurs clés

Sartre : honte et reconnaissance de soi

Dans *L'Être et le Néant*, Sartre interroge la difficulté du rapport à autrui. D'un côté, autrui me prive de ma liberté en faisant de moi un objet pour lui, pour son jugement. D'un autre côté, ce jugement me permet de me voir tel qu'autrui me voit, de façon extérieure – ce que je ne peux faire moi-même seul. Plus particulièrement, Sartre analyse l'expérience de la honte, qu'il qualifie de « reconnaissance de soi ». En effet, lorsque je fais un acte honteux (exemple du voyeur), je ne peux me voir extérieurement tel que je suis, car je suis pris dans mon acte, occupé à agir. Si je suis surpris dans cet acte honteux par le regard d'autrui, alors cela m'arrache à moi-même et je me vois tel que j'apparais à autrui, et j'ai honte. Cette honte signifie que je me « reconnais », au sens où j'admets être tel qu'autrui me voit, et que j'admets qu'autrui ne se trompe pas et que je ne me voyais pas tel que j'étais vraiment.

Kant : respecter en l'autre sa dimension de sujet

Dans les *Fondements de la métaphysique des mœurs* (1785), Kant cherche à définir l'essence du vrai devoir, qu'il met en évidence à travers une forme spécifique d'injonction morale : l'impératif catégorique. Celui-ci, parce que catégorique, symbolise le devoir fait sans condition, sans intérêt extérieur à lui-même. Il s'agit du devoir fait « par » devoir. À l'inverse, l'impératif hypothétique qualifie un devoir fait pour autre chose que par respect pour la loi morale (par exemple, le commerçant qui est honnête pour préserver ses affaires). Autrui prend dans l'exigence morale de l'impératif catégorique la figure de la personne humaine que je me dois de respecter en ne la traitant pas comme un instrument. La formule « *Agis de telle sorte que tu traites l'humanité aussi bien dans ta personne que dans la personne de tout autre jamais simplement comme un moyen mais toujours en même temps comme une fin* » signifie qu'autrui est, tout comme moi-même, un être que je me dois de respecter en tant que sujet moral, en tant que conscience et être de liberté.

Lévinas : l'éthique* du visage

La morale de Lévinas est davantage une éthique concrète qu'une morale abstraite faite de valeurs à définir. Ainsi, mon rapport au visage d'autrui me plonge d'emblée dans une relation éthique, et autrui est l'origine et le fondement mêmes de la morale. Certes, Lévinas montre que l'on peut passer à côté de cette dimension morale, lorsque, par exemple, nous cherchons à connaître autrui, à le ranger dans les catégories habituelles qui caractérisent la connaissance en général ; mais si nous nous en tenons à la signification même du visage d'autrui, alors nous pouvons y lire la loi morale « Tu ne tueras point ». En effet, le visage d'autrui, par sa nudité, exprime la dimension fragile de l'autre, son altérité radicale que rien ne peut saisir ni enfermer, son infinité. Il est alors possible de comprendre qu'autrui est à ma charge avant même que je ne sois à ma charge. Le visage d'autrui est un appel à la responsabilité, fondée sur la différence et non sur la similitude.

Les citations clés

▶ **« L'enfer, c'est les autres » (Jean-Paul Sartre, *Huis clos*, 1944).**
Sartre analyse le rapport entre trois personnages condamnés à vivre éternellement ensemble en enfer. Or, le pire pour eux est le regard et le jugement des autres, qui menacent leur liberté fondamentale. Ils sont réduits à être ce que les autres jugent qu'ils sont. Ils ne peuvent plus être ce qu'ils veulent être pour eux-mêmes.

▶ **« Autrui est le médiateur indispensable entre moi et moi-même » (Jean-Paul Sartre, *L'Être et le Néant*, 1943).**
Sartre montre ici le rôle fondamental que joue le regard de l'autre, notamment dans l'expérience de la honte. La honte est en effet une manière de reconnaître que je suis bien tel qu'autrui me voit ; c'est une manière de sortir de la mauvaise foi consistant à ne pas vouloir se voir tel qu'on est.

Cf. fiches 1, 26, 28, 30 (15, 24), 58, 76, 78

6 LE DÉSIR

Le mot *désir* (du latin *de*, « absence de », et *sidus*, « astre, étoile ») se définit comme un manque (une tension) visant un but (la satisfaction) au moyen d'un objet. Il semble conscient et choisi, là où le besoin semble soumis à la simple nécessité. L'étymologie suggère aussi que le désir est essentiellement nostalgique (*de* exprime en effet l'idée de « regret ») et qu'il idéalise l'objet de son manque (l'étoile suggère un objet inaccessible). La réflexion philosophique porte donc sur la valeur à attribuer au désir humain : est-il l'expression de la liberté humaine et du bonheur ou bien source d'esclavage et de malheur ?

L'apparente maîtrise du désir

Désir et besoin

Le désir se distingue du besoin en ce qu'il implique la **conscience**. Alors que le besoin est déterminé par la nécessité et obéit au déterminisme* du corps cherchant à se maintenir en vie (boire, se nourrir, se défendre...), le désir semble, au contraire, motivé par la conscience. Il apparaît alors comme illimité et propre à chacun.

Désir, liberté et bonheur

Le désir est donc, apparemment, l'expression de la liberté humaine. Là où l'animal est réduit au besoin de manger, l'homme peut désirer manger telle ou telle chose et inventer des objets à ses désirs. La conscience semble s'interposer entre le désir et sa satisfaction, pour permettre un **choix**. Le désir semble également permettre le bonheur, puisqu'il vise toujours le même but : la **satisfaction**. Désirer être insatisfait apparaît, en effet, comme contradictoire. Ainsi, pour Calliclès, dans le *Gorgias* de Platon, être libre et heureux signifie « *remplir tous ses désirs, à mesure qu'ils éclosent, sans les réprimer* ».

Les illusions propres au désir

Le désir peut être inconscient

Certes, la conscience semble accompagner nos désirs (nous affirmons savoir ce que nous désirons), mais il peut arriver que nous ne sachions pas pourquoi nous désirons telle ou telle chose. Freud montre ainsi que l'objet de nos désirs peut être **symbolique** et qu'il s'enracine dans des **pulsions** que nous détournons inconsciemment de leur but véritable : nous tombons amoureux d'un être qui nous rappelle une autre personne (père, mère...), mais nous ne le savons pas.

Le désir peut rendre esclave et insatisfait

De même, nous croyons choisir nos désirs. Or, il apparaît plutôt que nous subissons le désir et en sommes dépendants, parce qu'il s'enracine davantage dans le **corps** que dans l'esprit. Spinoza montre, par exemple, que l'enfant croit désirer librement du lait, alors que c'est son corps qui le pousse à désirer du lait. Par ailleurs, le désir peut avoir tendance à reproduire les désirs d'autrui : nous désirons ce qu'autrui désire, parce que cela nous permet d'avoir sa **reconnaissance** (Hegel). Enfin, on peut supposer avec Schopenhauer que le désir ne peut que nous laisser insatisfait : nous souffrons le temps que nous désirons et nous montrons incapable d'apprécier le moment de la satisfaction, car elle nous plonge dans l'ennui et nous pousse à désirer autre chose.

Désir et connaissance

Pour autant, il serait contre nature de chercher à renoncer au désir, lequel peut être compris comme « *l'essence* * *de l'homme* » (Spinoza), une manière pour lui de chercher à accroître sa puissance **existentielle**. Il est plus raisonnable de chercher à modérer ses désirs et à s'en rendre **maître par la connaissance** que de chercher à les réprimer (Freud montre, en ce sens, que la répression de la sexualité est à la source des névroses). On peut ainsi distinguer différents désirs, en en faisant une « classification » (Épicure), afin de savoir lesquels satisfaire pour rester libre et atteindre une vraie satisfaction. On peut aussi viser la sublimation des désirs (Nietzsche, Freud) en les détournant de leur origine pulsionnelle et instinctive, pour leur donner un objet plus noble, plus élevé spirituellement (remplacer, par exemple, l'instinct de vengeance par l'aspiration à la justice).

Le désir

Les auteurs clés

Épicure : la classification des désirs

Désirs naturels et nécessaires, désirs naturels seulement, et désirs vains

Le philosophe grec de l'Antiquité, dans sa _Lettre à Ménécée_, explique comment le bonheur passe par la classification des désirs. Il s'agit de savoir quels désirs sont susceptibles de procurer une vraie satisfaction et quels désirs sont susceptibles de demeurer insatisfaits. Épicure distingue trois types de désirs : les désirs naturels et nécessaires (manger ce qu'il faut pour rester en vie et en bonne santé, par exemple), les désirs naturels seulement (manger de bons mets) et les désirs vains (désirer la richesse, par exemple). Seuls les premiers conduisent à un plaisir stable correspondant pour Épicure au vrai bonheur, car ces désirs sont facilement satisfaits par la nature et n'engendrent pas la dépendance ; les deuxièmes, bien que naturels, sont plus difficiles à satisfaire (on ne trouve pas toujours de bons mets) et enfin les derniers sont des désirs insatiables.

La métriopathie

Épicure développe également la notion de « métriopathie » (du grec _metron_, « mesure », et _pathos_, « douleur »), c'est-à-dire l'idée qu'il faut calculer les plaisirs et les peines à attendre de la satisfaction d'un désir. En effet, Épicure montre que certains plaisirs sont suivis de douleur (pensons, par exemple, aux excès de nourriture) et, inversement, certaines douleurs sont suivies de plaisir (pensons, par exemple, à une vaccination). Pour être vraiment satisfait et heureux, il faut donc savoir apprécier les conséquences de nos désirs, lesquelles peuvent nous dissuader de combler certains désirs.

Nietzsche : la spiritualisation des passions

Condamnant les morales ascétiques et la religion pour leur démarche « castratrice », Nietzsche s'emploie à montrer que d'autres moyens sont susceptibles de débarrasser les désirs humains de leur aspect passionnel et néfaste. Il compare ainsi la religion à un dentiste incapable de soigner une dent et étant réduit à l'arracher. Pour Nietzsche, les passions ont certes un caractère de bêtise qui rend l'homme dépendant et aveugle, mais elles peuvent être spiritualisées, c'est-à-dire détournées de leur objet primitif et instinctif pour se consacrer à un objet plus noble. Cette « sublimation » peut notamment s'appliquer à ce que Nietzsche appelle _« l'instinct de connaissance »_, pour le transformer en philosophie. De même, l'instinct de « pétrir » des formes se sublime en art et l'instinct de vengeance peut être remplacé par la justice, voire par le pardon (la grâce). C'est là le rôle de la culture que de détourner l'instinct de ses objets primitifs sans lui enlever son caractère vital et créateur. La culture doit élever les désirs humains et les transformer sans pour autant réprimer ni détruire la vie qui s'exprime et s'affirme à travers eux.

Freud : la sublimation

La théorie freudienne met également en avant le côté pathogène (qui rend malade) de certaines formes d'éducation trop répressives à l'égard de la sexualité. Freud reprend une vieille légende allemande racontant comment des villageois fiers de leur cheval mais économes avaient décidé de diminuer chaque jour sa ration d'avoine d'un grain. Le cheval avait fini par mourir de faim. Il en va de même à l'égard de nos désirs, selon Freud, et à l'égard de leur ancrage sexuel. La répression ne fait qu'engendrer la névrose ; il faut plutôt détourner les désirs de leurs buts sexuels tout en leur conservant leur énergie et en les mettant au service d'œuvres moralement et socialement plus élevées : notamment à travers le travail et l'art.

La citation clé

▶ « Malheur à qui n'a plus rien à désirer ! » (Jean-Jacques Rousseau, _Julie ou la Nouvelle Héloïse_, 1761).

Rousseau montre ici la valeur du désir en lui-même, en tant que manque et non en tant que satisfaction. Nous sommes en ce sens plus heureux en imaginant notre désir comblé, en pensant à ce qui nous manque et en espérant l'obtenir, que lorsque nous satisfaisons réellement notre désir. En effet, l'objet réel de notre désir est toujours en deçà de ce que nous avons imaginé. Mieux vaut donc avoir des désirs à combler que des désirs comblés, et mieux vaut avoir quelque chose à désirer que de n'avoir plus rien à désirer.

_Cf._ fiches 1, 3, 26, 29, 30 (6), 33, 59, 66

7 L'EXISTENCE ET LE TEMPS

Les notions d'« existence » et de « temps » semblent inséparables. Nous existons dans le temps et notre existence se confond avec lui. Par ailleurs, la notion d'« existence » (du latin *ex*, « hors de », et *stare*, « se tenir ») suggère que l'on est capable de ne pas être « dans » le temps au même titre que n'importe quel être vivant. Nous pouvons nous positionner par rapport au temps. Quels sont alors les différents modes de relations possibles de la conscience au temps ?

Un temps irréversible, une existence tragique

L'irréversibilité essentielle du temps
Le temps semble marqué par le fait de ne passer que dans un sens, en **allant du passé vers l'avenir**, sans possibilité d'un chemin inverse. Dans l'espace, au contraire, les allers-retours sont possibles. La pensée d'Héraclite insiste déjà sur l'idée que « *rien n'est, tout devient* ». Notre existence se trouve alors soumise au même devenir* que toute chose* existante.

La conscience humaine est conscience du temps
Mais l'homme a conscience du temps qui passe et sa conscience peut même se confondre avec le temps lui-même. Comme le suggère Bergson, c'est par notre conscience que nous relions nos états passés à notre état présent, tout en anticipant l'avenir par nos projets. La conscience est ainsi un « *pont jeté entre le passé et l'avenir* », « *mémoire et anticipation* ». L'animal, en ce sens, semble vivre dans un unique présent, **sans conscience de lui-même**, sans mémoire de ce qu'il fut ni visée de ce qu'il sera.

L'existence comme contingence*
L'homme est également amené à saisir le caractère contingent de chaque chose. **Tout ce qui existe aurait pu ne pas être.** Rien n'est au fond nécessaire, y compris sa propre existence. Sartre raconte dans *La Nausée* comment cette expérience de la contingence suscite une forme d'écœurement face à une existence que plus rien ne justifie. Heidegger avancera la notion de « *déréliction* » pour suggérer l'idée d'un homme « jeté » dans le monde, sans repères ni rien pour justifier ce qu'il est ni pourquoi il existe.

Fuite du temps et de la mort

L'impuissance de l'homme face au temps
Une des conséquences du caractère tragique de l'existence humaine est l'**impuissance** de l'homme face au temps. Pascal montre, à ce titre, que l'homme est incapable de saisir le temps présent parce que trop occupé à essayer de maintenir le passé ou bien à hâter l'avenir. Il souligne l'incapacité à être par conséquent heureux, ni dans le présent, que l'homme « rate », ni dans le passé et l'avenir, que l'homme ne vit pas ou plus.

Une conscience nostalgique
Une autre conséquence de ce caractère est l'attitude consistant à tourner son regard uniquement vers le passé, pour essayer de conserver ce qui n'est plus en y trouvant toutefois une forme de bonheur **nostalgique**. Le romantisme fait ainsi l'éloge du souvenir et de la nature qui seuls semblent résister au temps et permettre le rappel de jours heureux.

La crainte de la mort
Enfin, l'homme peut être habité par la crainte de la **mort**, comme le souligne Épicure. Le bonheur passerait donc par le fait de ne plus être troublé par la mort, en se disant qu'elle n'est rien, que nous ne la rencontrons pas tant que nous vivons, que nous ne pouvons en faire l'expérience, et qu'il n'y a rien après.

Valeur de la finitude

S'en tenir à l'instant présent
D'autres attitudes plus constructives sont possibles et notamment savoir mieux profiter du présent. Le dernier vers du *Sonnet à Hélène* de Ronsard « *Cueillez dès aujourd'hui les roses de la vie* » est un **appel à la vie** et à l'amour dans ce qu'ils ont de fragile et d'éphémère.

L'art comme source d'immortalité
De même, c'est grâce à la prise de conscience de sa finitude que l'homme cherche à immortaliser des instants de vie en créant **des œuvres d'art**. La beauté devient, en ce sens, une victoire sur le temps qui passe et une manière de saisir l'essence* des choses, soustraite au temps et au devenir.

L'existence et le temps

Les auteurs clés

Bergson : le temps vécu de la conscience n'est pas le temps des mathématiciens

La philosophie de Bergson centre son interrogation sur la durée, c'est-à-dire sur le temps tel qu'il est vécu par la conscience, qu'il distingue du temps mathématique, spatial, mesurable par les aiguilles d'une montre, quantitatif et objectif (une seconde est une seconde). Le temps de la conscience est un temps qualitatif, subjectif, variable selon les états de notre conscience. Ainsi, pour une conscience qui s'ennuie, le temps passe lentement, et pour une conscience qui s'amuse, le temps passe vite. Cette distinction permet à Bergson de valoriser l'intuition*, c'est-à-dire la coïncidence possible avec les choses, qui seule nous permet d'en saisir l'essence*. Bergson prend l'exemple du sucre qui fond dans une tasse : je dois attendre qu'il fonde, et cette attente est une manière de coïncider avec la chose elle-même. Le temps de la conscience devient ainsi la durée qui saisit la qualité fondamentale des choses.

Pascal : le divertissement

Chez Pascal, le caractère tragique de la finitude humaine est vécu par l'homme sans foi dans l'angoisse de la mort et l'ennui, à comprendre comme dégoût de l'existence. Le divertissement est alors le moyen pour l'homme privé de Dieu d'occuper son temps à ne pas penser à la mort. C'est une fuite et un oubli. Par conséquent, ce n'est pas une attitude authentique, même si elle est compréhensible. Le divertissement obéit en fait à un mécanisme. Parce que l'homme ne peut rester « *en repos dans une chambre* » (où il penserait à sa condition tragique), il est amené à rechercher des passions violentes (chasse, jeu, guerre...) pour s'occuper activement l'esprit. Le divertissement est alors une autre forme de misère de l'homme sans Dieu.

Sartre : contingence* et liberté

La philosophie de Sartre affirme la liberté fondamentale et totale de l'être humain, à travers l'idée de « transcendance* ». L'homme est cet être qui, à la différence des choses*, peut ne pas être ce qu'il est. Son existence est ce qui seul décide de ce qu'il est et rien ne détermine à jamais un être humain à être ceci ou cela. Même le passé peut être sans cesse réactualisé par le présent et modifié par nos actes. Mais cette liberté est du même coup une manière d'affirmer que l'homme n'a aucune nature à laquelle se raccrocher pour se réfugier dans un « Je suis ce que je suis » ou un « Je ne peux pas être autrement que ce que je suis ». L'existence humaine est pure contingence ; elle est ce qui aurait pu ne pas être ou bien ce qui peut être autrement. D'où l'idée sartrienne de la liberté comme fardeau, fardeau auquel l'homme tente d'échapper par la mauvaise foi, en cherchant à se réfugier dans un statut de chose pouvant notamment excuser ce qu'il est. Pour Sartre, l'existence authentique doit au contraire assumer cette liberté totale qui fait de l'homme le seul responsable de lui-même et du monde entier.

Nietzsche : la portée morale de l'éternel retour

L'idée de Nietzsche selon laquelle tout dans le monde serait amené à se répéter à l'identique est une intuition plus qu'une affirmation théorique. Il s'agit surtout pour l'homme d'utiliser cette idée d'un « éternel retour des choses » pour mener une vie plus volontaire. C'est aussi une manière de relativiser le temps linéaire dont se plaignent les hommes : au fond, cela les arrange de savoir que chaque instant disparaît ; ils supporteraient plus mal encore la perspective d'un temps cyclique amenant toute leur existence à se répéter à l'identique. Mais pour l'homme doué de volonté, qui affirmerait chaque moment de son existence dans un souci d'authenticité et de création, la perspective de l'éternel retour des choses serait enthousiasmant ! Seul le surhomme est en ce sens capable de supporter cette idée, parce que chaque instant de sa vie est l'affirmation de sa puissance vitale, de sa vitalité créatrice.

Les citations clés

▶ **« L'existence précède l'essence » (Jean-Paul Sartre, *L'Être et le Néant*, 1943).**
Sartre veut montrer que l'homme n'est pas déterminé par une nature (une essence), mais que c'est lui-même qui, par sa liberté et au travers de son existence, de ses actes, se définit et choisit ce qu'il veut être. L'homme existe donc d'abord et se définit après.

▶ **« Nous ne nous tenons jamais au temps présent » (Blaise Pascal, *Pensées*, 1670).**
Pascal souligne en quel sens la condition humaine est tragique, l'homme étant incapable de saisir le temps présent et de l'apprécier pour lui-même. Il est toujours dans l'attente du futur ou dans la nostalgie du passé. L'homme est, en ce sens, condamné à ne jamais être heureux.

Cf. fiches 1, 2, 27, 29, 30 (5, 10), 46, 69, 76

8 LA CULTURE

La culture désigne à la fois l'action de transformer la nature (le monde extérieur mais aussi l'homme) et le résultat de cette action (les termes allemands *Bildung* et *Kultur* expriment respectivement ces deux sens). La culture peut donc s'appliquer à différentes choses : culture de la terre, culture physique, culture de l'esprit. On distingue également la culture humaine en général (tous les produits de la culture) et les différentes cultures (propres à telle ou telle société). La question est de savoir si la transformation opérée par la culture est nécessairement une amélioration, un accomplissement. La culture ne peut-elle pas être déshumanisante ? Quelles seraient alors les conditions d'une « bonne » culture ? Par ailleurs, si la culture définit l'homme, peut-on encore opposer « nature » et « culture » ? L'homme peut-il encore être compris comme un « être naturel » ? Tout n'est-il pas « culturel » en lui ?

Nécessité de la culture

L'idée de « nature humaine »

Lorsqu'on invoque la nature humaine, on suggère par là que **l'homme naît homme** et qu'il a en lui, de façon innée, tout ce qui caractérise un être humain. Ici, l'homme apparaît comme un être « naturel », au sens où il serait spontanément homme, sans avoir besoin d'une intervention extérieure, au même titre que la nature qui, livrée à elle-même, « pousse » d'elle-même et subsiste par elle-même (sens du mot grec *phuein* : « pousser, croître », qui a donné *phusis* et *physique*). Lorsque Rousseau pose que « *l'homme naît bon,* [et que] *c'est la société qui le corrompt* », il affirme par là même la présence en tout homme d'un élément constitutif, naturel, à comprendre ici comme « originel ». De même, lorsque Hobbes affirme que « *l'homme est un loup pour l'homme* », il pose l'idée d'un homme naturellement agressif et dominateur, de par les conditions difficiles imposées par la vie à l'état de nature.

Remise en question de cette idée

On peut toutefois remettre en question cette conception selon laquelle l'homme serait au fond un être naturel. Les études réalisées sur les enfants sauvages montrent plutôt qu'un être humain privé très tôt de toute éducation, de toute culture, n'accède pas à l'humanité (*cf.* fiche 6) et reste un « *moindre animal* » (Lucien Malson). La philosophie de Sartre insiste sur l'idée qu'« *il n'y a pas de nature humaine* », au sens où rien ne prédétermine un homme à être tel ou tel (et notamment homme) : **l'homme est le résultat de ce qu'il fait**, de ce qu'il veut être, et s'il faut le définir par une « nature », alors celle-ci est **la liberté**, le fait de ne pas avoir de nature.

L'homme : des facultés spécifiques et des besoins naturels

Si Sartre peut affirmer que l'homme n'est « rien », il n'empêche que l'homme naît avec un potentiel, des facultés spécifiques (la conscience, le langage, l'imagination, le sens esthétique...). **L'homme est donc homme « en puissance »** (*cf.* fiche 30, repère 7), mais il ne peut actualiser ses potentialités seul, spontanément : **il lui faut être éduqué**, c'est-à-dire en quelque sorte « conduit » à l'humanité. À ce titre, un enfant possède en lui la faculté de parler, mais il ne parlera jamais si on ne le lui apprend pas.

Par ailleurs, l'homme naît en ayant en lui **d'autres éléments naturels**, non plus spécifiques, mais au contraire **communs avec le reste du vivant** : instincts et besoins à satisfaire, sans lesquels il ne pourrait survivre, comme le fait de boire ou de manger. Ces traits le rattachent à l'animalité.

Rôle de la culture : développement et négation

Le développement de toutes les facultés

Si la spécificité de l'homme se réduit à de simples facultés, alors la culture est à comprendre comme le seul moyen permettant le développement de celles-ci jusqu'à leur accomplissement. Un être civilisé est, en ce sens, un être dont on a réussi à **développer tous les potentiels humains**, de manière équilibrée, **en ne négligeant aucune aptitude**. Dans le cas où un individu aurait des prédispositions dans tel ou tel domaine, Alain préconise de mettre au contraire l'accent sur ce qu'il n'aime pas, sur ce qui pour lui est le plus difficile.

(suite, p. 30)

La culture

Les auteurs clés

Sartre : il n'y a pas de nature humaine

Le coupe-papier : un objet dont l'essence* précède l'existence

Dans *L'existentialisme est un humanisme* (1946), Sartre explique la différence entre un objet fabriqué et l'être humain. Le coupe-papier est produit d'une certaine manière : il est d'abord défini, puis fabriqué d'après cette définition. Cet objet a bel et bien une nature au sens où il est par avance déterminé à être ceci ou cela. Cette nature est, selon Sartre, un « concept » qui enferme la définition de l'objet, sa fonction (à quoi il va servir), ainsi que sa recette de fabrication (comment le réaliser). Sartre montre ainsi que l'essence du coupe-papier précède son existence : il est défini avant même d'exister et son existence n'est qu'une sorte d'application de sa définition.

L'homme : un être dont l'existence précède l'essence

Sartre montre ensuite que, si l'on croit en un Dieu créateur, alors l'homme peut être comparé au coupe-papier, à savoir : un objet fabriqué dont l'essence précède l'existence. Dieu serait en effet assimilable à un artisan supérieur, concevant l'homme en son esprit avant de le créer. Mais si Dieu n'existe pas, alors l'homme devient un être pour qui, au contraire, « *l'existence précède l'essence* ». Cela signifie que l'homme n'est pas défini avant son existence, qu'il « *existe d'abord, se rencontre, surgit dans le monde, et se définit après* ». Cela signifie que l'homme est ce qu'il veut être et que c'est donc par la liberté qu'il faut le définir. Certes, l'homme ne choisit pas tout, mais, dans ce qu'il ne choisit pas, il peut tout de même choisir sa manière d'être (manière d'être malade, par exemple).

Alain : instruction et vocation

Contrarier les goûts

Selon Alain, une bonne éducation doit permettre de développer toutes les aptitudes de l'individu. Il pose ainsi qu'il « *ne faut pas orienter l'instruction d'après les signes d'une vocation* », mais qu'il faut plutôt contrarier les goûts. En effet, les goûts peuvent être trompeurs et « *il est toujours bon de s'instruire de ce qu'on n'aime pas* ». C'est pourquoi Alain donne l'exemple du poète que l'on doit pousser aux mathématiques ou bien du scientifique que l'on doit pousser à l'histoire ou aux lettres. Cette idée va contre le sens commun qui veut que l'on privilégie les dons naturels des enfants et des individus, en négligeant ce pour quoi l'on pense qu'ils ne sont pas faits. Alain montre que cette idée vaut pour l'apprentissage mais non pour l'instruction. En effet, lorsqu'il s'agit d'apprendre un métier, par exemple, ou un savoir-faire, sans doute est-il bon de s'appuyer sur des vocations qui rendraient cet apprentissage plus facile et plus efficace. Mais l'instruction porte sur la totalité de l'individu, sur sa formation morale et intellectuelle, ainsi que manuelle. Elle est, selon Alain, synonyme de « culture générale ».

L'homme : un « génie universel »

Selon Alain, ce qui explique cette exigence de développer l'ensemble des aptitudes humaines, c'est le devoir de concevoir l'homme comme un « *génie universel* ». Cela ne signifie pas que tout homme est effectivement un génie, un être capable de s'instruire de tout, mais qu'il faut le supposer *a priori* capable d'une telle universalité. En effet, puisque l'homme doit tout apprendre et qu'il ne naît pas omniscient, on ne peut que présupposer en chaque être (enfant) les mêmes aptitudes humaines, la même égalité de droit – ce qu'on appelle par ailleurs « l'égalité des chances ».

La citation clé

▶ « L'homme n'est rien d'autre que ce qu'il se fait » (Jean-Paul Sartre, *L'existentialisme est un humanisme*, 1946).

Par cette phrase, Sartre résume l'idée selon laquelle il n'y a pas de nature humaine. On ne peut attribuer à l'homme une essence prédéfinie. Si quelque chose doit définir l'homme, c'est, selon Sartre, la liberté d'être ce qu'il veut, la liberté de se définir lui-même à travers les actes et les choix de son existence. L'homme n'est donc rien en lui-même : il n'est que ce qu'il veut être à tel ou tel moment de son existence. Il a toujours l'infinie liberté de ne plus être ce qu'il est ou d'être (de devenir) ce qu'il n'est pas.

L'affirmation de la liberté

Il apparaît que toutes ces facultés visent à affirmer la **liberté** fondamentale de l'homme. Ce dernier cultive donc sa capacité à produire des **pensées** (son esprit), mais aussi son **corps** (qu'il fait « sien » librement), à la fois de façon **individuelle** et **collective** (dans une société donnée).

La négation du naturel

Enfin, la culture s'emploie à **nier les instincts naturels** de l'homme par des règles lui imposant **discipline** et **contrainte***. La culture cherche ainsi à réprimer ce qui en l'homme ne serait pas spécifique, pour le transformer en quelque chose d'humain : par exemple, l'homme a besoin de manger, boire, dormir, mais il affirme sa capacité (liberté) à faire tout cela d'une façon qu'il a choisie. Ce que l'homme a en lui de naturel, d'instinctif se voit alors éliminé au profit de conduites artificielles, transformées, qui correspondent à un travail de **réappropriation** : faire sien librement ce qui au départ est imposé par la nature.

Critique possible de la culture et des cultures

Critique reposant sur l'ethnocentrisme

Il devient alors possible de juger la culture ou une culture en se demandant si elle contribue bel et bien à faire passer l'homme du stade naturel ou animal au stade humain. De ce fait, plus une société serait restée proche de la nature, moins elle aurait de valeur. En ce sens, les cultures dites « primitives » seraient des cultures inférieures. Mais l'ethnologue Claude Lévi-Strauss montre que ce jugement repose sur **l'ethnocentrisme**, attitude consistant à prendre sa propre culture comme critère de comparaison. En prenant les sociétés modernes comme modèles de développement, les autres cultures apparaissent comme des cultures inférieures. Or, Lévi-Strauss montre que **toute culture**, même peu développée sur le plan technique ou intellectuel, **est autant culture qu'une autre** : elle possède des règles de vie très complexes qui montrent qu'elle a rompu radicalement avec la nature. Lévi-Strauss met

en avant **la règle** que l'on retrouve au **fondement de toutes les cultures** et qui est la **prohibition de l'inceste** : l'interdiction plus ou moins large d'avoir des relations sexuelles dans une même famille.

L'absence de critique : le relativisme culturel

Faut-il pour autant poser que **toutes les cultures se valent** et défendre l'idée d'un « À chacun sa culture » ? Tel est ce qu'on appelle « le relativisme culturel ». C'est une manière d'affirmer une volonté d'ouverture et de tolérance à l'égard de cultures très différentes de la nôtre, que l'on s'interdirait de juger du fait qu'on ne peut le faire objectivement. Pour autant, cela reviendrait à tolérer ce qui, dans une culture (la nôtre ou une autre), se révélerait inhumain. Par exemple, peut-on défendre des pratiques comme l'excision, le mariage forcé, la lapidation ou la condamnation à mort ? Ici, il semble bien y avoir un **devoir de jugement et de condamnation** à l'égard de certains aspects de la culture ou d'une culture. Certaines règles semblent bel et bien contraires à la vocation même de la culture : l'affirmation de la liberté et la valorisation des aptitudes humaines.

Un jugement reposant sur des critères moraux

Ce jugement devrait alors reposer sur le respect de la **liberté**, à comprendre au sens moral de « **respect de la personne** ». Respecter la dignité de la personne, c'est là peut-être le devoir de toute culture et de toute pratique. Pour Lévi-Strauss, aucune société n'est parfaite à ce titre et toutes possèdent ce qu'il appelle un « *résidu d'iniquité* », à savoir une **forme d'injustice** qui résisterait à l'entreprise d'humanisation de la culture : tandis que certains pratiquent l'anthropophagie, d'autres dissèquent leurs cadavres ou condamnent à mort leurs criminels...

Culture et liberté

Cela revient à poser une **double exigence**. D'une part, il faut reconnaître que l'on doit tout à sa culture, mais, d'autre part, il faut savoir s'affranchir des cadres parfois rigides et fermés dans lesquels elle nous enferme. Comme l'éducation, **la culture est ce qui doit nous conduire à la liberté**.

La culture

L'auteur clé

Lévi-Strauss : aucune société n'est parfaite

La prohibition de l'inceste comme passage de la nature à la culture

Dans _Les Structures élémentaires de la parenté_ (1949), Claude Lévi-Strauss (1908-2009) analyse une règle qu'il trouve dans toutes les sociétés : la prohibition de l'inceste. Cette règle est la seule à être à la fois une règle universelle (donc naturelle) et une norme particulière (donc culturelle). En effet, « tout ce qui est universel, chez l'homme, relève de l'ordre de la nature et se caractérise par la spontanéité ; tout ce qui est astreint à une norme appartient à la culture ». Pour ces raisons, Lévi-Strauss qualifie la prohibition de l'inceste de « passage » de la nature à la culture. Plus précisément, Lévi-Strauss montre que cette règle exprime le but même de la culture, à savoir : introduire un ordre là où la nature laisse les choses livrées au hasard. En l'occurrence, l'interdiction de l'inceste introduit un ordre dans la sexualité, en imposant des unions qui, dans la nature, seraient livrées à elles-mêmes. Cette règle fait ainsi émerger « _l'existence du groupe comme groupe_ », c'est-à-dire du groupe social, groupe organisé dont les individus sont reliés par des règles. C'est pourquoi, plus largement, cette prohibition est la règle fondamentale de l'échange, de la communication (femmes, biens, services, messages), base de la vie en société.

L'ethnocentrisme

Dans _Race et Histoire_ (1952), Lévi-Strauss analyse et critique l'attitude consistant à juger une autre culture à partir de la sienne, en se mettant au centre. Cette démarche, appelée « ethnocentrisme », aboutit le plus souvent à considérer les cultures différentes de la sienne comme étant inférieures. Les sociétés occidentales, fortement développées sur le plan technique, jugent les cultures restées proches de la nature comme étant des sociétés primitives. Lévi-Strauss montre qu'un décentrement s'impose, lequel permet de comprendre que toute culture est autant déve-loppée qu'une autre, sur le plan de son aptitude à s'adapter aux conditions de vie qui sont les siennes. Les Esquimaux, capables de vivre dans des conditions très difficiles, ne sont, en ce sens, pas moins développés que les Occidentaux (par exemple). Leur culture se montre parfaitement capable de maintenir la vie du groupe en tant que tel.

Différentes formes d'anthropophagies

Pour relativiser également le rejet que l'on peut avoir envers les pratiques anthropophages de certaines sociétés, Lévi-Strauss distingue plusieurs formes d'anthropophagies. Il y a ainsi les pratiques alimentaires (consommer de la chair humaine pour s'en nourrir) qui s'expliquent par la carence d'autres nourritures. Lévi-Strauss montre ici que nos sociétés ne sont pas à l'abri de telles pratiques lorsqu'il s'agit de survivre. À côté de ces cas isolés, il y a les pratiques dites « positives », qui sont d'ordre religieux ou magique : ingérer une parcelle du corps d'un ennemi ou d'un ascendant permet de neutraliser son pouvoir ou de s'approprier ses vertus. Lévi-Strauss montre qu'une condamnation morale de ces pratiques repose sur des croyances qui ne sont pas plus justifiées que celles qui fondent ces pratiques.

Inhumanité de nos coutumes pénitentiaires et judiciaires

Parallèlement à ce décentrement en faveur de cultures différentes, Lévi-Strauss montre à quel point nos propres pratiques (notamment pénitentiaires) peuvent être jugées inhumaines par d'autres cultures. En effet, notre système judiciaire veut que le criminel soit exclu du groupe social et enfermé et qu'on le traite à la fois comme un enfant (que l'on punit) et comme un adulte (auquel on refuse toute consolation). Lévi-Strauss montre que certaines sociétés moins développées manifestent plus d'humanité : elles aident au contraire le criminel à réparer ses dommages et à réintégrer le groupe.

La citation clé

▶ « Aucune société n'est foncièrement bonne ; mais aucune n'est absolument mauvaise » (Claude Lévi-Strauss, _Tristes Tropiques_, 1955).

Comparant les différentes sociétés entre elles au moyen de l'enquête ethnographique, Lévi-Strauss montre que toute société fait apparaître « _une certaine dose d'injustice, d'insensibilité, de cruauté_ ». Chaque société apparaît « barbare » à tel ou tel égard à chacun d'entre nous.

_Cf._ fiches 1, 5, 26, 27, 30 (15, 26), 57, 70, 76

9 LE LANGAGE

Le langage, au sens strict, désigne la faculté humaine de communication et d'expression. Elle passe par l'utilisation d'une langue, définie comme un certain système de signes (les mots), et semble avoir comme fin l'échange de nos pensées avec autrui par le biais de la parole. On reconnaît cependant, au sens large, l'existence de langages, notamment dans le monde animal. Aussi, en quoi le langage serait-il proprement humain ? Quels sont les rapports exacts du langage et de la pensée ?

Une faculté à l'image de la pensée humaine

Le langage : faculté liée à la capacité de penser

Les animaux échangent entre eux des informations et disposent de divers moyens pour cela (cris, comportements, etc.). Il est tentant de dire que, comme l'homme, ils extériorisent leurs « pensées ». Cependant, le contenu de leur communication reste réduit et se limite à des fins instinctives. L'acte de communication lui-même est ramené à un comportement mécanique. Chez l'homme, le langage se manifeste comme une **capacité à produire une infinité de discours** possibles, qui témoigne d'une authentique capacité de réflexion. C'est pourquoi Descartes affirme que « *la parole [...] ne convient qu'à l'homme seul* ».

Les mots : « *signes intelligents* »

Le linguiste Ferdinand de Saussure montre d'ailleurs que les mots que nous utilisons sont des **signes inventés** par les hommes eux-mêmes, comme le montre le rapport arbitraire ou conventionnel qu'il y a entre le **signifiant** (le son, la trace écrite) et le **signifié** (l'idée associée). Bergson ajoute que ces signes sont « *mobiles* », c'est-à-dire capables de s'étendre sans cesse à de nouvelles significations. Ils sont donc la marque d'une intelligence susceptible de progrès infinis. Au contraire, les signes du langage animal sont « *adhérents* », limités à un nombre de significations fixes, imposées par la nature.

Les limites du langage

Le langage ne peut exprimer que des généralités

Le langage paraît surtout propre à la communication, au sens où les mots renvoient par essence à des généralités. Il permet de rendre commun ce que chacun a à échanger avec autrui et simplifie notre rapport à l'ensemble de la réalité. Bergson écrit ainsi que les mots sont comme des **« *étiquettes* » commodes au service de l'action**. Mais le langage paraît, pour la même raison, peu propre à une volonté d'expression, définie comme extériorisation de ce que nous pouvons ressentir de singulier.

La langue est un cadre qui détermine la pensée

Le langage impose aussi **certaines limites à la pensée**. Nietzsche fait ainsi remarquer que les règles de grammaire correspondent à une certaine logique et déterminent un certain cercle de pensées possibles. La linguistique montre que chaque langue correspond à un certain découpage du réel et ainsi à **une certaine vision de la réalité**.

Réhabilitation du langage

Le langage : élément indispensable de la pensée

Il semble pourtant que la pensée ne puisse pas se passer du langage. Comme l'affirme Hegel, ce serait une expérience vaine de vouloir penser sans mots et même absurde. Cette affirmation repose sur l'idée que la pensée précéderait les mots et que ces derniers ne serviraient qu'à l'extérioriser. Or, les mots sont bien plutôt **le lieu même où la pensée se précise**. L'ineffable, la « pensée » qui n'a pas encore de mots, n'est pour cela encore qu'une « *pensée à l'état de fermentation* » (*Encyclopédie des sciences philosophiques*, 1817).

Nécessité d'un rapport créatif au langage

Les poètes nous montrent qu'il nous revient de faire de la langue un **usage expressif, singulier et libre**. Il faut pour cela résister au langage « convenu » (« *cuit* », comme l'écrit Desnos). C'est à cette condition que le langage peut prendre toute sa valeur pour l'homme. La connaissance d'autres langues, porteuses d'autres façons de voir le monde, est aussi ce qui permet d'élargir la liberté de la pensée humaine.

Le langage

Les auteurs clés

Descartes : le langage est le propre de l'homme

Dans la cinquième partie du *Discours de la méthode* (1637), Descartes propose l'expérience de pensée suivante : imaginons que l'on fabrique un automate ayant toute l'apparence extérieure d'un animal ; y aurait-il un moyen de savoir s'il s'agit d'un véritable animal ou d'une « *machine* » ? Pour Descartes, non, puisque tout le comportement d'un animal peut être décrit et expliqué de façon « mécanique » (*cf.* fiche 18). En revanche, si l'on construisait un automate à figure humaine, même très perfectionné, « la parole » permettrait de démasquer la supercherie. En effet, parler, au sens propre, c'est savoir répondre « *avec à-propos* », être capable de réponses variées et adaptées à toute la diversité des situations et questions possibles. Il y a là quelque chose d'inimitable par des moyens techniques : la raison, « *instrument universel qui peut servir en toutes sortes de rencontres* ». Les cris, les aboiements, etc. des animaux ne manifestent en revanche pas autre chose que leurs « *passions* » (sensations, appétits...). On ne peut objecter que cela vient seulement de ce que nous ne comprenons pas le langage des animaux. Descartes fait remarquer que n'importe quel homme, parlant une autre langue ou privé des organes de la parole, sait malgré tout montrer par divers moyens qu'il est doué de pensées. Les animaux pourraient donc faire de même, s'ils étaient eux-mêmes doués de raison. C'est pourquoi Descartes conclut que « *la parole [...] ne convient qu'à l'homme seul* » (*Lettre au marquis de Newcastle*, 23 novembre 1646) : le langage est bien propre à l'homme, tout autant que la pensée qu'il révèle.

Bergson : les mots sont des « *étiquettes* » qui nous font oublier le réel

Pour Bergson (*Le Rire*, 1900), le langage s'inscrit par essence dans une logique utilitaire. Il est lié à l'intelligence, dont la finalité est d'offrir à l'homme un rapport efficace au réel. La langue a ainsi tendance à chercher à schématiser, classifier et simplifier le réel. Les mots participent à cette tendance et l'accentuent même. Un mot renvoie en effet à quelque chose de général, alors que la réalité se présente sous la forme de la diversité et de la singularité. Les mots sont ainsi comme des « *étiquettes* » que nous mettons sur les choses et qui nous donnent le sentiment de les connaître. Mais c'est se cacher en même temps tout ce que le réel a de changeant et de nuancé. D'ailleurs, par habitude de recourir au langage, nous finissons par ne plus voir du réel que ce qu'il a de général et de commun. Bergson souligne que cela vaut jusque pour notre vie intérieure la plus personnelle, nos sentiments les plus propres. Nous ne sommes plus attentifs qu'à ce que nous pouvons mettre en mots, à savoir ce qu'il y a de plus impersonnel dans ce que nous ressentons. Nous vivons ainsi dans une sorte de « *zone mitoyenne* », un monde impersonnel et fait de généralités. Pour y remédier, il faudrait essayer de coïncider plus intimement avec notre vie intérieure, pour en suivre « *les mille nuances fugitives* ». Il faut donc recourir à l'intuition*, dont la démarche s'oppose à celle de l'intelligence et qui paraît pour cela plus propre à un souci de connaissance plutôt que d'action. Il s'agit donc en même temps d'une forme de connaissance intraduisible par le langage.

La culture

Les citations clés

▶ « C'est dans le mot que nous pensons » (Georg W. F. Hegel, *Encyclopédie des sciences philosophiques*, 1817).

On ne voit souvent le langage que comme un moyen d'extérioriser nos pensées, moyen bien imparfait souvent par rapport à la richesse de celles-ci. Au contraire, Hegel souligne que les mots donnent une véritable réalité à nos pensées, en leur procurant une forme déterminée.

▶ « Nous nous mouvons parmi les généralités et des symboles [...], nous vivons dans une zone mitoyenne entre les choses* et nous, extérieurement aux choses, extérieurement aussi à nous-mêmes » (Henri Bergson, *Le Rire*, 1900).

Bergson relève ici l'un des effets de notre usage du langage. À force d'utiliser, pour nos besoins de communication, des mots qui ne peuvent désigner que des généralités, nous négligeons ce que le réel peut avoir de riche et de varié. C'est vrai des choses qui nous entourent comme de notre propre vie intérieure.

Cf. fiches 4, 10, 18, 30 (16, 18), 45, 58, 69

10 L'ART

Du latin *ars*, qui traduit le grec *tekhnê*, l'art désigne à première vue le savoir-faire. Ainsi, au sens large, « les arts » désignent toute forme d'activité manifestant ou impliquant une maîtrise technique. Quand on parle de « l'art », on pense cependant aux « Beaux-Arts », avec l'idée qu'il y a un domaine spécifiquement artistique. Qu'est-ce qui le distingue du domaine technique et artisanal ? Comment juger de l'art, si c'est autre chose qu'une compétence technique qui est jugée ? Par ailleurs, l'art est-il le lieu de l'apparence ou celui d'une vérité ? Enfin, peut-on même s'entendre sur ce qu'est « l'art » ?

La création artistique

L'art comme savoir-faire

« Avoir l'art de » faire quelque chose, c'est savoir le faire avec habileté et efficacité. En ce sens, la notion d'« art » recouvre tous les domaines d'activités ou de productions, sous la forme du **savoir-faire**. C'est ce que l'on peut apprécier tant chez un **artiste** que chez un **artisan**. On les reconnaît à leur capacité à se rendre maîtres de la matière ou encore à l'adresse avec laquelle ils se servent de leurs outils et instruments. Le summum de l'art, c'est alors d'accomplir des prouesses techniques tout en donnant l'impression de facilité. C'est pour cela que le poète Horace écrivait que « *l'art, c'est de cacher l'art* ».

Les Beaux-Arts : « arts du génie »

Il est pourtant nécessaire de différencier un domaine spécifiquement « artistique » d'un domaine « artisanal » ou « technique ». C'est ce que consacre la notion de « **Beaux-Arts** » née au XVIIIᵉ siècle, qui définit le domaine de l'art comme celui de la production de **beauté** et d'œuvres faites pour la seule **contemplation**. En suivant **Alain**, ce qui donne à la beauté artistique son caractère propre, c'est qu'elle ne peut pas se ramener à des règles précises. Elle se détermine dans le cours même de la réalisation de l'œuvre, de façon toujours originale. L'art est pour cela le domaine de la **création**. Le « génie » ou l'inspiration propre à chaque artiste y jouent un rôle essentiel.

Limite de la notion de « génie »

La création artistique dans ce qu'elle a de propre s'explique ainsi par un **don** fait par la nature à certains hommes. Cette idée suggère que la part la plus admirable des œuvres des artistes ne viendrait pas de leur propre mérite mais d'une inspiration mystérieuse pour eux-mêmes. La dimension naturelle du génie doit cependant être complétée, comme le rappelle **Hegel**, par tout un **apprentissage technique** pour permettre à l'artiste de traduire ses idées dans « la matière ». De plus, ce qui fait la profondeur de ses idées, c'est sans doute la richesse de son **expérience**, acquise au cours du temps.

Le jugement esthétique

Relativité apparente du jugement de goût

Dans la mesure où la beauté caractérise l'œuvre d'art, apprécier une œuvre, c'est juger de sa beauté. Or, la beauté ne semble pas être une qualité « objective », inhérente à l'objet lui-même que l'on juge. C'est plutôt un **sentiment** qui traduit le **plaisir** qu'un objet produit sur notre sensibilité et qui diffère selon le goût de chacun. Il ne sert alors à rien de « disputer » de la beauté ou, comme l'écrit **David Hume**, « *tout individu devrait être d'accord avec son propre sentiment sans prétendre régler ceux des autres* ».

Le véritable jugement de goût est universel

Cependant, comme le rappelle **Kant**, nous disons bien « C'est beau », *comme s'*il s'agissait d'une propriété objective de l'œuvre ou de l'objet et *comme si* nous attendions d'autrui qu'il partage le même sentiment que nous. Kant s'efforce justement de montrer que le jugement de goût, bien que reposant sur un sentiment, a la particularité d'être **universalisable**. Dire « C'est beau », c'est présupposer en chacun la capacité à éprouver le même plaisir. C'est d'ailleurs la condition pour que puissent exister des « **chefs-d'œuvre** », transcendant les sensibilités individuelles, les époques et les cultures.

(suite, p. 36)

L'art

Les auteurs clés

Alain : l'artiste et l'artisan

L'œuvre d'art comme création imprévisible

Dans le _Système des Beaux-Arts_ (1920), Alain souligne d'abord l'importance de la dimension artisanale dans le travail de l'artiste, contrairement à l'image du rêveur attendant l'inspiration. En effet, réaliser une œuvre, c'est avant tout se confronter efficacement à la matière, s'en rendre maître et la plier à ses idées. Mais un artisan a le projet complet de ce qu'il va fabriquer : son œuvre existe déjà entièrement dans son esprit avant même sa réalisation. La démarche de l'artiste implique, en revanche, une dimension essentielle d'imprévisibilité. Même s'il part d'un certain projet, son œuvre ne peut vraiment apparaître qu'à mesure qu'il la fait et que les idées lui viennent, selon son inspiration. L'artiste se retrouve, en ce sens, face à son œuvre comme un « spectateur » : il ne la découvre vraiment qu'une fois achevée et sans pouvoir expliquer précisément comment les idées lui sont venues.

L'œuvre d'art comme œuvre unique

Alain explique cela par l'impossibilité, en art, de ramener la beauté à des règles ou des « recettes ». La « _règle du beau_ », écrit-il, reste toujours « _prise dans l'œuvre_ ». Chaque œuvre définit en quelque sorte ses propres règles de beauté, dans la mesure où il s'agit d'une authentique création, originale. La distinction entre l'artiste et l'artisan est donc surtout théorique. Dans la pratique, il arrive que les artistes se contentent de suivre des procédés bien connus ou qu'ils réutilisent des idées déjà trouvées. Ils se comportent alors en « artisans » au sens où Alain l'entend.

Kant : le génie artistique et le plaisir esthétique

Un génie inspiré de la nature

La création artistique suit des règles, mais des règles qui semblent « _données par la nature_ », comme l'explique Kant, sous la forme du « _génie_ ». C'est pourquoi l'artiste lui-même semble ignorer d'où lui viennent ses idées,

comme si elles surgissaient d'une source extérieure. Kant rappelle que le mot _genius_ désignait à l'origine une petite divinité attachée à un individu depuis sa naissance pour le guider dans ses actions. Le génie se manifeste essentiellement dans le caractère original des idées d'un artiste. Toutefois, l'originalité n'est pas une condition suffisante : il suffirait sinon de prendre le contrepied des œuvres existantes pour faire preuve de génie. Il faut que cette originalité ait une véritable valeur artistique. Ce qui permet de le déterminer selon Kant, c'est de voir dans quelle mesure une œuvre est en même temps « _exemplaire_ ». Elle doit devenir un modèle pour d'autres artistes, chez qui elle peut éveiller aussi de nouvelles idées.

Un jugement esthétique universel et désintéressé

De même qu'il n'y a pas de règle pour faire du beau, il n'y a pas de concept précis pour en juger de façon objective. Le jugement de goût a pourtant, selon Kant, la particularité d'être à la fois subjectif et universalisable. C'est en ce sens que Kant distingue le beau de l'agréable et de l'utile. Quand un objet produit un effet agréable sur nos sens, ce sentiment reste subjectif et particulier (ce que je trouve agréable, autrui peut le trouver désagréable). Quand un objet répond aux critères d'utilité imposés par notre raison, il provoque alors un sentiment objectif et universel (tout le monde s'accorde à trouver tel objet utile). Le beau, quant à lui, est à la fois subjectif et universel. La beauté est subjective dans la mesure où elle consiste en un sentiment : celui du plaisir que nous avons à contempler un objet, plus particulièrement une œuvre d'art. Mais la beauté repose sur un sens commun qui nous fait supposer le même plaisir dans une autre conscience que la nôtre. Le plaisir esthétique naît d'une sorte d'accord libre entre nos facultés de connaissance – l'imagination et l'entendement* –, lesquelles sont dans un « _libre jeu_ », une « _harmonie des facultés_ ». Le plaisir esthétique est, en ce sens, un plaisir désintéressé, qui ne dépend pas de l'existence de l'objet mais seulement de sa forme.

La culture

La citation clé

▶ « **Est beau ce qui plaît universellement sans concepts** » (Emmanuel Kant, _Critique de la faculté de juger_, 1790).

La particularité du jugement de goût, c'est qu'il doit pouvoir être partageable par tous, alors même qu'on ne peut rapporter la beauté à un concept objectif précis. Il y a cependant une condition : que ce jugement repose sur un plaisir « désintéressé », pur de tout élément qui le rendrait étroitement personnel.

L'art et la vérité

L'art nous éloigne de la vérité

On admire souvent les artistes pour leur capacité à rendre l'**illusion** la plus réussie de la réalité. La valeur de leurs œuvres tiendrait donc à leur vérité, entendue comme « conformité avec les apparences sensibles* ». C'est pourtant cette démarche d'**imitation** (*mimesis* en grec) qui rend l'art critiquable pour **Platon**. En effet, les objets réels, sensibles et soumis au devenir*, ne représentent qu'un degré inférieur de réalité par rapport aux Idées*. Les œuvres d'art, en tant que « **copies** » de ces objets, seraient donc éloignées de la vérité, et ceci d'autant plus qu'elles s'attachent à tout ce qu'il y a de plus « accidentel* » dans le monde sensible. Les artistes auraient alors un effet néfaste, en attirant l'admiration des hommes sur des œuvres qui les détournent de la connaissance de la réalité dans ce qu'elle a de plus « essentiel ».

L'art comme lieu de vérité

Cependant, si l'œuvre d'art retient plus notre regard que les objets qu'elle représente, c'est peut-être parce qu'il y a plus de « réalité » en elle. Comme le remarque **Hegel**, l'artiste doit ressentir de la frustration s'il se borne à copier servilement la nature. Ce qui fait la valeur d'une œuvre, c'est plutôt d'arriver à saisir et à fixer quelque chose de vrai, de juste et d'universel, par un travail d'**idéalisation** à partir de la réalité immédiate*. L'œuvre d'art doit donner à voir la réalité après son **passage par l'esprit**, dégagée de ses aspects les plus accidentels. L'artiste serait un génie en ce sens aussi, par sa capacité à extraire du réel ses aspects inessentiels. Le peintre de portrait se montre ainsi capable de saisir « l'expression » d'un visage, reflétant à elle seule la personnalité du modèle.

Le paradoxe de l'artiste « distrait »

D'où vient alors cette faculté des artistes à percevoir la réalité de façon plus juste que nous ? La question se pose d'autant plus que les artistes sont souvent perçus comme des êtres « distraits », marginaux, un peu « détachés » de la réalité. Pour **Bergson**, c'est justement cette « *distraction* » qui permet aux artistes d'être sensibles à des aspects de la réalité qui nous échappent. En effet, notre faculté de perception est en principe naturellement liée à l'utilité. L'attention que nous portons ordinairement à la réalité est donc réduite à ce dont nous avons besoin pour agir efficacement. Or, l'artiste aurait une perception plus riche de la réalité sous l'effet d'une sorte d'anomalie. Mais, par cette anomalie même, l'art nous permettrait d'**élargir** et d'**enrichir notre rapport à la réalité**.

Modernité de l'art

Des œuvres qui dérangent

Enfin, il faut reconnaître que l'art moderne et l'art contemporain nous mettent en présence d'œuvres **déconcertantes**, souvent en **rupture avec le public**. L'œuvre intitulée *Fontaine* (1917) de Marcel Duchamp en est un exemple symbolique. En présentant comme une œuvre d'art un objet aussi trivial qu'un urinoir, l'artiste remet brutalement en question les conceptions traditionnelles de l'œuvre d'art (bon goût, unicité [caractère de ce qui est unique]). Ces œuvres modernes marquent comme une rupture par rapport à l'art lui-même, en semblant privilégier la laideur, parfois la vulgarité, voire le « manque de goût ». Les œuvres elles-mêmes semblent également vouloir remettre en question ce qui ferait leur « réalité », à savoir leur consistance matérielle : elles peuvent s'affirmer dans des « *happenings* » (œuvres « événements » à caractère éphémère et exceptionnel) qui disparaissent avec leur public.

L'art se prenant lui-même comme objet

Avec la modernité, la question n'est plus de savoir si une œuvre est réussie mais s'il s'agit bien d'une œuvre d'art. Il faut comprendre que, dans l'art moderne, **l'art se prend lui-même comme objet de réflexion** et s'interroge sur les critères de la beauté, sur la question de savoir si c'est vraiment la beauté qui fonde l'art ou bien si l'art peut viser justement autre chose que la beauté. Cette modernité de l'art, bien que souvent incomprise, s'inscrit dans la continuité d'une logique de transgression des règles et des définitions, qui marque toute l'histoire de l'art et lui donne sa vitalité. Il s'agit de provoquer des émotions, d'étonner, de susciter un nouveau regard sur les choses et sur le monde, ainsi que sur l'homme lui-même.

L'art

Les auteurs clés

Bergson : le paradoxe de l'artiste « distrait »

Des artistes à la fois détachés du réel et plus proches des choses* mêmes

On voit souvent les artistes comme des individus un peu en marge de la société et on pourrait s'attendre à ce que leurs œuvres témoignent d'une vision très subjective de la réalité. Pourtant, comme le remarque Bergson, nous devons souvent reconnaître leur capacité à saisir des aspects que nous ne percevons pas. Dans _La Pensée et le Mouvant_ (1934), il relève justement ce paradoxe entre la représentation courante de l'artiste et ce que nous pouvons admirer dans ses œuvres. Il l'explique par le fait que l'artiste échappe à la loi naturelle* qui associe la perception ordinaire à un principe d'utilité. Le « _détachement_ » et la « _distraction_ » permettent à l'artiste d'entretenir un rapport plus riche et plus authentique au réel. Il voit « _les choses pour elles-mêmes_ » et non « _pour lui_ » : il est capable d'une vraie « contemplation » des choses.

L'artiste comme révélateur

Bergson explique aussi pourquoi tel artiste va se tourner de préférence vers telle ou telle discipline artistique : cette affinité tient à celui ou ceux de ses sens qui sont « dis-traits », détachés du principe d'utilité. Selon que c'est sa vue ou son ouïe qui se trouve plus développée que le reste de sa sensibilité, l'artiste sera peintre ou musicien, avec une vision plus profonde ou large de la réalité. C'est ce dont il témoigne dans ses œuvres ; et si celles-ci nous touchent, c'est bien que nous ressentons la justesse de ce qu'elles expriment. Un écrivain, par exemple, arrive à mettre en mots ce que le lecteur ressent sans pouvoir le formuler lui-même. L'artiste est en ce sens un révélateur. Il nous aide à libérer notre propre perception de ses limites naturelles. Bergson souligne que c'est valable aussi bien à l'égard de la réalité extérieure que de notre propre vie intérieure.

Platon : un imitateur d'imitations

Quand Platon condamne l'art, c'est seulement comme imitation (_mimesis_) servile de la réalité (_La République_, livre X). Pour montrer son habileté, l'artiste se plaît à imiter les aspects les plus sensibles* et les plus singuliers de la réalité. C'est aussi par cet exercice de trompe-l'œil qu'il suscite l'admiration du public. Or, pour Platon, les apparences du monde sensible représentent déjà une réalité amoindrie, puisqu'elles sont changeantes et instables. Elles sont une sorte de « copie » des Idées* du monde intelligible*. L'œuvre d'art devient donc la copie d'une copie. Prenant l'exemple du lit, Platon distingue ainsi trois lits : le lit idéal (l'Idée de lit), celui de l'artisan (copie de l'Idée de lit) et celui de l'artiste (copie du lit de l'artisan). L'œuvre d'art représente, en ce sens, un degré encore plus éloigné de la contemplation de la vérité. Quant à l'artiste, il est celui qui encourage les hommes à prendre plaisir aux apparences et à se détourner de la vérité.

Hegel : l'art ne doit pas imiter la nature, il doit manifester l'esprit

Dans l'_Esthétique_, Hegel remarque que l'idée d'un art comme simple « imitation de la nature » ne peut aboutir qu'à une impasse. C'est un jeu aussi inutile que frustrant. Même en réalisant la « copie » la plus parfaite de la réalité, l'artiste ne reste qu'un suiveur, pas un créateur. Pour éprouver une vraie satisfaction, l'artiste doit créer quelque chose qui vient de lui-même, de son propre esprit. Cela ne veut pas dire que l'œuvre d'art doit être l'effet d'une pure fantaisie. L'art ne peut représenter un besoin pour l'homme que s'il est le lieu d'une vérité, d'un contenu spirituel. L'art est ainsi, dans la philosophie d'Hegel, un moyen pour l'Esprit de se faire effectif, de prendre conscience de lui-même par l'intermédiaire d'une réalité sensible. L'art est aussi pour cette raison, seulement un « moment » de la réalisation de l'Esprit, dépassé ensuite par la religion et la philosophie.

La citation clé

▶ « L'art ne reproduit pas le visible ; il rend visible l'invisible » (Paul Klee, _Credo du créateur_, 1920).

Selon cet artiste suisse (1879-1940), professeur au Bauhaus (école esthétique et technique fondée en 1919 à Weimar par Walter Gropius), la finalité de l'art n'est pas d'imiter le plus fidèlement possible ce que nous pouvons déjà voir. On doit plutôt attendre de l'artiste qu'il nous révèle des aspects inédits pour nous de la réalité, à travers une sensibilité et un style originaux.

_Cf._ fiches 4, 11, 20, 30 (9, 10), 31, 57, 58, 69

11 LE TRAVAIL ET LA TECHNIQUE

Le travail (du latin *tripaliare*, « tourmenter avec un *tripalium* [instrument de torture ou pour ferrer les animaux] ») désigne l'action que l'homme entreprend afin de transformer la nature pour l'adapter efficacement à ses besoins. La technique (du grec *tekhnê*, « habileté ») caractérise les moyens mis en œuvre à cette fin. La réflexion philosophique interroge la dimension humanisante du travail et de la technique, comme expressions de la culture, mais aussi leur dimension aliénante. En effet, le travail a également le sens d'une malédiction (c'est la punition infligée par Dieu à Adam, suite au péché originel) et d'une nécessité* mettant fin à un âge d'or. On se demande alors si l'aliénation que l'homme rencontre dans le travail et dans la technique est essentielle et irrémédiable ou bien s'il ne s'agit que d'effets pervers pouvant être évités.

Travail et technique comme spécificités humaines

Une transformation réfléchie de la nature

L'action de travailler prend chez l'homme une forme spécifique, comme le souligne Marx. Il ne s'agit pas simplement de transformer des matières premières pour satisfaire des besoins, comme le font également certains animaux, mais plus précisément d'**effectuer cette transformation d'une certaine manière, par le biais de la conscience** : l'homme pense avant d'agir ; son travail n'est pas immédiat*, il est médiatisé par la pensée. La technique, ensemble des **moyens « artificiels » inventés par l'homme pour produire** selon ses besoins, est la marque de cette intelligence, capable de s'interposer entre l'action et la matière. Aristote montre que la main est la marque de l'intelligence humaine, parce qu'elle est *« capable de tout saisir et de tout tenir »*.

Une transformation de l'homme lui-même

Mais l'homme qui travaille ainsi en utilisant ses facultés **spécifiques se transforme également lui-même et par là même s'humanise**. Il développe ses **facultés propres** (conscience, volonté, imagination) et, en ce sens, le travail « cultive » l'homme, l'élève à son humanité. Sans le travail, l'homme resterait à un stade primitif, quasi animal. Dans *Vendredi ou les Limbes du Pacifique*, Michel Tournier montre comment Robinson Crusoé se force à travailler, quitte à produire inutilement, pour ne pas perdre progressivement son humanité. Les moyens techniques utilisés par l'homme pour rendre efficace son travail contribuent également à transformer l'homme : **chaque outil ou chaque méthode inventés permettent d'améliorer**

l'existence humaine, et l'on voit comment l'*Homo faber* (« homme fabricateur d'outils ») a engendré l'homme moderne (plus grande taille, plus longue espérance de vie, etc.).

Une transformation libératrice

En même temps qu'ils transforment la réalité extérieure et la propre réalité de l'homme, le travail et la technique semblent également libérer l'homme en l'**affranchissant progressivement de la nécessité** et en lui dégageant du temps libre : en satisfaisant plus rapidement et plus efficacement ses besoins, l'homme peut travailler moins et se consacrer à la « culture » proprement dite, aux loisirs lui permettant de s'accomplir ailleurs que dans le travail. Pour Hegel, le travail permet à l'homme de différer la satisfaction de ses désirs et de ne plus être dans un rapport immédiat aux choses, comme l'est l'animal. Son rapport aux choses et à la nature est ainsi médiatisé par le travail. Il devient indirect et pensé.

Travail et technique comme facteurs d'aliénation

La domination de la nature

Mais il apparaît que la **transformation de la nature** rendue possible par le travail humain prend le sens d'une véritable **domination et exploitation** de celle-ci. Comme le montre Rousseau, le progrès technique s'accompagne d'une **décadence morale** : l'homme qui s'affranchit de la nature et qui devient supérieur aux animaux s'emploie ensuite à devenir *« le maître des uns et le fléau des autres »* (*Discours sur l'origine et les fondements de l'inégalité parmi les hommes*). Il veut étendre sa supériorité à l'espèce humaine.

(suite, p. 40)

Le travail et la technique

Les auteurs clés

Aristote : la main et l'outil

Dans un passage des *Parties des animaux*, Aristote analyse la main humaine. Celle-ci montre que la nature ne fait rien au hasard mais obéit à une finalité (finalisme*). Pour Aristote et contrairement à ce qu'affirme le mythe de Prométhée (dans le *Protagoras* de Platon), l'homme n'est pas « le moins bien partagé » des animaux, bien au contraire. En effet, la nature aurait conçu l'homme comme le plus avantagé des êtres, comme le plus intelligent, et elle aurait mis au service de cette intelligence « l'outil de loin le plus utile : la main ». Pour Aristote, la main est capable de créer d'autres outils, elle est « un outil qui tient lieu des autres », et elle ne réduit donc pas l'homme à n'avoir qu'un seul outil comme c'est le cas pour les animaux. Chaque animal dispose en effet d'« un seul moyen de défense » (griffes, par exemple) et il ne peut ni changer d'outil, ni en produire d'autres. Là où le mythe de Prométhée montre un homme oublié par les dieux (nu, sans chaussures, sans armes), Aristote montre un homme disposant du meilleur outil. Ici, la nature est donc comprise comme généreuse et profitable à l'homme ; elle fait de lui sa fin privilégiée. La technique ne doit pas non plus être inventée artificiellement pour compenser une imperfection. La technique fait en quelque sorte partie de la nature, puisqu'elle prend la forme d'un outil « naturel » : la main.

Marx : travail humain et travail aliéné

La spécificité humaine du travail

Dans *Le Capital*, publié en 1867, Marx distingue notamment le travail dit « primitif », dans une forme « primordiale » commune à l'homme et à l'animal, et le travail sous « une forme qui appartiendrait exclusivement à l'homme ». La première forme consiste simplement à transformer des matières naturelles par des moyens naturels (mise en mouvement des bras ou des jambes, par exemple), pour satisfaire ses besoins (attraper des fruits, par exemple). Si la seconde forme consiste à faire la même chose, Marx montre cependant que l'homme se distingue de l'animal par sa manière de faire : « *Ce qui distingue le plus mauvais architecte de l'abeille la plus experte, c'est qu'il a construit la cellule dans sa tête avant de la construire dans la ruche.* » Ainsi, là où l'animal travaille instinctivement, immédiatement* (directement), l'homme travaille en interposant sa pensée entre lui et son travail. C'est en ce sens que le travail humanise l'homme, car, en travaillant, l'homme mobilise et développe sa spécificité (la pensée).

Le travail ouvrier et la dépossession de soi

Mais Marx est surtout connu pour avoir dénoncé les conditions de l'ouvrier à la fin du XIXe siècle, dont le travail se voit détourné de sa fonction humanisante à cause de l'introduction et du développement du machinisme. Là où l'artisan avait la possibilité de s'humaniser dans la création d'un objet original et dans l'utilisation d'outils nécessitant un véritable savoir-faire, l'ouvrier du monde industriel voit son travail morcelé et automatisé. C'est la machine qui dicte et impose son rythme et son geste au travailleur, lequel devient l'élément anonyme et substituable d'un système déterminé par les lois du rendement. Réduit au rang d'animal (l'ouvrier ne doit plus penser pour rendre ses gestes plus efficaces), le travailleur est aliéné, au sens où le travail le dépossède de son humanité. Le comble de cette aliénation, souligne Marx, est que l'ouvrier n'a pas non plus le moyen de s'humaniser en dehors du travail, son salaire ne lui permettant que de reconstituer sa force de travail (boire, manger, se loger), et que là encore, dans cette satisfaction minimale des besoins, l'homme est abaissé au rang de l'animal.

La culture

La citation clé

▶ « Ce n'est pas parce qu'il a des mains que l'homme est le plus intelligent des êtres, mais c'est parce qu'il est le plus intelligent qu'il a des mains » (Aristote, *Des parties des animaux*, IVe siècle av. J.-C.).

Aristote a une conception finaliste de la nature et du vivant. Ici, la main humaine est donc conçue comme ayant une finalité : servir l'intelligence de l'homme. Cette intelligence serait première ; elle ferait partie des buts de la nature. L'organe (ici, la main) serait le meilleur moyen de servir ce but. C'est aussi une manière pour Aristote d'inscrire la technique dans un processus finalisé : son invention n'est pas le fruit du hasard et de l'imperfection humaine.

La dépossession de soi-même

De même, le développement des outils et leur remplacement progressif par des machines, plus rapides et automatisées, engendrent une **dégradation des conditions de travail**, comme le dénonce Marx au XIXe siècle : **l'ouvrier ne peut plus s'humaniser**, ni dans son travail ni ailleurs (son salaire ne lui permet pas de vrais loisirs). Dépossédé de lui-même, de ses facultés spécifiques qui ne peuvent plus s'exprimer, il l'est aussi de son travail, qui devient le bien d'un autre.

L'assujettissement du travailleur

Il apparaît aussi que le travail et la technique peuvent **faire perdre à l'homme la liberté** qu'ils devaient au contraire lui donner. Le travailleur devient **dépendant des outils** qu'il a pourtant créés, car, comme le montre Rousseau, il s'habitue à eux au point de *« s'amollir le corps et l'esprit »*. En transmettant ses inventions aux autres générations, l'homme n'a en effet plus besoin de les réinventer. Par ailleurs, **l'habitude** d'une vie plus confortable fait que l'homme n'apprécie plus guère ce qu'il réussit à inventer encore ; par contre, il est malheureux de ce qu'il lui arrive de perdre.

Le paradoxe de la division du travail

Enfin, la division du travail, positive à l'origine (témoignant d'un partage des savoir-faire en vue d'un échange équitable des biens), devient **aliénante** en aboutissant à une **parcellisation des tâches** ainsi qu'à une **division entre les classes sociales** (Marx) : on ne divise plus le travail pour l'humaniser en permettant à chacun d'exceller dans le domaine qui lui est propre, mais pour permettre à certains hommes d'en **exploiter** d'autres.

Les remèdes à l'aliénation

Moraliser le travail et le progrès technique

Pour autant, l'aliénation que l'on peut constater dans le travail et le progrès technique ne semble pas propre à ceux-ci. Elle serait plutôt l'expression d'une **mauvaise organisation économique** du travail et du progrès technique, dont on ne mesurerait pas suffisamment les effets pervers. Pris dans des échanges économiques dominés par le souci d'accumuler des richesses (*cf.* fiche 23), le travail et la technique deviendraient des moyens d'exploiter la nature et l'homme à des fins mercantiles. En imposant une **législation** (un droit) **du travail**, afin d'éviter l'exploitation des travailleurs, et une **réflexion** sur le **progrès technique** (par exemple, un « comité d'éthique* »), la société montre le souci de moraliser le travail et la technique en continuant à croire en leur vertu humanisante. Sinon, il faut se donner les moyens de penser la possibilité d'une **société sans travail et sans progrès** – ce qui est notamment le fait de certaines sociétés que Claude Lévi-Strauss qualifie de « *stationnaires* » : ces sociétés en apparence primitives s'attachent à ne produire que le nécessaire et à ne pas perturber leur équilibre par un progrès technique inutile.

Le respect de la nature et de la personne

Une réflexion sur les fins du travail et de la technique serait une manière de mieux comprendre l'importance d'une **harmonie** entre l'homme et la nature et de mieux veiller au **sens** que doit prendre le travail pour l'homme. La destruction des richesses naturelles et de la planète apparaît alors comme incompatible avec la promesse de bonheur que doivent garantir leur utilisation et leur exploitation. Ce que Heidegger dénonce comme étant l'« *arraisonnement* » de la nature (soumettre la nature à la raison) prend la valeur d'une mise en garde contre une perte de sens du rôle du travail et de la culture en général. De même, le travailleur qui ne s'humanise pas dans son travail est confronté à une aliénation qui va jusqu'au suicide. Cela montre que la valeur fondamentale à mettre au cœur du travail est d'essence morale : **respect de la personne**.

Le modèle du loisir et de l'art

Loisir et art permettent également de donner au travail et à la technique des modèles, car ils semblent exprimer la capacité de l'homme à s'humaniser dans une forme de **temps « libre »**, désinvesti de tout intérêt étranger à l'activité elle-même. On devrait ainsi pouvoir **travailler pour travailler**, pour le plaisir de travailler (plaisir de s'humaniser), au lieu de travailler pour vivre ou à peine survivre. Certes, les domaines du loisir et de l'art peuvent eux aussi être aliénés (l'art peut être exploité en « marché » et le loisir peut perdre son sens de « temps libre »). Ce phénomène arrive lorsqu'on leur fait reproduire les « lois du marché » à l'origine de l'aliénation du travail, comme le montre le sociologue Jean Baudrillard. Dans leur essence même, loisir et art restent des modèles de culture et de développement de soi, marqués par la liberté de « jouer », de produire inutilement, ou de créer des formes belles.

Le travail et la technique

Les auteurs clés

La culture

Rousseau : progrès technique et décadence

Dans son _Discours sur l'origine et les fondements de l'inégalité parmi les hommes_ (1755), Rousseau analyse notamment le passage (hypothétique) de l'état de nature à l'état civil. Il interroge, entre autres, l'origine de la technique et la forme qu'a prise son développement. La technique semble avoir été inventée par l'homme sous la pression de la nature, hostile à l'homme, changeante, imposant un effort d'adaptation. Les hommes inventent des outils pour répondre aux exigences naturelles : l'arc et la flèche pour chasser, la ligne et l'hameçon pour pêcher. Rousseau montre que ces inventions ont dû avoir pour conséquences de développer l'intelligence de l'homme et, en retour, de favoriser la découverte d'autres techniques. Mais, par là même, l'homme, au départ plutôt défavorisé par rapport aux animaux (d'où le fait que le travail est une nécessité pour l'homme), devient plus fort, mieux armé, et supérieur à l'animal. On peut penser que ce premier pas vers la domination du monde naturel a été déterminé par le simple besoin de survivre. Mais Rousseau explique que, par un mouvement d'orgueil, l'homme a voulu renforcer et étendre cette supériorité non seulement au monde animal, mais également au monde humain : « _Se contemplant au premier_ [rang] _par son espèce, il se préparait de loin à y prétendre par son individu._ » Rousseau montre que la décadence morale de l'homme ne s'arrête pas là. Ayant créé de nombreux outils rendant son existence plus confortable et plus facile, l'homme put se dégager du temps libre (loisir), qu'il occupa à inventer « _plusieurs sortes de commodités inconnues à_ [ses] _pères_ ». Or, ces nouvelles inventions, créées par désœuvrement plutôt que par nécessité, rendirent l'homme dépendant et paresseux, incapable également d'apprécier ses inventions sous l'effet de l'habitude. Ainsi, si l'origine de la technique apparaît comme le fait d'un être intelligent, épris de liberté et courageux, le progrès technique semble le transformer en un être orgueilleux, dépendant et « _amolli_ ».

Heidegger : la technique comme « _arraisonnement_ »

Dans ses œuvres dites « du tournant » (à partir de 1928) et notamment dans _Identité et Différence_, Heidegger s'attache à interroger le rapport entre l'homme et « _l'être*_ », dans des formes qui n'ont de cesse de masquer ou d'oublier le véritable sens de l'être.

Ce que Heidegger entend par « _être_ », ce n'est pas l'essence* « _des choses*_ », « ce » qu'elles sont, mais ce qui les fait « être ». La technique figure comme une de ces modalités contribuant à cette occultation de l'être : elle est un rapport de l'homme aux choses qui, pour Heidegger, prend la signification de ce qu'il nomme _Gestell_ (le « système », le « dispositif »). Par la technique, l'homme et l'être (notamment la nature) se rencontrent sous la forme d'une « sommation » ou « mise en demeure » : l'homme se trouve appelé à « _planifier et à calculer toutes choses_ ». Paradoxalement, cet appel viendrait des choses elles-mêmes, incitant l'homme à les « _arraisonner_ », c'est-à-dire à les soumettre aux lois et impératifs de la raison.

Pour Heidegger, cet « _arraisonnement_ » ou ce « _système_ » est invisible, tout en dépassant ce qu'il rend visible et présent : énergies atomiques, organisation, information et automation (automatisme total des machines). Cette modalité de la rencontre entre l'homme et l'être est à comprendre comme une forme parmi d'autres (peut-être éphémère) de notre rapport aux choses.

Pour Heidegger, il ne suffit pas de « _réclamer une éthique* qui convienne au monde de la technique_ », car ce serait croire que la technique ne se ramène qu'à l'homme. En réalité, la technique déborde l'homme car elle n'est pas de son fait : elle vient d'un rapport plus vaste que les choses elles-mêmes entretiennent avec lui. L'homme n'est donc pas le maître de la technique.

La citation clé

▶ **« Ce qui est animal devient humain, ce qui est humain devient animal » (Karl Marx,** _Manuscrits de 1844_, **1844).**

Le travail est en principe le lieu d'un épanouissement pour l'homme, par la mise en œuvre de ses facultés propres. Mais, sous sa forme aliénée, le travail ne peut plus être vu que comme le moyen de gagner sa vie, d'assurer ses besoins vitaux : l'homme est réduit à s'humaniser dans cette satisfaction de ses besoins, et le travail devient le lieu où l'homme est réduit à vivre comme un animal.

_Cf._ fiches 23, 24, 27, 30 (7, 18), 32, 54, 64, 74

12 LA RELIGION

Religion viendrait du latin *religare*, qui évoque l'idée d'un « lien », soit entre les hommes et le divin, soit entre les hommes eux-mêmes. Le verbe *relegere* (« recueillir, rassembler ») est une autre étymologie possible. L'existence de la religion semble être un fait universel et aussi ancien que l'humanité. N'est-ce pas le signe qu'elle renvoie à une dimension essentielle de notre humanité ? Ou faut-il voir dans ce « lien » une entrave au progrès et à l'épanouissement de l'homme ?

Qu'est-ce que la religion ?

Un ensemble de croyances propres à l'homme

La religion représente à première vue **un système de croyances**, comme l'existence de divinités, d'un « autre monde » ou de choses à caractère « sacré », séparées par des interdits. Elle témoigne ainsi d'une capacité de « **transcendance*** » propre à l'homme, qui l'amène à poser l'existence d'un autre ordre de réalité. Ces croyances trouvent leur origine dans la conscience particulière de l'homme, qui est à la fois ce qui lui fait sentir sa « finitude » et ce qui fait **sa dignité comme être spirituel**.

Un phénomène essentiellement social

Le phénomène religieux semble impliquer une **dimension collective**. En effet, ces croyances partagées s'accompagnent de pratiques et de rites concrets qui réunissent les hommes de façon régulière. C'est ce qui a pour effet d'entretenir le lien social entre les individus. La religion est même, selon **Émile Durkheim**, ce qui institue ce lien social, car, pour lui, **la divinité réelle** devant laquelle les hommes s'inclinent est **la société elle-même**, puissance infiniment supérieure aux individus. C'est cette force qui est à l'origine du sentiment religieux, et la pratique religieuse l'entretient.

Les critiques de la religion

Cette analyse laisse soupçonner que la religion repose sur une certaine illusion. Davantage encore pour certains penseurs, cette illusion doit être dissipée pour enfin abolir la religion. Ainsi, pour **L. Feuerbach**, la religion repose sur une « *aliénation* » de l'essence* humaine : l'idée de Dieu est une projection des qualités de l'humanité, mais considérées alors comme impossibles à réaliser par l'homme lui-même. Pour **S. Freud**, les idées religieuses maintiennent l'homme dans un **état infantile** et entravent son développement comme être rationnel*. Pour **F. Nietzsche**, les valeurs religieuses signifient une **dépréciation de la vie** et sont l'expression d'une volonté « *malade* ». Enfin, pour **K. Marx**, la religion représente une **force d'inertie sociale et politique** : elle encourage les hommes à supporter leur misère et sert ainsi la classe dominante.

Légitimité de la croyance religieuse

Religion et raison

Ces critiques supposent que l'on puisse faire la preuve du caractère infondé des idées religieuses. Il convient toutefois de **distinguer la religion de la superstition**. Celle-ci désigne une croyance manifestement irrationnelle, qui n'a pour origine qu'un mélange d'ignorance, de désirs et de craintes. Les idées proprement religieuses pourraient au contraire être reconnues comme légitimes, dans la mesure où elles peuvent apparaître conformes à la raison. Certains penseurs, comme **Descartes** ou **Spinoza**, s'efforcent ainsi de montrer que **l'idée de Dieu peut être examinée rationnellement** et même faire l'objet d'une **démonstration**.

Le cœur et la raison

Il faut admettre qu'une telle démarche ne suffit pas à produire la croyance. Cette démarche repose d'ailleurs sur une valeur peut-être exagérée accordée à la raison, considérée comme unique référence en matière de connaissance. Or, comme le montre **Pascal**, certaines vérités ne peuvent être que « senties » par notre « *cœur* », de façon intuitive*. C'est alors la raison elle-même qui, en reconnaissant ses limites, doit reconnaître en même temps qu'il y a une place légitime pour **la foi**. C'est ce qui fonde le principe de la liberté de conscience. Celle-ci semble alors dépendre d'une révélation, d'une manifestation de la divinité elle-même.

La religion

Les auteurs clés

Durkheim : « l'idée de la société est l'âme de la religion »

Pour Émile Durkheim, religion et société sont deux réalités étroitement liées, s'impliquant l'une l'autre. Les différentes religions paraissent en effet reposer sur le sentiment commun d'une « force » infiniment supérieure à l'homme, qui le « transcende ». Ce sentiment est bien réel pour Durkheim. C'est l'effet de la vie collective, où se dégage une énergie qui fait sentir aux hommes l'existence de quelque chose qui les dépasse et les « élève ». C'est le cas dans les cérémonies, qui engendrent une effervescence hors du commun. Durkheim l'analyse à partir de l'étude du « totémisme », qu'il considère comme la forme de religion la plus ancienne et la plus « élémentaire ». Le totem désigne un objet investi d'une valeur sacrée et qui a la particularité de représenter à la fois une divinité et un clan. Sans le savoir, l'objet réel de la croyance des fidèles est donc la société, qui « est à ses membres ce qu'un dieu est à ses fidèles » (*Les Formes élémentaires de la vie religieuse*, 1912). Durkheim ajoute par ailleurs que, même dans les sociétés où les religions proprement dites paraissent moins influentes, on constate l'existence de phénomènes « religieux », nécessaires à entretenir ce sentiment collectif (les cérémonies laïques, le caractère sacré du drapeau, etc.).

Freud : la religion est une illusion

Dans *L'Avenir d'une illusion* (1927), Freud souligne que les idées religieuses sont trop conformes à nos désirs les plus profonds pour qu'on ne soupçonne pas qu'elles soient des illusions nées de notre propre esprit. C'est d'ailleurs ce qui fait leur force : elles sont comme autant de remèdes aux principales causes de souffrances qui caractérisent l'existence humaine (la mort, l'existence du mal, etc.). Freud montre plus précisément que la croyance en un ou des dieux s'explique par la continuation d'un désir « infantile ». À l'origine, le tout petit enfant est dans une situation d'impuissance (le « désaide » : *Hilflosigkeit*, en allemand), qui lui fait rechercher la protection de ses parents, dont il dépend entièrement. Or, l'homme adulte confronté à ses angoisses existentielles se retrouve dans une situation analogue. C'est ce qui le pousse à croire en une divinité que l'on peut voir comme un « père » plus puissant. Freud souligne d'ailleurs qu'on retrouve chez les dieux les deux aspects de la figure parentale : la protection bienveillante et l'autorité effrayante. Il reste que l'homme devrait s'efforcer de renoncer à ces illusions, pour dépasser ce stade « infantile » et s'accomplir comme être pleinement rationnel*.

Pascal : le cœur et la raison

Pascal s'oppose aussi bien à ceux qui nient l'existence de Dieu au nom de la raison qu'à ceux qui cherchent en à démontrer l'existence. Dans les deux cas, en effet, la raison est considérée comme l'unique source de vérité. Or, il faut reconnaître que la raison a ses limites. Par exemple, nous ne pouvons pas appuyer par des arguments indiscutables la certitude que nous avons en ce moment même d'être éveillés. Pourtant, nous avons bien cette certitude. Cela révèle l'existence d'une autre source de connaissance, intuitive*, que Pascal appelle « le cœur ». Elle correspond à toutes les vérités qui ne peuvent être que « senties », comme les axiomes qui sont au fondement des démonstrations en mathématiques. La raison doit donc reconnaître elle-même sa limite et, par là même, la place qui doit revenir au « cœur ». C'est, par suite, ce qui rend légitime la foi. Si l'existence de Dieu ne peut pas se démontrer, c'est qu'elle ne peut que faire l'objet d'une évidence intime, intuitive.

Les citations clés

▶ « Le cœur a ses raisons que la raison ne connaît point » (Blaise Pascal, *Pensées*, posthume 1670).

Pour Pascal, il y a certaines vérités que nous ne pouvons que « sentir », intuitivement, et non démontrer comme vraies. La raison doit ainsi reconnaître que c'est au « cœur » que revient la connaissance de ces vérités. Ainsi, l'existence de Dieu ne peut faire l'objet que d'une évidence intime, dont la raison ne peut et n'a pas à rendre compte.

▶ « La religion [...] est l'*opium* du peuple » (Karl Marx, *Critique de la philosophie du droit de Hegel*, 1844).

En promettant aux hommes le bonheur dans un « autre monde », la religion les encourage à supporter leur misère présente. Elle les dissuade en même temps d'agir concrètement pour obtenir dès maintenant, et réellement, de meilleures conditions d'existence.

Cf. fiches 16, 20, 22, 30 (6, 16, 25), 46, 65, 66

13 L'HISTOIRE

Ce terme désigne à la fois l'ensemble des faits et événements qui composent le passé humain et la discipline scientifique qui en vise la connaissance. D'ailleurs, *historia*, en grec, signifie « enquête ». Dans quelle mesure cependant l'histoire peut-elle prétendre au rang de science ? Et n'offre-t-elle à l'homme qu'une connaissance de son passé, révolu, ou lui permet-elle aussi d'éclairer son avenir, comme le suggèrent les *philosophies de l'Histoire* ?

L'histoire comme discipline scientifique

Un récit véridique et objectif

L'histoire comme discipline scientifique naît en rupture avec la tradition des **mythes**. Comme le revendique déjà **Thucydide** (Ve s. av. J.-C.), l'objectif de l'historien n'est pas de charmer son auditeur mais de rapporter les faits passés de la façon la plus fidèle. Par suite, la principale qualité de l'historien doit être l'**objectivité**. Impartial, il doit faire abstraction de son individualité, de son appartenance à une époque et une société données. C'est ce qui fait écrire à **Fénelon** que « *le bon historien n'est d'aucun temps, ni d'aucun pays* », et ce qui inspire la conception « positiviste* » de l'histoire : une restitution neutre des événements, dans leur ordre chronologique (s'en tenir aux faits et aux documents).

Une nécessaire subjectivité

Cependant une certaine dimension de **subjectivité**, assumée, semble être **une condition inséparable du travail de l'historien**. Ainsi, l'historien **L. Febvre** souligne que l'histoire comporte nécessairement une dimension de « **choix** » par rapport à l'ensemble des faits passés. C'est d'ailleurs une nécessité commune à toutes les sciences, chacune impliquant un travail d'**abstraction** par rapport à la masse des phénomènes. Ainsi, un historien part toujours d'une *certaine* question, qui l'amène à retenir *certains* faits et à les étudier sous un *certain* angle. D'autre part, il ne suffit pas à l'historien de relier des faits entre eux par des causes objectives, comme pour des phénomènes physiques. Il doit chercher à les **comprendre** (*cf.* fiche 30, repère 11) dans leur dimension humaine, en s'efforçant de saisir les pensées et les valeurs des hommes du passé. D'où la nécessité d'une « bonne subjectivité » (P. Ricœur*) pour pouvoir rendre compte des événements historiques.

Les philosophies de l'Histoire

Un « sens de l'Histoire »

Comme **science**, l'histoire doit s'en tenir à la connaissance des faits passés. Mais il est tentant de faire de cette connaissance la base d'une **spéculation philosophique** sur le « **sens de l'Histoire** », permettant de « deviner » en quelque sorte le cours futur des choses. Derrière la masse variée des événements historiques, il serait en effet possible de voir apparaître une cohérence, une sorte de « **fil conducteur** » guidant le déroulement de l'Histoire. Pour justifier cette idée, Kant souligne que la nature dans son ensemble paraît obéir au « *principe de finalité* ». Si elle offre à l'homme la possibilité d'avoir une Histoire, c'est sans doute aussi en vue d'une certaine « fin » : permettre à l'humanité de s'accomplir pleinement dans ses facultés, en particulier morales, par la succession des générations. L'Histoire doit donc être le lieu d'un **progrès régulier** de l'Homme (c'est l'idée centrale des philosophies d'Hegel, Marx, Comte).

Limites des philosophies de l'Histoire

On peut relever plusieurs limites à cette conception « finalisée » de l'Histoire. Comment concilier l'idée que l'Histoire soit en même temps le lieu où s'exerce **la liberté humaine** et un processus **orienté** vers une fin bien **déterminée** ? Cela implique, en outre, que l'ensemble de l'humanité ait **une même Histoire**, allant dans le même sens, malgré la diversité des cultures. Enfin, l'idée d'un progrès régulier de l'humanité paraît contredite par des tragédies récentes (génocides, etc.). Pour dépasser ce constat pessimiste, on peut s'inspirer de ce qu'écrit **J.-P. Sartre** dans ses *Réflexions sur Hiroshima* : ces événements mettent l'homme face à sa **responsabilité** essentielle. C'est à lui de vouloir avoir une Histoire et de faire en sorte que celle-ci ait un sens.

L'histoire

Les auteurs clés

La culture

Kant : « _la réalisation d'un plan caché de la nature_ »

Dans l'_Idée d'une histoire universelle d'un point de vue cosmopolitique_ (1784), Kant suggère de voir l'ensemble de l'Histoire humaine comme « _la réalisation d'un plan caché de la nature_ ». En effet, la nature paraît ne « _rien faire en vain_ » : elle n'accorde à chaque être que des facultés qui lui sont appropriées et dont il peut faire pleinement usage. En dotant l'homme de la raison, la nature a fait de lui un être susceptible d'un progrès infini, qui ne peut s'accomplir que par l'œuvre d'une longue succession de générations. L'Histoire a donc pour finalité l'accomplissement progressif et régulier des capacités de l'humanité. Ce qui assure la dynamique de ce progrès, c'est la présence en l'homme d'une tendance contradictoire que Kant appelle « _l'insociable sociabilité_ ». Elle pousse chaque homme à essayer de surpasser les autres pour satisfaire ses propres intérêts et en même temps à devoir s'associer avec autrui. C'est ce qui conduit nécessairement les hommes à vivre de plus en plus dans des rapports de droit et à se moraliser. La fin de l'Histoire doit donc être une paix parfaite entre les hommes, au sein d'une « _société des nations_ » mettant fin aux conflits entre les États. Kant précise toutefois que cette idée d'un « _plan caché de la nature_ » a surtout une valeur « _pratique_ » : il s'agit seulement d'un « _fil conducteur_ » pour rendre l'Histoire intelligible et orienter l'action.

Hegel : « _la Raison gouverne le monde_ »

Pour Hegel, le cours de l'Histoire est profondément rationnel*. Le devenir historique est l'effet d'une dynamique, celle par laquelle « l'Esprit » se réalise et vient à prendre conscience de lui-même. Hegel montre ainsi dans le détail comment chaque peuple, avec ses institutions et son « Esprit » particuliers, représente une certaine étape dans le progrès du droit et de la liberté. C'est pourquoi il peut affirmer que « _la Raison gouverne le monde_ » : l'Histoire est le lieu de son accomplissement, de sa _réalisation_. Il ne s'agit pas cependant d'un processus régulier et pacifique. Chaque peuple est un moment nécessaire, mais qui doit en même temps être dépassé. D'autre part, ce sont les « _passions_ » des « _grands hommes_ » qui sont l'élément actif de l'Histoire. Ceux-ci n'agissent pas consciemment dans le but de faire progresser la Raison. Mais, pour satisfaire leurs ambitions individuelles, ils mettent en œuvre des moyens qui contribuent à ce progrès. On peut parler alors d'une sorte de « _ruse de la Raison_ » (_La Raison dans l'Histoire_, 1830).

Marx : le « _matérialisme historique_ »

Marx reproche à la philosophie de Hegel son « idéalisme* ». Soutenir qu'une « idée » gouverne le cours de l'Histoire, c'est en quelque sorte voir les choses à l'envers. Les idées* n'étant que l'expression de réalités matérielles, ce sont donc les conditions matérielles de l'existence des hommes qui font l'Histoire. Tel est le principe du « _matérialisme historique_ ». Le déroulement de l'Histoire s'explique par le rapport entre les « _forces productives_ » (le niveau technique d'une société) et les « _rapports de production_ » (l'organisation sociale, divisée en « classes »). L'évolution des conditions techniques amène ainsi nécessairement des moments de crise, des révolutions sociales et politiques. L'Histoire est, pour cette raison, le résultat de la « _lutte des classes_ », qui ne peut mener qu'à l'avènement de la société communiste où seront enfin résolues toutes les causes des conflits entre les hommes. Ce sera alors la « fin » d'une Histoire subie par les hommes, c'est-à-dire uniquement déterminée par des conditions « matérielles », sociales et économiques.

Les citations clés

▶ « **Nous attendons de l'historien une certaine qualité de subjectivité** » (Paul Ricœur*, _Histoire et Vérité_, 1955).
Pour P. Ricœur, une certaine forme de subjectivité est nécessaire en histoire (rechercher les motivations subjectives). Il faut, par exemple, savoir faire « revivre » l'esprit des hommes du passé si on veut les comprendre. Il faut donc penser l'existence d'une « bonne subjectivité ».

▶ « **Rien de grand dans le monde ne s'est accompli sans passions** » (Georg W. F. Hegel, _La Raison dans l'Histoire_, 1830).
On voit souvent les passions comme ce qui fait agir l'homme de façon irrationnelle, désordonnée et stérile. Pour Hegel, elles sont le moyen par lequel la Raison se réalise dans l'Histoire. En s'efforçant de satisfaire leurs ambitions personnelles, les grands hommes accomplissent, sans le savoir, le « sens de l'histoire ».

_Cf._ fiches 14, 17, 30 (4, 11, 19), 57, 58, 64

LA RAISON ET LE RÉEL

La raison (du latin *ratio*, « calcul, mesure ») et le réel (du latin *res*, « chose ») désignent les deux termes d'une démarche qui engage l'homme dans un rapport de connaissance avec les choses*. La raison humaine (au sens de « faculté qui s'oppose à la sensibilité ou à l'imagination ») semble marquée par le désir de connaître, de se représenter les choses de façon adéquate (vraie). La question est de savoir comment s'articule le rapport entre la raison humaine et la réalité et si la raison peut prétendre connaître les choses. Il faudrait pour cela que le réel soit déchiffrable par la raison, qu'il soit en ce sens rationnel* (existence de rapports constants entre les phénomènes*), pour que les lois de la raison puissent s'appliquer à lui. Or, le réel est-il rationnel ? N'est-ce pas plutôt la raison qui voit dans le réel une rationalité qui peut-être n'existe pas ?

Un réel structuré par les mêmes lois que la raison

L'idéalisme*
On peut concevoir **le réel comme étant régi par un ordre**, une logique qui expliqueraient notamment la régularité de certains phénomènes (célestes, naturels...). Pour Pythagore, « *tout est nombre* » – ce qui signifie que les choses sont structurées par des rapports mathématiques. De même, pour Platon, derrière le monde sensible* marqué par le changement et l'imperfection il faut saisir les Idées*, formes parfaites à l'origine du monde sensible et plus réelles que lui. L'idéalisme dialectique* de Hegel consiste aussi à voir dans le réel le mouvement et le progrès de la raison, jusqu'à son accomplissement.

Rationalisme* et empirisme*
Bien qu'opposés, les courants rationalistes (inspirés de la philosophie de Descartes) et empiristes (Locke, Hume...) reposent aussi sur l'idée que le réel obéit à des lois. Pour le rationalisme, **ces lois sont accessibles et données par la raison** ; pour les empiristes, **ces lois sont données par l'expérience** que nous avons de voir se répéter certains phénomènes. Le scepticisme* modéré qui caractérise, par exemple, la philosophie de Hume est une manière de critiquer les abus de la métaphysique*, mais aussi de reconnaître une forte probabilité pour les sciences d'avoir raison en supposant des lois dans l'univers. De même, Francis Bacon, bien qu'empiriste, cherche des « *formes* » dans les faits de l'expérience, c'est-à-dire des principes, des lois.

Un besoin de logique masquant un monde irrationnel

Une rationalité illusoire
Mais cet ordre que la raison humaine « découvrirait » dans le réel serait peut-être **le résultat d'un besoin** que l'homme aurait de voir le monde à l'image de sa raison. Comme le montre Nietzsche, cela rassurerait l'homme de penser que le monde est rationnel.

Réel et chaos
Traitant Platon et les idéalistes d'« *hallucinés de l'arrière-monde* », Nietzsche entend souligner l'absence d'ordre et de raison caractérisant le réel, lequel est à comprendre comme chaos. Les choses sont **multiples et changeantes** et il faut les saisir dans leur **apparence** même (il n'y a rien d'autre), en multipliant les points de vue (perspectivisme). L'artiste devient plus à même de voir la « vérité » que le scientifique ou le philosophe, cette vérité étant à comprendre au sens d'« **interprétation** » (*cf.* fiche 17).

Réalité et contingence*

Ce qui est aurait pu ne pas être
On peut ainsi renoncer à chercher une raison qui serait au fondement même du réel, une raison « d'être », et plutôt souligner le **caractère contingent des choses** : elles « sont » mais rien ne les fonde, rien ne justifie leur existence. Reprenant la conception héraclitéenne de l'être* comme « jeu », Heidegger dénonce toutes les philosophies qui, depuis, ont « oublié » l'être en ne regardant les choses que comme des « *étants* » doués d'une raison d'être. L'être véritable des choses est « *sans raison* » ; il « *joue* » à se cacher et à se laisser saisir dans un jeu de « *présence-absence* ».

La raison et le réel

Les sciences modernes et le principe d'« incertitude »

Les sciences modernes, sans renoncer à la rationalité du réel, sont confrontées également à des phénomènes marqués par un certain **coefficient d'imprévisibilité** (c'est le cas, par exemple, en biologie ou en mécanique quantique).

Les auteurs clés

Hegel : le réel est rationnel* et le rationnel est réel

La philosophie de Hegel repose sur l'idée d'une correspondance quasi parfaite entre la raison et le réel : « _ce qui est rationnel est réel et ce qui est réel est rationnel_ » (_Principes de la philosophie du droit_). C'est dire qu'il y aurait une raison universelle (tel un principe d'ordre) qui agirait au sein même des choses et qui se réaliserait à travers elles. L'analyse que Hegel fait de l'Histoire illustre ce principe en montrant que l'Histoire des peuples, l'Histoire universelle, ne fait que réaliser le but même de la raison qui est la liberté. Ainsi, chaque peuple, à tel moment de l'Histoire, réaliserait un progrès de la liberté (ce que l'on peut, par exemple, illustrer par la tendance des États à se doter progressivement d'une démocratie). Plus généralement, Hegel voit dans chaque aspect de la réalité une expression de la raison. Dans _La Phénoménologie de l'Esprit_ (1807), il retrace le processus de développement de la conscience, dans ses formes réelles, successives et historiques, jusqu'à son achèvement qui est l'Esprit absolu (la philosophie). La raison désigne à la fois le moteur de ce processus et son point d'aboutissement réel.

Hume : une connaissance probable

L'empirisme* de Hume (_cf._ fiche 15) est marqué par un scepticisme* dit « modéré ». Certes, qui dit « scepticisme » dit « doute », et ce doute consiste à abandonner l'illusion métaphysique* : il faut cesser de prétendre établir des vérités de fait (par exemple, affirmer l'existence de Dieu ou de l'âme) en dehors de toute expérience. Mais qui dit « modéré » suggère que le doute de Hume n'est pas un doute radical comme celui des sceptiques pyrrhoniens (disciples de Pyrrhon, fondateur du scepticisme antique), qui refusent toute idée d'une possible vérité. Au contraire, pour Hume, même si les lois dites « universelles et nécessaires » que l'on suppose à l'œuvre dans le réel ne sont pas certaines (elles reposent uniquement sur des faits particuliers que l'on voit se répéter), il n'en reste pas moins que les sciences physiques (sciences de la nature) sont des vérités probables.

Nietzsche : un monde logique qui n'a qu'une apparence de réalité

La philosophie de Nietzsche n'a de cesse de dénoncer les abus d'une foi excessive et illusoire en la rationalité du monde. Selon lui, cette foi vient d'un désir de l'homme de maîtriser le monde en le concevant à son image, pour s'y sentir en sécurité : « _il faut y voir la nécessité de nous accommoder un monde qui rende l'existence possible ; nous créons par là un monde qui nous paraît prévisible, simplifié, intelligible_ » (_La Volonté de puissance_). Selon Nietzsche, nous inventons un monde que nos sens et notre raison « grossissent », c'est-à-dire voient grossièrement, en y repérant uniquement ce qu'il a de constant et d'identique. Nous nommons ces repères rassurants « concepts, espèces, formes, fins, lois ». Par là même nous gommons les différences, les nuances et les changements qui eux aussi constituent le réel et en font sa richesse interprétative (richesse de sens). Nous finissons donc, à force de simplifier le monde réel, par le voir comme tel et à tenir cette perception pour « vraie ». Scientifiques et philosophes sont ici sur le même plan : ils sont victimes de la même illusion, ils enferment le monde et l'homme dans des catégories et des généralités qui nous font perdre de vue la possibilité de les voir sous tous leurs aspects, multiples et changeants, dans une mise en perspective ; seul l'artiste a cette capacité de faire varier les points de vue sur le réel, pour nous le montrer sous toutes ses formes possibles.

La citation clé

▶ « **L'univers est écrit en langage mathématique** » (Galilée, _L'Essayeur_, 1623).

Depuis Aristote, on réservait l'usage des mathématiques aux objets abstraits (nombres et figures), le monde terrestre étant considéré comme imparfait et corruptible*. Or, Galilée montre que l'on peut aussi appliquer les mathématiques au domaine physique, car celui-ci obéit à des lois.

_Cf._ fiches 15, 16, 17, 20, 30 (5, 10), 31, 58, 65

15 THÉORIE ET EXPÉRIENCE

Les notions de « théorie » (du grec *theôria*, « contemplation ») et d'« expérience » (du latin *experiri*, « éprouver, faire l'essai de ») se présentent comme à la fois opposées et indissociables. Elles s'inscrivent dans une démarche de connaissance s'efforçant de combiner efficacement et rigoureusement les données provenant de la réalité elle-même – les faits – et les données de la raison – les idées*. On doit alors se demander comment s'articulent ces deux démarches et comment les rendre efficaces pour la connaissance.

Le modèle rationaliste*

Une réalité soumise à un ordre

Le rationalisme* incarne une façon de concevoir le rapport entre théorie et expérience en faveur de la théorie, notamment en affirmant la suprématie de la raison humaine, capable de se représenter le réel. Il s'agit de concevoir la réalité à l'image de la raison, en supposant un ordre, une logique, une rationalité œuvrant en elle. La réalité ne serait pas soumise au hasard mais **régie par des lois**, universelles et nécessaires.

Capacité de la raison humaine à connaître la réalité

Il deviendrait donc possible, pour la raison humaine, de comprendre les lois du réel, car il s'agirait au fond des mêmes lois (que celles de la raison elle-même). On pourrait même penser que l'esprit humain aurait en lui, de façon **innée**, la connaissance de ces lois. Par exemple, l'idée de « **cause** » serait une idée innée, permettant à l'esprit humain de saisir la **nécessité** reliant telle chose à telle autre.

Supériorité de la raison

Autre conséquence : la raison serait, par rapport aux sens et à l'imagination, l'instance suprême de la connaissance. Comme le suggère Descartes, la sensibilité ne saisirait que les qualités accidentelles* et changeantes des choses et l'imagination ne pourrait tout se représenter : seul l'**entendement*** serait capable de se représenter les qualités essentielles (par exemple, le caractère « étendu* » d'un morceau de cire). Lui seul pourrait former le concept d'« extension ».

La critique du rationalisme

Primauté de l'expérience

Toutefois, on peut opposer au rationalisme que nos idées ne seraient en fait que le résultat ou le produit de l'expérience sensible*. Telle est la **doctrine empiriste*** incarnée notamment par J. Locke et D. Hume. Critiquant l'innéisme* de Descartes, l'empirisme représente l'esprit humain comme une « *tabula rasa* » (« *table rase* », à l'image des tablettes de cire utilisées par les scribes et où aucune inscription n'était encore imprimée). **L'expérience précéderait la raison** dans notre compréhension du monde. L'idée de « cause » viendrait ainsi de l'expérience que l'on aurait de voir certaines choses se succéder dans le même ordre ; elle proviendrait de l'habitude et ne serait pas inscrite dans les choses mêmes.

Le relativisme de l'expérience

Nos connaissances seraient donc **issues de l'expérience** et dépendantes d'elle. Rien ne permettrait d'affirmer, selon Hume, que, dans l'absolu, le soleil se lèvera demain. Il reste toujours possible qu'il ne se lève pas, la nécessité qu'il se lève ne reposant que sur l'habitude que nous avons de le voir se lever tous les jours.

La méthode expérimentale

S'inspirant de l'empirisme pour soumettre la raison au critère des faits de l'expérience, les sciences expérimentales naissent au XVIIe siècle avec F. Bacon. Il s'agit alors de procéder en plusieurs étapes, permettant une sorte de dialogue entre la théorie et l'expérience. La première étape consiste à **rechercher** et **collecter** les faits. Puis il s'agit pour la raison de **formuler une hypothèse** capable d'expliquer le fait observé. Enfin, il s'agit pour l'hypothèse d'être **mise** à nouveau **à l'épreuve des faits**. L'expérimentation doit alors, comme le mettra en évidence K. Popper, chercher à « **falsifier** » (réfuter) plutôt que confirmer l'hypothèse, pour en tester la résistance.

Théorie et expérience

Les auteurs clés

Francis Bacon : raison et expérience

La recherche des « formes »

Bien que premier philosophe de la méthode expérimentale, Francis Bacon cherche à garantir à la connaissance un fondement rationnel*. Ses célèbres aphorismes du *Novum Organum* (1620) – « on ne triomphe de la nature qu'en lui obéissant » et « connaître, c'est connaître par les causes » – montrent que la connaissance a bel et bien pour but de découvrir les principes cachés de la nature, les lois qui gouvernent le réel et que Bacon dénomme les « *formes* ».

Libérer la raison des « idoles »

Mais le primat de l'observation et de l'expérience (« *la meilleure démonstration est de loin l'expérience* ») suppose que la raison ne soit pas entravée par tout ce qui pourrait l'aveugler. Il faut ainsi la libérer de ce que Bacon appelle les « *idoles* », sortes de spectres ou d'images qui empêchent la raison d'interpréter avec justesse et impartialité les faits qu'elle doit interroger. Bacon distingue quatre classes d'idoles, parmi lesquelles on trouve la classe des « *idoles de la caverne* » (allusion à Platon) ; elles comprennent tous les préjugés d'ordre individuel, notamment les goûts et préférences, qui risquent d'orienter la lecture des faits : « *tout homme qui examine la nature des choses doit tenir pour suspect ce qui ravit et retient de préférence son entendement** » (*Novum Organum*, livre I).

Chasser les faits mais aussi les interpréter : le modèle de l'abeille

Enfin, il faut répertorier le maximum de faits, au sens du mot grec *historia* (« enquête »), en multipliant les expériences, puis en les classant et en les comparant. Mais il faut se faire l'interprète de toutes ces expériences, pour en dégager les principes. Bacon prend l'image de l'abeille, qu'il distingue de la fourmi (symbole de l'empirisme*), qui se contenterait d'accumuler ses matériaux, et de l'araignée (symbole du rationalisme*), qui tisse sa toile à partir seulement de sa propre substance. L'abeille, milieu entre les deux, « *recueille sa matière [...] mais la transforme et la digère* » par elle-même. Cette démarche représente l'espoir de la nouvelle science, à savoir « *une alliance plus étroite et plus respectée entre ces deux facultés, expérimentale et rationnelle* ».

Claude Bernard : la méthode expérimentale en médecine

1re étape : l'observation

Considéré comme le père de la méthode expérimentale en médecine (*Introduction à l'étude de la médecine expérimentale*, 1865), le physiologiste Claude Bernard analyse les différentes étapes et exigences devant conduire le raisonnement expérimental. Ainsi, la 1re étape doit consister à observer sans idée préconçue, pour permettre à l'esprit de partir des faits et d'être stimulé, éveillé par eux.

2e étape : l'induction*

À la suite de l'observation, l'esprit produit des idées expérimentales, à comprendre comme questions, hypothèses (portant sur la cause du fait observé), et non certitudes absolues. Ces hypothèses doivent reconnaître leur dépendance à l'égard des faits qui seuls leur donneront ou non leur valeur. Modestie et doute sont les qualités indispensables de l'expérimentateur, selon Claude Bernard, et en ce sens il se distingue du métaphysicien orgueilleux et sûr de lui. Par exemple, à la suite de ses observations sur la différence entre les taux de sucre dans l'organisme, Claude Bernard en vient à supposer que le foie joue un rôle primordial.

3e étape : l'expérimentation

Enfin, l'hypothèse doit se soumettre au « *critérium des faits* », et ceci passe par l'expérimentation, expérience non plus spontanée mais conduite par l'esprit dont elle doit éprouver (tester) l'idée. Par exemple, l'expérience dite « du foie lavé » permet de vérifier (en tentant de la faire échouer) l'hypothèse selon laquelle le foie, débarrassé de toute présence de sucre, est capable d'en produire à nouveau.

La citation clé

▶ « L'expérience, c'est là le fondement de toutes nos connaissances » (John Locke, *Essai sur l'entendement humain*, 1690).

Locke montre ici ce que signifie « l'empirisme ». Il s'agit de concevoir l'expérience comme étant à l'origine de nos idées, l'esprit n'étant qu'une « *table rase* ». Nous n'avons donc pas d'idées innées.

Cf. fiches 14, 20, 30 (9, 16, 26), 45, 48, 53

16 LA DÉMONSTRATION

La démonstration (« montrer à partir de ») désigne une forme de raisonnement dont la conclusion s'impose comme nécessaire. Le propre de la démonstration est de procéder de façon purement discursive* (en passant uniquement par le raisonnement), sans avoir besoin de « montrer » quoi que ce soit par l'expérience. La réflexion philosophique ne peut qu'interroger la valeur de ce raisonnement et son rapport avec la vérité et le réel. Jusqu'où la démonstration peut-elle s'abstenir de tout emprunt à l'expérience ? Et tout le réel peut-il s'inscrire dans une nécessité démontrable ?

Un modèle de raisonnement vrai

Une vérité posée comme nécessaire

Le raisonnement démonstratif consiste à conclure de façon **nécessaire** une proposition **à partir seulement des propositions précédentes**, sans avoir à recourir aux faits. Démontrer, c'est donc raisonner de telle sorte que la conclusion ne puisse être autre (nécessité*). Leibniz définit ainsi la démonstration comme étant « *la résolution d'une vérité en d'autres vérités déjà connues* ». D'où la valeur de la démonstration comme connaissance vraie, posée comme certaine. Et Aristote fait de la démonstration un modèle de savoir : « *Savoir, c'est connaître par le moyen de la démonstration.* »

Une vérité déduite

La force de la démonstration repose sur son caractère **déductif**. La proposition conclue comme certaine est en fait déjà contenue dans les propositions précédentes, dont elle n'est qu'un cas particulier. Dans son ouvrage *Organon* (« outil » en grec), Aristote étudie les **règles du raisonnement**, à travers le fameux **syllogisme*** (raisonnement en trois propositions), dont le plus célèbre est : « Tous les hommes sont mortels. Or, Socrate* est un homme. Donc, Socrate est mortel. » La conclusion est bel et bien déduite des deux propositions précédentes : Socrate se trouve compris dans l'ensemble des hommes, lui-même compris comme ensemble de mortels. Les trois ensembles (mortels, hommes, Socrate) sont inclus les uns dans les autres, du plus général au plus particulier.

Le modèle des mathématiques

À ce titre, les mathématiques sont un **modèle de raisonnement démonstratif**. Descartes y fait allusion en parlant des « *longues chaînes de raison* » qui caractérisent la science des nombres et des figures. Voulant étendre les mathématiques à l'étude de tout le réel, c'est-à-dire à toutes les choses « *étendues** » (corporelles), Descartes fonde l'espoir d'une « *mathématique universelle* », qui permettrait de déduire par les seules voies du raisonnement toutes les vérités.

Limites de la démonstration

Le problème des hypothèses

Toute démonstration repose en fait sur des **hypothèses**. En mathématiques, on « admet » ces hypothèses et c'est pourquoi on parle de système « **hypothético-déductif** » : le raisonnement part de propositions (définitions, axiomes, postulats) que l'on accepte et à partir desquelles les autres propositions sont déduites. Chercher à démontrer ces hypothèses revient parfois à **remettre en question tout le système**. C'est ainsi que le système d'Euclide a été remis en question par la découverte de géométries « non euclidiennes ».

Le recours à l'expérience et les autres moyens d'accès à la vérité

Dans des raisonnements portant sur le réel, les propositions de départ doivent être **vérifiées par l'expérience** – ce qui revient à sortir du raisonnement : par exemple, démontrer que « ce corps tombe nécessairement », c'est d'abord s'assurer que « tous les corps tombent » et que « ce que je tiens est un corps ». La démonstration doit donc être **soutenue et confirmée par l'expérience**. De même, **les faits particuliers**, voire singuliers, **ne se démontrent pas** : leur contingence* les soustrait à la nécessité et donc à la démonstration (on ne démontre pas, par exemple, des sentiments). L'**intuition***, issue de notre conscience, peut ainsi saisir des états intérieurs et personnels. De même, l'**argumentation** se présente comme un autre moyen, rationnel* sans être démonstratif, d'accès ou de recherche de la vérité, notamment dans certains domaines (moral, religieux, politique).

50

La démonstration

Les auteurs clés

Aristote : le syllogisme*

Le formalisme du syllogisme

Considéré comme le « père » de la logique classique, avec son ouvrage *Organon* consacré aux règles du raisonnement, Aristote analyse l'aspect purement formel* des raisonnements, indépendamment de leur contenu. Le syllogisme se présente ainsi comme un modèle de raisonnement en trois propositions dont la conclusion s'avère nécessaire. Dans le syllogisme sur Socrate*, la première proposition représente la prémisse majeure, la seconde la prémisse mineure et la dernière la conclusion. Aristote montre toutefois que ce syllogisme ne fait que représenter un raisonnement formel, à savoir : « Tout A est B. Or, tout C est A. Donc, tout C est B. » Tel est le fondement de la logique dite « formelle », qui consiste à travailler sur des enchaînements de propositions qui ne désignent plus aucune réalité matérielle. La vérité alors interrogée dans ce travail est également formelle : on s'attache à montrer ce qui rend un raisonnement « valide », concluant, indépendamment de sa correspondance avec le réel. Ainsi, le raisonnement « Tous les hommes sont blonds. Or, Socrate est un homme. Donc, Socrate est blond » est un raisonnement valide, « vrai formellement », mais faux en réalité.

Le caractère hypothétique du syllogisme

Aristote montre ainsi que le syllogisme a un caractère hypothétiquement nécessaire : les deux prémisses sont en effet des « conditions » rendant la conclusion nécessaire, et il faut donc lire, en fait, dans tout syllogisme : « Si tout A est B » et « si tout C est A », « alors C est B ». La démonstration apparaît alors comme une condition nécessaire de la connaissance, mais non suffisante. Seule l'expérience peut nous apprendre si réellement « tout A est B » et si « tout C est A ». D'où la distinction qu'Aristote établit entre un syllogisme démonstratif (apodictique), dont les prémisses ont été vérifiées, et un syllogisme dialectique, dont les prémisses ne sont que des hypothèses.

Descartes : les quatre règles de la méthode

Dans la deuxième partie du *Discours de la méthode* (1637), Descartes énonce les fameuses quatre règles de sa méthode, censées nous permettre d'atteindre la vérité avec certitude et uniquement par l'usage bien réglé de la raison. Ces règles sont la règle de l'évidence (« *ne recevoir jamais aucune chose que je ne la connusse évidemment être telle* »), la règle de l'analyse (« *diviser chacune des difficultés [...] en autant de parties qu'il se pourrait et qu'il serait requis pour les mieux résoudre* »), la règle de l'ordre (« *conduire par ordre mes pensées en commençant par les objets les plus simples et les plus aisés à connaître* »), et enfin la règle du dénombrement (« *faire partout des dénombrements si entiers que je fusse assuré de ne rien omettre* »). Par cette méthode, Descartes entend fonder les règles d'une « *mathématique universelle* », c'est-à-dire pouvant s'appliquer à tout le réel et permettant ainsi de déduire démonstrativement toutes les vérités les unes à partir des autres.

Hume : « *n'importe quoi peut paraître capable de produire n'importe quoi* »

Contre le rationalisme* cartésien et les prétentions de la métaphysique* à poser l'existence de réalités dont on ne peut faire l'expérience (notamment l'existence de Dieu et de l'âme), l'empiriste* Hume critique les dérives possibles de la raison qu'on laisserait ainsi livrée à elle-même : « *Si nous raisonnons a priori, n'importe quoi peut paraître capable de produire n'importe quoi. La chute d'un galet peut, pour autant que nous le sachions, éteindre le soleil ; ou le désir d'un homme gouverner les planètes dans leur orbite.* » Pour Hume, la déduction démonstrative ne vaut que pour les objets mathématiques, lesquels n'ont pas d'existence réelle, puisque ce sont des produits de l'esprit. Seule l'expérience peut donc, d'après lui, nous assurer que quelque chose existe et que telle cause produit (la plupart du temps) tel effet. Pour autant, l'expérience ne peut nous assurer d'un rapport nécessaire entre deux faits. Ce rapport est suggéré par l'habitude que nous avons de voir ces faits se produire l'un après l'autre.

La raison et le réel

La citation clé

▶ « Tout ce qui est peut ne pas être » (David Hume, *Enquête sur l'entendement humain*, 1748).

Pour Hume, la raison à elle seule ne peut démontrer l'existence de choses ou d'êtres, car l'existence en soi n'est pas nécessaire. Ce qui existe aurait pu ne pas exister. Parce que l'existence est contingente*, elle ne peut se démontrer.

Cf. fiches 14, 20, 30 (5, 16, 18, 26), 32, 45, 53

17 L'INTERPRÉTATION

Le mot *interprétation* (du latin *interpretatio*, « compréhension, traduction ») caractérise une certaine façon pour l'esprit de se rapporter au réel, de façon indirecte, en cherchant un sens caché derrière un sens apparent. On se demande si l'interprétation ne s'applique qu'à certains aspects du réel et si elle ne propose qu'une approximation toujours discutable et subjective (chacun interprétant « à sa manière »), ou bien si c'est tout le réel qui doit être interprété, aucune réalité ne pouvant être saisie directement. Comment alors « bien » interpréter pour s'assurer d'être dans la vérité ? Quels sont les critères d'une bonne interprétation ?

Caractère apparemment réduit du domaine de l'interprétation

Comprendre et interpréter

L'interprétation se présente comme une démarche de **compréhension**, c'est-à-dire une recherche de **sens**, appelée aussi « **herméneutique** ». Plus précisément, l'interprétation suggère que ce sens n'est pas donné directement et qu'on doit le chercher derrière des signes. Ainsi, pour Dilthey, *« nous appelons "compréhension" le processus par lequel nous connaissons quelque chose de psychique à l'aide de signes sensibles* qui en sont la manifestation »*.

Les domaines de l'interprétation

Par conséquent, l'herméneutique semble réservée aux seuls domaines où l'esprit se manifeste et où il s'agit de percer une intériorité. Dilthey, à ce titre, oppose les sciences de la nature (physique, chimie) aux sciences de l'esprit (psychologie), en affirmant que *« nous expliquons la nature, [mais] nous comprenons la vie psychique »*. Les faits naturels, extérieurs à la conscience, s'expliquent par **des lois et des causes** ; les faits humains doivent s'interpréter selon **des raisons et des buts**.

Interprétation et exégèse

Si la religion semble être le domaine par excellence de l'interprétation, à travers l'exégèse (interprétation des textes sacrés), c'est parce que l'esprit divin ne s'y exprime pas directement ni explicitement mais à travers les prophètes, intermédiaires entre Dieu et les hommes, et par un **discours implicite**.

Extension possible de l'interprétation à tout le réel

L'interprétation dans les sciences et dans le domaine juridique

Il apparaît que même dans les sciences naturelles les faits doivent être interprétés.

En effet, les **lois** recherchées sont des produits de la **raison**, d'un esprit à l'œuvre dans le réel, pas toujours visibles. Il faut donc interpréter ce que l'on observe au sens où les faits naturels ne parlent pas d'eux-mêmes.

De même, dans le domaine **juridique**, on doit admettre qu'il ne faut pas s'en tenir « à la lettre », mais avoir également en vue ce qu'on appelle « l'esprit » de la loi. Un juge ne peut pas se contenter d'appliquer « bêtement » la loi : il lui faut parfois en dégager le sens implicite, l'adapter à tel ou tel cas.

L'art comme interprétation du réel

L'interprétation peut être **étendue à tout le réel**, pour en saisir la singularité, à travers la manière dont il apparaît à chaque esprit. Nietzsche montre, à cet égard, que seul l'art permet de multiplier les points de vue sur le réel pour en donner tous les sens possibles. L'art rend possible le perspectivisme, la possibilité de voir le réel à travers « cent yeux ».

Les critères de l'interprétation

L'herméneutique philosophique

On peut ainsi rattacher l'interprétation à la situation même de **l'homme**, qui est **un être en quête de sens**. Le projet de constituer une herméneutique philosophique serait une manière de montrer le caractère universel et fondamentalement humain de la démarche interprétative : malgré les diversités, tout homme cherche du sens.

La mauvaise interprétation ou sur-interprétation

Si tout peut être interprété, il faut néanmoins distinguer des **critères** pour juger d'une « bonne » ou d'une « mauvaise » interprétation. Freud montre ainsi que les paranoïaques **projettent** leurs désirs sur les intentions

L'interprétation

d'autrui, rendant l'interprétation « *délirante* » et « *fausse* ».

La bonne interprétation
À l'inverse, une « bonne » interprétation permettrait une sorte de compréhension mutuelle entre deux esprits ouverts l'un à l'autre, un **gain mutuel de sens** : celui qui interprète s'ouvre à un sens qui lui est simplement suggéré, et le sens interprété se trouve lui-même enrichi de l'interprétation qu'on lui donne. Nietzsche conçoit ce gain de sens comme le fait, pour l'artiste notamment, de saisir la **puissance vitale** des choses.

La raison et le réel

Les auteurs clés

Dilthey : expliquer et comprendre
Dans *Origines et Développement de l'herméneutique* (1900), Wilhelm Dilthey insiste sur ce qui oppose la démarche explicative, appliquée aux phénomènes* naturels, à la démarche compréhensive, qui doit s'appliquer aux phénomènes de l'esprit. Ces phénomènes relèvent en effet, selon lui, de la vie et de la singularité (caractère unique de chaque conscience). L'interprétation est la seule démarche qui puisse justement saisir cette « vie » de l'esprit. D'où l'idée qu'il y a des degrés d'interprétation, plus ou moins capables de rendre celle-ci objective. L'objectivité est alors donnée *« lorsque la manifestation vitale est fixée »* : plus nous saisissons la vie intérieure propre à l'esprit que nous cherchons à comprendre, plus nous sommes objectif.

Freud : sens manifeste et sens latent du rêve
Dans son travail sur les rêves, Freud met en évidence le mécanisme de refoulement et de résistance, qui empêche le rêveur de comprendre le vrai sens de son rêve. En effet, le rêve est *« la réalisation déguisée d'un désir refoulé »* – ce qui explique que la conscience du sujet refuse de comprendre le sens du rêve. Freud distingue alors le sens apparent ou « manifeste », celui que la conscience accepte et donne au sujet (ce qui permet notamment de raconter le rêve), et le sens caché ou « latent », c'est-à-dire le vrai sens, celui rattaché au désir refoulé s'exprimant dans le rêve. *Interpréter* signifie alors « passer du sens manifeste au sens latent ». Pour y parvenir, Freud montre qu'il est nécessaire de déconstruire le « travail » du rêve, à savoir le mécanisme ayant permis au sens latent d'être déguisé en un autre sens apparent. Ce travail de déguisement utilise deux procédés principaux : la condensation (le rêve condense plusieurs éléments en un seul qui apparaît) et le déplacement (le rêve déplace sur un détail apparent un élément fondamental du sens caché). Prenant l'exemple d'une femme rêvant qu'elle n'arrive pas à préparer un repas, Freud explique que le sens apparent du rêve pour cette femme est celui-ci : « J'ai rêvé que je n'arrivais pas à faire un repas et mon désir était pourtant de le faire. » Freud montre alors que le vrai sens du rêve est : « Je suis jalouse d'une amie mince qui plaît à mon mari, pourtant amateur de femmes rondes, et je ne veux pas la rendre plus séduisante à ses yeux en la faisant grossir. »

Ricœur* : lecture et interprétation
Dans *Du texte à l'action* (1986), Paul Ricœur montre notamment la richesse d'interprétation qu'offrent les textes écrits, comparés au discours oral. Ce qui se passe entre l'auteur et le lecteur est en effet plus « ouvert » dans la lecture que ce qui se produit dans une conversation. Ricœur parle en ce sens d'un « *devenir-texte* ». En effet, le texte impose un certain détour, par les signes (les mots) qui s'intercalent entre le lecteur et l'auteur. Ce détour empêchant une compréhension directe entre ces deux esprits, il faut donc renoncer à l'idée d'une interprétation qui serait *« la coïncidence entre le génie du lecteur et le génie de l'auteur »*. L'intention de l'auteur est « absente » du texte en lui-même et la subjectivité du lecteur (ce qu'il est intérieurement) se modifie à travers la lecture du texte. Aucun sens (celui de l'auteur et celui du lecteur) n'est donc donné dès le départ, ni fixé à l'avance. Le sens du texte se construit au fur et à mesure, en déployant une intersubjectivité (communication des consciences) « en devenir ».

La citation clé

▶ « Interpréter signifie trouver un sens caché » (Sigmund Freud, *Introduction à la psychanalyse*, 1917).
Freud donne ici une définition générale de l'*interprétation*, pour annoncer le rôle fondamental de l'interprétation des rêves dans la connaissance de l'inconscient. En interprétant nos rêves, nous découvrons leur vrai sens, lequel est un désir refoulé.

Cf. fiches 3, 14, 20, 30 (6, 18), 65, 66

18 LE VIVANT

La notion de « vivant » désigne l'ensemble des êtres vivants. Elle renvoie à une réalité accessible à l'expérience et se distingue en cela de la notion plus abstraite de « vie ». S'intéresser au vivant, c'est donc interroger ce qui anime les êtres vivants et les caractérise en tant que tels. Ici la philosophie rencontre la biologie, et la question essentielle est de savoir de quoi est fait ce principe de vie (matériel ou spirituel, hasardeux ou finalisé) et quelles sont les limites morales à imposer au traitement et à l'utilisation du vivant.

Conception vitaliste ou mécaniste*

Le vitalisme*

Les êtres vivants sont caractérisés par des **fonctions propres** : l'assimilation (nutrition), la croissance et la reproduction. Le médecin Xavier Bichat définit la vie comme l'ensemble des fonctions qui résistent à la mort. La conception vitaliste du vivant attribue ces fonctions à un **principe vital**, tel un « souffle » de vie, **immatériel** et donc irréductible à la matière vivante elle-même : il l'animerait sans en faire partie. Aristote, précurseur du vitalisme, appelle « *âme* » ce principe de vie qui « anime » le vivant.

Le mécanisme

Le mécanisme, incarné par Descartes, voit au contraire le vivant à l'image d'une **machine**, dépourvu d'âme, celle-ci étant réservée strictement à la pensée humaine. Le vivant se ramène au corps, pur assemblage de **parties reliées les unes aux autres** sans intention ni finalité, uniquement animé par le **mouvement** de ses parties. Étudier le vivant revient alors à interroger les différents rouages d'un corps, chercher ce qui les relie, et expliquer leurs mouvements, leurs pressions, leur chaleur.

Le vivant comme organisme

L'être vivant s'organise lui-même

Les êtres vivants font apparaître une autre propriété, que Kant met en évidence en soulignant le fait que le vivant n'a pas qu'une force motrice (telle une machine) mais aussi une « *énergie formatrice* », c'est-à-dire interne, le rendant **capable de s'organiser lui-même**. Le mécanisme, au contraire, doit supposer un être extérieur (notamment Dieu) qui serait la cause efficiente* de l'assemblage du vivant.

Le matérialisme*

De même, on peut voir dans la matière vivante une **matière comme une autre**, simplement plus **complexe**. Le physiologiste Claude Bernard insiste en ce sens sur la nécessité de réduire les causes du vivant à des échanges physico-chimiques. L'expérimentation consiste alors à suivre les étapes d'une fonction jusqu'à en découvrir l'organe (par exemple, la fonction glycogénique [production de glucose] du foie).

Hasard et nécessité

La découverte de la molécule d'ADN permet de mieux comprendre comment le vivant parvient à la fois à s'auto-organiser et à se **reproduire** à l'identique tout en **évoluant**. La **nécessité** préside à la **loi de l'invariance reproductive** et le **hasard** préside aux **mutations génétiques**.

Le respect du vivant

Le mystère de la vie

Le biologiste Jacques Monod, dans *Le Hasard et la Nécessité*, compare la vie à un numéro sorti au Loto et qui nous ferait gagner un milliard : nous sommes toujours confrontés, malgré nos connaissances, à la question de savoir comment le hasard a **rendu possible la vie** et comment l'évolution de celle-ci a **rendu possible l'homme**.

Les limites de l'expérimentation

Ce mystère peut nous imposer de **respecter le vivant**. Certes, il faut savoir détruire des espèces ou organismes nuisibles (par exemple, certains moustiques ou virus), mais il nous faut veiller au maintien de la biodiversité et, plus généralement, au maintien des conditions qui rendent la vie possible. Outre cette exigence morale, l'expérience sur le vivant montre aussi des **limites de fait** : nous ne pouvons pas « travailler » sur le vivant comme sur la matière inerte, car, en cherchant à le connaître, nous le **modifions**.

Le vivant

Les auteurs clés

La raison et le réel

Aristote : l'âme est ce qui meut

Dans *Des parties des animaux*, Aristote fait de l'âme le principe de toute vie : « *L'âme disparue, il n'y a plus d'animal et aucune des parties ne demeure la même, sinon seulement par la configuration extérieure.* » Aristote explique que c'est donc l'âme qui doit faire l'objet de la connaissance, en tant qu'elle joue, comme substance, le rôle « *de moteur et de fin* », à la différence de la matière. Pour lui, il est donc clair que le vivant ne se réduit pas à la simple « matière vivante » ; il y a, au-delà de son caractère matériel, un principe extérieur et différent qui l'informe et le finalise. C'est en ce sens qu'Aristote inaugure le vitalisme*.

Descartes : l'image de la montre

Contre cette conception vitaliste du vivant, Descartes insiste justement sur l'absence de distinction entre le vivant et la matière. Distinguant deux substances*, le corps (étendu*) et l'âme (pensante), Descartes explique le vivant en le ramenant au corps et non à l'âme. Ce qui fait l'être vivant, c'est seulement un certain agencement de matière, qui n'est mue que par le mouvement mécanique de ses différents éléments, telle une horloge ou une montre, qui, une fois remontée, se meut d'elle-même. Pareillement, la mort « *n'arrive jamais par la faute de l'âme, mais seulement parce qu'une des principales parties du corps se corrompt* » (*Traité des passions de l'âme*). La différence entre l'homme vivant et l'homme mort est, pour Descartes, la même qu'entre une montre remontée et une montre « *lorsqu'elle est rompue et que le principe de son mouvement cesse d'agir* ».

Kant : une montre ne produit pas une autre montre

Critiquant à la fois le vitalisme et le mécanisme*, Kant insiste sur le caractère téléologique* du vivant, lequel a son principe d'organisation en lui-même et non extérieurement comme la machine. Reprenant l'image de la montre de Descartes, Kant pose ainsi que, « *dans une montre, un rouage n'en produit pas un autre et encore moins une montre d'autres montres* » (*Critique de la faculté de juger*).

Kant critique également la manière dont on compare un être organisé avec une œuvre d'art, au sens où l'œuvre suppose l'artiste, c'est-à-dire un agent extérieur présidant à son organisation, alors que le vivant a son principe d'organisation en lui-même ; il légifère lui-même ses fins : d'où l'idée de téléonomie* (du grec *telos*, « but », et *nomos*, « loi »).

Claude Bernard : chercher les causes et non les fins

Dans ses *Principes de médecine expérimentale*, Claude Bernard insiste notamment sur le fait que rien ne distingue le scientifique en général (par exemple, le physicien) du biologiste : leur but est le même ; et pour le biologiste, il doit consister à « *rechercher les causes prochaines des conditions d'existence des phénomènes vitaux [...] et déterminer les lois de ces phénomènes, afin de les prévoir et de les diriger* ». Par « *causes prochaines* », il faut entendre causes déterminantes, c'est-à-dire nécessaires, matérielles et mécaniques. La question que l'on doit poser à un organe n'est pas en forme de « Pourquoi ? » (quel est son but ? à quoi sert-il ?) mais de « Comment ? » (comment fonctionne-t-il ?). C'est par ce travail d'investigation active, notamment lorsque Claude Bernard mesure le taux de sucre dans le foie de ses lapins pour en chercher les causes (comment expliquer que ce taux ne cesse de varier ?), qu'il parvient à découvrir la véritable fonction du foie, qui est de stocker et de produire du sucre (*cf.* fiche 15).

Les citations clés

▶ « **La vie est l'ensemble des fonctions qui résistent à la mort** » (Xavier Bichat, *Recherches physiologiques sur la vie et la mort*, **1800**).
Bichat cherche à expliquer la vie de manière scientifique, mais du point de vue des vitalistes, lesquels expliquent la vie par un principe vital. Ce principe est spirituel et renvoie à la notion d'« âme ».

▶ « **Ces fonctions suivent toutes naturellement en cette machine de la seule disposition de ses organes, ni plus ni moins que font les mouvements d'une horloge, ou autre automate** » (René Descartes, *Traité de l'homme*, **1648**).
Descartes réduit le vivant à un simple mécanisme et élimine l'idée qu'il serait mû par une âme.

19 LA MATIÈRE ET L'ESPRIT

Les notions de « matière » (du latin *materia*, « substance » composant la *mater*, « le bois ») et d'« esprit » (du latin *spiritus*, « souffle ») semblent désigner les deux formes de substances* composant les choses*. Sont dites « matérielles » des choses étendues dans l'espace, perceptibles, corruptibles*. Sont dites « spirituelles » les choses imperceptibles et incorruptibles*. Pour autant, la difficulté que pose l'articulation entre matière et esprit (comment la matière agit-elle sur l'esprit et inversement ?) conduit à la tentation de réduire l'ensemble des choses, même en apparence immatérielles (comme les pensées), à de la matière. Mais cette thèse, dite « matérialiste* », semble à son tour poser des difficultés : comment la liberté est-elle possible si nos pensées aussi sont matérielles ?

La thèse matérialiste : tout ne serait que matière

Fondements théoriques du matérialisme

Le matérialisme recouvre, outre sa signification commune qui désigne un intérêt pour les biens matériels et l'argent, une certaine conception de la réalité aboutissant à **tout ramener à de la matière**. Pour Démocrite, précurseur du matérialisme ancien (repris ensuite par Épicure et Lucrèce), tout le réel est composé d'atomes, y compris nos pensées. L'avantage du matérialisme est de dépasser les **difficultés** posées par une thèse **dualiste***, qui affirme que la réalité se compose de **deux substances distinctes** : car comment expliquer qu'elles interagissent si elles ne sont pas de même nature ? S'il n'y a plus **qu'une seule substance (monisme*)**, **matérielle**, alors cette **interaction devient compréhensible** : ce n'est que de la matière agissant sur de la matière, selon des lois mécaniques, physiques ou chimiques.

Le matérialisme appliqué au vivant

Appliqué au vivant, le matérialisme permet d'**éviter les dérives métaphysiques du vitalisme*** (*cf.* fiche 18) : le vivant n'est qu'une matière plus complexe que la matière inerte ; il n'est pas animé par un « esprit » qui le soumettrait à des causes « finales » (des buts). Pour le connaître, il ne faut en chercher que les causes « prochaines », à savoir les causes efficientes* permettant de saisir son fonctionnement (Claude Bernard).

Le matérialisme appliqué à l'esprit

Appliqué à l'esprit, la thèse matérialiste permet de mieux appréhender certains aspects de nos pensées. En les comparant à des circuits électriques ou à des échanges physico-chimiques (réductionnisme), les neurosciences se donnent les moyens de **comprendre et soigner certains troubles** (amnésie, délire, dépression) et de chercher à **visualiser** (matériellement) **la pensée en action** (imagerie cérébrale).

Limites du matérialisme

Qu'est-ce que la matière et existe-t-elle ?

La matière, elle aussi, pose certaines difficultés, malgré son caractère perceptible, car plus on cherche à en analyser les composants, plus on se voit **chercher le composant ultime de la matière**. La science a maintenant dépassé la physique « atomique » (*atome* signifie littéralement « l'insécable ») pour élaborer une physique subatomique (mécanique quantique) qui interroge les composants mêmes de l'atome. Or, ce que les physiciens trouvent (notamment depuis Einstein), **c'est de l'énergie**, laquelle fait dire à Poincaré que « *la matière n'existe pas* », puisque l'énergie ne ressemble pas à la matière telle qu'on la définit.

L'« immatérialisme* »

De même, on peut se demander si vraiment nous « rencontrons » la matière, doute exprimé par Berkeley lorsqu'il prône un « *immatérialisme* ». En effet, **nous ne rencontrons réellement que nos perceptions et notre esprit**. Si, par exemple, je touche cette table, je sens ma perception de la table et non la table elle-même (*cf.* fiche 4). Puisque je ne peux sortir de mon esprit, rien ne prouve, par conséquent, que la matière existe et rien n'existe en dehors de l'esprit. Seules nos **idées** des choses existent.

(suite, p. 58)

La matière et l'esprit

Les auteurs clés

La raison et le réel

Lucrèce : l'interaction entre le corps et l'esprit prouve que l'esprit est fait de matière

Dans son poème *De la nature*, le poète latin Lucrèce fait l'éloge de la philosophie matérialiste* d'Épicure, dont l'enjeu est notamment de conjurer nos craintes à l'égard de la mort. Lucrèce souligne le caractère purement matériel de l'esprit, en considérant « *que l'esprit ou la pensée, dans lequel résident le conseil et le gouvernement de la vie, est partie de l'homme non moins que la main, le pied, et les yeux sont parties de l'ensemble de l'être vivant* ». Il explique également cette nature matérielle de la pensée par le fait que celle-ci est capable d'agir sur le corps (« *porter nos membres en avant, arracher notre corps au sommeil, nous faire changer de visage* ») et qu'« *aucune de ces actions ne peut évidemment se faire sans contact, ni le contact sans matière* ». Inversement, Lucrèce montre l'action possible du corps sur l'esprit, laquelle prouve aussi que l'esprit se compose de matière : « *Il est également vrai que l'esprit pâtit avec le corps, qu'il partage les sensations du corps [...]. Donc, c'est de matière qu'il faut que soit formée la substance de l'esprit, puisque des coups matériels sont capables de la faire souffrir.* »

Descartes : le paradoxe des « esprits animaux »

Même si pour Descartes le corps vivant en général se réduit à de la matière (*cf.* fiche 18), l'homme, par sa pensée, fait apparaître un dualisme*, une union de deux substances* : le corps et l'âme.

Dans la sixième des *Méditations métaphysiques*, Descartes met en évidence le fait que nous sentons notre corps étroitement uni à notre âme et qu'en cela nous n'« avons » pas un corps, nous « sommes » notre corps : « *La nature m'enseigne [...] que, par ces sentiments de douleur, de faim, de soif, etc., je ne suis pas seulement logé en mon corps, ainsi qu'un pilote en son navire, mais, outre cela, que je lui suis conjoint très étroitement et tellement confondu et mêlé, que je compose comme un seul tout avec lui.* » C'est dire que, bien que formant une seule chose, le corps se compose de deux substances bien distinctes, unies dans des sentiments

tels que la faim ou la soif. En cela, ces sentiments ne sont pas seulement faits de matière, de substance étendue*, de corps : ils sont aussi de nature spirituelle, puisqu'ils me signifient qu'il faut boire ou manger. Descartes va ainsi nommer « *esprits animaux* » (du latin *animus*, « l'âme ») les particules de matière qui circulent depuis le cerveau jusque dans les nerfs et envoient des informations au corps pour, par exemple, l'inciter à boire. Descartes réfute donc la thèse matérialiste, en affirmant un dualisme, mais il est obligé de penser l'union de l'âme et du corps en ayant recours à un principe matériel, qu'il appelle paradoxalement « *esprits animaux* ».

Berkeley : immatérialisme*, spiritualisme* et empirisme*

Dans ses *Dialogues entre Hylas et Philonoüs* (Hylas incarnant le partisan de la matière et Philonoüs l'amoureux de l'esprit), Berkeley montre que les choses* n'existent qu'au travers de nos perceptions, des idées que nous en avons, et non pas dans une matière qui en assurerait l'existence. Ainsi, toute chose se ramène à l'esprit qui la perçoit et rien n'existe donc en dehors de l'esprit. Il ne s'agit pas de rabaisser la perception sensible* ni de nier l'existence des choses mais d'élever les choses perçues au rang de choses véritables et de choses spirituelles. L'idée de Berkeley est que les choses purement matérielles (définies par Descartes comme des substances étendues dans l'espace) n'existent pas à proprement parler. Il n'y a pas « deux substances », une matérielle et une pensante (spirituelle), mais une seule : l'esprit. Tel est le sens de l'expression « *Être, c'est être perçu* », qui fonde un immatérialisme mais aussi un spiritualisme : tout ce qui existe n'est qu'un ensemble d'idées données par la perception. Ce spiritualisme est également un empirisme (celui de Locke, pour qui toutes nos idées nous viennent de l'expérience). La couleur en général, par exemple, n'existe pas en dehors de la perception que l'on a de telle ou telle couleur particulière : elle n'est rien en elle-même. Contre Descartes qui défend un innéisme* des idées (*cf.* fiche 15), Berkeley pose que ces idées nous viennent de la perception et donc de l'expérience.

La citation clé

▶ « **La substance de l'esprit et de l'âme est matérielle** » (Lucrèce, *De la nature*, Ier siècle av. J.-C.).

Lucrèce prône un monisme* matérialiste, affirmant que toute chose est matérielle, y compris nos pensées. Ceci est montré par les interactions entre le corps et l'esprit, l'un affectant l'autre et inversement.

La spécificité de la matière vivante

Sur un autre plan, le fait de réduire le vivant à de la simple matière, dépourvue de tout esprit, **risque d'entraîner un rapport au vivant peu soucieux d'éthique***. La vivisection est, en ce sens, un problème, car, d'une part, elle permet l'étude du vivant « en vie » (outre ses vertus thérapeutiques), mais, d'autre part, elle « traite » le vivant comme un objet, le manipulant et l'utilisant sans toujours faire grand cas de sa sensibilité ni de sa souffrance, voire de ses formes de consciences. Les débats sur l'avortement, les embryons, l'euthanasie ou l'expérimentation animale posent aussi la question de savoir si l'on peut retirer au vivant toute dimension spirituelle, toute « âme ».

La question de la liberté et la question de Dieu

Enfin, matérialiser la pensée invite à remettre en question les notions de « liberté », de « volonté » et donc de « responsabilité morale ». Comment, en effet, nos pensées peuvent-elles être volontaires si elles ne sont que des mouvements de matière ? Ne sommes-nous pas alors **déterminé mécaniquement à penser** ceci ou cela au hasard de ces déplacements dans notre cerveau ? Contre cette réduction de la conscience à un pur mécanisme physique, Bergson soutient que la conscience déborde le corps, notamment par sa dimension créatrice et imprévisible.

De même, la croyance en un être divin, de nature spirituelle, semble incompatible avec une conception matérialiste* du monde et de l'existence humaine. Si l'esprit disparaît, **Dieu semble disparaître** avec lui. La matière étant livrée à elle-même et à ses lois mécaniques, **plus rien de spirituel n'est requis** pour justifier notre condition et notre nature pensante.

Pour ou contre le matérialisme : un choix éthique et existentiel

Une question qui exige une réponse « pratique* » à défaut d'une réponse « théorique »

La question de la nature du réel reste ouverte. Elle n'est pas réservée aux scientifiques ou aux philosophes de métier, mais concerne chacun d'entre nous par son importance existentielle. En effet, sans même le savoir, **on ne vit pas de la même façon si l'on ne croit qu'à ce qui est matériel ou si l'on croit à la réalité de l'esprit**. La mort d'un proche, par exemple, est plus supportable pour quelqu'un qui croit à la survivance de l'âme. Libre à chacun cependant de préférer la **thèse matérialiste** qui, comme le souligne Diderot, a l'avantage de la **simplicité**, comparée à la thèse dualiste* qui nous précipite « *dans un abîme de mystère, de contradictions et d'absurdités* ».

La croyance légitime en l'esprit

Certes, dans les conditions de notre expérience sensible*, nous ne rencontrons que de la « matière ». La notion d'« esprit » ne peut donc faire **l'objet que d'une croyance**, mais d'une croyance légitime. Elle est, selon Kant, au cœur des trois grandes idées métaphysiques* auxquelles l'homme a besoin de croire : l'idée d'une « âme immortelle », l'idée de « libre arbitre* » et l'idée de « l'existence de Dieu ». Ces idées, qui ne peuvent faire l'objet que d'une croyance, **permettent de faire valoir la « loi morale » qui est en nous** et d'accomplir les devoirs auxquels elle nous invite.

Le matérialisme n'est pas nécessairement indigne de l'homme

Mais le matérialisme n'est pas non plus forcément une réponse désolante et immorale. Les philosophes matérialistes **ne nient pas que l'homme se distingue par son esprit** ; ils refusent seulement d'y voir quelque chose d'immatériel. La Mettrie, dans *L'Homme machine*, note que, quand bien même l'esprit ne serait fait que de boue, il n'en serait pas moins admirable. De même, le matérialisme **n'est pas nécessairement incompatible avec les valeurs spirituelles**. Dans les matérialismes antiques, une grande place est accordée à la sagesse et à la connaissance. L'ataraxie est posée comme le but de l'existence heureuse, qui consiste à se libérer de tout ce qui peut troubler l'âme. La liberté n'est donc pas niée ; elle est un exercice de la pensée, telle une gymnastique du corps visant la plus parfaite maîtrise.

La matière et l'esprit

Les auteurs clés

Diderot : « *Voyez-vous cet œuf ?* »

Dans Le *Rêve de d'Alembert* (1769), Diderot prend l'exemple de l'œuf pour soutenir la thèse matérialiste* inscrite, selon lui, dans le sens commun. En demandant « *Voyez-vous cet œuf ?* », il part de l'observation de l'œuf pour en décrire toutes les transformations successives, lesquelles ne font apparaître rien d'autre que de la matière organisée devenant sensible. L'œuf est ainsi « *masse insensible avant que le germe y soit introduit* » et aussi une fois le germe introduit, celui-ci n'étant qu'un « *fluide inerte et grossier* ». L'œuf ne devient sensible que « *par la chaleur* », laquelle est produite « *par le mouvement* ». Jusque-là nous n'avons donc affaire qu'à de la matière. Décrivant ensuite la formation du « *bec, des bouts d'ailes, des yeux* », Diderot nous fait observer que l'animal ainsi formé « *se meut, s'agite, crie* », puis « *il marche, il vole, il s'irrite, il fuit* […]*, il se plaint, il souffre, il aime* », et qu'il a ainsi toutes nos affections humaines. Réfutant ensuite la thèse cartésienne soutenant que cet animal est une pure « machine » et que nous en sommes une d'une tout autre nature (puisque pensante), Diderot montre que nous sommes tout autant machines que les animaux et que la seule différence tient à notre organisation. Plus encore, cette organisation qui produit la sensibilité n'est que la « *propriété générale de la matière* » et ne s'explique que par l'action de la matière inerte sur une autre matière inerte. Chercher tout autre principe d'une autre nature que matérielle placerait notre esprit, selon Diderot, dans un abîme de contradictions.

Bergson : il faut distinguer l'esprit et le cerveau

La conscience n'est pas matérielle

Dans *L'Énergie spirituelle* (1919), Bergson s'oppose à la réduction scientifique qui tend à identifier strictement le mental et le cérébral. Pour lui, on ne peut pas « *lire dans un cerveau tout ce qui se passe dans la conscience correspondante* ». Pour expliquer en quoi la conscience semble ainsi « déborder »

le corps, Bergson prend l'image du clou auquel serait attaché un vêtement : « *Un vêtement est solidaire du clou auquel il est accroché ; il tombe si on l'arrache du clou ; il oscille si le clou remue* […] *; il ne s'ensuit pas que* […] *le clou et le vêtement soient la même chose. Ainsi, la conscience est incontestablement accrochée à un cerveau mais il ne résulte nullement de là que le cerveau dessine tout le détail de la conscience.* » Par conséquent, pour Bergson, qui s'intéresse néanmoins au travail des scientifiques et ne veut pas le négliger, « *tout ce que* […] *la science nous permet d'affirmer, c'est l'existence d'une certaine* relation *entre le cerveau et la conscience* ».

Le souvenir est d'essence spirituelle

Dans *Matière et Mémoire* (1896), Bergson remet en question certains aspects des travaux du médecin Broca et du philosophe Ribot. Les études de Broca sur les aphasies montrent qu'une lésion du cerveau a conduit des patients à perdre l'usage de la parole. Ces études concluent donc à une localisation matérielle du langage dans une zone du cerveau. La thèse de Ribot, dans *Les Maladies de la mémoire*, pose que le souvenir est matériel et qu'il se situe dans le système nerveux. Bergson admet certes « *une certaine* relation *entre le cerveau et la conscience* », mais il ne veut pas réduire celle-ci à celui-là. Il soutient notamment que le cerveau n'est que le support matériel de l'activité mentale de l'esprit, sa condition. Mais le cerveau n'entre pas en ligne de compte dans le contenu même de nos pensées : « *Ni dans la perception, ni dans la mémoire, ni, à plus forte raison, dans les opérations supérieures de l'esprit, le corps ne contribue directement à la représentation.* » De même, Bergson montre que la disparition d'un souvenir en cas de lésion cérébrale ne se fait pas brutalement mais progressivement. Cela lui permet de distinguer deux formes de mémoires : une mémoire-habitude, faite d'automatismes inscrits mécaniquement dans le corps (se souvenir, par exemple, d'une poésie apprise par cœur), et une mémoire pure, de nature spirituelle, faite de contenus de pensées liés à notre histoire personnelle, à notre Moi profond (se souvenir, par exemple, du moment précis où l'on a lu telle poésie).

La citation clé

▶ « Et qu'est-ce que le *moi* ? Quelque chose qui paraît, à tort ou à raison, déborder de toutes parts le corps qui y est joint, le dépasser dans l'espace aussi bien que dans le temps » (Henri Bergson, *L'Énergie spirituelle*, 1919).

Bergson souligne ici la différence entre la conscience, source de liberté et de création imprévisible, qui fait la singularité de notre personne, et le corps, soumis au déterminisme* mécanique de la matière, enfermé dans le temps et l'espace, et incapable de liberté.

_Cf._ fiches 2, 18, 27, 30 (6, 25), 45, 51, 69

La raison et le réel

20 LA VÉRITÉ

D'abord appliquée aux choses* (à l'être*), la notion de « vérité » désigne ensuite classiquement une adéquation entre la chose et l'esprit *(adequatio rei et intellectus)*, c'est-à-dire une représentation conforme au réel, qui suppose ainsi des critères permettant de garantir cette objectivité. La réflexion philosophique interroge les moyens et les difficultés que suppose la recherche de la vérité. Celle-ci est-elle accessible à l'homme ou bien illusoire ? À quelle vérité l'homme peut-il alors prétendre et que vaut cette quête ?

Difficultés posées par la recherche de la vérité

Vérité et réalité

La vérité ne se confond pas avec la simple réalité (la réalité perçue). Elle exprime un **rapport**, une **correspondance** exigés entre la réalité et ce que l'on en affirme : seuls un discours ou une pensée peuvent être dits « vrais » ou « faux », selon qu'ils représentent adéquatement le réel. Il ne s'agit pas pour autant de décrire le réel dans son apparence sensible* et changeante mais de le **représenter en lui-même**, dans son **essence*** – ce qui suppose donc **un effort et un travail pour aller au-delà des simples apparences**, comme l'affirme l'idéalisme* platonicien. De même, le rationalisme* (Descartes) pose que seule la raison peut atteindre cette essence rationnelle* du réel qui lui donne stabilité et uniformité, les sens ne pouvant saisir que les qualités accidentelles* des choses.

Vérité, erreur, mensonge et illusion

La vérité se distingue, en ce sens, d'autres formes de discours ou de représentations possibles du réel. Ainsi, l'**erreur** consiste à se représenter le réel en se trompant **involontairement** (pour Platon, elle est une forme d'ignorance) et elle semble rendue possible par le fait que la réalité ne se donne pas d'emblée à voir telle qu'elle est en elle-même. Pour Descartes, par exemple, l'erreur consistant à voir un bâton rompu dans l'eau, alors même qu'il est droit, vient de nos sens. C'est le jugement qui alors « *corrige l'erreur du sens* ». Quant au **mensonge**, il consiste à affirmer **volontairement le contraire** de ce que l'on pense être vrai. Enfin, l'**illusion** représente une erreur volontaire qui repose sur un **désir**. Pour Freud, par exemple, la jeune fille pauvre qui croit qu'un prince va l'épouser se crée cette illusion sous l'effet d'un désir. Or, ce désir peut se réaliser et, en cela, l'illusion se distingue de l'erreur (car l'illusion n'est pas nécessairement fausse).

Le scepticisme*

Compte tenu de l'exigence à laquelle est soumis l'énoncé de la vérité, il est possible de nier son existence même. Telle est la position sceptique (du latin *scepto*, « scruter, examiner circulairement »), dont la doctrine a été fondée en Grèce par Pyrrhon d'Elis (v. 365-275 av. J.-C.) et reprise par Sextus Empiricus : face à la pluralité et à la contradiction des opinions, sans possibilité de les départager, le scepticisme prône la **suspension du jugement** *(épokhê)*, lequel permet d'atteindre la **tranquillité d'esprit** (lequel, dans le cas contraire, serait troublé par l'obligation qu'il s'impose de connaître les choses). Ainsi, il n'existe pas de vérités mais simplement des **probabilités**.

L'évidence comme critère de vérité

Toutefois, certaines vérités semblent s'imposer à notre esprit avec une **évidence** telle que rien ne peut les remettre en question. L'évidence serait-elle alors le critère permettant de déterminer avec certitude que telle représentation est vraie ? Voulant mettre à l'épreuve ces évidences, Descartes s'est efforcé de douter de tout ce qui lui paraissait certain (évidences sensibles, intellectuelles, certitude d'être éveillé). Seule résista à ce doute l'affirmation « *Je pense, donc je suis* ». Telle est la vérité absolument certaine dont on ne peut douter. Impossible, en effet, de ne pas exister dès lors qu'on pense, et quand bien même on se tromperait. Notre existence, elle, n'est pas une erreur : elle est assurée par le fait même de penser. Cette coïncidence entre le sujet et son objet, entre la pensée et l'être, saisie dans une **intuition*** intellectuelle, est le modèle de la vérité. L'évidence, lorsqu'elle est celle d'un esprit attentif à son objet, devient alors le critère de vérité.

(suite, p. 62)

La vérité

L'auteur clé

Platon : l'allégorie de la Caverne

L'utilisation de la forme allégorique

Dans le livre VII de _La République_, Platon a recours à une allégorie : celle de la Caverne (appelée aussi « mythe de la Caverne »). Cette utilisation de l'image peut sembler contraire à l'exigence philosophique qui est de rompre avec le type d'explication mythologique afin de faire valoir une explication rationnelle* des choses. Mais, ici, l'allégorie est une manière de mettre en scène et de personnifier une situation qui doit, en fait, être pensée. C'est un recours qu'utilise souvent Platon pour mieux faire comprendre certains aspects très théoriques de sa pensée : en les visualisant, on les comprend mieux.

Résumé de l'allégorie

Platon fait dialoguer Socrate* et Glaucon à propos de la connaissance. Socrate demande à Glaucon de se figurer une « _demeure souterraine en forme de caverne_ », dans laquelle vivraient des prisonniers, enchaînés depuis leur enfance et de telle sorte qu'ils ne pourraient rien voir d'autre que le mur leur faisant face, sur lequel défileraient les ombres des objets extérieurs. Socrate demande à Glaucon si ces hommes ne prendraient pas ces ombres pour le monde réel lui-même, puisqu'ils n'auraient jamais rien vu d'autre. Socrate envisage ensuite la libération d'un des prisonniers, auquel on ferait découvrir le monde réel. Il demande alors à Glaucon si ce prisonnier ne refuserait pas de considérer cette réalité comme étant la « vraie » réalité, s'il ne souffrirait pas à la vue du Soleil et s'il ne préférerait pas retourner à « _son ancienne demeure_ ». Puis Socrate envisage une façon progressive et plus douce d'amener ce prisonnier à contempler la réalité extérieure, en lui faisant découvrir les choses une par une : d'abord les ombres des objets extérieurs, puis les reflets dans l'eau des objets, puis les objets eux-mêmes, puis les astres pendant la nuit, enfin les astres du jour et le Soleil lui-même. Socrate suggère que le prisonnier comprendrait que le Soleil est la cause de tout ce qu'il voit et il explique que cet homme ne voudrait plus revenir à son ancienne condition. Supposant tout de même le retour de ce prisonnier parmi ses anciens compagnons et sa tentative pour leur faire comprendre leurs illusions, Socrate suppose que ses anciens compagnons le prendraient certainement pour un fou et le tueraient.

Sens de l'allégorie

L'allégorie reprend le fameux paradigme (modèle) de « _la ligne_ » évoqué au livre VI de _La République_, laquelle distingue plusieurs degrés de connaissance : l'opinion, la croyance, la connaissance discursive* et l'intellection*. À ces degrés de connaissance correspondent des degrés de réalité : images et objets réels (propres au domaine sensible*), objets mathématiques et Idées* (propres au domaine intelligible* de la pensée). Dans l'allégorie, les différentes étapes évoquées pour décrire la conversion du prisonnier symbolisent ces degrés : la caverne correspond au domaine sensible et à ses modes de connaissance (opinion et croyance), le monde extérieur correspond au domaine intelligible et à ses modes de connaissance (connaissance discursive et intellection). L'allégorie explique ainsi en quoi l'accès au caractère intelligible des choses est difficile, tellement nous sommes avec elles dans un rapport sensible. Dans leur rapport à la vérité, les prisonniers « _nous ressemblent_ » : nous aussi, nous sommes prisonniers des opinions et des illusions dans lesquelles notre corps sensible nous enferme.

Les Idées

Accéder à la vérité suppose donc un travail de conversion du regard, permettant de comprendre les principes à l'origine de toutes choses : ces principes sont les Idées (par exemple, les choses belles ne sont belles que parce qu'elles participent toutes de « _ce qui les rend belles_ » et qui est l'Idée du Beau). Derrière ces Idées, il y a l'Idée du Bien (le Soleil dans l'allégorie) qui ordonne l'ensemble des choses.

La raison et le réel

La citation clé

▶ **« Les choses que nous concevons fort clairement et fort distinctement sont toutes vraies » (René Descartes, _Discours de la méthode_, 1637).**

Le critère de la vérité est, pour Descartes, l'idée claire et distincte. Lorsque l'esprit est attentif à son objet, l'objet est saisi clairement, c'est-à-dire comme bien présent à l'esprit, et distinctement, c'est-à-dire en n'étant pas confondu avec un autre. La vérité est ici synonyme d'« évidence ».

La vérité

Les auteurs clés

La raison et le réel

Descartes : le morceau de cire

Dans un célèbre passage de la « Méditation seconde » des *Méditations métaphysiques*, Descartes reprend l'idée selon laquelle l'esprit est plus aisé à connaître que le corps (je sais que je suis une chose qui pense avant même de savoir si le monde extérieur existe). Son but est alors de montrer que l'esprit est aussi, pour les objets matériels, la seule source de connaissance et de certitude, alors même que l'on pourrait croire que ce sont les sens qui nous permettent de connaître les objets matériels. Prenant l'exemple d'un morceau de cire que l'on vient de sortir de la ruche, Descartes montre que les sens le décriraient d'une certaine façon (dur, doux et odorant, froid, etc.). Suggérant qu'on approche ce morceau de cire du feu, Descartes montre qu'il ne serait plus du tout le même dans ses qualités sensibles*, alors même qu'il resterait bel et bien de la cire. Pour les sens, le morceau de cire deviendrait mou, inodore, chaud, etc. De même, Descartes suggère que l'imagination ne serait pas capable de représenter (en images) toutes les formes possibles du morceau de cire et qu'elle serait donc limitée, incapable elle aussi de nous dire ce qu'est, fondamentalement, le morceau de cire. Descartes montre alors que seul l'esprit, par une démarche d'« inspection », serait capable de concevoir le morceau de cire comme « substance étendue* » et pourrait saisir par là même ses « qualités premières ».

Kant : devoir de vérité, devoir de véracité
La critique de Benjamin Constant

Dans *Des réactions politiques* (1797), l'écrivain politique français Benjamin Constant critique l'exigence kantienne du devoir de dire la vérité, notamment « *envers des assassins qui vous demanderaient si votre ami qu'ils poursuivent n'est pas réfugié chez vous* ». Constant objecte à Kant l'argumentation suivante : « *Un devoir est ce qui, dans un être, correspond aux droits d'un autre. Là où il n'y a pas de droit, il n'y a pas de devoirs. Dire la vérité n'est donc un devoir qu'envers ceux qui ont droit à la vérité. Or, nul homme n'a droit à la vérité qui nuit à autrui.* » Envers l'assassin ne s'applique donc pas un devoir de vérité mais le droit de mentir, en l'occurrence ici pour sauver la vie d'un ami.

Réponse de Kant à Benjamin Constant

Dans un article intitulé « D'un prétendu droit de mentir par humanité », Kant répond à Constant que le droit à la vérité doit tout d'abord être compris comme droit à la véracité, au sens où l'on ne peut exiger d'un homme la vérité objective, laquelle n'est pas toujours accessible. Seul le caractère véridique de son discours, à savoir sa sincérité, peut être exigé. Ce que l'on énonce doit ainsi correspondre à ce qu'intérieurement on tient pour vrai.

De même, à Constant qui énonce que le principe moral à devoir dire la vérité, « *pris de manière absolue et isolée, rendrait toute société impossible* », Kant répond que le mensonge est un « *tort* », au sens où il permet que « *des propos [...] ne trouvent aucun crédit et, par suite, que tous les droits fondés sur des contrats deviennent caducs et perdent leur force ; ce qui est un tort causé à l'humanité en général* ». C'est dire que le mensonge ruine les fondements mêmes du langage, dont le principe est d'énoncer ce que l'on pense et de servir de base aux échanges humains : parler à autrui, c'est toujours, en effet, partir du principe que ce que je vais dire est véridique et que ce que va me dire autrui l'est aussi.

Les citations clés

▶ **« Les vérités sont des illusions dont on a oublié qu'elles le sont »** (Friedrich Nietzsche, *Le Livre du philosophe*, 1873).
Pour Nietzsche, les vérités sont le produit des désirs humains, notamment du désir de rationalité. Les vérités permettent ainsi de croire à un monde ordonné par des lois, à l'image de la raison. Mais l'homme ne se rend pas compte qu'il s'agit d'illusions. Seul l'art peut permettre à l'homme d'accéder à une autre vision des choses, capable de saisir le réel dans ce qu'il a d'irrationnel et de chaotique.

▶ **« Vérité au-deçà des Pyrénées, erreur au-delà »** (Blaise Pascal, *Pensées*, posthume 1670).
Pascal interroge l'incapacité des hommes à définir une justice universelle. Dans le domaine de la justice, en effet, les vérités sont relatives. Elles dépendent de chaque société. Dans ce cas, plutôt que de chercher à définir une justice universelle en vain, mieux vaut s'en tenir aux principes établis dans la société où l'on vit.

Cf. fiches 2, 14, 26, 30 (1, 6, 10, 14), 31, 45, 57

21 LA POLITIQUE

> Du grec *polis* (« la cité »), la politique désigne à la fois la réflexion théorique sur la meilleure forme possible d'organisation en société et l'action chargée d'assurer cette organisation. La réflexion philosophique porte notamment sur le rapport entre ces deux aspects (théorique et pratique*) de la politique. Autant la réflexion politique semble soucieuse de morale et de justice, autant l'action politique en elle-même semble privilégier l'efficacité du pouvoir et de son maintien. Faut-il alors considérer la politique et la morale comme inséparables ou, au contraire, incompatibles ?

La politique comme recherche de la société idéale

La politique et le politique

Pour souligner la vocation théorique et morale de la politique, on peut employer le mot *politique* au masculin : « le » politique désigne alors le **lieu théorique et abstrait** d'une réflexion sur le pouvoir en général. En cela, on le distingue du **domaine pratique et souvent controversé** de « la » politique, considérée plutôt comme l'activité d'hommes épris de pouvoir.

Les différentes formes d'organisations politiques

La réflexion politique porte sur la **manière dont une société doit être gouvernée** et donc sur l'exercice du pouvoir (*cf.* fiche 25). Selon que le pouvoir est détenu par un homme ou plusieurs, par certains hommes plutôt que d'autres, on peut ainsi **répertorier plusieurs types d'organisations politiques**. Aristote distingue notamment trois types de régimes et de Constitutions : la monarchie (gouvernement d'un seul), l'aristocratie (gouvernement de plusieurs) et la république (gouvernement de tous), ainsi que des formes déviées (tyrannie, oligarchie, démocratie).

Les critères d'une bonne Constitution

Chaque penseur semble avoir une préférence pour tel ou tel type de gouvernement, préférence souvent **justifiée de façon concrète**, dans l'histoire, mais aussi de façon théorique, par rapport à des principes qui définissent la **finalité d'une société humaine**. À la république idéale de Platon, fondée sur les notions de « justice » et d'« ordre » et incarnée par une monarchie de philosophes-rois, Aristote oppose un modèle de Constitution plus réaliste et modéré, soucieux de répondre aux besoins naturels des hommes et organisé en vue du « bien-vivre » de tous. Selon que l'on considère l'homme **capable ou non de moralité**, on privilégie un modèle de **pouvoir plus ou moins autoritaire et absolu**. À cet égard, le pessimisme de Hobbes en matière de nature humaine (*cf.* fiches 22 et 24) justifie un pouvoir absolu et une obéissance inconditionnée, en vue d'établir avant tout la paix et la sécurité des citoyens.

La politique comme art de gouverner

Le maintien du pouvoir

Mais la réflexion politique se consacre également à la recherche de moyens permettant au pouvoir de se maintenir de façon durable et efficace, prenant alors un sens plus pratique, voire technique. L'art de bien gouverner n'est plus seulement l'art de construire une bonne société, mais aussi **l'art d'exercer durablement le pouvoir**. Car il semble bien qu'une société ne puisse bien vivre dans l'instabilité. C'est cet art que Machiavel appelle « *virtù* » et qui repose sur des aptitudes particulières montrant une habileté à se maintenir au pouvoir.

Action politique et morale

Il devient alors parfois difficile de distinguer, dans le pouvoir, une **vraie vocation morale** visant le bien commun de la société et une **vertu de surface** cherchant à se concilier la faveur des citoyens. Plus encore, on peut affirmer la nécessité de **séparer la politique de la morale**, comme le fait notamment Machiavel en affirmant l'exigence fondamentale, pour tout pouvoir, de savoir parfois contrevenir aux principes moraux pour mieux se maintenir. Là encore, la conception du rapport entre politique et morale dépend d'une conception de la nature humaine, plus ou moins optimiste.

La politique

Les auteurs clés

La politique

Aristote : politique et éthique*

L'intérêt commun comme but de l'organisation politique

Pour Aristote, la communauté politique, ou cité, est une communauté naturelle au même titre que la famille ou le village. Le but de ces communautés est de permettre aux hommes de bien vivre, et c'est pourquoi la politique a une finalité également morale, qui converge vers la notion de « justice » (comme équitable répartition des biens). Par conséquent, on comprend que la vie politique (la participation de l'individu à la vie de la cité) soit une forme d'éducation et d'élévation morale. En obéissant aux lois de la cité, le citoyen s'exerce et s'habitue à pratiquer l'action juste et ainsi à maîtriser ses passions.

Savoir commander et obéir

Distinguant les différentes formes de pouvoir (pouvoir du maître, du chef de famille, du dirigeant), Aristote insiste sur les points communs et les différences entre gouvernés et gouvernants. Il montre ainsi que gouvernants et gouvernés doivent savoir à la fois commander et obéir, et en cela être des « hommes de bien », sages et justes. Mais chacun doit disposer de qualités différentes : le gouvernant doit faire preuve de prudence (aptitude à choisir des fins et à trouver les moyens correspondant à leur réalisation) et le citoyen doit avoir l'opinion vraie (bon sens lui permettant de savoir obéir).

Les vertus des gouvernants

Aristote montre également que les qualités propres des dirigeants sont au nombre de trois : l'attachement au régime établit une grande compétence et enfin la vertu (loyauté, justice). Mais il explique que, si ces trois qualités ne sont pas présentes chez un individu, il faut alors choisir en privilégiant celle qui est plus rare : chez un commandant, il faudra préférer la compétence à la vertu ; chez un trésorier, il faudra privilégier la vertu. Enfin, Aristote justifie la nécessité pour un gouvernant d'être vertueux, car, même s'il est attaché à son régime et compétent, il peut toujours succomber à ses passions et, au lieu de se soucier du bien commun, ne plus penser qu'à ses propres intérêts.

Machiavel : le réalisme* politique

L'efficacité comme critère d'action

Dans *Le Prince* (1532), Machiavel affirme en fait son souci de protéger l'Italie des dangers extérieurs, en la dotant d'un pouvoir stable (d'un État au sens littéral : « ce qui tient debout »), qui assurerait l'ordre intérieur et la paix extérieure. Pour cela, Machiavel veut s'appuyer sur la réalité et non pas sur l'imagination : « *Quiconque ferme les yeux sur ce qui est et ne veut voir que ce qui devrait être apprend plutôt à se perdre qu'à se conserver.* » S'il veut se maintenir, un prince doit donc s'inspirer des États ayant réussi à se maintenir.

L'usage possible du mal

Machiavel montre ainsi que le prince ne doit pas hésiter à « *accepter les vices nécessaires à la conservation de son État* » et prend notamment l'exemple de la parcimonie, laquelle se montre, selon lui, plus efficace que la libéralité. Il cite ainsi le pape Jules II, qui, ayant promis « *monts et merveilles à ceux qui pouvaient lui servir* », n'hésita pas, une fois pontifié, à ne pas tenir ses promesses afin de faire la guerre. De même, Louis XII aurait pu mener plusieurs guerres sans augmenter les impôts s'il avait été auparavant très économe.

Enfin, Machiavel prend l'exemple de César Borgia pour montrer qu'un prince doit savoir aussi se montrer cruel, notamment par l'usage de punitions exemplaires, lesquelles sauvent l'État d'un désordre plus grand encore (crimes, vols).

Les citations clés

▶ « C'est la notion de "juste" qui introduit un ordre dans la communauté politique » (Aristote, *La Politique*, IVe siècle av. J.-C.).
La cité est, pour Aristote, le lieu par excellence où peut s'accomplir la vocation morale de l'homme. La réflexion politique doit donc chercher la meilleure forme de gouvernement, celle qui permettrait aux hommes d'organiser de façon juste le bien commun.

▶ « Si donc tu dois bien employer la bête, il te faut choisir le renard et le lion » (Nicolas Machiavel, *Le Prince*, 1532).
L'homme politique doit savoir employer des armes propres aux animaux et Machiavel prend pour modèles le lion (pour sa force) et le renard (pour sa ruse). Il s'agit de montrer que le prince n'est pas toujours obligé de tenir ses promesses. La ruse est un moyen de savoir user de la tromperie quand elle s'avère nécessaire.

Cf. fiches 24, 25, 26, 30 (1, 9), 31, 32, 41

22 LA SOCIÉTÉ

La société (du latin *socius*, « associé ») désigne un groupe d'individus reliés entre eux par des règles ou lois communes et partageant des biens et des valeurs. On appelle ce lien « le lien social », lequel serait au fondement de toute société humaine. À la différence des sociétés animales, les sociétés humaines ne sont pas enfermées dans des limites réelles (territoire, instinct de conservation, reproduction). Elles sont plus centrées sur des biens et des règles symboliques, les rendant capables d'évolution (histoire). La réflexion philosophique consiste à s'interroger sur la nature de ce lien social et les conditions de son efficacité : ce lien est-il naturel ou artificiel ? qu'apporte exactement aux hommes le fait de vivre en société ?

Le modèle de l'état de nature

Critique possible de la société

La vie en société peut apparaître comme une **contrainte* artificielle**, dont les hommes n'ont pas nécessairement besoin. De plus, la société menacerait les différences naturelles propres à chaque individu, générant également des inégalités et faisant perdre à l'homme sa spontanéité naturelle. Telle est l'idée de Rousseau, pour qui la société **corrompt** la nature de l'homme.

L'état de nature

On peut donc, en ce sens, préférer avec Rousseau **la vie à l'état dit « de nature »**, dans lequel l'homme serait une sorte d'**animal solitaire et paisible, limité dans ses besoins et caractérisé par la timidité, la crainte et la pitié**. Pour Rousseau, la sédentarisation, la naissance (artificielle) de la propriété et le développement technique auraient modifié cet état, créant ainsi les débuts de l'état civil, marqué par des sentiments de rivalité et des inégalités. Pour Rousseau, il faut donc refonder la société sur les bases d'un véritable « contrat social » et d'une véritable éducation, lesquels garantiraient à l'homme le respect de sa liberté et de ses sentiments naturels.

Nécessité de la société

Critique de l'état de nature

On peut toutefois concevoir l'état de nature autrement que comme un modèle de paix et d'harmonie. Bien que critiqué par Rousseau qui lui reproche de confondre « état de nature » et « état civil », Hobbes décrit l'état de nature comme un état d'insécurité, de « guerre », dans lequel l'homme serait *un loup pour l'homme* ». Les hommes à l'état de nature seraient en **rivalité permanente**, leurs différences individuelles se compensant jusqu'à les rendre égaux en force et engagés dans une **lutte permanente pour la survie**. Ajoutant cependant que « *l'homme est* [également] *un dieu pour l'homme* », Hobbes montre qu'une dimension rationnelle* existe aussi en l'homme mais comme possibilité.

Une société artificielle et au pouvoir absolu

La société devient alors une **nécessité pour sortir de cet état invivable** dans lequel aucun individu n'est assuré de sa sécurité. Pour Hobbes, seul un État au pouvoir autoritaire et absolu (symbolisé par le Léviathan, monstre marin de la Bible) pourrait tenir les hommes en respect. **L'échange**, qui ici servirait de lien social, consisterait, pour l'intérêt de tous, à **donner sa liberté naturelle pour gagner en retour sa sécurité** (idée reprise par Spinoza).

La société comme finalité naturelle

Un homme naturellement sociable

On peut toutefois concevoir la société de façon positive, non pas comme une création artificielle – soit inutile, soit intéressée –, mais comme la **finalité naturelle de l'homme**. C'est en ce sens qu'Aristote décrit l'homme comme un « *animal politique* », la société lui permettant d'**accomplir sa vocation morale**.

Des échanges de valeurs

Le **lien social** peut dès lors être pensé comme **naturel** et non, comme chez l'animal, limité aux besoins (sécurité, conservation). Pour Aristote, la société humaine est caractérisée par le **langage**, lequel permet des échanges de **valeurs**, tels « le bien et le mal », « le juste et l'injuste », que seul l'homme est capable de penser et de communiquer.

La société

Les auteurs clés

Rousseau : la société comme produit du hasard

La tradition du droit naturel* affirme l'existence d'une loi universelle et immuable, transcendant les lois positives*. Le *Discours sur l'inégalité* de Rousseau est une composition sur un sujet proposé par l'Académie de Dijon, dans lequel figure également la question de savoir si l'inégalité est « autorisée par la loi naturelle* ». Défenseur de cette idée de « loi naturelle », Rousseau veut montrer qu'elle est inscrite dans l'homme originel, précédant la société. L'état de nature qu'il décrit devient donc une nécessité théorique : pour juger de l'inégalité qui existe entre les hommes, il faut pouvoir supposer un état où l'on puisse observer l'homme avant sa transformation par la vie en société et voir si cette inégalité existe déjà à l'état de nature. Or, Rousseau fait l'hypothèse d'un état de nature pacifique et sans inégalités, régi par deux sentiments qui seraient à l'origine du droit naturel : l'amour de soi (le souci de se conserver) et la pitié (répugnance à voir souffrir autrui). Ces deux sentiments expliqueraient aussi le tempérament solitaire de l'homme naturel et le caractère « borné » de sa vie, limitée à satisfaire ses besoins. Pour Rousseau, cet état de nature aurait pu se maintenir : sa transformation n'était pas une nécessité et aucune sociabilité naturelle de l'homme ne la justifiait. Seul le hasard des circonstances est donc responsable de la naissance de la société (augmentation et rassemblement des hommes, sédentarisation) et de l'invention, arbitraire et injuste, de la propriété.

Hobbes : une nature humaine belliqueuse

Dans le contexte de la physique mécanique de Galilée, le matérialiste* Thomas Hobbes analyse la société humaine en cherchant son origine dans les individus qui la composent. Posant que l'homme n'est pas naturellement sociable, Hobbes cherche donc à expliquer l'origine de la société par un contrat (artificiel) qui aurait conduit les hommes à vivre ensemble malgré eux, pour se sortir d'un état de nature invivable. Dans le *Léviathan*, Hobbes analyse notamment les qualités naturelles des hommes qui rendent la vie à l'état de nature impossible et détermine « *trois causes principales de querelles : premièrement, la rivalité ; deuxièmement, la méfiance ; troisièmement, la fierté* ». C'est en ce sens que l'état naturel de l'homme est la « *guerre de chacun contre chacun* ». Expliquant ensuite que les conventions (paroles et engagements) et les lois naturelles (justice, équité, modération, pitié) sont sans force contre les passions naturelles des hommes (partialité, orgueil, vengeance, etc.), Hobbes montre que les hommes, contrairement aux animaux, sont incapables de vivre en société par eux-mêmes et sans se nuire et qu'il leur faut pour cela l'autorité supérieure et extérieure d'un État. Pour lui, comme pour Machiavel, seul un État au pouvoir absolu et reposant sur la crainte peut fonder la vie en société.

Aristote : « la cité fait partie des choses naturelles »

Cherchant, selon la tradition antique, les conditions d'une société parfaite, Aristote analyse dans *La Politique* les différentes formes possibles de gouvernements. Il commence, pour cela, par affirmer le caractère naturel de la cité (livre I), en décrivant les différentes communautés humaines (couple, famille, village...). Selon lui, « *à l'évidence, la cité fait partie des choses naturelles et l'homme est par nature un animal politique [...] bien plus que n'importe quelle abeille ou n'importe quel animal grégaire* ». Si certains animaux sont amenés naturellement à vivre en société, l'homme, lui, y exprime toute sa nature (et non pas seulement une partie). En effet, « *seul parmi les animaux, l'homme est doué de parole* », laquelle est capable d'exprimer « *le juste et l'injuste* ». Le raisonnement d'Aristote est ici finaliste* (*cf.* fiches 11 et 18) : le fait que l'homme exprime des valeurs morales n'est que le moyen mis par la nature au service de la finalité sociale de l'homme. C'est en ce sens que, pour Aristote, « *la cité est par nature antérieure à la famille et à chacun d'entre nous. Car le tout est nécessairement antérieur à la partie* » : tout dans la nature de l'homme est en vue de la cité.

La citation clé

▶ « L'insociable sociabilité des hommes » (Emmanuel Kant, *Idée d'une histoire universelle*, 1784).

Il y a en chaque individu une double tendance : l'une à vivre avec ses semblables, l'autre à vouloir en tirer profit pour lui-même. Cela produit une dynamique positive, poussant chacun à déployer ses talents.

Cf. fiches 21, 23, 24, 25, 30 (4, 21), 32, 44, 54

23

LES ÉCHANGES

Les échanges (du latin populaire *excambiare*, formé sur *cambiare*, « troquer, échanger ») consistent à troquer une chose pour une autre. Un sujet donne à l'autre ce qu'il n'a pas. Il s'agit donc, en quelque sorte, d'un don réciproque, entre deux choses jugées équivalentes. Au départ limités au troc, à un échange direct, les échanges évoluent en une forme moderne, avec l'introduction de la monnaie, qui sert de mesure permettant d'évaluer les biens échangés. On peut alors échanger indirectement quelque chose contre de l'argent. Dès lors, il faut s'interroger sur le fondement des échanges : qu'engagent-ils de plus que le don et sont-ils nécessairement plus équitables ? comment s'assurer d'échanges justes s'ils conditionnent le lien social et plus largement la culture ?

Justice et humanité des échanges

Nécessité de l'échange

Parce qu'il ne peut subvenir seul à ses besoins, l'homme semble fait pour échanger avec ses semblables. Il a besoin de ce que les autres ont et que lui-même n'a pas, et réciproquement. La société serait issue de ce besoin. Le courant dit « libéral » et la philosophie d'Adam Smith* reposent sur l'idée que les échanges humains seraient spontanément harmonieux, régis par une « *main invisible* ». Les échanges seraient **justes par nature**, parce que fondés sur la réciprocité : « Donnez-moi ce dont j'ai besoin et vous aurez de moi ce dont vous avez besoin vous-même. »

Échange et lien social

Selon l'ethnologue Claude Lévi-Strauss, l'échange fondamental conditionnant toute société serait un échange d'hommes et de femmes, conduits par la **prohibition de l'inceste**, qui interdit aux hommes de se marier avec leurs propres sœurs pour les « offrir » ainsi à d'autres hommes qui, en échange, leur offrent également leurs sœurs (*cf.* fiche 8). Pour le sociologue Marcel Mauss*, l'échange social prend la forme d'un don qui appellerait en retour un « contre-don ». Cet échange peut s'exprimer jusque dans la rivalité et la domination (donner plus que l'autre pour faire valoir son pouvoir).

Échange et justice

Enfin, on peut voir dans l'échange une manière pour l'homme de faire valoir sa **dimension morale**. En posant que « *l'homme est un animal politique* » distinct des abeilles, Aristote montre que l'homme ne se contente pas de mettre en commun des sentiments de peine et de plaisir, comme les animaux, mais des valeurs morales de justice et d'injustice.

Aliénation possible des échanges

Monnaie et profit

Malgré l'équité qui les fonde, les échanges peuvent être injustes. Analysant le passage du troc à l'échange marchand, Aristote montre que la monnaie, inventée comme moyen d'évaluer des biens différents, est devenue une fin en soi, dans le but d'accumuler des richesses (chrématistique). **Le capitalisme fait preuve de la même perversion** : comme l'analyse Marx, l'ouvrier doit échanger sa force de travail contre un salaire, mais son patron ne peut lui-même gagner sa vie qu'en prélevant sur ce salaire une plus-value (profit), une part de travail non payée.

Des biens inaliénables

De même, il y aurait des biens que l'on ne pourrait échanger contre rien d'autre, parce qu'**inestimables sur le plan moral**. Rousseau pose, en ce sens, que « *renoncer à sa liberté, c'est renoncer à sa qualité d'homme* », dénonçant par là l'injustice d'un État qui imposerait à ses sujets d'échanger leur liberté (contre la sécurité). Kant montre également que l'on ne peut échanger sa liberté contre de l'argent, car cela reviendrait à perdre sa dignité de personne pour devenir l'objet d'un autre.

Légiférer et moraliser les échanges

Rôle de l'État

La loi peut, voire doit **arbitrer** les échanges pour éviter leur injustice possible et leur perversion morale, tant au niveau matériel (conditions de travail et vente de produits) qu'au niveau humain (échanges de valeurs et de connaissances). La loi peut interdire certains échanges (par exemple, vendre des organes ou des enfants) et veiller à ce que les travailleurs échangent leur travail dignement.

Vérité et vérités

Vérités de fait et vérités de raison

Mais peut-être convient-il, pour mieux appréhender le monde réel soumis au changement et accessible d'abord par l'expérience, de distinguer plusieurs formes possibles de vérités ? Leibniz distingue ainsi les vérités de fait, **contingentes***, dont l'opposé est possible (par exemple, « Il pleut »), et les vérités de raisonnement, **nécessaires***, dont l'opposé est impossible (par exemple, 2 + 2 = 4).

Vérité scientifique et croyance métaphysique*

On peut également, avec Kant, distinguer les **sciences** (comme la physique, l'astronomie), dont les objets rendent possible l'**expérience**, et la **métaphysique**, dont les objets (Dieu, l'âme, la liberté) **échappent à toute expérience**. Ces objets ne peuvent être objets que **de croyances et non de connaissance**. Ces croyances sont alors justifiées par notre vocation morale, et Kant en fait ainsi des « *postulats de la raison pratique** » : on doit croire à l'existence de Dieu, à l'immortalité de l'âme et à la liberté humaine, sans quoi nos actions morales perdraient ce qui les soutient et ce qui leur donne leur sens.

Vérité et utilité

De même, certaines représentations **qui nous permettent d'agir sur les choses*** et sur le **monde** et dont on retire une certaine efficacité peuvent être privilégiées et retenues « *comme vérités* ». Tel se définit le pragmatisme, qui vise l'action efficace, l'action qui réussit. C'est ainsi que William James (1842-1910) affirme que « *"le vrai" consiste tout simplement dans ce qui est avantageux pour notre pensée* » (*Le Pragmatisme*, 1907). En ce sens, il nous faut acquérir seulement les vérités qui nous sont utiles, les vérités qui « servent ».

Vérités objectives et vérités subjectives

Enfin, il est possible de concevoir des vérités subjectives, portant sur notre **intériorité** ou bien exprimant notre **point de vue singulier** de sujet sur une chose. L'art manifeste cette possibilité : l'œuvre traduit les états d'âme de l'artiste ou bien son regard sur les choses (alors vrais parce que sincères). C'est à ce titre que Nietzsche dénonce **la vérité comme une illusion** cherchant à masquer l'apparence changeante et singulière des choses. Ce qu'on appelle « vérité » ne serait qu'une simplification figée et abusive du réel. L'art devient ainsi, contre la science, le moyen de **faire varier les points de vue** sur le réel et de respecter les qualités de la **vie** et de la **puissance créatrice** qui s'expriment dans les choses.

Vérité et morale

Vérité et bonheur

La vérité, par son exigence de réalisme, peut **sembler incompatible avec le bonheur**, lequel suppose d'adapter la réalité à nos désirs. Pour Épicure notamment, la recherche de la vérité est subordonnée à la recherche du bonheur, compris comme « paix de l'âme ». Il faut débarrasser l'âme de toute source de trouble, et cela l'emporte sur l'exigence de vérité, puisqu'il s'agit de se représenter les choses de telle sorte qu'elles ne nous inquiètent plus. Pensons ainsi que « *la mort n'est rien* » et exerçons-nous à le penser, nous dit Épicure.

Mais l'on peut poser aussi que la **connaissance**, bien que « *déplaisante* », nous apporte une **satisfaction d'un autre ordre, plus en accord avec notre dimension rationnelle***. On le voit chez Platon, pour qui le prisonnier dont on a réussi à convertir le regard **se trouve finalement plus heureux dans sa nouvelle condition**. De même, Descartes demande si l'on doit préférer la joie de l'illusion ou bien la tristesse qui accompagne la connaissance de la vérité. Il répond en montrant que **la connaissance vaut mieux que la joie**, parce qu'elle est plus conforme au « *Souverain Bien* » (*cf.* fiche 29) et qu'elle s'accompagne d'une satisfaction plus profonde.

Vérité et devoir

La vérité peut ainsi prendre un sens moral et acquérir, avec la justice et le Bien, un statut de valeur : l'homme **se devrait de rechercher et de dire la vérité**, par respect pour **sa dimension rationnelle et raisonnable**. La recherche de la vérité délivrerait de l'opinion paresseuse, de l'illusion lâche ou du mensonge facile. Dire la vérité nous engagerait à respecter la vocation du langage et des échanges ; ce serait une manière d'assurer l'unité de la société et, plus largement, de l'humanité. C'est pourquoi, contre Benjamin Constant qui critique le principe d'un devoir absolu de dire la vérité, Kant pose que le droit de mentir ruinerait les principes mêmes de tout échange et de tout contrat, dans lesquels, en effet, chacun s'engage envers l'autre par un discours véridique.

Les échanges

Le modèle du don

Enfin, on peut préférer d'autres modes de relation et de lien social, davantage fondés sur le **don** désintéressé, unilatéral, ne cherchant pas un don en retour ni une dette ou un pouvoir à imposer. La cohésion sociale se mesure aussi à la **générosité** de ses citoyens et non pas seulement à leur solidarité (liens réciproques engageant les individus les uns envers les autres).

Les auteurs clés

Adam Smith* : la « *main invisible* »

L'égoïsme : moteur des échanges

S'inspirant de la *Fable des abeilles* de Mandeville, Adam Smith défend, dans *Recherches sur la nature et les causes de la richesse des nations* (1776), l'idée que la société humaine arrive à son maximum d'efficacité économique si elle laisse jouer l'égoïsme des intérêts particuliers. L'échange aboutirait à l'intérêt général en reposant sur une réciprocité d'intérêts personnels (chacun y trouvant sa satisfaction). Vouloir imposer aux hommes et aux échanges des règles reposant sur la vertu et la générosité reviendrait à menacer cette efficacité et à conduire la société à sa perte.

Le libéralisme économique

Le libéralisme économique s'inspire de cette idée en s'attachant à réduire l'intervention de l'État dans les échanges économiques. Le « libre-échange » devient le modèle de l'échange, parce que l'on suppose que tout homme a besoin des autres et que ce besoin partagé s'équilibre spontanément, selon la loi de l'offre et de la demande. Une sorte de « *main invisible* » régirait et harmoniserait, en ce sens, les échanges humains.

Aristote : valeur d'usage et valeur d'échange

Le rôle paradoxal de la monnaie

Au début de son œuvre consacrée aux *Politiques*, Aristote analyse les différentes communautés et leur fonctionnement économique. Il explique, à ce titre, comment le troc, permettant, par exemple, d'échanger du blé contre du vin, consistait à échanger un bien contre un autre bien, en fonction de sa valeur d'usage (l'utilisation possible du bien). Puis il interroge la manière dont la monnaie a facilité les échanges, en permettant de rendre des biens très différents « commensurables », c'est-à-dire en leur trouvant une mesure commune (capable, par exemple, de déterminer combien de chaussures équivalent à une maison).

La chrématistique

Aristote montre également que la monnaie introduit un nouveau mode d'échange, lequel ne consiste plus à échanger un produit selon sa valeur d'usage (par exemple, acquérir une maison pour l'habiter) mais à échanger un produit selon sa valeur d'échange (acquérir une maison pour la revendre). L'échange devient alors un moyen d'accumuler des richesses, désir qu'Aristote appelle « *chrématistique* » (du grec *chrema*, « la richesse »). En ce sens, la monnaie aurait perverti les échanges en devenant un bien en soi et non pas seulement un moyen d'échanger des biens.

Durkheim : le rôle de l'État

Dans *De la division du travail social* (1893), le sociologue français Émile Durkheim explique notamment que la société a besoin d'une réglementation pour assurer son unité, au sens où la laisser livrée aux seuls échanges entre individus reviendrait à la rendre instable. Il montre à quel point les échanges reposent sur des intérêts personnels éphémères, pouvant changer à tout instant. Le lien créé par l'échange est en effet extérieur et toujours porteur d'un conflit possible, puisque chacun des protagonistes de l'échange ne vise que son propre intérêt (l'autre, de ce fait, représentant une menace potentielle). Il faut donc, selon Durkheim, stabiliser les sociétés en les faisant reposer sur un « *contrat fondamental* » portant sur « *les principes généraux de la vie politique* » : c'est dire qu'il faut un État, une Constitution, des lois.

La citation clé

▶ « On n'a jamais vu de chien faire de propos délibéré l'échange d'un os avec un autre chien » (Adam Smith, *Recherches sur la nature et les causes de la richesse des nations*, 1776).

L'échange est ici conçu comme une tendance naturelle et propre à l'homme, en tant qu'il suppose une sorte de contrat. C'est cette tendance qui donne du sens à la division des tâches entre les hommes, selon leurs aptitudes.

La politique

Cf. fiches 5, 8, 24, 30 (17, 18), 62, 64, 67

24 LA JUSTICE ET LE DROIT

La justice (du latin *jus*, « le droit ») désigne une valeur morale fondée sur le respect de la personne et censée incarner les principes d'« égalité » et d'« équité ». Le droit (du latin *directus*, « sans courbure ») se définit comme étant l'ensemble des lois et règles qui dirigent la vie en société. On distingue, à ce titre, le droit positif* (créé artificiellement par les sociétés) et le droit naturel* (dérivant de la nature des choses* ou de l'homme). Le droit désigne également ce à quoi l'on peut prétendre, en vertu de sa dignité de personne ou de son mérite personnel. Censé être juste pour permettre une vie en société harmonieuse, le droit pose toutefois la question de son fondement : est-il véritablement et toujours juste ? et même s'il est juste, son respect suffit-il à établir la justice ?

Le droit naturel comme modèle de justice

Le droit du plus fort
On peut d'abord croire à une justice **dérivant des lois de la nature** et justifiant toutes les formes d'inégalités. C'est en ce sens que Calliclès, personnage de Platon, vante les mérites d'une justice reposant sur la **force**. S'il existe des plus forts par nature, il est juste qu'ils puissent dominer les faibles et les incapables. Le tyran et le roi méritent, en ce sens, leur pouvoir et leurs avantages, selon Calliclès. Il est juste qu'ils l'emportent sur les autres hommes.

La loi naturelle*
On peut toutefois critiquer cette forme de droit qui ne vaut rien en tant que justice et dont l'**efficacité ne dure que tant que dure la force**, comme le montre Rousseau. Pour celui-ci, la loi naturelle servant de fondement à la justice est à chercher ailleurs, dans la **pitié** qui anime le cœur de chaque homme et qui, à l'état de nature (*cf.* fiche 22), empêche chacun de nuire à autrui autant qu'il est possible. De même, la **nature** posant que « *les fruits sont à tous et la terre n'est à personne* », Rousseau peut affirmer l'**injustice de la propriété**.

Le droit positif comme fondement de la justice

Limites du droit naturel
Pour autant, le droit naturel peut aussi sembler **incapable de limiter l'égoïsme et l'agressivité** des hommes qui, livrés à eux-mêmes, se montrent tout autant enclins à la pitié qu'à la cruauté. Pour Hobbes, le droit naturel est celui des hommes « *sur toutes choses, et même [...] sur le corps des autres* ».

Nécessité des lois
La justice semble alors devoir passer par un **droit « positif »**, c'est-à-dire par des lois artificielles que les hommes se devraient d'inventer eux-mêmes et de respecter. L'État, instrument de pouvoir d'une société, devient, en ce sens, l'expression du droit et de la justice, à travers ses différents organes : le pouvoir **législatif** (chargé d'établir les lois), le pouvoir **exécutif** (chargé de les faire appliquer) et le pouvoir **judiciaire** (chargé de juger les délits et les peines).

La justice des lois et ses limites

Égalité et équité
On peut croire qu'une loi doit, pour être juste, reposer sur le principe de l'« **égalité** », en imposant à tous les hommes les mêmes devoirs et en faisant respecter pour chacun **les mêmes droits**. Pourtant, les hommes ont aussi des **différences** et les lois doivent alors également reposer sur l'« **équité** », comme le montre Aristote, qui souligne le devoir **d'adapter la loi aux cas particuliers**. De même, il convient de distinguer **plusieurs formes de droits** : des droits fondamentaux (droits « de »), issus en quelque sorte de l'essence* de l'homme (par exemple, le droit d'expression), et des droits dits « socio-économiques » (droits « à »), générés par l'État pour égaliser les conditions de vie (par exemple, le droit au logement).

Justice et morale
Mais il apparaît que le simple fait d'obéir extérieurement à une loi juste ne suffit pas à faire de l'homme un être juste. Être juste suppose aussi la **volonté d'être juste**, intérieurement, par l'effet de sa conscience et de sa raison, en vertu d'un principe moral nous faisant **comprendre la finalité de la loi** à laquelle on obéit.

La justice et le droit

Les auteurs clés

Platon : respecter les lois même si elles sont injustes

La justice comme harmonie de l'âme

Pour Platon *(La République)*, la justice est à comprendre par rapport à l'âme, comme une manière de s'arracher à une nature sensible* et déraisonnable. Un homme juste est caractérisé par une âme harmonieuse, dont chaque partie est à sa place. Les trois parties de l'âme – rationnelle*, irascible et désirante – doivent être ordonnées de telle sorte que la partie irascible maîtrise la partie désirante et se laisse conduire par la raison. L'âme juste est celle qui fait ainsi valoir son caractère tempérant et mesuré au lieu de se laisser déborder par ses désirs.

La prosopopée des lois

Dans *Criton*, Platon raconte la manière dont Socrate*, condamné à mort par sa cité et informé de sa mort prochaine, réagit à la proposition que Criton lui fait de prendre la fuite. Pour justifier son refus, Socrate commence par condamner tout d'abord comme injuste le fait de vouloir rester en vie à tout prix ou se venger, puis il montre qu'il faut respecter le jugement des lois, dont l'autorité est souveraine. Dans un passage célèbre, Platon fait ainsi imaginer à Socrate le discours qu'auraient les lois si elles apprenaient son désir de fuir. Telle est la prosopopée (personnification) des lois, qui parlent par la bouche de Socrate. Ainsi, condamner le jugement des lois reviendrait à remettre en question tous les fondements de l'État et à renier tous ses bienfaits. C'est pourquoi Socrate leur fait dire que c'est par elles qu'il a été mis au monde, élevé et éduqué, et qu'il était libre de choisir une autre cité s'il préférait d'autres lois. Puis Socrate décrit le sort indigne qui l'attendrait s'il s'enfuyait, obligé de justifier sa conduite ingrate et de subir en enfer la colère des lois de sa cité trahie. Par ce discours, Socrate montre à quel point l'homme est redevable à la cité et à ses lois, par lesquelles seules il peut acquérir une éducation et ainsi discipliner sa nature sensible. Si les lois sont injustes, c'est par la faute des hommes (ici, les ennemis de Socrate).

Saint Thomas d'Aquin : les différents fondements du droit

Thomas d'Aquin distingue quatre catégories de droits : le droit naturel* (issu de la nature), le droit positif* (issu des conventions humaines), le droit divin* (issu de la manière dont Dieu a disposé les choses) et le droit positif révélé (issu des textes sacrés). Une même situation peut donc être examinée de façon différente selon ces différents droits. Ainsi, la propriété apparaît comme injuste selon le droit divin, car les choses n'appartiennent qu'à Dieu, alors que le droit naturel accorde aux hommes la possibilité de posséder en commun des biens pour subvenir à leurs besoins. De même, la propriété personnelle est injuste selon le droit naturel (et divin) et juste selon le droit positif : la vie en société est facilitée si les hommes ont des biens propres.

Spinoza : savoir pourquoi on obéit à la loi

Dans un passage du *Traité théologico-politique*, Spinoza montre la difficulté que les hommes ont de comprendre ce que sont les lois en elles-mêmes, à savoir : des règles que l'homme s'impose lui-même dans un certain but. Spinoza souligne qu'il a alors fallu leur faire comprendre un principe plus simple : la loi est une règle à laquelle on doit obéir sous peine de sanction. D'où, selon lui, un certain malentendu à l'égard des lois, comprises alors comme des contraintes* asservissantes. Spinoza explique en quoi effectivement obéir à la loi simplement par crainte d'être puni ne permet pas de définir un homme libre ni juste. Mais il montre que l'homme qui obéit à la loi « parce qu'il connaît la vraie raison des lois et leur nécessité » est un sujet libre et juste. En ce sens, pour être juste, il ne suffit pas d'obéir à une loi juste, il faut plus encore obéir à cette loi volontairement, en étant en accord avec ses principes, et lui obéir ainsi comme si l'on obéissait à soi-même. De cette manière, l'homme obéit à la raison, conformément à ses principes et il est alors en accord avec sa propre nature rationnelle et raisonnable.

La politique

La citation clé

▶ « Le plus fort n'est jamais assez fort pour être toujours le maître, s'il ne transforme sa force en droit et l'obéissance en devoir » (Jean-Jacques Rousseau, *Du contrat social*, 1762).

Il ne peut y avoir un « droit du plus fort ». La force ne peut fonder de véritable autorité, c'est-à-dire durable. On ne peut parler de « droit » que là où il y a reconnaissance d'une autorité légitime et soumission volontaire à celle-ci.

Cf. fiches 21, 25, 26, 28, 30 (15, 17, 20), 31, 39, 47

25 L'ÉTAT

L'État (du verbe latin *stare*, « être debout ») peut se définir comme l'ensemble des structures (législative, exécutive, judiciaire) du pouvoir politique chargées d'organiser une société et incarnant la souveraineté. L'État ne désigne pas la société en elle-même (le « corps social ») mais le pouvoir s'exerçant « sur » les individus. Lorsque cet instrument de pouvoir n'existe pas, on parle de « sociétés sans État ». S'intéressant aux différentes formes possibles d'État, la philosophie se demande quelle est la forme la plus parfaite de gouvernement et s'interroge également sur sa légitimité : l'État est-il absolument nécessaire ? et, dans ce cas, quelles sont les conditions de son efficacité en matière de droit et de justice ?

Critiques de l'État

Une menace pour la liberté et la justice

On peut penser que l'État, comme instrument de pouvoir exercé sur la société, ne peut qu'incarner l'**extériorité de la contrainte*** : le gouvernement ne semble pas avoir d'autre fonction que de « diriger » la société, en soumettant l'ensemble du corps social. Pour Marx, l'État ne peut qu'être le représentant de la « *classe dominante* » de la société et ne peut, par conséquent, que **vouloir servir les intérêts de cette classe** au détriment de la « *classe opprimée* ». **La liberté et la justice** supposeraient une **société sans classes et sans État.** Plus radicalement, l'anarchisme (Bakounine, Stirner) critique toute forme d'État, considéré, par définition, comme **contraire à la notion d'« individu »**, dont il menace la **liberté fondamentale** et la **capacité à l'autonomie**.

Les sociétés sans État

Certaines sociétés « primitives », étudiées notamment par l'anthropologue Pierre Clastres, montrent leur capacité à se passer de tout État, en ne reposant que sur la parole d'un chef, dénué paradoxalement de tout pouvoir. Ces sociétés sont appelées « sociétés contre l'État », tant leur mode de vie s'attache à **éviter toute forme de prise de pouvoir**.

Nécessité de l'État

Limites des modèles de sociétés sans État

Les critiques radicales de l'État présentent certaines **contradictions** : en posant la nécessité de recourir à la force (action révolutionnaire, élimination de toute contestation, épuration), elles montrent paradoxalement que **l'homme n'est pas naturellement enclin à l'autonomie et qu'il doit y être**

« **conduit** ». Quant aux sociétés traditionnelles sans État, elles reposent notamment sur la **petitesse** : lorsqu'un groupe devient trop grand, il se scinde. L'extension est comprise comme une menace pour le fonctionnement de ces sociétés, lesquelles, en devenant trop grandes, justifieraient le recours à une autorité et à un pouvoir.

Le recours à l'État

On peut donc concevoir l'État comme nécessaire à la plupart des grandes sociétés modernes pour leur **imposer une organisation et des règles** de justice que les hommes seraient incapables d'établir par eux-mêmes. En définissant l'homme comme fondamentalement agressif et violent, Hobbes justifie ainsi le modèle du **pouvoir absolu**, seul capable d'assurer la paix et la sécurité.

Le modèle démocratique et ses limites

La démocratie

Pour Rousseau, le « *contrat* » servant de modèle au pouvoir absolu de Hobbes est « *nul* » car il exige que l'homme se dépossède de sa liberté en échange d'une « *autorité absolue* ». Le **contrat social** que Rousseau envisage doit au contraire permettre aux sujets membres d'une société de **s'associer** et d'**obéir à des lois sans perdre leur liberté**. Pour cela, ces lois doivent exprimer la « *volonté générale* » et faire en sorte qu'en leur obéissant **les hommes obéissent en fait à eux-mêmes**.

Critiques possibles de la démocratie

Pour autant, le modèle démocratique peut présenter des faiblesses. Montesquieu montre l'importance de la **séparation des pouvoirs** et Tocqueville dénonce l'**individualisme** de la démocratie américaine.

L'État

Les auteurs clés

La politique

Hobbes : le modèle absolutiste

Dans *Léviathan* (nom inspiré du monstre marin de la Bible, doué d'une force et d'une puissance surhumaines), Hobbes légitime un État au pouvoir absolu. Dénonçant les conditions invivables à l'état de nature, issues du naturel belliqueux de l'homme, Hobbes montre qu'elles rendraient les hommes incapables de vivre en société par eux-mêmes (sans pouvoir), contrairement à certains animaux. Seule la création artificielle d'un État autoritaire pourrait ainsi assurer aux hommes la paix et la sécurité. Mais, pour cela, il faudrait qu'ils se défassent de leur liberté pour la confier au souverain. Tel est, pour Hobbes, le principe qui devrait servir de fondement au contrat définissant l'État et imposant aux sujets de « *confier tout leur pouvoir et toute leur force à un seul homme ou à une seule assemblée* ».

Rousseau : la notion de « *volonté générale* »

Rousseau est connu pour avoir critiqué la société en dénonçant ses imperfections et en vantant le caractère pacifique et heureux de l'état de nature. Mais son œuvre n'en demeure pas moins une manière de *re*-fonder la société, d'une part, sur une bonne éducation (but de l'*Émile*) et, d'autre part, sur une forme légitime de gouvernement (but du *Contrat social*). Rousseau part en effet du constat suivant : « *l'homme est né libre et partout il est dans les fers* », dénonçant par là non pas la société en elle-même, mais la société telle qu'elle s'est développée au hasard des circonstances. Celle-ci serait parvenue à légitimer des formes arbitraires et injustes d'État, telles que la monarchie de droit divin*. Seul le contrat social peut alors sortir les hommes de l'injustice et restaurer leur liberté fondamentale, en remplaçant leur liberté naturelle par une liberté civile et raisonnable. Ce contrat social doit ainsi prendre la forme d'une « *association qui défende et protège de toute la force commune la personne et les biens de*

chaque associé » et permettre que « *chacun, s'unissant à tous, n'obéisse pourtant qu'à lui-même et reste aussi libre qu'auparavant* ». Cette association doit ainsi exprimer la volonté générale : non pas une somme d'intérêts particuliers (risquant de diverger sous l'effet des passions) mais une volonté commune ayant en vue un bien commun, défini par la raison (thèse partagée par Hegel).

Tocqueville : critique de la démocratie américaine

Dans son ouvrage *De la démocratie en Amérique*, Tocqueville décrit la démocratie américaine du début du XIXe siècle. Il montre que la démocratie engendre un « *despotisme doux* », fondé sur l'individualisme, la revendication systématique d'égalité et le nivellement des conditions et des valeurs. De même, Tocqueville dénonce la démarche d'infantilisation à laquelle s'emploie la démocratie américaine, en la comparant à un père ne faisant pas son travail d'éducateur : elle « *ressemblerait à la puissance paternelle si, comme elle, elle avait pour objet de préparer à l'âge viril ; mais* [elle] *ne cherche, au contraire, qu'à fixer* [les hommes] *irrévocablement dans l'enfance* ». À ce titre, Tocqueville énumère tout ce à quoi s'attache la démocratie, faisant apparaître ses fonctions comme autant de tâches contribuant à enlever aux hommes tout sujet de trouble et toute pensée critique. L'État ainsi décrit « *aime que les citoyens se réjouissent, pourvu qu'ils ne songent qu'à se réjouir. Il travaille volontiers à leur bonheur ; mais il veut en être l'unique agent et le seul arbitre ; il pourvoit à leur sécurité, prévoit et assure leurs besoins, facilite leurs plaisirs, conduit leurs principales affaires* »... La démocratie prend ainsi la forme d'un pouvoir totalitaire que personne ne remarque ni ne discute, s'immisçant dans tous les aspects de la vie privée qu'elle prétend prendre en charge.

Les citations clés

▶ **« L'État consiste en un rapport de domination de l'homme sur l'homme fondé sur le moyen de la violence légitime » (Max Weber*, *Le Savant et le Politique*, 1919).**
Confier à l'État le rôle d'assurer la sécurité des individus suppose que chacun renonce à se défendre par lui-même. C'est à l'État seul que doit revenir l'emploi de la force (par la police ou l'armée), dans un cadre défini par la loi, donc légitime.

▶ **« Il faut que, par la disposition des choses, le pouvoir arrête le pouvoir » (Montesquieu, *De l'esprit des lois*, 1748).**
Le risque, avec l'institution du pouvoir, c'est que l'on vienne à en abuser. Pour y remédier et éviter que les intérêts personnels ne dominent, il faut faire en sorte que les trois pouvoirs qui définissent l'État (législatif, exécutif et judiciaire) soient bien séparés.

Cf. fiches 21, 22, 27, 30 (20, 21), 44, 54, 61, 64

26 LA MORALE

La morale désigne la connaissance du bien et du mal. Elle renferme l'ensemble des valeurs devant orienter nos actions. Agir moralement, c'est donc agir bien, de façon juste. L'homme, de par sa conscience et sa raison, apparaît comme un être capable de moralité. Pour autant, la morale se présente comme un ensemble d'obligations menaçant apparemment le bonheur, qui est également une valeur orientant l'existence humaine. Dès lors, comment ces fins s'articulent-elles ? Peut-on chercher à être heureux tout en respectant les valeurs morales ?

Morale du bonheur et morale de l'intérêt

L'eudémonisme et l'hédonisme

La morale épicurienne s'inscrit dans ce qu'on appelle la « **morale eudémoniste** » (du grec *eudaïmon*, « heureux »), morale posant que le « *Souverain Bien* » (but suprême de toute existence humaine) est le bonheur. Mais la morale épicurienne illustre plus spécifiquement l'hédonisme (du grec *hêdonê*, « plaisir »). L'hédonisme défend, en effet, l'idée que le but de l'existence se résume au plaisir et que l'on doit tout faire pour l'obtenir. La morale hédoniste fait du plaisir une « valeur » à rechercher et qui « doit » motiver nos actions. La doctrine d'Épicure fait du plaisir le « *principe de tout choix et de tout refus* ».

L'utilitarisme*

Les morales utilitaristes sont une manière de combiner la recherche d'un bonheur commun avec celle de son propre bonheur. Une action est utile moralement lorsqu'elle augmente les plaisirs et diminue la douleur du plus grand nombre.

Morale et sentiment

L'empirisme* de Hume fonde la morale sur le sentiment : est vertueux un acte qui fait ressentir une certaine satisfaction à sa vue. En ce sens, la sympathie qui nous porte les uns vers les autres est au fondement de la morale, qui repose également sur le critère de l'« intention » (être sincère dans son action).

Morale intellectualiste et morale du devoir

Morale et connaissance

On peut fonder la morale sur autre chose que le bonheur et le plaisir, qui sont des valeurs parfois inaccessibles ou illusoires. Les valeurs morales doivent permettre de diriger plus sûrement nos actions. Ainsi, la morale intellectualiste de Platon pose que l'homme sage est celui qui est capable de distinguer ce qu'il sait et ce qu'il ne sait pas (sagesse).

Morale et vertu

La philosophie de Descartes insiste également sur l'idée que le « *Souverain Bien* » n'est pas l'illusion joyeuse, produite par le vin ou le tabac, mais au contraire la parfaite connaissance des véritables biens à rechercher, lesquels doivent dépendre de notre seule volonté. La vertu est alors l'envers de la vanité : l'homme moral est celui qui connaît sa juste valeur et ne se surestime pas. C'est la **générosité**.

Morale et devoir

Enfin, on peut poser que la morale ne doit rien au bonheur ni à la connaissance, mais qu'elle se résume à un effort de la **volonté** à agir d'une certaine façon. Kant montre que l'homme moral est celui qui, par devoir, respecte en tout homme (en lui-même et en chaque autre) sa **dignité** de personne, de sujet, en s'interdisant de l'utiliser comme un moyen, une chose*.

Critiques de la morale

On peut aussi douter de la morale humaine et de ses valeurs. Ces valeurs n'imposent-elles pas aux hommes une forme de soumission et de négation de soi ? Remettant en question les fondements de la morale, Nietzsche proclame ainsi la mort de Dieu pour inviter à un **renversement des valeurs** jusque-là admises. Il estime ces valeurs fondées sur le **ressentiment**, mauvaise conscience de certains hommes envers leur propre incapacité, conscience projetée ensuite sur les hommes plus doués. Nietzsche propose, à la place, des valeurs fondées sur la force, la vie, la puissance créatrice, incarnées par le « *surhomme* », l'artiste.

La morale

Les auteurs clés

Épicure : une morale du bonheur

La _Lettre à Ménécée_ commence par un préambule consacré à l'importance, voire à l'urgence de la philosophie à tout âge. Celle-ci est présentée comme nécessaire au bonheur et Épicure décrit l'homme qui refuserait de philosopher comme un homme qui refuserait d'être heureux. La philosophie prend ainsi la forme d'une morale du bonheur : elle montre à quel point la recherche du bonheur est essentielle et donne les moyens de l'atteindre. Le bonheur conçu par Épicure est cependant à comprendre comme « plaisir ». Toutefois, ce n'est pas un plaisir « jouissif » : c'est un plaisir qui doit déboucher sur un état de stabilité et de plénitude. Il se limite, pour le corps, à ne pas souffrir (aponie) et, pour l'âme, à être sans trouble (ataraxie). La morale d'Épicure est donc une sagesse consistant à s'exercer à ne plus avoir de troubles : pour l'âme, il s'agit notamment de lui éviter les craintes relatives aux dieux et à la mort, ainsi que de l'orienter vers des désirs « _naturels et nécessaires_ » faciles à satisfaire ; pour le corps, il s'agit de lui ôter la crainte de la douleur et de l'habituer à un régime simple.

Mill : l'utilitarisme*

S'inspirant de J. Bentham*, J. S. Mill propose une morale dont les valeurs seraient fondées sur les notions de « bonheur » et d'« utilité » (ce qui importe, ce sont les conséquences de l'action plus que l'action elle-même ; si, une fois réalisée, l'action a contribué à augmenter le bonheur du plus grand nombre, alors elle est juste et utile). Il apparaît ainsi qu'il est possible de satisfaire ses propres intérêts tout en apportant à la société un bonheur plus grand. La somme semble ici quantitative, mais Mill s'emploie à tenir compte également de la qualité du bonheur ainsi entendu. « Le maximum de bonheur » ne veut donc pas dire « n'importe quel bonheur ». L'homme qui se sacrifie pour autrui peut aussi se sentir heureux. Ce peut être une action personnelle et altruiste, satisfaisant celui qui l'accomplit et un plus grand nombre d'hommes. L'action morale ainsi définie reste fondamentalement intéressée par la recherche du bonheur.

Descartes : la générosité

La morale cartésienne est habituellement connue sous le nom de « _morale provisoire_ » (_Discours de la méthode_). Mais cette morale n'est pas vraiment la morale de Descartes : c'est une morale « par provision », destinée à permettre d'attendre qu'une véritable morale soit fondée. Or, Descartes n'a pas eu le temps d'écrire cette morale, qui devait être l'une des trois branches de l'arbre symbolisant la philosophie (avec la médecine et la mécanique). On ne comprend donc la morale de Descartes qu'à travers sa théorie de la connaissance et son étude des passions humaines (_Les Passions de l'âme_). On y trouve les notions de « vertu » et de « générosité », associées à l'idée de « _Souverain Bien_ ».

De même, dans une de ses nombreuses lettres à la princesse Élisabeth de Bohème, Descartes se demande s'il faut préférer être ignorant et joyeux ou bien chercher à connaître la vérité et être triste. Pour répondre à cette question, Descartes explique que le bien suprême à rechercher « _consiste en l'exercice de la vertu_ » : il s'agit de viser l'acquisition de biens qui ne dépendent que de notre volonté. Cela suppose la connaissance de la juste valeur des choses et de soi-même. Telle est la « générosité » de l'homme vertueux, moral, qui ne veut que ce qu'il estime à sa juste valeur et qui sait user fermement et efficacement de sa volonté.

Nietzsche : le renversement des valeurs

Critiquant férocement les valeurs morales traditionnelles et notamment religieuses, en montrant qu'elles reposent sur la faiblesse et le ressentiment, Nietzsche met en avant la nécessité de les renverser radicalement. Les nouvelles valeurs alors créées sont fondées sur l'idée de « _volonté de puissance_ » : elles incarnent la vitalité et la force créatrice du « _surhomme_ ». Dans _L'Antéchrist_, Nietzsche peut ainsi redéfinir le bon et le mauvais : « _Qu'est-ce qui est bon ? Tout ce qui exalte en l'homme le sentiment de puissance, la volonté de puissance, la puissance même. Qu'est-ce qui est mauvais ? Tout ce qui vient de la faiblesse._ »

La citation clé

▶ « Nul n'est méchant volontairement » (Platon, _Gorgias_, IVᵉ siècle av. J.-C.).

À travers le personnage de Socrate*, Platon exprime ici l'idée que le mal ne peut être voulu pour lui-même. Il est le produit de l'ignorance, laquelle nous fait croire que le mal est un bien. La morale repose donc sur la connaissance. En connaissant le bien, je ne peux que le vouloir.

_Cf._ fiches 2, 28, 29, 30 (16, 21), 33, 45, 57, 65

27 LA LIBERTÉ

Le mot *liberté* (du latin *liber*, « celui qui n'est pas esclave ») semble d'abord se définir par opposition à l'idée de « contrainte* » et de « servitude ». Serait libre l'homme capable de faire tout ce qu'il désire sans que rien vienne l'en empêcher. Pour autant, une telle liberté est-elle réellement possible et s'agit-il à proprement parler de « liberté » ? En effet, l'homme ainsi affranchi de toute contrainte ne se trouve-t-il pas soumis à ses propres désirs ? Comment alors concevoir la liberté pour ne pas tomber dans l'illusion d'être libre ?

Liberté et licence

La liberté comme accomplissement de tous nos désirs

L'opinion commune fait souvent de la liberté une **absence totale de contraintes** et la définit comme le pouvoir de faire tout ce que l'on désire. Le mot *licence* (du latin *licet*, « il est permis de ») définit cette liberté. En ce sens, serait libre tout homme ayant à la fois la possibilité et la capacité de réaliser ses moindres désirs sans rencontrer d'obstacles. Certains aspects de l'existence deviennent alors des barrières à la liberté : le travail, la vie en société, la morale imposeraient à l'homme des contraintes ou des obligations. La raison semble également s'opposer à la liberté, puisqu'elle incarne ce qui en l'être humain lui impose intérieurement des règles (de pensée, morales) en menaçant la satisfaction directe et spontanée de ses désirs. Calliclès explique ainsi, dans le *Gorgias* de Platon, que la liberté repose sur la satisfaction illimitée des désirs et que l'obéissance (à autrui ou aux lois) est contraire à la liberté et au bonheur.

Le modèle du tyran

Calliclès fait du tyran le **modèle de l'homme libre**, puisque la nature a fait de lui un homme fort, capable de soumettre autrui à son pouvoir, et qu'il accomplit alors la totalité de ses désirs sans rencontrer aucun obstacle. Pour Calliclès, il est juste que les plus forts soumettent les plus faibles, puisque telle est la loi de la nature : certains hommes sont assez doués pour réaliser leurs désirs, d'autres naissent faibles et incapables de les réaliser. Les lois ne sont, pour Calliclès, que des moyens artificiels et injustes inventés par les hommes faibles pour empêcher les hommes forts de réaliser leurs désirs et les ramener à leur propre niveau de faiblesse.

Liberté et raison

Liberté et mesure

Pour autant, une telle liberté fondée sur le désir peut être réinterrogée. Une réflexion sur la nature même du désir montre que celui-ci rend l'homme dépendant et esclave de lui-même, au lieu de le rendre libre. Socrate* explique ainsi à Calliclès que l'homme décrit comme soi-disant libre, du fait qu'il accomplit tous ses désirs, ressemble en fait à un homme condamné à remplir des tonneaux percés, sans jamais être satisfait. Son **intempérance** (ou absence de mesure) l'empêcherait de maîtriser ses désirs et le soumettrait à ceux-ci. Pour Socrate, l'homme **tempérant**, capable par sa **raison** de mesurer ses désirs et de les modérer, serait au contraire plus libre. Le tyran apparaît alors comme le modèle de l'esclave et non plus celui de l'homme libre.

Libre arbitre* et déterminisme*

En ce sens, la liberté se situerait plutôt dans la capacité de la raison à affranchir l'homme de tout déterminisme : il s'agirait, pour être libre, d'être capable de **vouloir** agir (ou penser) **par soi-même**, c'est-à-dire consciemment et librement, sans plus être déterminé (poussé) par aucune **cause extérieure à sa volonté** (notamment les désirs). C'est ainsi que Descartes définit la notion de « **libre arbitre** ». Celui-ci s'exprime tout d'abord, dans le degré le plus bas, dans la liberté dite « d'indifférence », laquelle consiste à choisir arbitrairement de faire (ou pas) une chose. Pour autant, Descartes montre que le degré supérieur de liberté consiste à choisir de faire (ou de penser) une chose en sachant pour quelles raisons on décide de la faire (ou de la penser).

(suite, p. 78)

La liberté

Les auteurs clés

La morale

Platon : la tripartition de l'âme

L'image de l'attelage ailé

Dans son dialogue intitulé _Phèdre_, Platon interroge la nature de l'âme et explique sa composition à partir de l'image d'un attelage tiré par deux chevaux et conduit par un cocher. Il s'agit également, pour Platon, d'interroger la capacité de l'homme à résister à la force du désir charnel pour le transformer en un désir amoureux maîtrisé par la raison. Le cocher représente ainsi la partie rationnelle* de l'âme humaine, chargée de conduire l'homme selon les valeurs de la raison (modération, vertu, connaissance). Un des chevaux est blanc et discipliné, qui représente la partie irascible de l'âme (la colère), capable de se mettre au service de la raison pour lutter avec force contre le désir. Le second cheval est noir et indiscipliné, qui représente la partie désirante de l'âme humaine. C'est lui qui entraîne parfois le cocher et l'autre cheval sur la voie de la concupiscence. Le bonheur et la liberté consistent alors à harmoniser ces trois parties de l'âme en les mettant au service de la raison et non du désir.

L'exemple des cadavres

De même, dans le livre IV de _La République_, Platon analyse le rôle exact que joue la partie irascible de l'âme par rapport aux deux autres composantes, en posant notamment la question de savoir si cette partie est ou pas de même nature que la partie « concupiscible* ». Socrate* raconte ici l'histoire de Léontios qui, alors qu'il apercevait des cadavres étendus près de leur bourreau, fut pris du désir de les regarder et essaya pourtant de détourner son regard. Cédant à son envie de les voir, une partie de lui-même l'accabla de reproches avec colère ! Pour Socrate, c'est bien la preuve que la partie irascible de l'âme n'est pas de même nature que la partie désirante, car elle s'emporte contre cette dernière pour s'allier à la partie rationnelle de l'âme. De même, il note qu'on n'a jamais vu la partie irascible se ranger du côté du désir. Si elle cède au désir, elle s'en fait le reproche.

Descartes : le pouvoir de la raison

L'affirmation du libre arbitre*

Pour Descartes, l'homme a une volonté douée de libre arbitre, c'est-à-dire de la capacité à se déterminer elle-même indépendamment de toute contrainte* extérieure. Dans la méditation quatrième des _Méditations métaphysiques_, Descartes définit ainsi cette volonté libre : « _Elle consiste seulement en ce que nous pouvons faire une chose, ou ne la faire pas._ » À ce titre, il distingue « la volonté » de « l'entendement* » : ce que ma pensée et mon jugement me proposent (de faire ou d'accepter à titre d'idée), je peux soit le poursuivre, soit au contraire le refuser, grâce à ma seule volonté.

Descartes précise que l'on peut distinguer plusieurs degrés dans ce libre arbitre. Le plus bas degré consiste en une liberté dite « d'indifférence », où l'on choisit telle chose plutôt que telle autre sans réelle raison : par exemple, choisir arbitrairement de boire du jus d'orange plutôt que de la bière. Une forme plus haute de liberté est la capacité de choisir une action en fonction de motifs éclairant davantage son choix. Ces motifs peuvent être empruntés au domaine de la connaissance (choisir le vrai plutôt que le faux) ou au domaine moral (choisir le bien plutôt que le mal) : par exemple, choisir le jus d'orange parce que cela est meilleur pour la santé. Ici, selon la théorie de Descartes, je suis plus libre que si je choisis indifféremment entre telle ou telle chose.

Le dressage des passions

Pour autant, Descartes tient compte du fait que notre volonté est parfois soumise aux passions (à comprendre comme tout ce qui s'enracine dans notre corps : faim, colère, envie, peur...). Mais il défend l'idée que l'esprit est capable de maîtriser ces affections et prend l'exemple du chien que l'on dresse à la chasse. De même que par l'habitude on peut dresser un chien à ne plus courir après une perdrix, de même on peut dresser notre corps à ne plus nous affecter de telle ou telle façon.

La citation clé

▶ « Ceux même qui ont les plus faibles âmes pourraient acquérir un empire très absolu sur toutes leurs passions » (René Descartes, _Les Passions de l'âme_, 1649).

L'idée de Descartes est ici que tout homme, même de peu de volonté, peut ne plus être soumis à ses affections, si on le dresse (comme un animal) et si on le « conduit ». Si l'on joint, par exemple, à la colère l'idée de « faiblesse », cela dissuade et empêche tout homme de s'abandonner à la colère.

La liberté politique

On peut également chercher à concevoir une liberté compatible avec la vie en société, et notamment avec les lois. Faut-il, pour être libre, ne plus être soumis aux lois ou bien peut-on penser une liberté consistant à obéir aux lois ? Pour Spinoza, l'obéissance n'est pas nécessairement contraire à la liberté et le pire esclave est plutôt celui qui est soumis à ses désirs. Il est possible d'**obéir en étant libre**, à condition que notre obéissance vise notre propre bien et que ce bien soit conforme à la raison. Ainsi, en obéissant à des lois qui visent notre propre intérêt (et celui de tout un peuple), nous sommes véritablement libre, car nous obéissons en fait à notre propre raison, qui s'exprime à travers les lois. Telles sont les lois républicaines ou démocratiques.

La liberté de pensée

La liberté de pensée reposerait elle aussi sur la raison et penser librement ne consisterait pas à se laisser aller à penser selon ses envies (ses opinions) mais conformément aux exigences de la raison. Seule celle-ci permettrait, dans son usage logique et théorique, de nous **libérer de la tutelle imposée par l'opinion** commune ou par nos propres désirs (penser comme tout le monde ou penser ce qui nous rassure ou nous fait plaisir).

La recherche de la vérité ne serait pas non plus, en ce sens, un obstacle à la liberté de penser, car elle nous permettrait de **nous libérer** de tout ce qui nous maintient dans l'illusion, l'erreur et l'ignorance, lesquelles empêchent notre pensée d'exprimer sa nature rationnelle* et sa quête de savoir.

L'illusion du libre arbitre*

Toutefois, une telle croyance en la capacité de la raison à se déterminer elle-même (à agir ou penser) peut être remise en question. Ce que nous croyons être l'œuvre de notre propre volonté n'est-il pas en fait toujours le produit d'autre chose qui la précède et qui la détermine, sans que l'on en soit véritablement conscient ? Telle est la thèse de Spinoza, qui réfute ainsi l'idée de « libre arbitre ». Pour lui, nos actions sont toujours **déterminées par des causes que nous ignorons**, mais dont nous croyons être les auteurs volontaires. Les désirs qui animent notre corps influen-cent notre esprit sans que celui-ci le sache. La seule manière d'être libre consiste alors à comprendre ce à quoi nous obéissons pour ainsi mieux coïncider avec notre propre nature.

De même, selon Freud, l'homme ne peut jamais être totalement libre car l'**inconscient** détermine une partie de ses actions. Seule la psychanalyse permet une meilleure connaissance de l'inconscient et une plus grande maîtrise de ses actes.

Liberté et morale

Une liberté exigée par la morale

Toutefois, nier la liberté, c'est d'une certaine façon remettre en question les fondements de la morale. En effet, si nous ne sommes pas libre, il devient **impossible de faire un choix moral** et de choisir volontairement d'agir conformément au bien. Notre action bonne ne serait qu'illusoire, le produit d'un déterminisme* nous échappant, et n'aurait donc plus de valeur morale. Ainsi, si nous ne pouvons pas prouver la liberté, nous pouvons au moins la supposer pour donner un sens aux valeurs et aux actions morales. En disant : « *Tu dois, donc tu peux* », Kant fait de la liberté un « *postulat de la raison pratique** », c'est-à-dire une exigence posée par la morale.

Le modèle du devoir

L'action faite par devoir peut alors être considérée comme le **modèle de l'action libre**, action qui serait déterminée par notre seule volonté. En effet, en se déterminant à agir uniquement pour faire son devoir (par exemple, en choisissant de ne pas mentir à quelqu'un), l'homme montre sa capacité à ne pas céder à ses désirs (par exemple, le désir de mentir pour obtenir quelque chose). Pour Kant, c'est en agissant par devoir que l'on éprouve le plus sa liberté, aussi paradoxal que cela puisse paraître.

Liberté et transcendance*

On peut également affirmer la liberté humaine en posant que l'homme n'a pas de nature, qu'il ne se contente pas d'être ce qu'il est, telle une chose*. Il a en lui la possibilité de devenir ce qu'il veut être et de choisir sa manière d'être. Telle est l'analyse de Sartre qui pose que l'homme est marqué par la **transcendance**, à savoir la capacité à choisir et à nier ce qu'il est.

La liberté

Les auteurs clés

La morale

Spinoza : la « *libre nécessité* »

Dans sa *Lettre à Schuller* (1667), Spinoza prend, pour dénoncer l'illusion du libre arbitre* cartésien, l'exemple d'une pierre qu'on lance et qui obéit alors, dans son mouvement, à l'impulsion qui lui a été donnée. Il explique en quoi cette pierre obéit en fait, dans son mouvement, à des causes extérieures et en quoi elle pourrait, si elle avait une conscience, croire être l'auteur de son mouvement. En effet, elle ne sentirait que son mouvement intérieur, sans savoir que celui-ci vient en réalité d'une cause extérieure. Spinoza compare l'illusion de liberté qu'aurait cette pierre avec celle qu'ont les hommes lorsqu'ils croient agir librement. Eux aussi croient leur action déterminée uniquement par leur volonté, alors même que leur action obéit à des causes étrangères à celle-ci – des impulsions (ou « *appétits* ») enracinées dans leur corps – et qu'ils ne perçoivent pas. Spinoza prend l'exemple de l'homme en colère, déterminé par sa colère et croyant en fait « vouloir se venger », c'est-à-dire croyant agir par volonté et non par colère. Il se croit libre sans l'être vraiment. En se sachant déterminé à agir par sa colère, cet homme comprendrait la nécessité à laquelle il est soumis et pourrait atteindre une certaine forme de liberté, que l'auteur appelle la « *libre nécessité* » : il serait plus en accord avec sa nature et pourrait ainsi ne plus « obéir » à sa colère en l'ignorant.

Kant : la liberté comme postulat

La philosophie kantienne est marquée par la notion de « critique » : il s'agit, pour Kant, d'interroger les limites de la raison humaine, notamment dans les domaines théorique et pratique* (moral). Ainsi, la raison théorique est incapable de prouver la liberté humaine, la raison étant confrontée à des antinomies (elle peut tout aussi bien affirmer que l'homme est libre et son contraire). Seule l'exigence morale de faire son devoir et d'agir par sa propre volonté (vouloir agir bien ou faire son devoir) peut en fait « postuler » la liberté humaine, telle une exigence, une demande. Car, si l'homme est déterminé, soumis à ses désirs sensibles* et à ce que Kant appelle « *l'instinct du bonheur* », alors il devient impossible de croire à une action volontaire et désintéressée, capable d'arracher l'homme à sa sphère sensible. Si l'homme, par exemple, « décide » de ne pas mentir, ce serait non pas pour ne pas mentir mais pour satisfaire un désir, un intérêt (par exemple, avoir bonne conscience). Pour Kant, le vrai devoir exige d'être fait en dehors de tout motif de ce genre : il faudrait ne pas mentir pour ne pas mentir. Seule une volonté libre (la bonne volonté : vouloir pour vouloir) est capable d'une telle action, qui culmine dans l'« *impératif catégorique* » (*cf.* fiche 28).

Sartre : facticité et transcendance*

L'idée centrale sartrienne est que l'homme n'a pas de nature, qu'il n'est pas prédéfini comme une chose* : il n'est que ce qu'il devient, à travers ses actes et son existence. Certes, l'homme est marqué par certaines « situations » qu'il n'a pas choisies (sa naissance, par exemple) et il est donc, à ce titre, enfermé comme les choses dans la « *facticité* » (appartenir au monde des « faits »). Pour autant, à l'intérieur même de cette « choséité », l'homme reste, selon Sartre, totalement libre en tant que « *manière d'être* » ; il est en cela « *transcendance* », capacité de dépassement. Si je tombe malade, par exemple, je ne peux pas choisir de ne pas être malade – cela est un fait –, mais je peux choisir ma manière d'être malade. Refuser cette manière d'être – en disant, par exemple : « Je fais cela parce que je suis malade » –, ce serait, pour Sartre, se réfugier dans la mauvaise foi, se complaire dans la facilité consistant à poser : « Je suis ce que je suis. »

Les citations clés

▶ « L'obéissance à la loi qu'on s'est prescrite est liberté » (Jean-Jacques Rousseau, *Du contrat social*, 1762).

Rousseau veut montrer que seul un État fondé sur un pacte social est légitime. Il faut que les sujets passent une convention par laquelle ils échangent leur liberté naturelle contre une liberté civile. Par là, ils obéissent à des lois qui incarnent leur propre volonté, générale et fondée sur la raison. Ils obéissent à eux-mêmes.

▶ « La vraie liberté, c'est pouvoir toute chose sur soi » (Montaigne, *Essais*, 1580-1595).

On pense souvent que la liberté consiste à ne pas être entravé dans ses actions extérieures. Montaigne rappelle que la liberté consiste d'abord dans la pleine maîtrise de soi-même, celle de ses passions et de ses représentations.

79   *Cf.* fiches 1, 26, 28, 29, 30 (5, 20), 47, 57, 76

28

LE DEVOIR

Le devoir renvoie au domaine moral, à l'obligation morale. Il ne faut pas le confondre avec l'obligation juridique, la contrainte* ou la nécessité* (respirer, manger). Il suppose un acte volontaire de la liberté. Comment alors comprendre ce rapport entre la morale et la liberté ? Quel doit être le fondement de nos devoirs pour qu'il s'agisse de « vrais » devoirs ?

Des devoirs issus de la conscience

La notion de « conscience morale »

Il semble tout d'abord que nos devoirs s'imposent à nous par le biais de notre **conscience** : nous savons intérieurement ce que nous devons faire, ce qui est bien ou mal, juste ou injuste. Il y aurait ainsi en chaque homme la « **voix** » du devoir, s'exprimant par la devise « Tu dois » et par la mauvaise conscience, le remords, dans le cas où cette voix ne serait pas entendue.

Un sentiment naturel

On peut également croire que le devoir serait un sentiment naturel, spontané, issu d'une **sorte de répulsion à faire le mal**. Rousseau montre que l'état de nature dont il fait l'hypothèse doit son caractère pacifique au fait que les hommes sont animés par une **pitié** naturelle les empêchant de se nuire.

Des valeurs morales innées et universelles

Dans ce cas, nos valeurs seraient universelles, **identiques pour tous les hommes** ; elles seraient fondées sur la notion de « respect » : faire son devoir, ce serait respecter autrui, le traiter comme une personne, ne pas lui nuire, ne pas l'utiliser ni le priver de sa liberté fondamentale.

Des devoirs issus de l'éducation

Un devoir non pas inné mais acquis

On peut toutefois s'interroger sur la présence d'une conscience morale en tout homme. La psychologie de l'enfant et la psychanalyse montrent plutôt que le petit enfant reçoit ses valeurs morales de son **éducation** et notamment de ses parents. Ses valeurs sont **intériorisées** au moyen de récompenses et de punitions et constituent une sorte de mentor : le Surmoi. Une fois adulte, le sujet ne se rend pas compte que ses valeurs morales qu'il croit venues de lui, de sa conscience, ont en fait été reçues. Durkheim montre également que le devoir n'est que l'intériorisation de la conscience collective dans la conscience individuelle.

Des valeurs morales relatives

Par conséquent, les valeurs morales ne seraient pas universelles, mais **particulières** et **relatives**. Elles varieraient d'un homme à un autre, selon la manière dont il aurait été éduqué. Certains hommes seraient même dépourvus de toute morale et n'auraient aucun « sens » du devoir, comme en témoignent les criminels insensibles à toute forme de remords.

Des devoirs fondés sur la raison

Raison et obligation morale

Toutefois, on constate que l'homme est capable de **s'imposer à lui-même** des actions qu'il puise dans sa **volonté** et sa **raison**, dans un effort pour dépasser ce qui le pousse à satisfaire ses désirs sensibles* ou ses intérêts. « Faire son devoir » peut aussi parfois triompher des valeurs issues de l'éducation (on m'a appris que mentir n'était pas toujours un mal, mais quelque chose en moi me dit que c'est mal). Il y aurait donc la possibilité de croire à un **autre principe**, ni tout à fait spontané (comme la conscience) ni tout à fait extérieur. Kant pose, en ce sens, la présence en tout homme d'une « **loi morale** », capable d'obliger la volonté à agir « par devoir », indépendamment de toute autre motivation.

Devoir et liberté

Le devoir exprimerait alors pleinement la liberté de ma volonté, capable de se déterminer à agir par elle-même. On ne ferait pas son devoir « par envie » ou par contrainte (en obéissant à des valeurs venues d'ailleurs) : on s'imposerait soi-même le devoir de faire ceci ou cela, en toute « **autonomie** ». Bien loin de nous ôter la liberté, l'action faite « par devoir » la fonderait pleinement.

Le devoir

Limites du devoir

Un tel devoir n'a cependant de sens que s'il est **possible** de l'accomplir et si d'autres devoirs ne viennent pas le contrarier (si le soldat doit défendre sa patrie, il ne doit cependant pas sacrifier vainement sa vie à une cause perdue) ; le « conflit de devoirs » invite alors à un travail de **réflexion** et non pas à une obéissance aveugle.

La morale

Les auteurs clés

Rousseau : la pitié, sentiment naturel

Dans son *Discours sur l'inégalité*, la réflexion de Rousseau sur l'hypothèse de l'état de nature est l'occasion pour lui de supposer en tout homme un sentiment naturel de pitié faisant éprouver de la souffrance à la vue de la souffrance d'autrui. Cette pitié permettrait aux hommes à l'état de nature de se conserver mutuellement en se nuisant le moins possible. Rousseau résume ce sentiment en une maxime* imposant à chacun de faire « *son bien avec le moindre mal d'autrui qu'il est possible* ». Chaque homme s'imposerait de nuire le moins possible à autrui parce que cela le ferait lui-même souffrir. Rousseau compare cette maxime avec une maxime issue de la raison, imposant à chaque homme de ne pas faire à autrui le mal qu'il redouterait pour lui-même. Rousseau explique qu'à cet égard la pitié se révèle plus spontanée et plus efficace que la raison, laquelle se montre artificielle et moins bien suivie par les hommes. En effet, la maxime issue de la pitié est une manière de poursuivre son propre intérêt en s'épargnant autant que possible de voir autrui souffrir : son fondement reste égoïste. La maxime issue de la raison est plus altruiste mais plus difficile à suivre.

Freud : le Surmoi

Dans sa seconde topique, Freud distingue les différents « lieux » de l'âme et met ainsi en avant les concepts du « Ça », du « Moi » et du « Surmoi » (*cf.* fiche 3). Freud veut également insister sur l'idée que le sujet humain est complexe et que son unité (être « un ») est fragile et discutable. Le Ça désigne les pulsions refoulées (d'origine sexuelle), le Moi notre personnalité (en partie consciente) et le Surmoi l'ensemble des interdictions morales (acquises au cours de l'éducation et intériorisées par l'enfant). C'est ce Surmoi qui constitue ce que l'on nomme « la conscience morale » et qui nous impose de faire ou de ne pas faire telle ou telle chose (nos devoirs). L'intérêt de l'analyse freudienne est de montrer que l'idée d'une conscience morale innée, propre à tout homme et universelle, est illusoire : ce que nous impose notre Surmoi est acquis ; il vient des autres et est constitué de valeurs particulières et relatives.

Kant : impératif hypothétique et impératif catégorique

Dans les *Fondements de la métaphysique* des mœurs, la morale kantienne interroge tout particulièrement les fondements de l'action bonne en se demandant ce qu'il faut pour qu'une action soit « vraiment » bonne. À cet égard, Kant distingue différentes formes de devoirs, pour mettre en évidence la différence entre de vrais et de faux devoirs. Apparaît alors l'impératif hypothétique, lequel impose de faire telle ou telle action dans un but intéressé (l'adjectif *hypothétique* renvoie à l'idée de « condition ») et se distingue en cela de l'impératif catégorique, lequel impose de faire telle action uniquement « par devoir », sans autre raison que celle de vouloir faire cette action. Kant met ici en évidence la notion de « bonne volonté », désignant une volonté uniquement déterminée à « vouloir ». Kant prend l'exemple du marchand honnête par intérêt (pour ne pas mettre en péril son commerce) : ici, l'impératif « Sois honnête » est hypothétique et le marchand fait son devoir non pas par devoir mais parce que cela l'arrange. À l'inverse, Kant prend l'exemple de l'homme désespéré et tenté par la mort, mais qui s'impose de rester en vie : ici, cet homme obéit à un impératif catégorique ; il reste en vie « par devoir », pour rien d'autre que par « volonté » (effort) de rester en vie.

La citation clé

> « Tu dois, donc tu peux » (Emmanuel Kant, *Fondements de la métaphysique des mœurs*, 1785)

Pour Kant, le devoir n'a de sens que s'il est possible de le faire ou pas, c'est-à-dire si l'on a la liberté de déterminer sa propre volonté à le faire. En effet, un devoir que l'on serait contraint de faire par nécessité*, sans choix possible, n'aurait pas de sens ni de valeur morale. Kant montre que c'est par la notion de « devoir » que l'on prouve la liberté humaine.

Cf. fiches 1, 26, 27, 30 (1, 20, 26), 54, 57, 66, 67

29 LE BONHEUR

Le mot *bonheur* suggère, par son étymologie latine (*bonum augurium*, « de bon augure »), l'idée de « chance », de « hasard », comme s'il ne dépendait pas de nous d'être heureux. Pourtant, le bonheur apparaît aussi comme étant le résultat d'une démarche volontaire et réfléchie, dans laquelle la raison semble intervenir. Il y a en effet dans la notion de « bonheur » l'idée de « plénitude » et de « stabilité ». Faut-il alors comprendre le bonheur comme un bien illusoire car trop aléatoire ou bien y a-t-il des conceptions du bonheur qui rendent celui-ci accessible ?

Le bonheur comme but de l'existence

Le bonheur comme somme de plaisirs

On peut tout d'abord concevoir le bonheur comme une satisfaction totale, permettant d'affirmer que tous nos désirs sont accomplis. Ainsi, un homme heureux serait un homme satisfait dans tous les domaines de son existence (santé, argent, amour, travail...) et le bonheur pourrait être remis en question si l'un de ces domaines venait à être menacé (tomber gravement malade ou perdre son emploi...). Dans ce cas, le bonheur apparaît comme une **somme de plaisirs** et prend une valeur quantitative (« avoir » le maximum de désirs au maximum satisfaits). Telle est la conception du sophiste* Calliclès dans le *Gorgias* de Platon, qui affirme que liberté et bonheur consistent à « *remplir tous ses désirs à mesure qu'ils éclosent, sans les réprimer* ».

Bonheur et « *Souverain Bien* »

La morale dite « hédoniste » (du grec *hêdonê*, « plaisir ») fait également du plaisir le fondement du bonheur et le principe de toute action. Toutefois, l'hédonisme s'inscrit dans une morale plus large – l'eudémonisme (du grec *eudaïmon*, « heureux ») – qui pose que **le bonheur est le but de toutes nos actions** (*cf.* fiche 26) et représente, en ce sens, le « *Souverain Bien* ». Aristote montre que toutes nos actions visent, d'une façon ou d'une autre (directement ou indirectement), le bonheur : si la santé est le but de ma promenade, il n'empêche que c'est le bonheur qui est le but de ma santé ; etc. Ce bonheur ultime vers lequel tout converge est à concevoir comme **accomplissement** de notre nature contemplative, comme **exercice de la vertu** la plus haute. Ce bonheur vertueux est à distinguer du simple plaisir sensible*.

Le bonheur : une illusion ?

Une satisfaction toujours menacée

On peut se demander si l'homme est capable d'être heureux, c'est-à-dire capable d'apprécier ses états de satisfaction. La conscience humaine n'a-t-elle pas, en effet, tendance à s'attacher à ce qui lui manque plutôt qu'à ce qu'elle possède ? Ne dit-on pas souvent d'un homme malheureux qu'il a pourtant « tout pour être heureux » ? Schopenhauer insiste, à cet égard, sur le fait que l'homme se trouve souvent incapable d'apprécier la satisfaction du désir, laquelle fait cesser le désir et plonge l'homme dans l'ennui. L'être humain oscille ainsi entre la **souffrance** du manque et l'**ennui** de la satisfaction.

Des biens plus précieux que le bonheur

Descartes estime qu'il vaut mieux préférer la connaissance à l'ignorance, même si l'ignorance rend plus joyeux et la connaissance plus triste. Le bonheur procuré par des plaisirs superficiels est en effet, selon Descartes, un bien illusoire, comparé à la connaissance de la **vérité** qui satisfait plus profondément l'âme. Kant oppose aussi le **devoir** et le bonheur : faire son devoir exige une volonté bonne, désintéressée, pure de tout motif emprunté à la poursuite du bonheur. De plus, la recherche du bonheur est incertaine (on ne sait pas très bien ce qui nous rendrait heureux), alors que la voie du devoir est toujours sûre de ce qui est bien. Mieux vaut donc, pour Kant, vouloir faire son devoir que chercher le bonheur.

Bonheur et satisfaction

Il devient toutefois possible de faire de ces satisfactions plus élevées et plus dignes une **forme de bonheur**. Ainsi, l'homme épris de vérité ou de justice et sacrifiant son bonheur personnel pour viser ces biens n'est-il pas au fond « heureux » ? N'atteint-il pas une forme

Le bonheur

de plénitude et de satisfaction ? Ou bien ne se rend-il pas au moins « digne » du bonheur (Kant) ? En effet, une fois les aspirations intellectuelles et/ou morales de l'homme satisfaites, celui-ci ne peut-il pas se consacrer à des plaisirs plus simples et plus personnels sans manquer d'autre chose et sans se sentir indigne ?

Les auteurs clés

Épicure : le bonheur comme absence de troubles

La philosophie du bonheur

Dans sa *Lettre à Ménécée*, Épicure conçoit le bonheur comme le bien que tout homme recherche et insiste sur le rôle fondamental que joue la philosophie dans la recherche du bonheur. Le rôle de la philosophie, qu'Épicure estime nécessaire à tout âge, est de nous apprendre à bien nous représenter les choses de manière à ne plus être troublé par elles. Ainsi, en concevant la mort comme n'étant « rien », parce que nous ne la rencontrons pas tant que nous vivons et parce qu'il n'y a rien après elle, nous n'avons plus l'âme troublée par la crainte de mourir. Le bonheur ainsi obtenu en se débarrassant de nos nombreuses craintes est un bonheur dit « négatif », au sens où il consiste à ne pas être malheureux, à ne pas souffrir.

Des plaisirs simples

Même si la philosophie d'Épicure est considérée comme hédoniste, parce qu'elle réduit le bonheur au plaisir et que le plaisir devient le but de toutes nos actions, il ne s'agit pas de n'importe quel plaisir. Épicure critique, en ce sens, les plaisirs du « débauché » car ils sont instables et laissent l'homme insatisfait, du fait qu'ils s'accompagnent souvent de dépendance et de frustration et sont sans cesse à combler. Les plaisirs simples correspondant aux désirs naturels et nécessaires (manger et boire juste ce qu'il faut pour être en bonne santé) rendent plus heureux car ils correspondent à un plaisir stable (plaisir dit « en repos ») : une fois notre faim apaisée, nous n'avons rien d'autre à désirer.

Schopenhauer : un bonheur impossible

La philosophie de Schopenhauer est marquée par l'idée pessimiste selon laquelle l'homme est incapable d'atteindre la satisfaction et donc d'être heureux, ne parvenant pas à apprécier l'état même de satisfaction. En effet, selon cet auteur, la conscience ne mesure et ne sent que la douleur de la privation, à savoir le manque que représente le fait de désirer. Mais elle ne sent pas le moment où le désir est satisfait et le manque comblé. Ainsi, nous sentons que nous avons faim et nous désirons manger en sentant la souffrance de la faim. Mais nous ne mesurons pas de la même façon la satiété et notre estomac rempli nous laisse indifférent, puisque nous ne souffrons plus d'avoir faim. D'où une sorte d'oscillation permanente de l'homme entre la souffrance et l'ennui : soit il souffre de ne pas avoir quelque chose, soit il s'ennuie de l'avoir. Il ne peut apprécier le bonheur que rétrospectivement, en se souvenant des souffrances passées. Il n'apprécie que le fait de ne plus souffrir. Mais, en même temps, d'autres désirs et d'autres souffrances le détournent de ce qui peut le satisfaire.

Kant : se rendre digne du bonheur

La philosophie kantienne, centrée sur la morale et l'exigence d'accomplir son devoir, se distingue en ce sens de la conception eudémoniste de l'Antiquité : ce n'est pas le bonheur que l'homme doit rechercher, mais la vertu. Toutefois, la morale kantienne est ce qui permet à l'homme de mériter le bonheur : « *La morale n'est pas, à proprement parler, une doctrine qui nous apprenne à nous rendre heureux, mais seulement comment nous devons nous rendre dignes du bonheur [...] en proportion des efforts que nous aurons faits pour ne pas en être indignes* » (*Critique de la raison pratique**). En cela, le bonheur devient l'objet d'une espérance et répond à la troisième question de la raison selon Kant, à savoir : « Que m'est-il permis d'espérer ? »

La citation clé

▶ « Toute chose a deux anses » (Épictète, *Manuel*, v. 130).

Pour Épictète, chaque chose (ou être, ou situation) a deux aspects : un qui la rend supportable et permet de la « porter » et un autre qui la rend insupportable. Le premier aspect permet la sérénité et le second rend malheureux. Il faut donc, pour être heureux, apprendre à voir les choses sous l'aspect qui les rend supportables.

Cf. fiches 6, 26, 28, 30 (4), 32, 33, 57, 59

LES REPÈRES

Comme le soulignent les programmes officiels de philosophie des classes de Terminales L, ES et S, « *l'étude méthodique des notions est précisée et enrichie par des repères* ». Ces repères peuvent être répartis en quatre grandes catégories.

LES REPÈRES QUI S'OPPOSENT

- **Absolu / Relatif** *(repère 1)*
- **Abstrait / Concret** *(repère 2)*
- **Analyse / Synthèse** *(repère 3)*
- **En théorie / En pratique** *(repère 9)*
- **Essentiel / Accidentel** *(repère 10)*
- **Médiat / Immédiat** *(repère 18)*
- **Objectif / Subjectif** *(repère 19)*
- **Transcendant / Immanent** *(repère 25)*

LES REPÈRES QUI SONT DIFFÉRENTS SANS ÊTRE NÉCESSAIREMENT OPPOSÉS

- **Cause / Fin** *(repère 4)*
- **Croire / Savoir** *(repère 6)*
- **En acte / En puissance** *(repère 7)*
- **En fait / En droit** *(repère 8)*
- **Formel / Matériel** *(repère 12)*
- **Idéal / Réel** *(repère 14)*
- **Intuitif / Discursif** *(repère 16)*
- **Principe / Conséquence** *(repère 23)*

LES REPÈRES QUI SONT PROCHES MAIS QU'IL FAUT DISTINGUER

- **Expliquer / Comprendre** *(repère 11)*
- **Légal / Légitime** *(repère 17)*
- **Obligation / Contrainte** *(repère 20)*
- **Origine / Fondement** *(repère 21)*
- **Persuader / Convaincre** *(repère 22)*
- **Ressemblance / Analogie** *(repère 24)*

LES REPÈRES QUI FONCTIONNENT ENSEMBLE DANS UNE PROGRESSION

- **Contingent / Nécessaire / Possible** *(repère 5)*
- **Genre / Espèce / Individu** *(repère 13)*
- **Identité / Égalité / Différence** *(repère 15)*
- **Universel / Général / Particulier / Singulier** *(repère 26)*

30 REPÈRES PHILOSOPHIQUES

1 Absolu/relatif

Étymologie

Absolu dérive du latin *absolvere* (« délier, dégager, affranchir » ou « achever, rendre parfait »). On peut encore le dériver du latin *solutus* (« libre »). *Relatif* vient du latin *relatus* (« rapporté »).

Distinction lexicale

Les deux termes sont des adjectifs qualificatifs s'appliquant à des choses par conséquent opposées : **est absolu ce que l'on ne peut rapporter à autre chose**, ce qui ne peut être mis en rapport avec quoi que ce soit, ce qui est indépendant ; **est relatif ce qui se rapporte à autre chose et qui en dépend**. Ainsi, un « pouvoir absolu » qualifie un pouvoir reposant seulement sur lui-même, non limité, sans contre-pouvoir. À l'inverse, un « jugement relatif » n'est valable que dans certains cas et dépend donc de certaines conditions.

Distinction philosophique

Les deux termes renvoient surtout aux domaines de la connaissance, de la morale et de la métaphysique*. Dans les domaines de la connaissance et de la morale, on se demande si l'on peut atteindre **une vérité ou des valeurs absolues**, c'est-à-dire parfaitement objectives, indépendantes du sujet qui les établit, ou bien s'il n'existe que **des vérités et des valeurs relatives**, variables selon les points de vue. Ce relativisme est notamment défendu par les sophistes*, pour lesquels *« l'homme est la mesure de toutes choses »* (Protagoras). Dans le domaine métaphysique, la question est de savoir s'il existe des **réalités absolues**, existant seulement par elles-mêmes (l'âme, le monde, Dieu), et si l'on peut les connaître ou bien si rien de tel n'existe et/ou ne peut être connu.

Cf. fiches 20, 25, 28 et repères 17, 26.

2 Abstrait/concret

Étymologie

Abstrait dérive du latin *abstractus* (« séparé, arraché »). *Concret* vient du verbe latin *concrescere* (« croître ensemble » ou « se solidifier »).

Distinction lexicale

Les deux termes sont des adjectifs qualificatifs désignant des choses opposées : est abstrait ce qui provient d'une opération (**abstraction**) consistant pour la pensée à isoler d'une chose un de ses caractères et à l'en séparer. Par exemple, on peut juger un homme en essayant de faire abstraction de son passé. À l'inverse, est concret ce qui est **considéré dans son ensemble**, comme un tout dont les éléments restent mélangés, indifférenciés.

Par ailleurs, le mot *abstrait* désigne ce qui est un produit de la pensée, c'est-à-dire une idée*. On désigne à l'inverse comme concret ce qui est perceptible par les sens, ce qui est « matériel ». Par exemple, le mot *arbre* est quelque chose d'abstrait, parce qu'il représente l'idée d'« arbre ». Cette idée n'existe pas « concrètement », au sens où elle ne peut renvoyer à aucune chose réelle, sensible*. Seul l'arbre existe concrètement en tant que chose*. **Le maximum d'abstraction** semble alors atteint par des idées générales que sont **les concepts** : les idées de « liberté », de « justice », de « travail » sont des abstractions par excellence.

Distinction philosophique

Le sens commun considère que le niveau de la perception sensible représente ce qu'il y a de plus concret et, pour cette raison, de plus « réel ». Le paradoxe de la philosophie comme de la science est de **renverser ce rapport**. L'acte de connaissance passe, en effet, par un effort d'abstraction pour saisir des lois, des généralités et des concepts permettant de classifier les choses. Ce n'est donc que par un effort d'abstraction par rapport à la « réalité concrète », sensible et matérielle, que l'on peut accéder véritablement au réel. Hegel remet d'ailleurs en cause le caractère « concret » de l'expérience sensible. Celle-ci est en réalité la plus pauvre, car la plus changeante, la moins consistante. Ce sont les pures données de nos sens qui apparaissent alors comme ce qu'il y a de plus « abstrait », car on ne peut rien dire de plus que « Cela est ». À l'inverse, le plus « concret » est la réalité passée par l'esprit, le concept, qui saisit l'essence même des choses, ce qu'elles ont de plus « substantiel ».

Cf. fiche 14 et repère 18.

86

3 Analyse/synthèse

Étymologie

Analyse (du grec *analusis*, « décomposition ») désigne une opération consistant à décomposer une chose en ses éléments simples, constitutifs. *Synthèse* (du grec *sunthésis*, « mettre ensemble, composer ») désigne l'opération inverse, consistant à constituer un ensemble à partir d'éléments simples.

Distinction lexicale

L'analyse et la synthèse se présentent comme **deux opérations inverses** pouvant s'appliquer **à une même réalité** : soit on la décompose en ses éléments constitutifs, soit on assemble ses éléments jusqu'à former une totalité. Mais il apparaît toutefois une certaine différence dans les résultats obtenus : dans l'analyse, c'est la même réalité que l'on obtient, laquelle n'est que décomposée ; dans la synthèse, au contraire, la réalité obtenue se présente comme différente (un nouvel être est formé – comme c'est le cas en chimie ou en biologie : les atomes ou les cellules vivantes qui s'assemblent produisent des corps nouveaux).

Distinction philosophique

En philosophie, l'analyse et la synthèse désignent des **manières d'accéder au réel** ou bien des **processus inscrits dans la réalité** elle-même. L'esprit humain, mais aussi la réalité semblent animés par ce double mouvement possible. Ainsi, Descartes montre qu'il est possible d'allier les deux démarches. Dans les deuxième et troisième règles de sa méthode (énoncées dans la deuxième partie du *Discours de la méthode*), il invite à « *diviser chacune des difficultés en autant de parcelles qu'il se pourrait* » et à « *conduire par ordre [ses] pensées, en commençant par les objets les plus simples et les plus aisés à connaître pour monter peu à peu, comme par degrés, jusqu'à la connaissance des plus composés* ». Toutefois, certains philosophes opèrent une hiérarchie en **privilégiant la démarche synthétique à l'analyse**. Dans la *Critique de la raison pure*, c'est la possibilité même des jugements synthétiques *a priori* (féconds mais pourtant indépendants de l'expérience) que Kant interroge, laissant de côté les jugements analytiques qui n'apportent rien à la connaissance. De même, pour Hegel, la synthèse représente l'accomplissement du mouvement dialectique*, le dépassement et la réconciliation des contraires, le moyen d'atteindre l'achèvement d'une totalité.

Cf. fiche 16 et repère 16.

4 Cause/fin

Étymologie

La *cause* (du latin *causa*, « cause, motif ») se distingue de la *fin* (du latin *finis*, « limite ») sans nécessairement lui être opposée. Ainsi, la cause désigne ce qui explique quelque chose, sa raison d'être, ce qui l'a fait être. La fin désigne plutôt le but d'une chose, ainsi que son achèvement.

Distinction lexicale

La « cause » et la « fin » sont des notions requises lorsqu'on cherche à **expliquer et comprendre** un fait ou une chose. Elles se complètent en répondant à la question « Pourquoi ? ». Par exemple, lorsqu'on s'intéresse à un événement historique (la Révolution française), on en cherche les causes et les buts : on explique le mécanisme causal des faits (comment ils se sont succédé et enchaînés les uns aux autres), mais on se demande aussi pourquoi, avec quelles intentions ils ont été entrepris. La cause a plutôt un sens objectif (le fait qui a produit un autre fait) et la fin plutôt un sens subjectif (le but, l'intention visés par une conscience).

Distinction philosophique

En philosophie, les notions de « cause » et de « fin » sont **parfois synonymes**, notamment chez Aristote qui distingue **quatre causes d'une chose** (par exemple, d'une statue) : cause efficiente* (l'agent qui fait la chose, le sculpteur), cause formelle* (la forme de la statue), cause matérielle (le marbre) et cause finale (le but de la statue, ce en vue de quoi elle est faite). Pour lui, la cause finale est particulièrement décisive. C'est la « fin » (l'intention du sculpteur) qui est la cause de tout processus de développement, puisque sans elle rien n'aurait eu lieu. Aristote considère, par ailleurs, que cela vaut tant dans les productions humaines que dans les phénomènes* naturels, et en particulier chez les êtres vivants. Le développement de l'embryon, par exemple, s'explique par cette « fin » qu'est l'homme pleinement achevé. On peut cependant reprocher à cette vision « finaliste* » de la nature d'être « anthropomorphique », c'est-à-dire de prêter à la nature la façon d'agir de l'homme. Selon la conception « mécaniste* », les phénomènes naturels, y compris la vie, pourraient en effet s'expliquer par de simples causes matérielles, « *aveugles* ». Pour Kant, la notion de « finalité » est cependant légitime au titre de principe « régulateur », permettant au moins de guider la recherche et la réflexion. Cette

Repères philosophiques

réflexion peut être étendue au domaine de l'Histoire, pour réfléchir à ce qui en serait la « fin », entendue comme ce qui oriente le déroulement des événements et lui donne sens.

Cf. fiches 13, 17, 18, 19 et repères 11, 23.

5 Contingent/nécessaire/possible

Étymologie

Contingent vient du latin *contingere* (« toucher, atteindre » et « arriver par hasard »). Est contingent ce qui peut aussi bien être que n'être pas. *Nécessaire* vient de *necessarius* (« inévitable »). Est nécessaire ce qui ne peut absolument pas ne pas être. Enfin, *possible* vient du latin *posse* (« pouvoir »). Est donc possible ce qui peut être.

Distinction lexicale

Ces trois termes désignent en fait **différentes modalités de l'être***. Ce qui est nécessaire, c'est ce qui est ou existe et qui *ne* pourrait *pas* ne pas être ou ne pas exister. C'est le cas des vérités mathématiques (on ne peut pas penser que 2 + 2 ne soit pas égal à 4) ou encore des faits physiques en tant qu'ils sont soumis à des lois naturelles*. Est contingent ce qui est ou existe mais qui aurait très bien pu ne pas exister ou se produire d'une tout autre façon. C'est ce qui relève du hasard ou de l'accidentel* (par exemple, j'ai rencontré telle personne mais j'aurais pu ne pas la rencontrer). Enfin, ce qui est possible, c'est ce qui n'existe pas encore mais qui pourrait très bien être ou exister. Il s'agit, par exemple, de projets ou d'intentions non encore réalisés mais dont les moyens de réalisation existent (par exemple, il est possible que je fasse tel voyage, car j'en ai le désir et les moyens).

Distinction philosophique

En philosophie, il s'agit de se demander si tout le réel n'est pas soumis à la même modalité. **Pour Sartre**, notamment, **l'être est fondamentalement contingent**, chaque chose ayant pu ne pas exister. Dans son roman *La Nausée*, le personnage principal est saisi d'angoisse lorsqu'il découvre cette contingence radicale des choses. Ainsi, rien n'est nécessaire, rien n'est même possible (car on ne peut savoir à l'avance si telle chose peut ou non se réaliser). **Pour Spinoza**, au contraire, **tout est nécessaire**, parce que déterminé par la nature même de Dieu (immanentisme de Spinoza ou panthéisme*). La liberté qui ferait que telle chose pourrait être ou bien à la fois être et ne pas être est une illusion pour Spinoza. La seule liberté est alors la « *libre nécessité* », à savoir : le fait de comprendre le déterminisme* qui a causé telle chose ou telle pensée.

Cf. fiches 7, 13, 16, 27 et repères 4, 7, 10, 23.

6 Croire/savoir

Étymologie

Croire (du latin *credere*, « croire, avoir confiance ») signifie « tenir quelque chose pour vrai mais de façon subjective, personnelle ». *Savoir* (du latin *sapere*, « avoir du goût, être sage ») signifie « tenir quelque chose pour vrai mais de façon objective, en s'appuyant sur des faits vérifiables ».

Distinction lexicale

Ces deux termes signalent surtout et d'abord une différence : **croire n'est pas savoir**. En effet, la croyance est le produit d'une subjectivité qui adhère à un point de vue sans en vérifier les fondements.

Mais le rapport entre *croire* et *savoir* peut aussi **ne pas être un rapport d'opposition**. La croyance est en quelque sorte un premier degré de savoir, non vérifié mais qui peut s'avérer vrai (par exemple, on peut croire que l'hiver sera rigoureux). Le savoir, quant à lui, peut avoir été construit à partir de la croyance, soit vérifiée (la découverte de l'ADN a vérifié la théorie de l'évolution de Darwin), soit réfutée (la découverte des microbes a mis fin à la croyance en la génération spontanée).

Distinction philosophique

En philosophie, la question est surtout de déterminer s'il faut à tout prix **opposer radicalement** croyance et savoir, comme deux attitudes incompatibles, **ou** bien s'il faut les **penser dans un rapport de complémentarité et de progression**. Pour Platon notamment, dans l'allégorie de la Caverne, le prisonnier que l'on délivre de ses chaînes et que l'on force à passer brutalement de l'ombre à la lumière ne peut le faire sans souffrir ni être aveuglé : autrement dit, vouloir passer sans transition de la croyance au savoir est vain. Bachelard pose, au contraire, la nécessité pour la science de rompre radicalement avec l'« *obstacle épistémologique** » que représentent les préjugés de l'opinion, lesquels sont véritablement une barrière empêchant d'atteindre le savoir. Il faut pour cela « détruire » l'opinion et non pas seulement la « rectifier ».

La distinction entre le savoir et la croyance peut cependant être discutée, dans la mesure où l'on peut douter qu'il soit possible à l'homme de parvenir à des certitudes objectives et définitives, même dans les sciences. Il n'y aurait pour cela que des « croyances ». C'est ce qui peut inspirer un **scepticisme* radical** : il faudrait suspendre notre jugement et s'abstenir de croire à quoi que ce soit. De façon plus nuancée, Russell montre que l'on peut tout de même hiérarchiser ces « croyances » en fonction de leur degré de probabilité. C'est pourquoi il défend, à la suite de Hume, un « *scepticisme mitigé* ».

Les limites de la raison humaine rendent par ailleurs légitime la **croyance religieuse**. Dans ce domaine, la croyance peut même être considérée comme supérieure au savoir fondé sur la raison. La valeur de la foi est, en effet, d'autant plus grande qu'elle n'exige pas de justifications rationnelles* ou objectives. Elle requiert ainsi un engagement complet de l'individu.

Cf. **fiches 2, 3, 12, 13, 15, 16, 17, 20, 28 et repères 19, 22.**

7 En acte/en puissance

Étymologie
En acte (du latin *actus*, « action ») désigne quelque chose qui se réalise effectivement. *En puissance* (du latin *potentia*, « force, efficacité ») désigne quelque chose qui n'est pas encore réalisé mais qui a déjà en lui toutes les probabilités de se réaliser.

Distinction lexicale
Ces deux termes signalent **une différence plus qu'une opposition**. Ils décrivent plutôt la manière dont les choses « deviennent », lorsqu'elles passent de la modalité « en puissance » à la modalité « en acte ». Par exemple, qualifier un homme de « criminel en puissance », c'est s'inquiéter d'un fort taux de probabilité rendant possible un passage « à l'acte » de cet homme. À l'inverse, on espère qu'un « artiste en puissance » réalisera ensuite de grandes œuvres. Utiliser l'expression *en puissance* revient donc à poser que « toutes les chances (ou risques) sont là pour que se réalise telle chose ». *En puissance* est donc synonyme de « potentiel » et *en acte* est synonyme de « réel, effectif ».

Distinction philosophique
Ces concepts sont un **héritage de la philosophie d'Aristote**. Ce qui est « en puissance » (*dunamis* en grec), c'est ce qui n'existe encore que sous la forme d'une possibilité, comme la statue dans le bloc de marbre. Ce qui est « en acte » *(energeia)*, c'est l'être qui a atteint sa pleine réalisation, qui est parfait par rapport à son essence* ou à sa « *forme* » selon le vocabulaire d'Aristote. La réflexion sur le couple en acte/en puissance permet en particulier de réfléchir sur la **part de naturel et de culturel en l'homme**. Lucien Malson, dans son étude sur « les enfants sauvages », montre que l'homme n'est qu'un ensemble de virtualités, c'est-à-dire de possibles qui ne peuvent se développer seuls, en dehors de toute éducation. L'enfant sauvage est l'enfant qui avait tout pour être humain et qui, parce que livré à ses seuls possibles, est devenu un « moindre animal ». L'homme aurait donc à la fois « tout » en lui et « rien » : il a déjà toute son humanité et pourtant elle peut aussi ne pas s'actualiser du tout, si rien n'est fait pour. Dans l'art, lorsque Paul Valéry affirme que « *le talent sans génie est peu de chose, et le génie sans talent n'est rien* », il suggère également que posséder un don « génial » peut rester sans aucun effet si on ne le travaille pas.

Enfin, il faut remarquer que ce qui existe « en puissance » est parfois ce dont il faut empêcher la réalisation, comme autant de mauvaises virtualités. Par exemple, pour Freud, chaque individu est « *un ennemi en puissance de la civilisation* ». Pour lui, chaque homme porte en lui un certain nombre de pulsions de nature violente et agressive qui doivent être refoulées pour permettre la vie en société et la culture.

Cf. **fiche 8 et repères 4, 5.**

8 En fait/en droit

Étymologie
En fait (du latin *facere*, « faire ») désigne quelque chose qui existe effectivement. *En droit* (du latin *directus*, « en ligne droite ») désigne quelque chose qui est de l'ordre de la valeur, quelque chose qui « doit » être, parce qu'il est légal (conforme aux lois) ou légitime (conforme à ce qui est juste dans l'absolu).

Distinction lexicale
Ces deux termes signalent **une différence**, qui n'est pas nécessairement une opposition. Ils permettent notamment de souligner que la réalité d'un fait ne suffit pas à le déclarer juste : je peux posséder « en fait » une voiture, laquelle « en droit » n'est pas nécessairement la mienne (parce que volée, par exemple). Ainsi, le domaine du droit pose **une exigence morale** que le domaine du fait ne contient pas nécessairement.

Repères philosophiques

Distinction philosophique

En philosophie, la distinction prend tout son sens lorsqu'il s'agit d'interroger le fondement de quelque chose : une chose est-elle justifiée par le fait qu'elle existe ou bien faut-il un autre fondement ? La notion de « droit » permet, en ce sens, de montrer l'injustice de certains faits, lesquels alors ne suffisent pas à prouver leur légitimité par leur seule existence. Ainsi, ce n'est pas parce que des hommes s'imposent sur d'autres par la force que leur pouvoir est légitime. Rousseau montre d'ailleurs que la force seule ne peut suffire à établir une autorité. Cette autorité n'existe que dans la mesure où elle est reconnue comme légitime par ceux qui acceptent de s'y soumettre. Ainsi, **ce qui existe seulement « en fait » a toujours besoin de pouvoir voir son existence justifiée « en droit »**. À l'inverse, certains faits semblent prévaloir sur le droit, lorsque ce dernier se montre injuste ou imparfait : par exemple, la loi française interdit l'euthanasie active, laquelle se voit parfois pratiquée sur la demande de l'euthanasié. Dans ce cas, il arrive que le droit s'aligne sur le fait reconnu finalement comme légitime.

Cf. fiches 21, 23 et repères 9, 17.

9 En théorie/en pratique

Étymologie

En théorie (du grec *theorein*, « contempler ») désigne quelque chose qui est établi par la pensée. *En pratique* (du grec *prattein*, « faire ») désigne quelque chose qui est établi par l'action.

Distinction lexicale

Ces deux termes signalent **une opposition**. On oppose, en effet, ce qui est de l'ordre de la connaissance et de la généralité à ce qui est de l'ordre des faits et de la particularité. Soit on valorise la théorie (avec une portée plus générale et essentielle), soit on valorise la pratique, que l'on estime plus efficace, plus adaptée à la réalité. Les deux peuvent apparaître aussi comme complémentaires, la pratique venant corriger la dimension trop générale de la théorie et la théorie venant éclairer la pratique.

Distinction philosophique

En philosophie, cette opposition permet d'interroger **le fossé qui sépare la théorie de la pratique** : pourquoi ce qui se présente comme valable en théorie se révèle-t-il impraticable une fois appliqué à la réalité et à

l'action ? n'est-ce pas que la théorie est générale et l'action particulière, voire unique ? Défendant l'idée d'un **passage possible entre la théorie et la pratique**, Kant montre qu'il est possible de remédier au caractère trop général de la théorie ; il faut trouver des théories intermédiaires, capables de s'appliquer à des cas plus particuliers. De même, la méthode expérimentale définie en médecine par Claude Bernard montre comment un dialogue est possible entre l'hypothèse (de nature théorique) et les faits : en multipliant les expériences, en répétant les mesures, on peut atteindre et vérifier la généralité exprimée dans la théorie. L'empiriste* David Hume, bien qu'il rejette l'idée de « nécessité* » (parce que non prouvée par l'expérience), admet toutefois la probabilité des vérités scientifiques : la généralité énoncée dans les lois physiques n'est pas observable (on ne peut observer tous les cas) mais elle est probable. Ainsi, l'on ne peut effectivement voir tous les corps tomber ni constater la nécessité de leur chute, mais il est fort probable qu'ils tombent tous.

Dans le domaine moral, l'exigence théorique semble également inadaptée au terrain de l'action. Il est, par exemple, injuste de mentir « en théorie » et pourtant il peut sembler moral de le faire dans certains cas (pour sauver une personne). Le devoir moral ne devrait donc **pas se penser dans l'absolu**, mais seulement en fonction du contexte particulier de chaque action, comme le propose **Hume**. À l'inverse, **Kant** s'efforce de montrer que **le devoir renvoie à un « *impératif catégorique* »**, valable universellement, quelles que soient les circonstances ou les conséquences.

Cf. fiches 15, 20 et repères 1, 8.

10 Essentiel/accidentel

Étymologie

Essentiel (du latin *esse*, « être ») désigne la qualité par laquelle une chose est ce qu'elle est, qui appartient à sa nature. *Accidentel* (du latin *accidere*, « arriver par hasard ») désigne la qualité d'une chose qui ne fait pas partie de sa nature, qui ne la caractérise pas en tant que telle.

Distinction lexicale

Ces deux termes signalent une opposition. Une qualité que l'on attribue à quelque chose est **soit essentielle**, si elle permet de la définir, **soit accidentelle**, si elle ne fait pas partie de la chose en elle-même. Par exemple, avoir 4 côtés égaux et perpendiculaires sont des propriétés essentielles, car sans elles il ne s'agit plus d'un carré. En revanche, la couleur est un attribut accidentel, car, que ce carré soit bleu ou vert, cela ne change pas sa nature.

Distinction philosophique

En philosophie, la question est de savoir où situer exactement l'essence des choses* : est-elle dans les choses qui existent ou bien d'un autre ordre ? **Pour Platon, l'essence est d'ordre intelligible*** et nous ne la saisissons que par la raison ; nos sens, quant à eux, ne saisissent que les apparences inessentielles des choses. Il faut une conversion du regard, comme celle à laquelle on invite le prisonnier de l'allégorie de la Caverne (Platon) : se détacher progressivement d'une approche sensible* des choses pour en chercher la cause, l'idée, ce par quoi elles sont ce qu'elles sont. Dans *Hippias majeur*, à la question de Socrate* : « *Qu'est-ce que le beau ?* », Hippias répond tout d'abord : « *C'est une belle jeune fille.* » Socrate ne peut alors que l'inviter à comprendre que l'essence de la beauté ne se situe pas dans les choses individuelles mais dans un principe supérieur, réel lui aussi, à saisir par la pensée, et qui se trouverait dans toutes les choses belles. Cet idéalisme* consiste à poser que l'essence du réel est de nature intelligible, qu'il s'agit d'idées*. Le rationalisme* de **Descartes** consiste à poser également une **distinction entre des qualités premières et des qualités secondes** : le morceau de cire qui se défait sous l'action du feu fait apparaître des qualités accidentelles (consistance, odeur, forme...) qui ne le définissent pas en tant que tel puisqu'elles se modifient et disparaissent. Seule demeure la qualité d'être « *étendu** » dans l'espace et telle est la substance*, l'essence de la cire, accessible à la raison et non aux sens.

Cf. fiches 14, 20 et repères 13, 14.

11 Expliquer/comprendre

Étymologie

Expliquer (du latin *explicare*, « déplier ») consiste à rendre compte des causes qui ont permis l'apparition ou l'existence de quelque chose. *Comprendre* (du latin *comprehendere*, « saisir, prendre ») consiste à saisir le sens, la raison, le but de quelque chose.

Distinction lexicale

Ces deux termes sont proches mais il convient de les distinguer. **L'explication** semble reposer davantage sur **un travail d'analyse**, consistant à remonter de cause en cause pour retracer le cheminement d'un fait ou d'une pensée. Quand on explique un acte ou un texte, on en détaille le contenu, les éléments constitutifs. **Comprendre** suppose plutôt **un acte de synthèse**, une saisie d'ensemble : on comprend un texte dont on a saisi le sens global, on comprend un acte dont on a saisi la signification d'ensemble. Par ailleurs, **les deux démarches se montrent complémentaires** : il faut expliquer pour pouvoir comprendre ou bien comprendre pour pouvoir expliquer. Par exemple, j'ai compris pourquoi telle personne a agi ainsi, car on m'a expliqué ce qu'elle avait supporté avant, ou bien j'ai pu expliquer la théorie de la relativité après seulement l'avoir comprise.

Distinction philosophique

En philosophie, cette distinction permet d'adapter notre regard sur les choses. Certaines choses demandent une approche explicative, d'autres une approche compréhensive. Le philosophe allemand Dilthey (1833-1911) sépare ainsi les phénomènes physiques (naturels), explicables par les causes mécaniques qui les déterminent, et les phénomènes psychiques (humains), dont il faut comprendre le sens (l'intention). En histoire notamment, les événements sont non seulement à expliquer (quels sont les éléments qui, par exemple, ont rendu possible la Révolution française ?), mais également à comprendre (qu'est-ce qui animait la conscience des Français de cette époque ? quels étaient leurs buts ?). En sociologie, **Durkheim s'attache à réduire les phénomènes sociaux**, comme le suicide, à des « *choses* », c'est-à-dire à des phénomènes déterminés par des causes sociales objectives, mesurables et quantifiables. Le but est de les considérer ainsi de l'extérieur, le plus objectivement possible, en ne croyant pas les connaître déjà de l'intérieur. Le sociologue allemand **Max Weber***, à l'inverse, **préconise la démarche compréhensive**. En étudiant notamment « *l'esprit* » du capitalisme, il cherche des raisons subjectives (l'influence de la religion protestante).

Cf. fiches 5, 13, 17, 20 et repères 3, 4, 16, 19, 22.

12 Formel/matériel

Étymologie

Formel (du latin *forma*, « moule ») qualifie l'apparence extérieure de quelque chose ou, pour un raisonnement, son caractère logique. *Matériel* (du latin *materia*, « la matière ») qualifie le contenu, l'intériorité de quelque chose.

Repères philosophiques

Distinction lexicale

Ces deux termes sont différents mais pas nécessairement opposés. Une même chose semble présenter à la fois un aspect formel et un aspect matériel, lesquels paraissent aussi importants l'un que l'autre. De même, un raisonnement ou un discours se mesure à sa **qualité formelle** (expression, rigueur, style) et à son **contenu matériel**, ce qu'il affirme quant à la réalité (ses idées, sa signification).

Distinction philosophique

En philosophie, la réflexion sur ces deux aspects des choses et de la pensée porte notamment sur leur rapport et leur valeur respective. Aristote, dans la distinction qu'il établit entre les quatre causes de l'Être* (formelle, matérielle, efficiente* et finale), met davantage l'accent sur la **cause formelle** : elle est l'être de la chose, parce qu'elle correspond à son achèvement, à son actualisation (sa réalisation effective). Par exemple, la statue n'est véritablement statue que lorsqu'elle a ses contours réalisés et que l'on peut en saisir la forme achevée. En tant que simple matière (bronze, par exemple), la statue n'est encore rien. Dans l'œuvre d'art, Hegel montre qu'il s'agit pour l'artiste de matérialiser une idée et que le beau exprime cette spiritualisation de la matière sensible*.

Dans le domaine de la connaissance, **Kant interroge** plutôt **les limites de la validité formelle d'un jugement**. Certes, la logique définit les critères de validité d'un jugement, son accord avec les règles de la pensée, mais cette validité formelle n'est qu'une simple condition de la vérité, qui ne suffit pas. Un raisonnement peut être formellement valide (c'est-à-dire logique, sans contradiction) tout en ayant un contenu en désaccord avec la réalité. Dans ce cas, le raisonnement est faux, parce que matériellement non conforme au réel qu'il est censé décrire.

Cf. **fiches 18, 22 et repère 7.**

Distinction lexicale

Ces trois termes sont **inclus les uns dans les autres** ; ils progressent par subdivisions du plus grand au plus petit. Ainsi, un genre contient plusieurs espèces, chacune contenant elle-même plusieurs individus. Par exemple, chez les humains, le genre « homo » contient l'espèce « sapiens », laquelle contient l'individu Paul.

Distinction philosophique

En philosophie, c'est chez **Aristote** que l'on trouve cette **classification appliquée en logique** mais aussi dans les sciences naturelles. En logique, il s'agit de ranger des éléments par niveau, en les regroupant selon leurs propriétés communes. L'individu figure alors au terme de ces rangements comme ne pouvant plus être subdivisé en sous-classes. Il est, en ce sens, singulier, unique. Dans sa réflexion sur l'Être, Aristote se demande également si l'être d'une chose* (son essence*) se situe dans son appartenance à un genre, dans ses caractéristiques générales, ou bien dans son existence individuelle effective.

Dans les domaines moral et politique, la réflexion se concentre sur l'individu, dans son rapport à la société. L'homme est, en effet, l'être qui fait valoir le plus son individualité par sa capacité à se produire lui-même comme être unique, séparé des autres. En même temps, **on distingue la notion d'« individu » de la notion de « personne »**, laquelle désigne l'homme en tant que « sujet moral ». L'individu prend alors un sens plus anonyme, plus formel. Il peut désigner un produit, un résultat, c'est-à-dire un être dépourvu de liberté ou ayant perdu sa liberté. La philosophie de Michel Foucault est, en ce sens, une réflexion sur l'individu, que la société produirait aussi bien comme objet que comme sujet : comme objet vu extérieurement et surveillé et comme sujet dont on organiserait et manipulerait le discours intérieur.

Cf. **fiches 1, 2, 3, 16, 22 et repères 12, 15, 22, 26.**

13 Genre/espèce/individu

Étymologie

Genre (du latin *genus*, « origine, genre ») désigne un ensemble d'êtres ou d'objets pouvant être regroupés sous des caractéristiques communes. *Espèce* (du latin *species*, « aspect, forme ») désigne un sous-ensemble du genre. Enfin, *individu* (du latin *individuum*, « corps indivisible ») désigne la plus petite composante de l'espèce.

14 Idéal/réel

Étymologie

Idéal (du latin *idea*, « idée* [de Platon] ») qualifie un objet de pensée et est synonyme d'« idéel ». *Réel* (du latin *res*, « chose ») qualifie un objet existant effectivement.

Distinction lexicale

Ces deux termes permettent de **distinguer deux modes d'existences**. Il y a des objets qui existent idéalement, comme les nombres mathématiques ou, plus généralement, toutes les idées (l'idée d'« arbre », de « liberté »), et les objets qui existent effectivement dans la réalité (un arbre, la liberté du prisonnier qui s'évade).

On désigne aussi comme « idéal » ce qui représente **une perfection** et qui ne peut pas exister « réellement » pour cette même raison ou, du moins, ce qui ne peut pas être entièrement réalisé. On peut toutefois distinguer, sur ce point, un idéal d'une chimère ou d'une utopie. **Un idéal** est ce que l'on peut légitimement essayer d'atteindre, comme un horizon possible, alors qu'**une chimère** ou **une utopie** désignent ce qui est absolument irréalisable.

Distinction philosophique

Dans le domaine de l'action, et en particulier dans la politique, on peut se méfier de tout ce qui est idéal, pour lui préférer ce qui est réel ou du moins réalisable. C'est le souci de l'efficacité qui le commande. Machiavel reproche ainsi à certains auteurs d'avoir fait œuvre inutile en imaginant des modèles politiques idéaux, comme Platon dans *La République* ou Thomas More dans *Utopie*. D'un autre côté, on peut considérer que l'action a besoin de l'idéal pour s'orienter mais aussi pour être encouragée.

Dans le domaine théorique, on peut se demander si les objets idéaux ne sont pas aussi réels, voire plus réels que les objets dits « réels ». **Pour Platon, les Idées***, qui constituent le **modèle des choses***, **sont plus réelles que les choses elles-mêmes**, lesquelles ne sont que de pâles copies imparfaites des Idées, c'est-à-dire de simples apparences. Par exemple, l'Idée du Beau est plus réelle qu'une belle jeune fille, car cette Idée est ce par quoi toutes les choses belles sont belles : elle est la beauté en elle-même, l'essence* de la beauté. C'est parce que nous avons une idée préalable du Beau que nous pouvons identifier les représentations concrètes du Beau.

Dans le domaine des sciences, le « réel » peut désigner également **l'horizon vers lequel tend la connaissance** et qui demeure en lui-même **inconnaissable**. Einstein montre, en ce sens, que le scientifique ne saisit qu'une certaine image du réel, tout comme nous ne saisissons d'une montre que ce dont nous pouvons faire l'expérience (tic-tac, aiguille, cadran), sans jamais voir le mécanisme en lui-même. Einstein nomme ce réel en lui-même inconnaissable la « *limite idéale* » ou encore la « *vérité objective* ». En ce sens, le « réel » représente en lui-même l'idéal à atteindre, par-delà les apparences.

Cf. **fiches 14, 15, 19 et repères 2, 7, 8, 9, 10, 12, 25.**

15 Identité/égalité/différence

Étymologie

L'*identité* (du latin *identitas*, « qualité de ce qui est le même ») caractérise deux choses égales en tous points, qui sont strictement les mêmes. L'*égalité* (du latin *aequalis*, « du même niveau ») caractérise deux choses qui sont les mêmes en certains points. La *différence* (du latin *differentia*, « différence »), quant à elle, qualifie des choses que l'on ne peut dire « identiques ».

Distinction lexicale

Ces termes signalent **une progression dans la manière de comparer différents objets**. Si ces objets sont strictement les mêmes, on les dira « identiques ». En ce sens, une chose est identique à elle-même et résume le principe d'identité (A = A). De même, l'identité personnelle est ce qui caractérise le fait que chaque sujet est unique : il est lui et pas un autre. Si les objets comparés sont identiques sur certains aspects seulement, on les dit « égaux ». Par exemple, poser que tous les hommes sont égaux en droits, c'est poser que tous les hommes sont à traiter comme des personnes, des sujets, mais ce n'est pas dire qu'ils sont tous pareils, identiques. Enfin, la « différence » est ce qui permet de souligner que les objets comparés ne sont pas identiques, qu'il ne s'agit pas des mêmes objets. On insiste ici sur ce qui les distingue, en dépit de leurs éventuels caractères communs : par exemple, on dit que des vrais jumeaux, pourtant égaux sur le plan génétique, sont différents.

Distinction philosophique

En philosophie, ces termes sont surtout utilisés dans les **domaines moral et politique**, mais également dans le domaine **de la connaissance**. On demande, en ce sens, si les choses sont connues lorsqu'on les identifie à d'autres, lorsqu'on dit « ce qu'elles sont » (par exemple, « C'est un chien »), ou bien si on les connaît lorsqu'on les caractérise dans ce qu'elles ont d'unique et donc de radicalement différent (mon chien ne ressemble à aucun autre chien).

Dans la philosophie de **Nietzsche**, la notion de **« différence »** est ce qui permet justement de **marquer l'originalité et la dimension créatrice de chaque chose**, qu'il faut penser alors comme unique. Bergson note également que les mots, parce que généraux, conceptuels, « *nous éloignent des choses* » : en effet, ils permettent certes d'identifier les choses en les rangeant dans des catégories

Repères philosophiques

générales, mais ils ne disent rien des choses* dans ce qu'elles ont de singulier. **Seul l'art permet de saisir les différences**, les nuances qui font que les choses ne sont pas les mêmes. Dans les domaines moral et politique, en matière de justice notamment, il s'agit de montrer que **l'égalité ne suffit pas à déterminer ce qui est juste** mais qu'il faut également prendre en compte les différences entre les individus. Dans sa *Théorie de la justice* (1971), **John Rawls* distingue** « *le principe d'égalité* » (à appliquer pour les droits fondamentaux des hommes) **et** « *le principe de différence* » (à appliquer pour défendre les inégalités sociales et économiques seulement si elles génèrent des avantages pour les plus défavorisés).

Cf. fiches 1, 2, 5, 9, 20, 24 et repères 10, 13, 24, 26.

16 Intuitif/discursif

Étymologie
Intuitif (du latin *intueri*, « regarder attentivement ») désigne le fait de saisir quelque chose directement, sans raisonnement. *Discursif* (du latin *discursus*, « action de parcourir en tous sens ») désigne le fait de procéder étape par étape, par le raisonnement.

Distinction lexicale
Ces termes sont distincts sans toutefois être opposés. Ils indiquent **deux modes d'accès aux choses, en vue de les connaître**. Certaines choses seraient ainsi saisies directement dans des intuitions (sensibles* ou intellectuelles). On peut avoir, par exemple, un rapport intuitif avec les gens que l'on rencontre : on « sent » immédiatement s'ils nous plaisent ou non, s'ils sont généreux ou non, etc. D'autres choses seraient saisies indirectement, par le biais du raisonnement, et au cours d'étapes successives. Par exemple, c'est par la pensée discursive que l'on calcule un résultat d'opérations mathématiques ou que l'on réfléchit à un itinéraire.

Distinction philosophique
En philosophie, ces termes sont **deux modes d'accès à la vérité** qui peuvent s'opposer ou se compléter. Faut-il passer par le raisonnement ou bien par d'autres voies ? **Platon met en valeur la démarche** « *dialectique** » (du grec *dialectica*, « art de raisonner avec méthode »), qui consiste à s'élever progressivement du domaine sensible au domaine intelligible*, pour ainsi quitter le règne de l'opinion et atteindre les véritables essences* des choses

(les Idées*). L'allégorie de la Caverne illustre une telle démarche discursive, en montrant qu'une saisie directe des idées est impossible. **Chez Aristote**, on trouve une **valorisation de la méthode discursive**, notamment à travers le raisonnement démonstratif. Ainsi, « *savoir, c'est connaître par le moyen de la démonstration* », et le syllogisme* se présente comme le modèle du raisonnement vrai, de par le caractère nécessaire de sa conclusion, déduite des propositions précédentes.

Dans le domaine des sciences, la méthode discursive est également de mise. Il faut, en effet, partir des faits, raisonner ensuite à partir d'eux, puis revenir aux faits, à travers un véritable dialogue entre la raison et le réel. Critiquant les sciences et la démarche discursive, **Bergson met au contraire en valeur l'intuition** qu'il définit comme « *une espèce de sympathie intellectuelle par laquelle on se transporte à l'intérieur d'un objet pour coïncider avec ce qu'il a d'unique et d'inexprimable* ». Il faut, pour cela, rompre avec la tendance intéressée et pragmatique de la science, qui cherche moins à saisir le réel qu'à en donner une représentation utile pour les besoins de l'action.

Cf. fiches 2, 5, 9, 14, 16, 20, 26 et repères 6, 10, 18, 22.

17 Légal/légitime

Étymologie
Légal et *légitime* ont tous deux la même étymologie : le latin *lex* (« loi »). Leur différence tient donc à la nature de cette loi : est légal ce qui est conforme à la loi civile, issue du droit positif* ; est légitime ce qui est conforme à la loi morale (droit idéal), issue de la conscience individuelle ou de la raison, ou encore conforme à ce qui est juste dans l'absolu.

Distinction lexicale
Ces termes étant souvent confondus, il convient de les distinguer. Mentir dans la sphère privée, par exemple, n'est pas puni par la loi. Pourtant, on peut poser que ce n'est pas bien moralement. Ici, **l'acte peut être illégitime sans pour autant être illégal**. À l'inverse, un acte peut être **illégal sans pour autant être illégitime** : être homosexuel ou avorter sont des actes condamnés par la loi dans certains pays, et pourtant on peut considérer qu'ils sont légitimes. Par ailleurs, un acte peut être légal (par exemple, la peine de mort) sans pour autant être accepté par tous comme légitime.

Distinction philosophique

En philosophie, ces termes permettent d'interroger **le fondement de la justice** : est-ce la loi positive* qui détermine à elle seule et pleinement ce qui est juste ou bien y a-t-il d'autres fondements possibles de la justice, en dehors des lois ? la nature et la raison ne peuvent-elles, en ce sens, déterminer ce qui est juste ? Les **théoriciens du droit positif***, comme H. Kelsen (1881-1973) qui développe une « *théorie pure du droit* », défendent l'idée que **la justice ne peut passer que par les lois**, lesquelles seules doivent poser ce qui est juste et ce qui est injuste. Pour Kelsen, la nature ne peut en effet servir de norme, c'est-à-dire indiquer aux hommes ce qu'ils doivent faire. Cependant, cette façon de réduire le légitime au légal peut être discutée. On peut (voire on doit) supposer d'autres fondements possibles du juste et de l'injuste lorsqu'il s'agit notamment de condamner l'injustice flagrante d'une loi ou de croire à la possibilité de valeurs morales universelles. C'est ce qui fait l'enjeu, et la difficulté, d'une « *déclaration universelle des droits de l'homme* » : définir à quelles conditions et selon quels principes des lois peuvent être considérées comme légitimes, véritablement justes.

Cf. **fiches 21, 22, 24, 26, 28 et repères 1, 8, 9, 15, 20, 21, 25.**

18 Médiat/immédiat

Étymologie

Médiat (du latin *medius*, « central, moyen, intermédiaire ») qualifie un rapport indirect à quelque chose. *Immédiat* (du préfixe privatif *in*- et de *medius*) qualifie un rapport direct à quelque chose.

Distinction lexicale

Ces termes sont opposés. Ils définissent respectivement **deux rapports possibles aux choses*** ou, plus largement, **deux attitudes possibles**. On confond souvent *immédiat* avec *instantané* en réduisant ce mot à une signification temporelle (recevoir une réponse immédiate, être reçu immédiatement), alors que son sens est plus large. Est immédiat ce qui, en fait, est sans transition, sans étape intermédiaire, sans « moyen terme ». **L'intuition est une connaissance immédiate.** À l'inverse, le mot *médiat* renvoie à l'idée de « médiation » et désigne le fait qu'un tiers s'intercale entre deux choses, pour se mettre au centre. **La démarche discursive* est une connaissance médiate.**

Distinction philosophique

En philosophie, ces termes permettent d'interroger **le rapport de l'homme aux choses, aux êtres et à lui-même**. Ils interviennent notamment dans les domaines de la connaissance et de l'action. **Hegel** signale, ainsi, que « *les choses de la nature ne sont qu'immédiatement et pour ainsi dire en un seul exemplaire, mais l'homme, en tant qu'esprit, se redouble* » (*Cours d'esthétique*, 1818-1829). Il montre par là que les éléments de la nature (minéraux, végétaux et animaux) existent directement, qu'ils sont simplement : rien ne s'intercale entre eux et eux-mêmes. Par contre, **l'homme a une existence médiatisée par la pensée**, laquelle vient se mettre entre lui et lui-même, lui permettant alors de « se » penser (en plus de simplement exister). Toutefois, **Sartre montre que cette médiatisation** de soi par soi-même **est vouée à l'échec et à la** « *mauvaise foi* » : impossible de se dédoubler vraiment. Seul autrui peut alors être ce « *médiateur indispensable entre moi et moi-même* » pour me voir extérieurement.

Dans le domaine de l'action, Marx montre, à propos du travail, que les animaux « travaillent » de façon instinctive, c'est-à-dire en étant dans un rapport direct avec la nature qu'ils modifient en fonction de leurs besoins : ils n'intercalent rien entre eux et ce qu'ils produisent. Au contraire, **l'homme, selon Marx, travaille de façon médiate**, indirecte : « *Le résultat auquel le travail aboutit préexiste idéalement dans l'imagination du travailleur* » (*Le Capital*, 1867). C'est dire que l'homme place entre lui-même et son travail sa pensée, sa conscience, et que son travail prend la forme d'un projet, d'une idée, avant d'être réalisé. Dans tous les cas, le philosophe insiste sur **l'homme comme être de médiation**, de par son essence* de sujet conscient.

Cf. **fiches 1, 2, 5, 6, 8, 9, 11 et repères 16, 24.**

19 Objectif/subjectif

Étymologie

Objectif (du latin *objectum*, « posé devant ») qualifie un jugement qui ne tient compte que de l'objet jugé. *Subjectif* (du latin *subjectivus*, « qui est placé ensuite, qui se rapporte au sujet ») qualifie un jugement qui est relatif au sujet qui juge.

Distinction lexicale

Ces termes sont opposés. Ils définissent respectivement **deux types de représentations, de connaissances**. On a tendance à valoriser un énoncé objectif, car on le tient pour univer-

Repères philosophiques

sellement admis et donc vrai (par exemple, le jugement « Cette table est rectangulaire » est considéré comme objectif et vrai, car l'objet-table est ici décrit pour lui-même). À l'opposé, on critique un énoncé subjectif, que l'on tient pour particulier, propre à un point de vue donné et donc incapable de vérité à propement parler (par exemple, le jugement « Cette table est laide » est dit « subjectif » et « vrai » uniquement pour le sujet qui l'énonce).

Distinction philosophique
En philosophie, ces termes permettent d'interroger notamment **les limites de la connaissance et la prétention de l'homme à la vérité absolue**. L'homme est-il capable d'objectivité ou bien est-il condamné à une certaine forme, involontaire et irréductible, de subjectivité ? La philosophie de **Descartes exprime une confiance en la raison humaine** et en sa capacité à se représenter les choses* en elles-mêmes. Dieu est posé, à ce titre, comme le garant de cette correspondance possible entre l'ordre des idées* (ce que les hommes pensent des choses) et l'ordre des choses (ce que les choses sont en elles-mêmes) : parce que parfait, Dieu n'a pu faire que les hommes se trompent et soient incapables de vérité. Le Dieu de Descartes est ainsi dit « *vérace* », c'est-à-dire « non trompeur ». La métaphysique* devient alors possible : l'homme serait capable de connaître l'âme, Dieu, etc. par le seul moyen de la raison. Contre cette assurance dite « dogmatique* » (du grec *dogma*, « dogme »), qui pose cette possibilité d'atteindre une vérité objective absolue avec certitude, **Kant oppose le « criticisme »** (du grec *krinein*, « trier, séparer »), **qui interroge les limites de la raison humaine**. Il s'agit notamment, pour Kant, de montrer que les choses en elles-mêmes sont inconnaissables et que l'homme ne peut connaître que des « *phénomènes** » (du grec *phaïnoména*, « apparences »), c'est-à-dire des objets donnés dans les « *cadres* » (sortes de structures prédéterminées) de notre sensibilité et de notre entendement*. Ainsi, ce que l'homme connaît, ce n'est finalement que ce que ses outils de connaissance lui permettent de connaître. **La connaissance est donc subjective** en ce sens, déterminée par les conditions subjectives de la connaissance humaine, **et toutefois objective**, au sens où ces conditions sont les mêmes pour tous les hommes (nous avons les mêmes cadres, les mêmes structures de connaissance). L'opposition entre *subjectif* et *objectif* s'efface alors.

Cf. fiches 1, 2, 4, 14, 15, 20 et repères 1, 6, 10, 26.

20 Obligation/contrainte

Étymologie
Obligation vient du latin *obligare* (« lier, attacher quelque chose »). *Contraindre* vient de *constringere* (« enchaîner, lier étroitement »).

Distinction lexicale
Dans leur signification étymologique comme dans le langage courant, les deux termes paraissent se confondre. Ils méritent cependant d'être distingués, pour différencier **deux types de rapports à ce qui vient limiter notre liberté**. La contrainte désigne ce que nous subissons sous la forme d'une nécessité extérieure, que nous ressentons comme un obstacle à notre liberté. L'obligation implique, au contraire, notre liberté : c'est une limite (morale ou prescrite par la loi) que nous nous imposons, par notre propre volonté. En somme, **la contrainte vise à la soumission** (par l'usage de la force), tandis que **l'obligation vise à l'obéissance** (sans toutefois nous y forcer). Il faut remarquer que la distinction entre les deux termes a une **dimension subjective** : une même chose peut être ressentie comme une contrainte, si nous nous y soumettons malgré nous, ou comme une obligation, si nous en comprenons la nécessité ou la légitimité.

Distinction philosophique
Le domaine de l'obligation est, en principe, celui de la morale. Pour qu'une action ait une valeur morale, comme le souligne Kant, il faut non seulement qu'elle soit « *conforme au devoir* », mais en même temps qu'elle soit faite « *par devoir* ». Si nous obéissons à ce que notre conscience nous présente comme un devoir seulement par peur du jugement d'autrui, notre action n'a pas de valeur morale. Nous agissons de façon contrainte. Nous devrions faire notre devoir seulement parce que nous nous représentons qu'il est juste d'agir ainsi. **L'obligation morale ne s'oppose donc pas à la liberté.** Au contraire, elle la requiert comme sa condition et l'action morale en est l'expression. De la même façon, **Spinoza montre qu'obéir à des lois ne fait pas nécessairement de nous des « esclaves »** mais plutôt des citoyens. Tout dépend si nous y obéissons seulement par crainte des sanctions ou parce que nous comprenons la raison d'être de ces lois. Dans la mesure où celles-ci sont raisonnables, nous devons en principe avoir le sentiment de n'obéir qu'à nous-même, de façon « *autonome* ».

Cf. fiches 11, 27, 28 et repères 4, 17.

21 Origine/fondement

Étymologie

Origine vient du latin *origo* (« la source, la cause ou la naissance de quelque chose »). On peut se rapporter aussi au verbe *oriri* qui se traduit par « naître » ou « commencer ». *Fondement* vient du verbe *fundare* (« bâtir, asseoir solidement un édifice »).

Distinction lexicale

Les deux termes sont proches dans la mesure où ils désignent ce qui est au « commencement » de quelque chose. Ils doivent pourtant être distingués.
L'origine est simplement factuelle : elle correspond à un moment « historique », l'apparition de quelque chose dans le temps et dans des conditions qui peuvent être contingentes*. **Le fondement implique l'idée d'une « justification » ou d'une « légitimité »**. Ce qui est « fondé », c'est ce qu'on ne peut pas remettre en question, ce qui est indiscutable.

Distinction philosophique

Cette distinction est essentielle dans les domaines de la connaissance, de la morale, du droit et de la politique. Ainsi, on peut admettre que les idées présentes en notre esprit sont souvent **discutables par leur origine**. Il s'agit d'idées accumulées depuis l'enfance, venant de sources diverses et acceptées comme vraies sans faire l'effort de les examiner.
Pour asseoir la connaissance sur une base solide, il est nécessaire de les soumettre à un doute radical, comme le fait Descartes, en écartant tout ce qui peut susciter la moindre incertitude. Ainsi a-t-il abouti à la **découverte du *cogito***, comme évidence absolue sur laquelle peut être fondée ensuite toute la connaissance.
À l'inverse, dévoiler l'origine d'une chose, c'est souvent la remettre en question dans son autorité ou sa valeur. En montrant que les valeurs morales ont pour origine une volonté malade, hostile à la vie, Nietzsche remet en cause « *la valeur* » des « *valeurs* ».
Dans les domaines du droit et de la politique, Rousseau montre que **les inégalités n'ont pas une origine naturelle mais sociale et culturelle**. Il réfute ainsi ceux qui prétendaient les fonder sur la nature. C'est ce qui conduit à remettre en question ce qui fait la véritable légitimité des lois et de l'autorité.

Cf. **fiches 20, 24, 25, 26 et repères 5, 8, 17, 23.**

22 Persuader/convaincre

Étymologie

Le verbe latin *suadere* signifie « conseiller ». Le préfixe *per-*, que l'on retrouve dans *persuadere*, évoque l'idée d'« accomplissement » ou d'« achèvement ». *Persuader*, c'est donc parvenir à faire adopter entièrement une idée à quelqu'un. *Convaincre* vient de *convincere* (« vaincre entièrement » ou « démontrer de façon définitive »).

Distinction lexicale

Les deux termes sont proches dans la mesure où chacun signifie « amener quelqu'un à penser ou à faire quelque chose ». **La différence porte sur les moyens** d'y parvenir. Chercher à **convaincre** quelqu'un, c'est recourir à des **arguments logiques et rationnels***. Être convaincu, c'est en principe s'incliner de façon objective et lucide devant la vérité. Chercher à **persuader** quelqu'un de quelque chose, c'est **jouer sur ses « passions »**, ses sentiments, ses désirs et ses craintes.

Distinction philosophique

Dans *L'Art de persuader*, Pascal constate qu'il y a « *deux entrées par où les opinions s'insinuent dans l'âme* » : l'une qu'il appelle « *l'entendement** » et l'autre « *la volonté* ». La première correspond à ce que l'on fait quand on veut convaincre quelqu'un : on s'adresse à lui en tant qu'être doué de raison et capable de réfléchir par lui-même, en lui exposant des « preuves ». C'est, en ce sens, **une démarche plus respectueuse que la persuasion**, que Pascal qualifie d'ailleurs de *voie basse, indigne et étrangère* », que « *tout le monde désavoue* ». C'est pourtant la persuasion qui est l'« entrée » la plus ordinaire, car elle a plus d'efficacité sur les hommes. On peut d'autant plus le regretter qu'elle ne va pas forcément de pair avec le souci de la vérité, de la justice et du bien. C'est ce qui fait de **la « rhétorique* »** – l'art de savoir séduire par le discours – **un instrument de pouvoir inquiétant pour Platon**, dans le domaine politique en particulier. Comme il l'explique dans le *Gorgias*, la politique devrait être la recherche de ce qui est véritablement juste et bon. La politique doit pouvoir être comparée à l'art du médecin, qui s'efforce de définir ce qui apporte vraiment la santé au corps. La rhétorique s'apparente plutôt, pour Platon, à la « *cuisine* », dans la mesure où elle ne cherche qu'à séduire par des sensations agréables, parfois même au détriment de la santé. La politique dérive alors vers la démagogie : elle ne consiste plus

Repères philosophiques

97

dans la recherche du bien commun, mais seulement dans celle du pouvoir par des discours séduisants.

Cf. fiches 9, 14, 16, 20, 21 et repères 6, 19.

23 Principe/conséquence

Étymologie
Principe vient du latin *princeps* (« le premier, le plus important » ou « ce qui commande »). *Conséquence* vient du verbe latin *consequi* (« suivre, venir après »).

Distinction lexicale
On appelle « principes » des **propositions élémentaires d'ordre très général**, considérées comme premières (dans le temps mais aussi dans un ordre idéal ou logique) et fondamentales. **Les « conséquences » sont les propositions qui en découlent** de façon nécessaire et logique. Par exemple, en physique, un principe est une proposition qui commande tout un secteur de la science, comme le principe d'« inertie ». Dans le domaine du droit, les principes sont des règles auxquelles les lois elles-mêmes sont censées se conformer, comme le principe de « non-rétroactivité ». Dans un syllogisme*, on appelle « principes » ou « prémisses » les deux premières propositions dont on tire ensuite la conclusion.

Distinction philosophique
La recherche des principes est essentielle puisqu'elle permet d'asseoir la connaissance sur des fondements sûrs et solides. Dans *Les Principes de la philosophie* (1644), Descartes compare l'ensemble de la connaissance à « *un arbre* » dont les principes métaphysiques* sont les racines, d'où sortent la physique qui en est le tronc puis l'ensemble des autres sciences comme autant de branches. Les principes doivent donc être des éléments suffisamment clairs et évidents par eux-mêmes. Comme l'écrit Descartes, il faut « *que ce soit d'eux que dépende la connaissance des autres choses, en sorte qu'ils puissent être connus sans elles, mais non pas réciproquement, elles sans eux* ». De même, au fondement du système démonstratif, il faut admettre un ensemble d'éléments qui ne peuvent pas être démontrés eux-mêmes. Ils ne peuvent être connus que par intuition, comme le souligne Pascal quand il écrit que « *les principes se sentent, les propositions se concluent* ». Dans le domaine pratique*, **les principes sont, selon Kant, les règles morales auxquelles nos actions devraient toujours se conformer** pour être considérées comme bonnes. On peut, en effet, considérer que les principes d'ordre moral ont une valeur inconditionnée, indépendante des conséquences de leur application dans la réalité. Rapportées à l'action politique, elles correspondent à ce que Max Weber* appelle « *l'éthique* de conviction* ». Il la distingue d'une « *éthique de responsabilité* », qui ne tient compte, au contraire, que des conséquences de l'action. Pour lui, les deux éthiques devraient être conjuguées en politique.

Cf. fiches 16, 21, 24, 26 et repères 4, 5, 9, 16, 21.

24 Ressemblance/analogie

Étymologie
Ressemblance vient du latin *similis* (« semblable »). *Analogie* vient du grec *analogos* (« qui est en rapport avec » ou « proportionnel à »).

Distinction lexicale
On parle de « **ressemblance** » quand deux choses ou deux êtres présentent un certain nombre d'éléments **directement comparables entre eux, sans être identiques**. Il y a **analogie** quand **la comparaison est indirecte**. Elle implique, en effet, quatre termes, comme dans une égalité mathématique du type $A/B = C/D$. On dit ainsi que « A est à B que C est à D ». L'analogie est donc une identité de rapport entre des éléments différents.

Distinction philosophique
L'analogie peut être d'abord **un moyen d'illustrer ou de rendre familière une idée** ou une théorie. Rousseau écrit, par exemple, que la pitié dans l'état de nature joue un rôle analogue à celui des lois en société. Aristote montre que nos amis peuvent jouer un rôle analogue à celui d'un miroir dans la connaissance de soi.

L'**analogie** est aussi **une certaine forme de raisonnement**, qui permet d'étendre notre connaissance. Elle est, de ce point de vue, plus féconde ou **plus suggestive que la simple ressemblance**, qui ne permet d'étendre la connaissance que par la généralisation de tout ce qui est directement comparable. L'analogie permet de lier entre elles des choses appartenant à des domaines de connaissance assez différents. Dans le domaine du vivant, Descartes suggère ainsi de chercher à expliquer le fonctionnement de l'organisme par l'analogie entre les parties de celui-ci et les rouages d'une machine. On peut dire, dans cette mesure, que l'analogie a une valeur « heuristique* » dans le domaine des sciences, dans la mesure où elle offre **un modèle d'explication des phénomènes***.

Il faut remarquer que **nous recourons aussi à l'analogie pour la connaissance d'autrui**. Dans la mesure où nous ne pouvons pas avoir accès directement à son intériorité, nous ne pouvons deviner ce qu'il peut penser ou ressentir qu'à partir de ce qu'il manifeste extérieurement, en le comparant avec ce que nous ressentons dans de semblables états.

Cf. fiches 5, 15, 18 et repère 15.

25 Transcendant/immanent

Étymologie

Transcendant (du latin *transcendere*, « monter en passant au-delà, passer à autre chose ») qualifie ce qui dépasse l'ordre naturel des choses accessibles par l'expérience, ce qui est supérieur et séparé du monde. *Immanent* (du latin *immanere*, « demeurer dans ») qualifie une réalité du même ordre que celle qui est donnée dans l'expérience, qui ne dépend pas d'une action extérieure (une justice immanente est sans sanction divine).

Distinction lexicale

Ces termes sont opposés. Ils caractérisent respectivement **deux ordres de choses radicalement séparés**. La distinction que l'on trouve dans la plupart des religions entre **un « ici-bas » et un « au-delà » résume ces deux ordres**. Nous vivons dans le premier selon des modalités particulières (notamment d'ordre spatio-temporel) et nous nous rapportons au second dont les modalités d'accès et la nature ne sont pas les mêmes (il s'agit, par exemple, d'une réalité infinie et extra-temporelle).

Distinction philosophique

En philosophie, ces termes permettent d'interroger notamment **la place de l'homme dans le monde**, son rapport aux choses et les choses en elles-mêmes. On se demande si l'homme est dans le monde à la manière des autres êtres vivants, soumis de la même façon à la finitude et à la mort : n'exprime-t-il pas, par sa dimension spirituelle, la capacité à se représenter des réalités d'un autre ordre, qu'il serait en mesure de connaître ? La métaphysique* exprime cette assurance en l'existence d'une réalité dépassant le cadre de notre expérience et dont les objets seraient d'une autre dimension. **La notion d'« âme »**, par exemple, **exprime un idéal**

métaphysique de transcendance : croire en l'existence et en l'immortalité de l'âme, c'est affirmer l'existence de quelque chose dont on ne peut faire l'expérience et qui dépasse la finitude de la matière. De même, les religions monothéistes sont des affirmations de la transcendance de Dieu.

À l'inverse, **l'empirisme* et le matérialisme* sont des philosophies de l'immanence** : rien n'existe en dehors de ce qui existe réellement dans notre expérience. Par exemple, l'immanentisme de Spinoza pose un Dieu immanent, s'identifiant à la nature. De même, le matérialisme d'Épicure, bien qu'affirmant l'existence de l'âme et des dieux, ne situe pas ces réalités en dehors du monde matériel auquel elles sont soumises.

Dans la philosophie existentialiste de Sartre, la transcendance n'est pas associée à Dieu ou à l'existence d'une « autre » réalité, mais elle **exprime la capacité de la conscience humaine à toujours être au-delà d'elle-même** (ce que Husserl appelle « *l'intentionnalité* »), à « néantiser » le monde. Elle n'est pas « engluée » dans le monde comme toutes les autres choses, mais se définit par sa capacité à le mettre à distance. Il ne faut pas la voir comme « une chose » ou une « *substance pensante* » (Descartes) mais comme une visée *(« toute conscience est conscience de quelque chose »)*.

Cf. fiches 1, 2, 7, 12, 14, 20 et repères 6, 21.

26 Universel/général/particulier/singulier

Étymologie

Universel vient du latin *universalis* (« relatif à l'ensemble »). *Général* vient du latin *genus* (« le genre »). *Particulier* vient de *particularis*, où l'on retrouve le mot *pars*, qui désigne « la partie ». *Singulier* vient de *singularis* (« unique, isolé, solitaire »).

Distinction lexicale

On qualifie d'« **universel** » ce qui est **valable de façon absolue**, sans aucune exception. Est « **général** » ce qui est valable dans la très grande majorité des cas ou **la plupart du temps**. C'est ce qui implique l'existence d'exceptions possibles. Les cas particuliers sont ceux qui peuvent être ramenés à quelque chose de général. Enfin, on désigne comme « **singulier** » ce qui ne peut être ramené à **rien d'autre que lui-même**, ce qui est à part, absolument distinct du reste des choses ou des êtres.

Repères philosophiques

Distinction philosophique

L'universalité est, selon certains philosophes, le caractère de la vérité, à la différence de l'opinion, qui peut être générale ou particulière. Malebranche souligne que les vérités mathématiques, par exemple, transcendent les différences de cultures ou d'individus. C'est ce qui prouve l'existence d'une même faculté de « Raison », universelle car commune à tous les hommes, mais aussi ce qui permet de définir l'homme, puisqu'une définition n'est valable que si elle comporte des éléments « universels », valables pour tous les êtres ou toutes les choses auxquels elle renvoie.

Dans le domaine scientifique, les lois se présentent comme des principes universels d'explication des phénomènes*. Il faut cependant remarquer que ces lois sont obtenues par induction*, c'est-à-dire par généralisation à partir d'un certain nombre de cas particuliers. On affirme ainsi par une loi beaucoup plus que ce que l'on a réellement expérimenté ou vérifié.

Dans le domaine pratique*, **l'universalité est, pour Kant, ce qui permet de mesurer la valeur morale de nos actions particulières.** Notre devoir est de toujours agir « *seulement selon une maxime* dont on puisse vouloir en *même temps qu'elle devienne une loi universelle* ». C'est « *l'impératif catégorique* ».

Dans le cadre de la connaissance de soi, c'est la singularité qui est visée. Il s'agit pour chacun de saisir ce qui fait son identité, dans ce qu'elle a de plus propre et unique. Bergson montre que notre rapport habituel au langage peut y faire obstacle, puisque les mots désignent, par essence*, des généralités.

Cf. **fiches 1, 8, 9, 10, 15, 20, 21, 24, 26, 28 et repères 1, 10, 13, 19.**

LES AUTEURS

PHILOSOPHIE ANTIQUE

31 Platon
32 Aristote
33 Épicure
34 Cicéron
35 Épictète
36 Sextus Empiricus
37 Saint Augustin

PHILOSOPHIE MÉDIÉVALE

38 Anselme de Canterbury
39 Thomas d'Aquin
40 Guillaume d'Ockham

PHILOSOPHIE MODERNE

41 Machiavel
42 Montaigne
43 Bacon
44 Hobbes
45 Descartes
46 Pascal
47 Spinoza
48 Locke
49 Malebranche
50 Leibniz
51 Berkeley
52 Montesquieu
53 Hume

54 Rousseau
55 Diderot
56 Condillac
57 Kant

PHILOSOPHIE CONTEMPORAINE

58 Hegel
59 Schopenhauer
60 Comte
61 Tocqueville
62 Mill
63 Kierkegaard
64 Marx
65 Nietzsche
66 Freud
67 Durkheim
68 Husserl
69 Bergson
70 Alain
71 Russell
72 Bachelard
73 Wittgenstein
74 Heidegger
75 Popper
76 Sartre
77 Arendt
78 Lévinas
79 Merleau-Ponty
80 Foucault

PHILOSOPHIE ANTIQUE

L'Antiquité correspond à la naissance historique de la philosophie en Occident. Celle-ci répond à une volonté de rendre le monde intelligible. Certes, la volonté de comprendre le monde est antérieure à l'émergence de la philosophie, mais cette interrogation prend la forme d'un questionnement rationnel*, qui concurrence les réponses diverses apportées par la tradition, et s'applique à la fois aux phénomènes naturels et à l'organisation politique.

Sagesse et philosophie

La philosophie comme recherche de la sagesse

Le philosophe est l'homme qui aime et recherche la sagesse, l'homme capable de construire et d'énoncer des problèmes. Plutôt qu'un sage qui prétend détenir un savoir, le philosophe est celui qui se met **en quête de la vérité** et cherche à **expliquer le monde de manière rationnelle**. Ainsi, philosopher, c'est avant tout aimer comprendre et non pas vouloir faire du savoir un élément de prestige ou de pouvoir pour tromper les ignorants.

L'ami de la sagesse

Les Anciens accordaient un caractère sacré à la sagesse, qu'ils définissaient comme « la science des choses divines et humaines ». Le sage – prêtre, prophète ou devin – pouvait ainsi apparaître comme une sorte de mage, capable de déchiffrer les secrets des dieux et les signes qu'ils font parvenir aux mortels. À la différence du sage, **le philosophe ne sait aucune science**. Il n'est pas un maître de sagesse, mais **un amoureux du vrai**, qui ne cherche ni le profit ni la gloire.

La raison du philosophe

Raison et mythe

Le philosophe, qui entend proposer une explication rationnelle de l'univers, doit **se défaire des interprétations naïves et du recours aux mythes** pour expliquer l'origine de l'univers. La philosophie, qui adopte un discours rationnel, se distingue des récits mythologiques comme la *Théogonie* d'Hésiode ou l'*Iliade* et l'*Odyssée* d'Homère, qui mettent en scène des dieux anthropomorphes, intervenant dans les actions humaines et le cours des événements.

La vérité du mythe

La philosophie ne refuse pas pour autant tout recours au mythe, à condition qu'il ne nous détourne pas de la vérité mais nous aide, au contraire, à l'apercevoir. Ainsi, Platon (427-347 av. J.-C.) a souvent recours aux mythes dans ses *Dialogues* : dans le *Phèdre*, il évoque le mythe de Thot (ou Theuth), divinité égyptienne à qui l'on attribue l'invention de l'écriture, et, dans *Le Banquet*, le mythe d'Éros, pour faire comprendre la nature de l'amour. Le mythe ne sert plus de principe d'explication du monde, mais il conserve néanmoins une **vertu pédagogique**.

La nature comme principe d'ordre

La raison des philosophes ne se détourne donc pas des mythes, mais s'en nourrit pour en saisir la vérité cachée : non pas au sens où le mythe contiendrait un savoir secret ou ésotérique, mais au sens où la vérité s'y trouve voilée par les images et les symboles. Les premiers philosophes critiquent les dieux anthropomorphes et prennent leur distance vis-à-vis des croyances liées au polythéisme – notamment l'idée qu'il y aurait un Dieu pour chaque chose – et aux formes de superstition qu'il peut engendrer. Ils ne se détournent pas pour autant du divin et s'attachent à trouver le **principe d'ordre** qui est au fondement de la nature. La nature sert ainsi de **modèle sur lequel copier son comportement**.

Le *Cosmos*

Changement et stabilité

Des penseurs comme Thalès (v. 625-v. 547 av. J.-C.), Anaximandre (v. 610-v. 547 av. J.-C.) ou Héraclite (v. 550-v. 480 av. J.-C.) s'efforcent de formuler un **principe général** à partir duquel toute chose peut être expliquée. La célèbre formule d'Héraclite, selon laquelle on ne saurait entrer deux fois dans le même fleuve, exprime le fait que le changement affecte l'ensemble de ce qui existe : **tout passe et rien ne demeure**. Au contraire, l'École pythagoricienne (Pythagore et Empédocle) et l'École d'Élée (Parménide, Zénon d'Élée) considèrent **l'harmonie et la stabilité** qui se trouvent dans l'univers.

Pour Pythagore (VIᵉ s. av. J.-C.), philosophe et mathématicien, les nombres expriment les rapports de proportion et d'équilibre présents dans le *Cosmos*, c'est-à-dire l'univers considéré comme un ordre, un arrangement dans lequel **chaque chose a sa place**.

Diversité des Écoles, unité de la philosophie

Qu'ils définissent la nature comme un changement (à la manière d'Héraclite), comme une harmonie stable (à la manière des Éléates), ou qu'ils considèrent, à la manière de Démocrite, que les éléments sont constitués par des atomes qui se composent et s'assemblent, les philosophes **s'interrogent sur la nature des choses** et cherchent à **rendre compte de l'ensemble de ce qui est observable**. Cette recherche d'un principe général d'intelligibilité traduit une rupture par rapport à la tradition et aux récits poétiques ou mythologiques.

Athènes et la philosophie

Du *Cosmos* à la *Polis*

Les premiers penseurs, dont les réflexions portent essentiellement sur la nature, sont en un sens à la fois philosophes et physiciens (*phusis* désigne, en grec, « la nature »). L'essor de la philosophie à Athènes, qui devient au Vᵉ siècle la principale cité grecque, va introduire de **profonds changements dans la manière de philosopher**. La *Polis* (« Cité ») devient à la fois un lieu et un enjeu de réflexion pour la philosophie.

Les sophistes*

À l'époque de Périclès (v. 495-429 av. J.-C.) et de la démocratie athénienne, les sophistes jouent un rôle croissant dans la cité. Ces maîtres de rhétorique* enseignent aux Athéniens **une sagesse pratique et un art de réussir en société**, notamment grâce à la maîtrise du discours : Protagoras (v. 485-v. 410 av. J.-C.) enseigne que « *l'homme est la mesure de toutes choses* » et Gorgias (v. 487-v. 380 av. J.-C.) met en évidence les puissances du langage, instrument remarquable qui permet de séduire, de convaincre et d'acquérir pouvoir et fortune.

Socrate* et les Écoles socratiques

Le philosophe contre les sophistes

On peut considérer la philosophie, telle qu'elle est conçue et pratiquée par Socrate (dont on ne connaît les propos qu'à travers les dialogues de son disciple Platon) et

Platon, comme une **forme de réaction contre les sophistes**. À la différence de ces maîtres de sagesse ou de rhétorique, Socrate (470-399 av. J.-C.) faisait profession de ne rien savoir et questionnait ses concitoyens pour les amener à réfléchir sur la nature du vrai et du bien. En un sens, tout oppose le sophiste et le philosophe : le premier se sert du langage pour chercher à agir sur les hommes, au détriment de la vérité ; le second cherche à **savoir en quoi consiste la vertu** et à **libérer les esprits du pouvoir de l'opinion**.

Socratisme et sophistique*

Les sophistes et Socrate font cependant apparaître des préoccupations communes, puisque les questions essentielles ne portent plus, comme chez les présocratiques*, sur la nature et les éléments, mais sur **l'homme et sa place dans la cité**, sur le juste et l'injuste, ou encore sur le rapport entre la loi et la coutume. À l'époque où Athènes est à la fois une cité commerçante prospère et un centre renommé du point de vue intellectuel et artistique, la question se pose de savoir comment définir le meilleur régime politique ou l'excellence propre à l'homme vivant au sein d'une communauté politique. Athènes voit d'ailleurs se développer un **grand nombre d'écoles concurrentes**, qui placent l'homme et l'éducation au centre de leur enseignement et élaborent une conception de la sagesse, définie à la fois comme l'art de bien se conduire et l'art de rechercher le bonheur.

La sagesse des cyniques

L'École des cyniques témoigne de cette évolution de la philosophie vers des **questions morales**. Antisthène (v. 444-365 av. J.-C.) et Diogène (v. 410-v. 323 av. J.-C.) y enseignent que la sagesse réside dans le **mépris des conventions**. Derrière les provocations des cyniques se trouve de nouveau posée la question de la place de l'homme dans la cité, de la valeur des institutions ou du fondement de l'autorité.

Platon et l'Académie

La fondation de l'Académie

L'importance du rôle joué par l'Académie permet de mieux comprendre **la place du philosophe dans la cité** : fondée en 388-387 av. J.-C. par Platon à Athènes, dans les jardins d'Académos, cette école prestigieuse est avant tout un lieu isolé ou paisible, loin des tumultes de la vie politique et favorable à l'exercice de la réflexion. Néanmoins, cette

Philosophie antique

école prestigieuse attire nombre de savants qui se destinent certes à la philosophie ou à la science, mais également au gouvernement de la cité. Ainsi, **Démosthène y est le condisciple d'Aristote**, avant de devenir orateur et homme politique.

De la philosophie à la politique

La philosophie joue donc un **rôle essentiel dans la formation de l'homme ou du citoyen**. Pour Platon, l'homme politique véritable est celui qui est capable de rendre les citoyens meilleurs, c'est-à-dire de leur donner le goût de la vertu et de tourner leur esprit vers le bien ; et le philosophe peut aider l'homme politique dans cette tâche. Lors de son voyage en Sicile, il rencontre le prince Dion, qui incarne pour lui le « roi-philosophe ». Il conçoit, dans *La République*, une cité idéale et envisage, dans *Les Lois*, la possibilité de leur application concrète.

Géométrie et politique

« Que nul n'entre ici s'il n'est géomètre ! »

Cette devise, d'inspiration pythagoricienne, était inscrite à l'entrée de l'Académie : la géométrie constitue pour Platon à la fois une **discipline pour l'esprit** et un **modèle pour la communauté politique**. Pratiquer la géométrie oblige à faire preuve de rigueur dans la démonstration, mais permet aussi de saisir les rapports de proportion qui définissent aussi bien la nature que la politique. De même que le *Cosmos* est un univers ordonné, la cité doit respecter des règles de proportion dans la justice, entre la faute et le châtiment ou entre la bonne action et la récompense.

Amitié et proportion

Ce respect des proportions instaure des **rapports d'amitié** *(philia)* entre les hommes qui partagent l'amour de la vérité et le respect de la justice. Contre l'individualisme des sophistes*, Socrate* rappelle, dans le *Gorgias*, que les hommes et les dieux formaient à l'origine une vaste communauté et accuse le sophiste Calliclès, qui fait l'éloge de la démesure et de l'intempérance, de négliger la géométrie.

La cité comme espace politique

L'égalité devant la loi

C'est d'ailleurs le sens de la mesure et de la proportion qui inspire certaines réformes politiques antérieures à Platon, comme celles que conduit le législateur Clisthène, instaurant à Athènes, au début du Ve siècle av. J.-C., l'**isonomie** ou « égalité devant la loi », afin notamment d'inciter les citoyens à participer à la vie des institutions. La cité doit être un **cadre pour l'échange et la parole** et non le lieu de conflits entre les intérêts individuels ou claniques.

L'Agora

L'Agora désigne la place publique ou la place du marché, sur laquelle Socrate aime à s'attarder. Jusqu'à l'époque de Périclès, c'est sur cette place que se réunit l'*Ecclesia* (ou « Assemblée des citoyens ») pour voter les lois, discuter et décider des questions financières ou militaires. Au-delà de son rôle dans la vie politique et institutionnelle de la cité, l'Agora témoigne de l'**importance accordée à la parole** : elle est un espace fait pour la prise de la parole, dans lequel les citoyens se trouvent à portée de voix et participent directement à la vie politique.

Aristote et le Lycée

La critique du platonisme

Élève de Platon à l'Académie, Aristote (384-322 av. J.-C.) considère que la philosophie de son maître n'est pas assez tournée vers la réalité concrète et l'action : pour lui, les idées* platoniciennes sont de pures abstractions qui ne peuvent être objets de connaissance. Aristote, lui, veut **comprendre la réalité, savoir de quoi elle est faite**. Son œuvre, d'une ampleur considérable, couvre presque tous les domaines scientifiques connus de l'Antiquité, de la logique à la connaissance du monde végétal ou animal. Du point de vue politique, alors que Platon imaginait une république idéale, **Aristote fait de la prudence et de la capacité à bien agir la principale vertu**. La science politique apparaît comme une science suprême et la vie dans la cité comme la condition de réalisation du bonheur et de la vertu, comme l'exprime la célèbre formule de *La Politique* : « *L'homme est par nature un animal politique.* »

Aristote et Alexandre

Appelé en 343-342 av. J.-C. par le roi Philippe de Macédoine à sa Cour pour devenir le précepteur de son fils Alexandre – qui deviendra par la suite Alexandre le Grand –, **Aristote exerce sur l'histoire du monde occidental une influence considérable**. Il fonde le Lycée à Athènes en 334 av. J.-C., au moment où la ville, qui constitue toujours le principal centre intellectuel et artistique, est épargnée par Alexandre qui vient de raser la ville de Thèbes pour s'être révoltée contre lui. L'ambition et l'appétit de conquête dont fit preuve Alexandre sont-ils liés à l'éducation que lui a transmise Aristote ? Il est difficile de savoir quelle fut précisément l'influence du philosophe sur le conquérant. Quoi qu'il en soit, leur relation témoigne de l'**importance de la place de la philosophie** à une période clé de l'histoire du monde antique.

Crise et incertitude

La philosophie après Aristote correspond à la période hellénistique qui va de la mort d'Alexandre en – 323 au Ier siècle avant J.-C. et qui marque le **début de la domination romaine**. Les guerres et les divisions qui suivent la mort d'Alexandre et qui compromettent l'unité de son Empire semblent inaugurer une période de troubles, voire de décadence, qui contraste avec la civilisation brillante de l'époque classique. **Les Écoles philosophiques** qui se développent après Aristote semblent être **marquées par ces temps de crise et d'incertitude**.

Les philosophies hellénistiques

Épicure et le Jardin

Épicure, qui fonde l'École du Jardin en 306 av. J.-C., instaure une forme de communauté qui **privilégie l'amitié entre les disciples** : critiquant les préjugés que font inévitablement naître le culte de la cité et la participation aux affaires publiques (patriotisme, hostilité envers les étrangers), ils recherchent une sagesse et un bonheur privés et **visent l'absence de troubles** – condition de la vie bienheureuse. Même si leur pensée n'est pas étrangère à la politique, il n'est plus question de définir la communauté politique idéale, ni même la meilleure forme de gouvernement : la justice est essentiellement une convention, qui repose sur un contrat.

Les stoïciens

Le stoïcisme* semble refléter lui aussi la dureté des temps : la recherche de la vie vertueuse passe par un **combat contre les passions**, considérées comme des perturbations de l'âme. Fondé par Zénon de Cittium (en 301 av. J.-C.) au *Stoa poikilè* (« le portique des Peintures »), **le stoïcisme a une influence qui s'étend sur près de cinq siècles** et connaît un renouveau important à l'époque impérial : ainsi, Sénèque deviendra le précepteur de l'empereur romain Néron (37-68), qui le contraindra à se suicider, et Épictète aura sur Marc Aurèle (121-180), l'empereur philosophe romain, une influence considérable.

Le scepticisme*

Fondé par Pyrrhon (v. 365-v. 275 av. J.-C.), contemporain d'Aristote et d'Alexandre, le scepticisme, qui nie la possibilité d'une connaissance certaine, est d'abord **dirigé contre Platon, puis contre les stoïciens**, et confirme le **rôle critique du philosophe**.

L'effondrement d'un monde

Les conquêtes d'Alexandre le Grand ont pour effet de porter la culture grecque au-delà des limites du monde méditerranéen, puisqu'il va jusqu'en Inde. La **rencontre des cultures grecque et babylonienne** (orientale) permet l'épanouissement d'une culture riche et variée, en particulier à Alexandrie, ville fondée par Alexandre en 332-331 av. J.-C. Ptolémée, savant grec de l'École d'Alexandrie, y élabore le « *grand* compendium *de l'astronomie grecque* », en accord avec la vision aristotélicienne* de l'univers (géocentrisme – qui ne sera réfuté qu'en 1543 par Copernic – et mouvement uniforme et circulaire des planètes). L'**effondrement progressif de l'Empire romain**, les **invasions barbares** (dès 235 ap. J.-C.) et le **sac de Rome** par le roi des Wisigoths Alaric Ier (410) mettent fin à la culture antique, marquant un certain recul dans le domaine des sciences : l'empereur Justinien Ier ferme la dernière école néoplatonicienne* d'Athènes en 529.

Philosophie antique

DATES	ÉVÉNEMENTS HISTORIQUES ET CULTURELS	ÉVÉNEMENTS PHILOSOPHIQUES
-480	Mise en place de la démocratie à Athènes.	
-443	Périclès est à la tête de l'État athénien.	
-431	Début de la guerre du Péloponnèse, qui s'achève en 404 av. J.-C.	
-429	Mort de Périclès.	
-406	Mort du poète tragique grec Sophocle (*Électre, Œdipe roi, Antigone*).	
-399		Mort de Socrate.
-388		Platon fonde l'Académie.
-384		Naissance d'Aristote.
-347		Mort de Platon.
-336	Alexandre le Grand, roi de macédoine, conquiert la Grèce.	
-334	Alexandre envahit l'Empire perse.	Aristote fonde le Lycée.
-332	Alexandre occupe l'Égypte et fonde Alexandrie.	
-323	Mort d'Alexandre le Grand. Début de la période hellénistique (début de la domination romaine).	
-322		Mort en exil d'Aristote.
-306		Épicure fonde l'École du Jardin.
-301		Zénon de Cittium fonde le stoïcisme.
-275	Domination de Rome sur l'Italie.	
-264	Début des guerres puniques (entre Rome et Carthage).	
-212	Mort d'Archimède.	
-146	Destruction de Carthage et Corinthe. Les Romains annexent la Macédoine et la Grèce.	
-58	Jules César conquiert la Gaule.	
-44	Assassinat de Jules César.	Cicéron, *Traité des devoirs*.
-30	Les Romains annexent l'Égypte (fin de la période hellénistique).	
-27	Octave reçoit le titre d'Auguste et devient le premier empereur romain (début de l'Empire romain).	
-4	Naissance présumée de Jésus-Christ.	Naissance de Sénèque.
30	Crucifixion de Jésus-Christ.	
235	Début des invasions barbares dans l'Empire romain.	
397		Saint Augustin, *Les Confessions*.
410	Sac de Rome par Alaric Ier.	

PLATON
(427-347 av. J.-C.)

Platon naît dans une illustre famille aristocrate d'Athènes (il descend du roi Codros par son père et du célèbre législateur Solon par sa mère). Son éducation le porte à se cultiver dans de nombreux domaines, notamment en poésie, lettres, gymnastique, et sa naissance le prédispose à une carrière politique. Il a 20 ans lorsqu'il rencontre Socrate*, dont il suit l'enseignement jusqu'à sa mort tragique en 399. Cette mort influencera la pensée de Platon, qui n'aura de cesse de demander : comment la cité peut-elle condamner un homme injustement ? Platon quitte ensuite Athènes et gagne la Sicile où il rencontre le prince Dion dont il espère qu'il incarnera le « roi-philosophe » capable de garantir une cité juste. Mais, suite à une brouille avec le tyran de Syracuse Denys l'Ancien, Platon est vendu comme esclave. Une fois libéré, il regagne Athènes et fonde l'Académie, école réputée qui forme des philosophes et des savants mais aussi de futurs hommes d'État. Platon y enseigne jusqu'à sa mort et laisse une œuvre considérable composée de dialogues où, par la bouche de Socrate, s'expriment une réflexion politique, une théorie de la connaissance et une morale.

La cité idéale

La justice

Calquée sur la **tripartition de l'âme, la justice de la cité repose sur la division en trois classes des citoyens selon leurs qualités respectives** : la race d'airain (ou de bronze), la race d'argent et la race d'or. La 1re classe se compose d'artisans ou de commerçants chargés de la production et correspond à la partie passionnelle de l'âme (modérée par la tempérance). La 2e classe se compose des gardiens chargés de la défense et correspond à la partie irascible de l'âme (modérée par le courage). La dernière se compose d'archontes (magistrats) chargés d'administrer la cité et correspond à la partie rationnelle* de l'âme, s'achevant dans la prudence. Platon définit l'État juste « *par le fait que chacun des trois ordres qui le composent remplit sa fonction* » (*La République*, IV). Pour lui, l'injustice provient de ce qu'une classe cherche à empiéter sur les fonctions d'une autre et **chaque classe doit donc rester à sa place.**

Les « rois-philosophes »

Marqué par la mort de Socrate, condamné par les lois de sa propre cité, Platon pense que **seule la philosophie** (celle de philosophes ou de rois-philosophes) **peut préserver un État d'une telle injustice**. L'idée qui sous-tend cette conception de la justice est que **seul un État juste, conçu par des hommes justes, peut produire des citoyens justes**. Les philosophes sont en cela des êtres qui incarnent la connaissance du vrai et du bien, car ils sont « *épris de science* ». Les livres VI et VII de *La République* sont ainsi consacrés à la distinction des différents genres de connaissances, allant de l'opinion trompeuse à la connaissance véritable. Les philosophes-rois ou rois-philosophes devront s'astreindre à apprendre l'arithmétique, la géométrie, l'astronomie, la musique, mais aussi parfaire leur instruction par la dialectique*, seule capable de faire saisir l'essence* des choses* et l'Idée* du Bien qui préside à l'ordre du monde et à la justice.

Philosophie antique

Plotin et le néoplatonisme*

Né vers 205 ap. J.-C. à Lycopolis (Haute-Égypte), Plotin étudie à Alexandrie, participe aux guerres contre les Perses et s'installe à Rome en 244 où il ouvre une école. C'est son disciple Porphyre qui consigna son enseignement dans les *Ennéades*. Sa philosophie, inspirée de celle de Platon, prend la forme d'une théologie* mystique qui influença le christianisme et des doctrines spiritualistes* comme celle de Bergson. Pour Plotin, l'âme doit s'élever jusqu'au principe supérieur de l'Un-Bien, principe ordonnateur d'où toute chose procède, par un travail de conversion et de dépouillement à l'égard de toute attache matérielle et sensible. Par cette élévation reposant sur un amour purement contemplatif, elle atteint alors le Bien, qu'elle saisit dans une fusion lui procurant joie et extase. Pour Plotin, cette ascension procède par degrés (les hypostases) successifs, en une procession dont l'aboutissement échappe au langage et au discours : l'Un est ineffable.

Les différents types de gouvernements

Platon distingue plusieurs formes de gouvernements : d'une part, des formes « idéales » ; d'autre part, des formes « dégénérées », s'expliquant par la division et la confusion entre ses classes. Les formes idéales sont la **monarchie** (gouvernement d'un seul) et l'**aristocratie** (gouvernement de plusieurs). Parmi les formes dégénérées ou décadentes, on trouve la **timocratie** (gouvernement reposant sur l'honneur et l'ambition), l'**oligarchie** (gouvernement reposant sur la domination des riches), la **démocratie** (gouvernement valorisant l'accès des pauvres au pouvoir et une liberté excessive) et enfin la **tyrannie** (gouvernement issu de la démocratie et reposant sur l'élection d'un maître mis au pouvoir par un peuple dépassé et ignorant, et abusant de celui-ci).

La cité platonicienne : un modèle totalitaire ?

On a reproché à Platon d'avoir ainsi inauguré des formes de totalitarismes, tant les règles qu'il préconise pour un État juste sont strictes et présentes dans tous les domaines de la vie privée, comme si l'État devait prendre en charge tous les aspects de l'existence individuelle, au détriment de la liberté. Dans *La République*, Platon préconise ainsi une forme de communisme devant organiser les relations et l'éducation des individus de la classe des gardiens : communauté des femmes et des enfants et des biens. Des règles d'**eugénisme** veillent à ce que les « élites » aient plus d'enfants que les autres et que seuls des enfants de bonne constitution physique soient conservés. **Ce modèle est toutefois abandonné dans *Les Lois*, ouvrage plus tardif où Platon semble opter pour des compromis**, notamment entre le modèle monarchique et le modèle démocratique. Il maintient néanmoins la perspective d'une emprise de l'État sur les domaines de la vie privée : mariage obligatoire, droit de voyager sous certaines conditions, devoir de délation... (dénonciation).

Toutefois, même si l'on peut s'étonner de la rigidité de ces règles, il s'agit de bien comprendre dans quel contexte s'enracine la pensée politique de Platon : il s'agit pour lui d'éviter toute forme d'injustice, de perversion et de dérive dans le mal, dont il fut le témoin lucide. Son souci est avant tout de moraliser la politique.

La théorie de la connaissance

Le sensible*

La philosophie de Platon est marquée par le rejet et la critique de ce qui enracine l'homme dans le domaine sensible. Par son corps, l'homme se maintient dans l'illusion et l'opinion : il ne peut, en effet, atteindre par ses sens que les apparences des choses. Or, l'idée de Platon est qu'il y a autre chose au-delà de ces apparences sensibles que seule la raison peut atteindre : telles sont les essences* ou les Idées* des choses*. Il faut ainsi que l'homme puisse s'abstraire de ce qui le maintient dans un rapport sensible aux choses pour réaliser une sorte de conversion du regard, seule capable d'engager l'homme dans un rapport rationnel* aux choses.

Les Idées

Les Idées sont d'ordre intelligible* et sont ce qui permet de réellement répondre à la question « Qu'est-ce que (le Beau, le Juste, l'Amour, etc.)... ? ». À cette question, l'homme est en effet tenté de répondre en donnant un exemple particulier ou en disant : « Cela dépend de chacun. » Or, ces réponses ne satisfont pas l'esprit qui cherche à comprendre **comment plusieurs choses différentes peuvent être rangées sous « un » seul et « même » principe**. Ainsi, une belle jeune fille, une belle marmite ou une belle lyre sont des choses belles « également » bien que différentes. C'est donc qu'il y a, en elles toutes, « une » chose qui les rend belles et qui dépasse leur multitude. Cette chose est « l'Idée de beauté », ce « par quoi » elles « sont » belles.

La dialectique*

C'est par la dialectique que l'on peut **accéder aux Idées et saisir l'intelligible**. Dans le livre VI de *La République*, Platon utilise l'image d'une ligne segmentée pour figurer **les quatre genres et degrés de connaissances**, allant du domaine sensible au domaine intelligible : dans le domaine sensible, il y a d'abord les images des choses (données par la conjecture), puis les objets eux-mêmes (données par la croyance) ; dans le domaine intelligible, il y a d'abord les objets mathématiques (données par la connaissance discursive*, le raisonnement) et enfin les Idées (données par ce que Platon appelle « *l'Intelligence* » ou *noésis* en grec). Au sommet de ce cheminement, on peut alors saisir l'Idée du Bien – l'Idée de toutes les Idées –, qui explique l'ordre des choses.

Platon

La morale

La vertu comme sagesse

Dans *Ménon*, Platon pose la question de la nature de la vertu. Socrate* examine les différentes réponses proposées par Ménon et, selon le principe de la dialectique*, cherche ce qui pourrait correspondre à la vertu en elle-même, à l'Idée* de vertu, et qui pourrait se rencontrer dans toutes les formes possibles de vertus (justice, courage, prudence, etc.). Il en arrive à une forme d'aporie (impasse) mettant en évidence que la vertu repose sur une **attitude intellectuelle, celle précisément du philosophe capable de distinguer entre ce qu'il sait et ce qu'il ne sait pas**. Telle est la **sagesse philosophique** : savoir que l'on ne sait rien et ne pas croire savoir ce que l'on ne sait pas.

Œuvre clé

La République (entre 385 et 370 env. av. J.-C.)

Contexte d'écriture

Les commentateurs de Platon situent la composition de *La République* après le retour de Platon à Athènes en 387 av. J.-C., après qu'il a été vendu comme esclave puis libéré. Cette œuvre serait contemporaine d'autres dialogues comme *Le Banquet*, *Phèdre*, *Cratyle*. À cette époque, Platon a acheté un gymnase et un parc au nord-ouest de la ville et y a fondé une école : l'Académie. On vient y suivre ses cours depuis l'ensemble du monde méditerranéen.

Thèse centrale

Platon s'attache à définir les conditions et règles d'organisation de la cité juste idéale. L'idée de fond est que l'État doit être juste en lui-même s'il veut se composer de citoyens justes. Mais, pour que l'État soit juste, il doit d'abord être pensé, défini et créé par des hommes justes. Ces hommes sont les philosophes (ou les rois instruits de philosophie). Eux seuls peuvent savoir ce qu'est la justice.

Structure de l'œuvre et idées principales commentées

Structure de l'œuvre

La République, dont nous ignorons la composition d'origine, se compose de dix livres dans son édition moderne. Ces livres peuvent être répartis en cinq parties. Le livre I pose le problème général de la justice et les livres II à IV définissent la justice dans la cité idéale. L'organisation de la cité est décrite dans les livres V à VII. Les livres VIII et IX examinent l'injustice et les cités injustes. Enfin, le livre X s'attache à la critique de l'art et de la poésie.

« Je ne crois pas que l'injustice soit plus profitable que la justice » **(livre I, 344b)**
Socrate essaie de montrer à Glaucon que l'injustice est un mal et la justice un bien, en rattachant la justice à une vertu de l'âme et l'injustice à un vice. À Glaucon qui explique que l'homme injuste retire plus d'avantages et de bénéfices que l'homme juste, Socrate répond que l'homme injuste a une âme incapable d'ordonner sa vie, de commander ou d'organiser une communauté avec efficacité. Il ne peut donc « rien faire », rien réussir sur le plan de l'action.

« La justice consiste à ne détenir que les biens qui nous sont propres et à n'exercer que notre propre fonction » **(livre IV, 433d)**
Socrate a montré en quoi une cité bien fondée est une « cité parfaitement bonne ». Il montre ensuite qu'une cité bien fondée est une cité où règnent l'ordre et l'harmonie, comme en musique. Rattachant cet ordre à la notion de « justice » et aux différentes classes qui doivent composer la cité, Socrate peut alors poser que le fondement de la cité juste est l'ordre entre ces classes, c'est-à-dire le fait pour chacune de rester à sa place, sans chercher à exercer la fonction d'une autre.

« L'Idée du Bien est la plus haute des connaissances » **(livre VI, 504d)**
Socrate montre que la connaissance de la justice dépend elle-même d'une connaissance plus haute qui est celle du Bien. Distincte du plaisir sensible*, elle se situe dans le domaine intelligible* accessible à la raison seule, dont elle constitue le point ultime. Elle est le principe même de l'intelligibilité des choses*, la saisie du principe supérieur qui les ordonne en un tout.

Philosophie antique

109

Le modèle de l'homme tempérant

Platon consacre nombre de ses analyses à la mise en valeur de l'homme tempérant, modèle de liberté et de bonheur. Dans le *Gorgias*, Socrate* cherche ainsi à montrer au sophiste* Calliclès combien l'intempérance, consistant à vouloir satisfaire tous ses désirs au maximum, condamne l'homme à l'esclavage et au malheur. Comparant l'homme tempérant à des tonneaux sains et remplis et l'homme intempérant à des tonneaux percés et vides, Socrate lui montre que **la vie tempérante vaut mieux que la vie intempérante** : l'homme intempérant se voit contraint de remplir sans cesse ses tonneaux, car il ne maîtrise pas ses désirs toujours plus grandissants et reste insatisfait ; à l'inverse, **l'homme tempérant est celui qui modère ses désirs par la raison et qui, de ce fait, se voit satisfait et tranquille**, libre de se consacrer à des tâches plus nobles comme la connaissance.

Le rôle de l'Amour

Pour Platon, le **désir a un aspect contradictoire**, à la fois source d'intempérance et de vie passionnelle et pourtant nécessaire à la recherche du Vrai et du Bien. *Le Banquet* met en évidence cet aspect du désir en utilisant le mythe du dieu Amour, fils de Poros (l'expédient, l'issue) et de Pénia (la pauvreté, le besoin). L'amour se compose donc à la fois d'une intelligence capable de le sortir de sa situation et d'un manque constitutif qui l'empêche d'atteindre la plénitude et la satisfaction. Le désir est ainsi une sorte d'entre-deux, **entre le manque et la satisfaction, l'ignorance et la connaissance**. Il peut également se porter sur de multiples objets, selon qu'il est guidé par la raison ou soumis aux passions du corps. L'âme doit alors passer du **désir sensible* des « beaux corps »** au **désir des belles choses**, puis au **désir de connaissance du Beau en lui-même**.

Le problème de l'art

L'art comme illusion

L'art est vivement critiqué par Platon, car rattaché au sensible et au domaine de l'illusion. En effet, il représente une **imitation de l'imitation** ou encore une copie de ce qui n'est déjà que copie. Dans le livre X de *La République*, Platon distingue, par la bouche de Socrate et celle de Glaucon, trois lits : « *la forme naturelle* » (l'idée* de lit), le lit du menuisier et le lit du peintre. Or, l'artiste qui peint le lit du menuisier ne cherche pas à représenter « *ce qui est tel qu'il est* » (l'essence* du lit) mais « *ce qui paraît tel qu'il paraît* ». En ce sens, le peintre est comparable à un charlatan faisant passer le lit peint pour le lit véritable. C'est un **illusionniste**.

L'art est d'inspiration divine

Paradoxalement, c'est aux dieux que Platon attribue l'origine de l'inspiration artistique. L'artiste doit être, à un moment donné, « **inspiré** » **par un esprit divin** (génie) pour composer son œuvre : il faut que sa raison soit absente pour que s'exprime en lui et à travers lui l'esprit divin qui l'inspire.

Bibliographie essentielle

- **Dialogues dits « de jeunesse »** : *Hippias majeur, Lachès, Lysis, Charmide, Protagoras*
- **Dialogues dits « de maturité »** : *Gorgias, Ménon, Cratyle, Phédon, Le Banquet, La République, Phèdre*
- **Dialogues dits « de vieillesse »** : *Parménide, Théétète, Sophiste, Politique, Philèbe, Timée, Critias, Les Lois*

La plupart de ces dialogues présentent Socrate aux prises avec des sophistes sur un thème particulier. La question de départ est de savoir : « Qu'est-ce que... (le beau, la science, la vertu, etc.) ? » Socrate invite les sophistes, par son art de la réfutation, à remettre en question ce qu'ils croient savoir, quitte à ce que la discussion s'achève brutalement, sans réponse.

Cf. fiches 1, 6, 20, 26, 30 (6, 10, 14)

ARISTOTE
(384-322 av. J.-C.)

Fils d'un célèbre médecin, Aristote est né dans la colonie grecque de Stagire, en Macédoine. À 17 ans, il part étudier à Athènes, où il suivra les leçons de Platon à l'Académie pendant vingt ans. Il y enseignera lui-même. Suite à la mort de Platon, Aristote part fonder une école platonicienne en Asie Mineure, avant d'accepter de devenir le précepteur du futur Alexandre le Grand. Quand ce dernier entreprend ses conquêtes, Aristote préfère revenir à Athènes pour se consacrer à la philosophie et ouvrir sa propre école : le Lycée. Son enseignement se partage entre cours et conférences « exotériques », destinées à un public plus large. Pour échapper à des manœuvres politiques et à une accusation d'impiété, Aristote décide de s'exiler à Chalcis en – 322, où il décède. Il laisse derrière lui une œuvre considérable, dont une faible part seulement nous est parvenue. Elle témoigne d'une curiosité encyclopédique, qui se démarque en partie du platonisme. Elle exercera une influence profonde et durable, au point de devenir la philosophie officielle de l'Église catholique par l'intermédiaire des travaux de saint Thomas d'Aquin. Rigidifiée en une autorité dogmatique* dans le domaine scientifique, elle sera contestée par la naissance de la science moderne au XVIIe siècle.

La logique

On doit à Aristote plusieurs traités de logique traditionnellement rassemblés sous le titre d'*Organon*, signifiant « outil » ou « instrument » en grec. Ils représentent, en effet, à la fois un préalable et un outil pour la science. Aristote établit en particulier les règles du **syllogisme***, défini comme *« un discours dans lequel, certaines choses étant posées, quelque chose d'autre que ces données en résulte nécessairement par le seul fait de ces données »*. Il s'agit sans doute moins d'un moyen d'étendre la connaissance, en découvrant de nouvelles idées, que d'un moyen d'**exposer le savoir de façon systématique et rigoureuse**. Le syllogisme est un raisonnement **valide**, c'est-à-dire juste du point de vue de sa seule **forme**. Il reste à garantir la vérité des propositions qui composent sa **matière**. C'est aussi un moyen de repérer et d'**écarter les « sophismes* »**, raisonnements trompeurs qui n'ont que l'apparence de la vérité.

La science

La critique du platonisme

Pour Aristote, il n'y a « *de science que du général et du nécessaire* ». Or, nos sensations ne nous font connaître que de l'individuel et du particulier. La connaissance consiste donc à chercher l'**essence*** des choses* et des êtres. Si, en cela, Aristote reste fidèle à son maître Platon, cette essence ne peut cependant pas, pour lui, être une « **substance*** », une réalité pouvant exister en elle-même, de façon séparée. C'est sur ce point qu'il **critique la théorie des Idées*** de Platon, les Idées ou essences universelles formant, pour ce dernier, un « *monde intelligible* *», distinct du « *monde sensible* * ». Ce sont même elles qui ont le plus de réalité, les êtres et les choses sensibles n'existant qu'en tant qu'ils « participent » de ces Idées. Pour Aristote, au contraire, **seuls les individus sont réels**. Sa démarche consiste pour cela à **partir du donné empirique***.

Matière et forme

Deux principes composent toute réalité : la **matière** (*hylé*) et la **forme** (*eidos*). La matière est en elle-même l'**indéterminé**. La forme est l'élément intelligible et incorruptible* qui vient « informer » la matière et en faire une chose déterminée. Pour en donner une image, on peut dire que la matière est à la forme ce que le marbre est à la statue. Mais il faut bien voir que le marbre lui-même, comme réalité déterminée, est déjà un composé de matière et de forme. Dans l'expérience, nous ne rencontrons donc jamais de matière « informe » au sens absolu. De même, il n'y a pas de forme existant par elle-même. À la différence de l'Idée platonicienne, la forme est donc **immanente*** et inséparable de la matière, sauf par la pensée.

La nature est mouvement

Ces deux principes sont au fondement de la « **physique** » ou connaissance de la nature. Pour Aristote, la nature se caractérise essentiellement par le **changement** et le **mouvement**. Un être naturel se définit par le fait « *d'avoir en lui-même un principe de mouvement*

Philosophie antique

111

Les quatre causes

Aristote identifie quatre types de causes pour rendre compte de la production des êtres et des choses. Il faut d'abord qu'il y ait une matière (cause matérielle), susceptible de prendre une certaine forme (cause formelle). Il faut ajouter un principe (cause motrice ou efficiente) qui produise le mouvement de ce qui existe seulement « en puissance » dans la matière vers ce qui existe « en acte », c'est-à-dire la forme (cause finale). Ces quatre causes sont en réalité inséparables et peuvent se ramener aux deux premières : pour Aristote, la forme est en effet toujours la fin visée, comme pleine réalisation, et c'est le désir de cette perfection qui joue le rôle de « cause motrice ».

et de repos », qui lui est propre, spécifique par espèce (*La Physique*, II). Le devenir* d'un être correspond au processus par lequel il « **actualise** » les qualités qui existent en lui « **en puissance** », c'est-à-dire comme autant de possibles. Le mouvement de génération qu'on peut observer dans la nature s'explique ainsi par le fait que la matière est ce qui tend vers davantage de détermination, c'est-à-dire vers la forme la plus achevée. Comme l'écrit Aristote, la matière « *désire* » la forme, « *comme ce qui est laid désire la beauté* ». À ce mouvement « *de génération et de corruption* », il faut ajouter le mouvement « *local* ». Aristote l'explique par la théorie des « *lieux naturels* » : en fonction des éléments dont ils sont composés (feu, terre, etc.), les corps ont en eux-mêmes une tendance à s'élever vers le ciel ou rejoindre la Terre.

Le vivant

La physique d'Aristote semble inspirée par sa « biologie ». Les êtres vivants se caractérisent, en effet, au plus haut point par la tendance de la matière à l'organisation. Celle-ci s'explique par la présence en eux d'une âme, entendue comme principe qui donne à l'organisme sa forme et son unité (qu'il nomme « *entéléchie* »). Pour Aristote, de simples causes matérielles ou « mécaniques » ne peuvent suffire à expliquer toutes les propriétés dont témoignent les êtres vivants. Ces propriétés, depuis la croissance et la nutrition jusqu'à la pensée chez l'homme, sont l'effet de « l'âme », à la fois distincte du corps et inséparable de lui. Par analogie, on peut dire que l'âme est au corps ce que la capacité à trancher est à la hache. Le développement des êtres vivants apparaît ainsi comme un processus finalisé, entièrement dirigé vers un degré d'organisation de plus en plus élevé. C'est là que peut se voir la finalité à l'œuvre dans la nature. C'est ce qui fait du vivant un objet d'étude particulièrement digne d'intérêt aux yeux d'Aristote, qui a même rédigé plusieurs recueils d'« histoire naturelle ».

La métaphysique*

La nécessité d'une « *philosophie première* »

Le terme *métaphysique* n'est pas d'Aristote lui-même, mais lié à la classification de ses œuvres au Ier siècle ap. J.-C. Il s'agit du titre donné aux écrits qui suivent ceux de *La Physique*. Aristote lui-même parle de « *philosophie première* », mais *métaphysique* est justifié par son œuvre : c'est l'étude de ce que la « physique » (du grec *phusis*, « la nature ») invite à connaître au-delà d'elle-même (*méta*). Les diverses sciences s'intéressent à l'Être* seulement sous un certain aspect ou relativement à certaines parties de celui-ci (par exemple, les êtres vivants). Il reste donc encore à « *connaître l'Être en tant qu'Être* », au-delà de ses diverses déterminations.

Dieu, « premier moteur »

Aristote définit en même temps cette « *philosophie première* » comme « *connaissance des premiers principes ou causes* ». La science consiste, en effet, à chercher les causes des phénomènes*. Or, si la nature se définit par le mouvement, il faut chercher quelle est la cause ultime de celui-ci. Toute chose « mue » l'est nécessairement sous l'effet d'une autre chose qui en est « le moteur ». L'idée d'un « **premier moteur** », lui-même **immobile**, s'impose logiquement ; faute de quoi, on entrerait dans une régression à l'infini. Aristote appelle « *Dieu* » ce « premier moteur ». Il est immobile, car parfait, en pleine coïncidence avec lui-même. Il ne contient rien qui ne soit encore en puissance. Il est pour cela « *acte pur* », sans aucune matière. Il faut le concevoir comme « *une pensée qui se pense elle-même* ». S'il est « moteur », c'est d'ailleurs sans aucune action de sa part sur les autres choses. C'est seulement la perfection qu'il représente qui met toutes choses en mouvement vers lui, comme ce qu'il y a de plus désirable.

Aristote

L'éthique*

Le bonheur comme « _Souverain Bien_ »

La philosophie d'Aristote est un « **eudémonisme** », au sens où elle fait du bonheur (_eudaimonia_) le « _Souverain Bien_ », c'est-à-dire la finalité ultime de l'existence. Aristote souligne que le bonheur est la seule chose qui soit désirable pour elle-même et non en vue d'autre chose. Ce Souverain Bien correspond, pour tout être, à la pleine réalisation de sa nature, autrement dit : à l'**activité** de la partie la plus haute pour lui. L'esprit étant la partie la plus distinctive de l'homme, son bonheur véritable culmine dans la « _vie contemplative_ ». On peut remarquer que la « théologie* » ou connaissance de Dieu offre un modèle pour l'éthique. La « _béatitude parfaite et souveraine_ » du « premier moteur » est l'idéal vers lequel l'homme doit tendre autant que possible.

La vertu

La vie contemplative implique malgré tout une vie d'homme. Il est donc nécessaire de savoir comment bien agir individuellement – ce qui est l'objectif de l'éthique. Pour Aristote, la vertu n'est pas seulement un savoir, mais aussi une certaine **disposition** à bien agir. Celle-ci doit être **acquise**, de façon **volontaire**, par un entraînement **régulier**, à l'image des qualités physiques dans le sport. La vertu en elle-même consiste à agir sans excès, selon un « juste milieu ». Par exemple, le courage en tant que vertu se situe entre la peur et la témérité. C'est donc dans la « _médiété_ » que se trouve l'excellence morale.

La politique

Aristote accorde à la politique une place essentielle, allant jusqu'à la qualifier de « _science architectonique_ ». Les autres domaines de connaissance lui sont subordonnés, y compris l'éthique, dans la mesure où la politique a pour fin le bien suprême d'une communauté et pas uniquement de l'individu. De plus, c'est seulement dans la « vie politique » que l'individu peut trouver à s'accomplir de la façon la plus complète. Aristote souligne que l'homme est « _un animal politique_ », naturellement voué à vivre avec ses semblables au sein de cités organisées par des rapports de justice. La finalité de la politique est ainsi de permettre à l'homme de réaliser pleinement sa nature. C'est ce qui rend nécessaire une réflexion sur la « _Constitution la plus excellente_ » ou encore l'**institution de bonnes lois** qui sont en même temps le gage d'une bonne éducation.

La « _poétique_ »

Platon reprochait à l'art, comme imitation (_mimesis_), de ne s'intéresser qu'aux apparences sensibles* des choses. Aristote prend en compte le fait que l'imitation est **une tendance naturelle** en l'homme et qu'elle est **source d'un grand plaisir**. Dans _La Poétique_ (du grec _poiesis_, « production, création »), il explique que ce plaisir tient à la **source de connaissance** qu'il représente pour l'homme. Il présente même la fiction artistique (ou « poésie ») comme « _une chose plus philosophique que l'histoire_ ». L'histoire s'attache, en effet, à la singularité des événements, alors que l'artiste s'attache, en principe, à représenter le plus vraisemblable et donc le plus général.

Aristote suggère aussi que l'art peut avoir un enjeu moral et politique, en tant que moyen de « purgation » (_catharsis*_ en grec) des passions excessives en l'homme. La tragédie, qui suscite principalement les sentiments de crainte et de pitié, permet en même temps à l'homme de s'en libérer.

Philosophie antique

« _L'homme est un animal politique_ »

Il est significatif, pour Aristote, que la nature ait doté l'homme de la parole (_logos_, en grec). Selon lui, la nature obéit au principe de « finalité » et « _ne fait rien en vain_ ». Elle n'a donc offert la capacité d'échanger des idées qu'à un être pouvant en avoir l'usage, c'est-à-dire capable de s'interroger sur des notions comme « le bien » et « le mal », « le juste » et « l'injuste ». Ces notions appellent, en effet, la réflexion et le débat, surtout quand il s'agit de définir « le Bien commun », comme c'est le cas en politique. Aristote peut alors affirmer que l'homme est le plus « politique » des animaux : il est non seulement destiné à vivre dans des « cités » (_polis_), mais plus encore à en définir lui-même l'organisation la plus juste (_La Politique_, I, 2).

Œuvre clé

Éthique* à Nicomaque

Contexte d'écriture

Le titre de l'œuvre a sans doute été choisi par un éditeur ancien plutôt que par Aristote lui-même. Nicomaque était le nom du père d'Aristote, mais aussi celui de son propre fils, mort prématurément. L'œuvre semble être un recueil de textes rédigés par Aristote en différentes étapes et rassemblés en raison de leur unité thématique.

Thèse centrale

La question centrale est de savoir quel est le meilleur genre de vie pour l'homme. Aristote s'efforce de montrer que le bonheur le plus achevé consiste dans la « vie contemplative », la méditation philosophique.

Structure de l'œuvre
et idées principales commentées
Structure de l'œuvre

L'œuvre se compose de dix livres. Elle s'ouvre par un ensemble de questions relatives au bonheur, défini comme « Souverain Bien » (livre I), et finit par la définition de la vie la plus parfaite pour l'homme (livre X). Dans l'intervalle, la réflexion aborde longuement la question de la vertu (livres II à VII), et notamment celle de la justice, puis celle du plaisir (livre VII). Les livres VIII et IX sont consacrés à l'amitié.

Le « Souverain Bien »

Les hommes s'entendent pour désigner le bonheur comme le bien « souverain » ou « suprême » : c'est lui que nous désirons vraiment pour lui-même seulement. Il y a, en revanche, désaccord sur la nature du bonheur : pour certains, ce sera une vie de plaisirs ; pour d'autres, une vie vertueuse. Aristote s'efforce de montrer que la « vie contemplative » correspond au bonheur le plus achevé pour l'homme, notamment parce qu'elle permet de concilier le plaisir et la vertu de façon parfaite.

La prudence (phronesis)

L'homme vertueux est celui qui sait comment bien agir. Cependant, dans un monde caractérisé par la contingence*, il faut être capable de savoir comment bien agir en fonction de situations diverses et imprévisibles. C'est pourquoi Aristote souligne l'importance de « la prudence » parmi les vertus. Il ne faut pas la penser au sens courant d'« attitude réservée, en retrait » mais plutôt comme une forme d'excellence dans le domaine pratique* : toujours savoir agir de la façon la plus appropriée selon les circonstances.

La justice

Dans le livre V, Aristote distingue les différents aspects de la notion de « justice ». La justice « commutative » est celle qui vaut dans les échanges économiques ou dans la réparation des torts : elle a pour principe l'égalité stricte ou « arithmétique ». La justice « distributive » consiste à répartir les biens ou les honneurs selon le mérite ou la valeur des personnes. Elle consiste donc dans une juste proportion ou « égalité géométrique ». Aristote insiste aussi sur la notion d'« équité » et sur le rôle du juge comme « justice vivante et personnifiée », qui doit savoir se faire le bon interprète des lois.

L'amitié et l'amour de soi-même

Le terme d'« amitié » (philia) recouvre plusieurs formes d'attachements réciproques. Cet attachement peut reposer sur le simple agrément ou sur l'utilité. Mais l'amitié parfaite repose, pour Aristote, sur la vertu : être l'ami de quelqu'un, c'est apprécier ses qualités morales et être apprécié de lui pour la même raison. Un véritable ami est nécessairement, pour cette raison, « un autre soi-même ». L'amitié est donc en même temps un moyen de prendre conscience de sa propre vertu et d'en jouir.

Bibliographie essentielle

- **Éthique à Nicomaque**

- **La Politique**
Une analyse des différentes Constitutions, sous l'angle d'une idée directrice : c'est dans la vie politique que l'homme accomplit véritablement sa nature.

- **La Métaphysique**
L'exposé de la « philosophie première » d'Aristote. On y trouve la critique des Idées* platoniciennes, les grands concepts de la philosophie d'Aristote, ainsi que sa « théologie* » (la connaissance de Dieu).

Cf. fiches 5, 16, 18, 21, 29, 30 (7, 10, 12, 13, 25)

ÉPICURE
(341-270 av. J.-C.)

Épicure naît dans l'île de Samos (colonie grecque), dans une famille relativement modeste, à l'époque de la décadence du monde grec, suite au partage de l'empire d'Alexandre le Grand (ère hellénistique). De 14 à 18 ans, il étudie la philosophie, notamment les cours de Pamphile (disciple de Platon), puis suit les cours de Xénocrate à l'Académie. Les colons ayant été chassés de Samos par ses habitants, Épicure connaît une période d'exil et de pauvreté. À Théos, ville de la côte ionienne, il suit les cours de Nausiphane, disciple de Démocrite, et découvre l'atomisme*. En – 306, il inaugure à Athènes l'École du Jardin, sorte de communauté philosophique ouverte à tous et reposant sur l'amitié et la vie simple. De son œuvre immense, il ne nous est resté que trois *Lettres* et des *Maximes*, portant sur la logique, la physique et l'éthique*, qui fondent le système de pensée d'Épicure : la canonique (la logique) en est la base, la physique la pièce maîtresse et la morale (l'éthique) le but de la philosophie.

La logique

Les quatre critères de la vérité

Dans sa canonique (logique), Épicure analyse les différents critères de la vérité. Il distingue quatre critères nous permettant d'arriver avec certitude au vrai. Vient d'abord la **sensation** : tout ce que je perçois par mes sens est nécessairement vrai. Il y a également les **prénotions** (ou prolepses), idées générales que nous formons des objets à partir de sensations répétées : par exemple, à force de voir des chiens, notre esprit forme en lui l'idée de « chien », laquelle lui sert ensuite à reconnaître et identifier cet « objet ». On trouve également les **appréhensions immédiates de la pensée**, propositions déduites de nos sensations par la voie du raisonnement et permettant d'atteindre l'invisible : par exemple, voir de la fumée permet de déduire qu'il y a du feu. Enfin, Épicure évoque les **affections**, sensations de peine ou de plaisir nous indiquant avec certitude ce qui est bon ou nuisible : par exemple, se brûler. L'erreur provient alors de ce que notre jugement ajoute à ces sensations ou à ces idées : si, par exemple, je vois le Soleil et que j'affirme qu'il est petit, ma vision du Soleil est bel et bien vraie, mais le jugement que j'ajoute à cette sensation est faux.

La méthode de non-infirmation

Utilisant le raisonnement pour affirmer des propositions avec certitude, Épicure met en avant un type de raisonnement particulier fondé sur la non-infirmation (non-négation) : **on peut prouver qu'il est impossible de nier une hypothèse en montrant la nécessité de nier l'hypothèse contraire**. Ainsi, on ne peut nier l'existence du vide, car, si l'on pose que le vide n'existe pas, alors le mouvement devient impossible. En étant contraint de nier la proposition « Le vide n'existe pas », on confirme alors la proposition « Le vide existe ».

Lucrèce

Lucrèce (v. 98-55 av. J.-C.) est un poète latin qui a consacré un grand poème didactique (d'enseignement) à Épicure. Ce poème, intitulé *De la nature* (*De natura rerum*), est composé de six chants qui exposent très fidèlement la doctrine épicurienne et éclairent les rares textes qui restent d'Épicure. On y trouve notamment la mise en évidence de la matérialité de l'âme, laquelle ressent les modifications du corps, et inversement le corps les modifications de l'âme. De même, un passage du chant V s'attache à montrer, contre l'argument finaliste* affirmant que la nature poursuivrait des buts, comment les espèces vivantes ne doivent en fait leur maintien en vie que par la sélection naturelle et le hasard. Lucrèce résume également la manière dont Épicure a su combattre la superstition, en ramenant les phénomènes célestes à des phénomènes naturels et en les débarrassant des craintes qu'ils faisaient naître dans l'esprit des hommes. L'homme est considéré comme un être libre, non soumis à la fatalité. L'idée centrale du poème est la conception matérialiste* des choses, seule susceptible de délivrer les hommes des craintes vaines.

Une physique matérialiste*

Des atomes en mouvement dans le vide

La philosophie matérialiste d'Épicure pose que **toute la réalité se compose uniquement d'atomes et de vide**. Les atomes (du grec *atomos*, « non coupé ») sont de toutes petites particules de matière caractérisées par trois propriétés : **la pesanteur, la grandeur et la forme**. Quant au vide, il doit être présupposé pour expliquer le mouvement que nous constatons dans l'univers : si tout était plein, le mouvement des atomes serait impossible, lequel mouvement est lié à leur pesanteur (mouvement vertical et rectiligne allant du haut vers le bas) mais aussi aux chocs qui les font se rencontrer.

Une explication de la variété du monde

La variété du monde matériel s'explique alors par **la combinaison des atomes**, laquelle dépend de trois choses : **la forme, l'ordre et la position**. La forme des atomes peut être ronde ou crochue, par exemple. L'ordre correspond à la manière dont les atomes sont reliés les uns aux autres (dans quel « ordre » ils se trouvent lorsqu'ils sont combinés ensemble) et la position correspond à la manière dont les atomes sont « positionnés » dans l'espace (verticaux ou horizontaux, par exemple). Selon ces combinaisons multiples et en nombre infini, nous obtenons telle ou telle chose.

Des mondes en nombre infini et périssables

Il devient logique de penser que l'univers est infini, que **notre monde n'est qu'un monde parmi d'autres** et qu'il y a donc d'autres mondes, en nombre infini. En effet, puisque les atomes et la matière elle-même peuvent se combiner à l'infini, il y a donc une infinité de combinaisons possibles d'atomes. Par conséquent, **le monde se voit conçu comme périssable**, puisque les atomes, qui peuvent former des agrégats, peuvent aussi se désagréger et se corrompre.

Tout est matériel, y compris nos pensées et notre âme

Nos sensations, nos sentiments et nos pensées sont matériels, ainsi que nos rêves, car notre âme elle-même n'est que matière. Ces sensations, sentiments ou pensées que nous pouvons ressentir intérieurement sont en fait le produit de **déplacements de matière**, issus plus précisément des **« simulacres »**, fines particules se détachant des atomes et venant frapper nos sens ou notre âme. Voir un arbre, par exemple, c'est sentir sur notre œil des particules qui se seraient détachées de l'arbre pour venir se déposer sur lui et lui imprimer cette sensation. Rêver de quelqu'un, notamment d'un défunt, c'est recevoir un reste de ses simulacres pendant le sommeil. Penser quelque chose, c'est également le « voir » en son esprit.

La question de la liberté

On attribue également à Épicure la théorie de « la **déclinaison** des atomes » (bien que ce concept n'apparaisse pas dans les écrits qu'il nous reste mais nous soit rapporté par Lucrèce). Cette déclinaison (théorie du *clinamen*) consiste en une légère déviation des atomes par rapport à leur trajectoire verticale initiale, déviation imprévisible et spontanée qui rendrait alors possibles et explicables leurs chocs, mais plus encore la notion de « liberté ». Sinon, en effet, les atomes condamnés à tomber nécessairement de telle ou telle façon ne pourraient absolument pas rendre compte des décisions volontaires que l'on constate chez les hommes, ni des mouvements chez certains êtres vivants.

La philosophie : une médecine de l'âme

« *Jamais il n'est trop tôt ou trop tard pour travailler à la santé de l'âme.* » Cette phrase d'Épicure est extraite du tout début de la *Lettre à Ménécée*. L'auteur commence par insister sur l'urgence de la philosophie et le besoin de la pratiquer à tout âge. En effet, la philosophie, selon Épicure, est une médecine de l'âme, un moyen d'atteindre le bonheur, et il serait absurde de le refuser aux jeunes gens et aux vieillards, car tout homme recherche le bonheur. La philosophie apporte à la jeunesse la sérénité qui lui manque, en la délivrant de la crainte de l'avenir, et elle permet aux vieillards de « *rajeunir au contact du bien* », c'est-à-dire de se souvenir de leur jeunesse passée et de s'en trouver heureux. Le « travail » dont parle Épicure est une pratique consistant à se répéter les principes permettant à l'âme et au corps de ne plus être troublés ; c'est une méditation « *sur les causes qui peuvent produire le bonheur* ».

Épicure

Une morale du bonheur

Hédonisme ou eudémonisme

Dans sa *Lettre à Ménécée*, Épicure fait apparaître ce qu'on appelle « une morale hédoniste » (du grec *hêdonê*, « plaisir »). En effet, il y affirme que « *le plaisir est le principe* [commencement] *et la fin* [but] *de la vie heureuse* ». Il explique également en quoi consiste ce plaisir : non pas jouir sans limites, mais avoir

le corps et l'âme sans troubles. C'est donc bien une morale du plaisir, puisque la sensation de tranquillité recherchée se mesure en ces termes. Mais, Épicure critiquant l'attitude qui consisterait à viser n'importe quel plaisir (un plaisir sans limites), on s'accorde aussi pour qualifier sa morale d'« eudémonisme » (du grec *eudaïmôn*, « heureux ») : il s'agit avant tout, pour Épicure, **d'être heureux** et de faire converger ses actions vers ce but.

Œuvre clé

Lettre à Ménécée

Contexte d'écriture

On sait qu'Épicure entretenait des relations épistolaires avec ses disciples du Jardin. Ménécée était l'un d'eux. Plus généralement, cette lettre a été écrite dans un contexte de troubles et d'inquiétudes : les généraux d'Alexandre se disputent Athènes et l'Empire se disloque.

Thèse centrale

On appelle la *Lettre à Ménécée* le « quadruple remède », en référence à un certain Diogène d'Œnoanda qui fit graver sur un portique les quatre points évoqués par Épicure dans cette lettre : il n'y a rien à craindre des dieux ni de la mort ; on peut atteindre le bonheur ; on peut supporter la douleur. Tel est le but de cette lettre : permettre à l'homme de vivre heureux en le délivrant de tout ce qui trouble son corps et son âme.

Structure de l'œuvre et idées principales commentées

Structure de l'œuvre

La lettre se compose d'un préambule insistant sur le rapport entre philosophie et bonheur, de quatre parties résumant les quatre remèdes aux troubles et d'une conclusion faisant du sage un modèle de bonheur.

« Un dieu est un vivant immortel et bienheureux »

Épicure commence par évoquer la crainte des dieux, souvent considérés comme capables de juger et punir les hommes ou d'être sensibles à leurs prières. Épicure montre que cette représentation des dieux est ce qui cause leur crainte et qu'il faut les concevoir autrement, de telle sorte que nous ne puissions plus les craindre. Ainsi, il faut leur attribuer uniquement l'immortalité (les atomes des dieux se renouvellent sans cesse et ne périssent pas) et la béatitude (bonheur parfait que rien ne menace). Surtout, il faut se les représenter comme des êtres vivant à l'écart des hommes (dans des « intermondes ») et qui ne cherchent ni à les aider ni à les punir. Les dieux ne sont que des modèles de bonheur pour les hommes : il ne faut rien attendre d'eux, ni donc les craindre.

« La mort n'est rien »

La crainte de la mort repose sur la manière dont nous concevons celle-ci. Nous la craignons parce que nous croyons la rencontrer un jour ou que nous imaginons une vie après elle (dans les Enfers). Il faut changer cette représentation et se dire que nous ne rencontrons jamais la mort tant que nous vivons, ni même une fois morts, puisque nous ne sommes plus là pour la ressentir et qu'il n'y a rien après elle. Notre âme, parce qu'elle est matérielle comme notre corps, périt avec lui.

« Tout plaisir n'est pas à rechercher [...], toute douleur n'est pas à éviter »

Épicure s'attache à distinguer différentes sortes de désirs, en montrant que seuls les désirs naturels et nécessaires sont à satisfaire. Mais il montre également qu'il faut se livrer à un « *calcul des plaisirs et des peines* » (métriopathie), permettant de mesurer les conséquences de nos désirs et de leur satisfaction. En effet, il arrive parfois qu'un plaisir entraîne une souffrance et, à l'inverse, qu'une souffrance ressentie comme telle entraîne finalement un plaisir. Aussi certains plaisirs sont-ils à éviter et certaines souffrances peuvent-elles être recherchées.

« Le plus grand des biens, c'est la prudence »

Épicure insiste enfin sur le rôle du raisonnement vigilant – la prudence –, qui permet de faire ces distinctions et ces calculs et de déterminer de quelle manière il faut se représenter les choses pour ne pas souffrir ou être troublé.

Philosophie antique

La connaissance en vue du bonheur

Dans ce contexte, la connaissance ne doit pas être comprise comme un but en soi, mais **comme un moyen de parvenir au bonheur**. Ainsi, il ne faut chercher à connaître les choses que dans un seul but : ne plus les craindre. Lorsque plusieurs conceptions des choses sont possibles, il faut préférer celle qui est la plus favorable au bonheur.

La classification des désirs

Un des moyens de parvenir au bonheur est une distinction entre nos désirs, afin de **ne chercher à satisfaire que ceux que l'on est certain de pouvoir satisfaire**, à savoir : les désirs que la nature peut facilement combler. C'est pourquoi Épicure distingue **trois sortes de désirs** : les désirs naturels et nécessaires (manger juste ce qu'il faut), les désirs naturels non nécessaires (manger de bonnes choses), et les désirs ni naturels ni nécessaires, c'est-à-dire les désirs vains (désirer la richesse, par exemple). Seuls les désirs naturels et nécessaires permettent d'atteindre un **plaisir stable**, qui ne causera aucun trouble, car, d'une part, il est facile de les satisfaire et, d'autre part, ils ne créent pas une habitude ni une dépendance pouvant nous inciter à désirer mieux ou davantage.

Aponie et ataraxie

Le bonheur que l'homme doit viser ne consiste donc pas en un plaisir instable et jouissif, mais en un plaisir simple et « en repos ». Ce plaisir se résume, selon Épicure, à une absence de troubles qui, pour le corps, se nomme « aponie » et, pour l'âme, « ataraxie ». **Un corps sans troubles** est, en ce sens, un corps ne souffrant pas, un corps dont les organes restent silencieux (un corps ne souffrant ni du froid, ni de la faim, ni de la maladie, par exemple). **Une âme sans troubles** est une âme que plus aucune crainte ne vient inquiéter, une âme débarrassée de la crainte de la mort ou de l'avenir.

Le modèle du sage

Le sage représente un modèle de bonheur, car sa tranquillité fait de lui **un homme capable de se suffire à lui-même**, vivant en autarcie, en paix avec lui-même et avec les autres hommes dont il ne craint rien. Le sage est celui qui a réussi à se délivrer des craintes vaines et à se représenter les choses de telle sorte qu'elles ne lui causent plus aucun trouble. Il est également capable de se représenter l'avenir comme n'étant ni tout à fait entre ses mains, ni tout à fait l'œuvre du destin. Il sait qu'il doit notamment saisir les bonnes occasions qui lui sont offertes mais aussi toujours bien raisonner par lui-même. Il est tel « un dieu parmi les hommes ».

La politique d'Épicure

Il s'agit, pour Épicure, de préserver au mieux l'indépendance de l'homme sage, en le délivrant de tout ce qui pourrait menacer sa tranquillité. À ce titre, l'amitié doit être préférée à un sentiment tel que l'amour, trop exigeant et insatiable. De la même façon, il convient de se préserver de la foule et des dangers que représente le pouvoir politique, notamment en un temps où Athènes est devenue l'enjeu d'hommes avides de pouvoir (les successeurs d'Alexandre le Grand). « Vivons cachés » est alors la devise de l'École du Jardin. Cet « **apolitisme** » est toutefois compensé par une certaine ouverture d'esprit en matière de morale : le Jardin accueille, en effet, des femmes et des prostituées.

Bibliographie essentielle

- *Lettre à Ménécée*

- *Lettre à Hérodote*
Cette lettre résume principalement toute la physique d'Épicure. Y sont expliqués la composition matérielle de la réalité et les mouvements et combinaisons des atomes. Épicure analyse également les différents moyens d'atteindre la vérité ainsi que la perception.

- *Lettre à Pythoclès*
Épicure interroge les phénomènes célestes en leur appliquant sa théorie physique.

- *Maximes fondamentales*
Série de « maximes » résumant les différents aspects de la philosophie d'Épicure.

Cf. fiches 6, 7, 19, 26, 27, 29, 30 (5)

CICÉRON
(106-43 av. J.-C.)

Avocat, homme politique et philosophe, Marcus Tullius Cicero est considéré comme le plus grand auteur latin classique. Sa philosophie se caractérise par une alliance de la théorie et de la pratique* : Cicéron s'engage contre la corruption dans ses discours ou ses procès et pose dans ses œuvres la question classique du « Souverain Bien » et de la meilleure façon d'agir. Influencée par le scepticisme* de la Nouvelle Académie*, mais aussi par le stoïcisme* et l'enseignement de Platon et Aristote, l'œuvre de Cicéron se caractérise pas son éclectisme. À la mort de César, il fut proscrit puis assassiné sur l'ordre d'Antoine, qu'il avait critiqué dans ses *Philippiques*.

La loi doit suivre la nature

Loi naturelle* et droite raison
La République de Cicéron exercera sur les penseurs politiques, en particulier les théoriciens du droit naturel* (Grotius et Pufendorf), une influence considérable. Cet ouvrage s'inspire de *La République* de Platon, de *La Politique* d'Aristote et de la philosophie stoïcienne du droit. Cicéron y propose une théorie de la justice fondée sur l'idée de « **loi naturelle** », seule vraie loi dont un Dieu commun à tous les hommes est à la fois l'inventeur et le législateur : « *La droite raison est effectivement la loi vraie, elle est conforme à la nature, répandue chez tous les êtres raisonnables, ferme, éternelle.* » Cette définition de la loi naturelle constitue une **critique de la théorie du droit positif***, qui est également développée par Cicéron dans *Les Lois*.

Société et amitié
De même que la loi naturelle constitue **un impératif** pour tous les êtres raisonnables, la société des hommes de bien se fonde sur ce qu'ils ont en commun : les liens du sang, les monuments, les rites, mais surtout **l'amitié**. Comme l'écrit Cicéron dans le *Traité des devoirs*, « de toutes les sociétés nulle n'est plus remarquable ni plus solide que celle qui unit par les liens d'amitié des hommes de bien de caractère semblable ».

Tout homme peut parvenir à la vertu
Pour Cicéron, nous sommes nés pour la justice et le droit est fondé sur la nature. Par leur raison commune, **les hommes se ressemblent** malgré leur dissemblance apparente et « *n'importe quelle définition de l'homme vaut uniment pour tous* » (*Les Lois*, I, x). Cette conception, dont se souviendront les humanistes, affirme que tout homme conduit par la nature peut parvenir à la **vertu**.

La nature gouverne le monde
La nature est une **expression de la raison**, c'est-à-dire un ensemble ordonné et harmonieux : ses parties sont, en effet, disposées de manière ordonnée et adaptée à l'usage. Ainsi, lorsqu'on regarde les productions de l'art (une statue, un tableau, un navire), on voit qu'elles sont le fruit d'une raison, d'un savoir ou d'un calcul. De même, lorsqu'on contemple les œuvres de la nature, on suppose l'intervention d'une volonté ou d'un calcul réfléchi, voire de la Providence divine (*Sur la nature des dieux*, II).

Philosophie antique

Bibliographie essentielle

• *La République*
Cicéron propose une définition de la loi fondée sur la « *droite raison* » et exprime ainsi le principe fondamental du « droit naturel ». L'ouvrage, à la fois philosophique et pratique, prend pour modèle un exemple historique : la Constitution romaine. Il s'oppose en cela à la République idéale de Platon dont il s'inspire pourtant.

• *Traité des devoirs* (44 av. J.-C.)
La réflexion sur le devoir et la vertu lie la question de la communauté des hommes et celle de la propriété des biens. Prendre la nature pour guide est un impératif moral et politique qui permet de resserrer l'association des hommes entre eux (I, VII).

Cf. fiches 24, 30 (17), 31, 37, 44

35 ÉPICTÈTE
(v. 50-v. 130)

Épictète naît esclave à Hiérapolis (en Phrygie). Son nom, *épiktêtos*, signifie d'ailleurs « esclave, serviteur ». Vendu à Épaphrodite, un homme cruel se plaisant à le faire souffrir, il est très tôt affranchi. Il suit les cours du stoïcien Musonius Rufus et enseigne la doctrine stoïcienne à Rome. Il doit s'exiler à Nicopolis, en Épire, où il finit pauvrement sa vie en ouvrant une modeste école. Son enseignement a été recueilli par son disciple Arrien de Nicomédie, qui a écrit ses cours en grec dans les *Entretiens* et le *Manuel*.

Le monde est ordonné par la raison divine

Physique et morale sont liées
Pour les stoïciens, la philosophie est comparable à un œuf, dont la coquille serait la logique, le blanc la morale et le jaune la physique. La physique et la morale sont inséparables au sens où **la connaissance de la nature est ce qui doit guider nos actions**, car nous devons accepter l'ordre des choses, lequel exprime la perfection divine.

La nature, c'est Dieu
Les stoïciens ont, en effet, une **conception panthéiste*** (du grec *pan*, « tout », et *théos*, « dieu ») de la nature. C'est Dieu qui anime l'ensemble de ce qui existe, tel un esprit se répandant dans chaque chose et lui donnant son ordre et sa perfection. L'univers est ainsi semblable au corps de Dieu, lequel est donc présent dans toutes ses parties, de façon immanente*. **L'univers est, en ce sens, parfait** ; il est ordonné par la raison de Dieu.

Matière active et matière passive
Pour les stoïciens, les choses* sont de nature matérielle, tout en étant composées de matière et de forme, et unies par un mélange. Ils reprennent, en ce sens, la distinction entre la matière et la forme d'Aristote, en remplaçant la forme par un élément également matériel, qui, parce qu'actif, donne sa consistance à un autre élément dit « passif ». Ce sont **l'air et le feu qui incarnent la matière active** et qui donnent à **l'eau et à la terre – les matières passives** – leur existence et leur consistance. Dans ces mélanges, **chaque chose conserve sa propre nature** tout en étant unie à d'autres. Le feu divin qui préside à ces mélanges est, en ce sens, conservé et présent dans toute chose.

Destin et providence
Dans cette physique rationnelle*, destin et providence se confondent, au sens où tout ce qui arrive est l'expression de l'harmonie du monde, animé par le souffle ou feu divin. **Ce qui arrive ne peut qu'être bon** car inscrit dans la perfection de la nature. Il ne s'agit pas d'un destin tragique imposé par des dieux malveillants et vengeurs, comme chez Sophocle.

Nous sommes les parties d'un tout
Il est donc possible de se considérer comme partie d'un tout et comme membre de l'univers, plutôt que comme citoyen de telle ou telle ville. Puisque tout participe de Dieu, nous sommes tous composés de la même substance divine et **sommes des fragments de Dieu**.

Le stoïcisme

Le stoïcisme est un courant philosophique qui couvre cinq siècles, sur les périodes hellénistique et romaine, et qui est contemporain de l'épicurisme*. On appelle les stoïciens « les philosophes du Portique » (du grec *stoa*, « portique ») parce qu'ils philosophaient sous un portique. Le courant naît avec Zénon de Cittium (v. 335-v. 264 av. J.-C.) et Chrysippe (v. 280-205 av. J.-C.). Cet ancien stoïcisme, que l'on connaît à travers des fragments, conçoit le monde comme étant en perpétuel changement et ordonné par un feu divin. La morale consiste en une sagesse s'efforçant d'accepter le cours des choses et de maîtriser ses désirs. Vient ensuite le moyen stoïcisme au IIe siècle av. J.-C. qui introduit ce courant de pensée à Rome et qui est illustré notamment par Posidonius d'Apamée (v. 135-51 av. J.-C.). Enfin, vient le stoïcisme impérial, de l'époque impériale romaine, incarné par Sénèque, Épictète et Marc Aurèle (121-180).

Épictète

Sénèque

Sénèque est né en l'an 4 av. J.-C. et mort en 65 apr. J.-C. Il fut écrivain, avocat, homme politique et moraliste. Ses traités _De la brièveté de la vie_, _De la vie heureuse_, et ses _Lettres à Lucilius_ témoignent d'une finesse psychologique mise au service d'une analyse des passions humaines. Sa vie fut cependant empreinte de scandale : courtisan à la cour de Néron qui fut son élève, il soutint celui-ci, accusé du meurtre de sa mère. Mais, tombé en disgrâce lors d'une conspiration, Néron (dont il avait été le précepteur) l'obligea à s'ouvrir les veines. La philosophie stoïcienne de Sénèque est marquée par un certain pessimisme. On lui doit notamment une réflexion sur l'incapacité de l'homme à profiter du temps présent et sur la nécessité de savoir saisir les bonnes occasions lorsqu'elles se présentent. Fidèle à la doctrine stoïcienne, il pose également que « _c'est la nature que l'on doit prendre comme guide_ ».

C'est pourquoi Épictète peut écrire qu'à celui qui nous demande : « De quel pays es-tu ? », nous pouvons répondre : « _Je suis du monde_ » ou encore « _Je suis fils de Dieu_ ». Car Dieu « _a laissé tomber la semence non seulement dans mon père et dans mon grand-père, mais dans tous les êtres qui croissent et naissent sur la Terre_ » (Entretiens).

La logique

L'évidence

Ce qui permet d'établir la vérité, c'est, pour les stoïciens, **l'aperception compréhensive**, c'est-à-dire une forme d'évidence produite dans notre esprit et qui nous permet d'affirmer avec certitude que « nous comprenons » (comme lorsqu'on s'exclame : « J'ai compris ! », après qu'on nous a expliqué plusieurs fois quelque chose).

Les perceptions sensibles* à l'origine du savoir et de la réalité

Comme les épicuriens, les stoïciens valorisent la perception sensible des choses*. Ce qui est vrai, c'est la chose que je perçois, et il n'y a pas à chercher derrière elle une idée* qui serait plus réelle qu'elle, comme le pose l'idéalisme* de Platon. C'est en cela que les stoïciens sont dits « **nominalistes*** » : pour eux, toute abstraction, toute idée, tout « nom » ou mot n'est qu'une chose vide. **Seule existe la chose concrète que je perçois dans sa singularité** : seul « ce » cheval que je vois est réel et l'« idée » de cheval n'existe pas.

Une morale de la maîtrise

Les choses qui dépendent de nous et celles qui n'en dépendent pas

Le _Manuel_ d'Épictète commence par la distinction entre, d'une part, les choses qui dépendent de nous et, d'autre part, celles qui ne dépendent pas de nous. Les premières sont « _l'opinion, la tendance_ [attirance], _le désir, l'aversion_ », les secondes sont « _le corps, les biens, la réputation, les dignités_ [honneurs] ». Épictète résume cette distinction en montrant que **les choses qui dépendent de nous sont celles qui sont notre œuvre**, celles qui sont en notre pouvoir. Les autres sont celles sur lesquelles nous n'avons aucune prise : ce sont les événements qui arrivent et qui ne sont pas le fruit de nos actions.

La liberté par la pensée

C'est donc par la pensée que l'on peut atteindre la liberté. Il faut, en effet, se montrer capable de distinguer les choses qui dépendent de nous et celles qui n'en dépendent pas, et ce travail passe par un effort sur nos représentations. **Souvent nous confondons les deux ordres et croyons pouvoir agir sur ce qui, en fait, n'est pas de notre ressort.** Alors nous sommes « _entravé, affligé, troublé_ ». Si, au contraire, nous comprenons que telle chose ne dépend pas de nous, que nous n'y pouvons rien, alors nous nous sentons

(suite, p. 123)

« Faire avec »

« _Si tu vas te baigner, représente-toi ce qui se passe dans les bains._ » Cette phrase est extraite du _Manuel_. Épictète explique en quoi il faut se représenter à l'avance une action avant de l'entreprendre, pour ainsi déterminer ce qu'il faudra accepter de cette action dans ses aspects qui ne sont pas en notre pouvoir. Ainsi, Épictète rappelle que, dans les bains, « _l'un éclabousse ses voisins, l'autre les enfonce dans l'eau, celui-ci crie des injures, celui-là commet des larcins_ ». On doit se représenter ce bain comme devant nécessairement s'accompagner de désagréments. C'est ce qui nous permet de nous préparer à devoir « faire avec » ces maux et ces désagréments, que nous n'avons pas le pouvoir d'éviter.

Philosophie antique

Œuvre clé

Manuel (v. 130)

Contexte d'écriture

Ce manuel est un recueil de pensées, de prises de notes, composé par un disciple d'Épictète : Arrien de Nicomédie. Le contexte politique est difficile : le vaste Empire romain a remplacé les petites cités grecques et cherche à assurer son règne. Les individus se sentent isolés et perdus. La philosophie stoïcienne de l'Antiquité leur sert de guide et de consolation.

Thèse centrale

Le *Manuel* propose des exercices spirituels destinés à assurer à l'homme la sérénité, en le libérant de tout ce qui le rend malheureux et esclave. Il s'agit, pour l'homme, de travailler sur ses pensées, en distinguant ce qui est en son pouvoir et ce qui ne l'est pas. Dans cet effort, l'acceptation de ce qu'imposent la nature et l'ordre des choses est primordial.

Structure de l'œuvre et idées principales commentées

Structure de l'œuvre

Le *Manuel* se compose de 53 paragraphes, construits sous la forme de conseils permettant d'atteindre le bonheur. Ces conseils suivent l'ordre imposé par la distinction initiale entre les choses qui dépendent de nous et celles qui ne dépendent pas de nous. C'est, en effet, cette distinction qui permet de conduire toutes nos actions et de nous guider dans des situations qui nous rendent malheureux.

« *De toutes les choses du monde, les unes dépendent de nous, les autres n'en dépendent pas* » (I)

Par cette phrase débute le *Manuel*. C'est la distinction essentielle qu'il nous faut comprendre pour savoir comment régler nos conduites dans tous les domaines de la vie. En effet, c'est en renonçant à agir sur les choses qui ne sont pas en notre pouvoir, comme la richesse, la santé, le jugement des autres, que nous devenons capables de nous libérer de ce qui nous attache à elles.

« *Ce qui trouble les hommes, ce ne sont pas les choses, mais les opinions qu'ils en ont* » (V)

Cette idée n'est, au fond, qu'une conséquence de la distinction initiale : puisque l'on se trouve mieux en distinguant les choses qui dépendent de soi et celles qui n'en dépendent pas, c'est donc à un travail sur ses pensées que l'on doit se

consacrer. Le malheur et l'attachement à l'égard de certaines choses viennent de ce que l'on se les représente mal. On croit pouvoir agir sur elles et on se lamente de ne pas y arriver, alors que c'est impossible. Ainsi, le trouble ne vient pas de ces choses en elles-mêmes, de ce qu'elles sont, mais de ce que l'on croit à leur égard.

« *Ne demande point que les choses arrivent comme tu les désires, mais désire qu'elles arrivent comme elles arrivent* » (VIII)

Une autre conséquence porte sur les désirs, que nous tournons parfois malheureusement vers des choses inaccessibles ou qui surviennent indépendamment de nous. Si nos désirs portent sur ces choses, alors nous risquons de ne pas les voir satisfaits. Au contraire, si nous conformons nos désirs à l'ordre des choses, en acceptant les choses telles qu'elles sont, alors nous ne nous sentons pas frustré.

« *La nature n'engendre rien de mal dans le cosmos* » (XXVII)

L'acceptation des choses qui ne sont pas en notre pouvoir est soutenue par l'idée que la nature est ordonnée par le bien, c'est-à-dire Dieu, âme parfaite se répandant en toute chose. Si l'on conçoit la nature de cette manière, alors le mal peut lui aussi être pensé autrement que comme un mal. Il n'est qu'un élément infime d'un bien beaucoup plus large qui le déborde. C'est donc à la lumière de ce bien qu'il faut considérer le mal, et alors on ne le voit plus que relativement au bien, tel un élément qui ne fait que donner du sens à ce dont il se distingue.

« *Chaque chose a deux anses* » (XLIII)

Cette phrase s'applique à l'exemple d'un frère que l'on estime injuste. Épictète nous dit que son injustice n'est qu'un aspect des choses et qu'il faut savoir chercher l'autre aspect. C'est en le regardant comme frère que nous devons nous rapporter à lui et non en le regardant comme injuste.

« *Ne te dis jamais philosophe [...] mais agis selon ces principes* » (XLVI)

À la fin du *Manuel*, Épictète nous montre comment l'on doit considérer la philosophie. Il ne s'agit pas d'une connaissance théorique, mais d'une sagesse pratique. Il faut donc l'appliquer à travers ses actions et non à travers des discours.

Épictète

Marc Aurèle

Marc Aurèle (121-180) est né dans une famille de patriciens romains. Ayant reçu une éducation philosophique, il fut très influencé par la morale d'Épictète. Son mode de vie frugal le fit remarquer de l'empereur Adrien, qui le fit adopter par son successeur Antonin, afin qu'il lui succède à son tour. Il devint ainsi empereur à 39 ans. Tout en se consacrant à la guerre contre les Barbares sur le front du Danube, il écrivit un recueil de pensées (_Pensées pour moi-même_). Ces pensées sont des sortes de consolations philosophiques. La réflexion de Marc Aurèle porte notamment sur la nécessité pour l'homme de « faire retraite en soi-même », pour se délivrer des maux imposés par les jugements et les actions malveillantes d'autrui. La sérénité désigne cet état de sagesse acquis par la réflexion solitaire et permettant ensuite de vivre avec les autres en étant indifférent à leur méchanceté et à leurs actions.

indifférent à l'égard de cette chose et libre. Prenant l'exemple d'un homme venu le consulter pour l'aider à calmer la colère de son frère, Épictète montre en quoi cette colère est une chose extérieure au même titre que la richesse ou la santé. Nous pouvons agir sur notre être intérieur – par exemple, sur notre rapport à cette colère –, mais ne pouvons agir sur la colère de notre frère.

Accepter l'ordre des choses et le mal
Dans ce contexte, il nous faut accepter ce qui ne dépend pas de nous ainsi que l'ordre des choses et de la nature. Si certaines choses semblent mauvaises, il nous faut les comprendre comme des éléments qui composent le tout harmonieux présidé par la raison divine : **les maux ne sont donc pas des maux** ; ils font partie intégrante du bien et sont à comprendre comme nécessaires. Sans le mal, le bien ne pourrait pas être mesuré. Il faut donc, lorsqu'on se trouve confronté au mal, s'élever jusqu'au bien total dont il n'est qu'un élément nécessaire et le voir comme une expression de ce bien.

Éthique* de la passivité ou héroïsme
Cette morale peut sembler inviter à une forme d'acceptation passive, voire lâche, des choses. Pour autant, le sage stoïcien incarne la **tension de l'effort** et l'héroïsme d'un esprit qui s'emploie à faire corps avec les choses et à être en accord avec l'ordre du monde. Il n'est pas passif, au sens où cette acceptation lui demande un travail sur ses pensées ainsi qu'un changement de vue sur les choses.

La vie politique : citoyenneté et indépendance

Citoyens du monde
Pour les stoïciens et notamment pour Épictète, la société humaine est marquée par l'universalité de Dieu présent en chaque être. Chaque homme est, en ce sens, **citoyen d'un même monde** ordonné par la raison divine. L'individu ne peut donc que se sentir rassuré d'être ainsi parent de Dieu et il ne craint pas de ne pas être parent de César. Il ne craint pas non plus de ne pas être invité à tel ou tel festin organisé par des hommes puissants.

Être un citoyen sage et honnête
De même, le citoyen ne doit pas se sentir inutile à sa cité s'il n'a pas de charges importantes ni de métier productif. Ce sont des choses qui ne dépendent pas de lui et la cité gagne plus à ce qu'il soit **un** « _citoyen sage, modeste et fidèle_ ». En effet, « _il suffit que chacun remplisse son état et fasse son ouvrage_ ». Il ne faut pas vouloir perdre ces vertus pour devenir plus utile à sa cité.

Savoir rester indépendant
Le citoyen doit aussi savoir **garder son indépendance**. S'il veut avoir une vie mondaine, être invité à un festin, il faut savoir que cela a un prix, car il s'agit de choses qui ne dépendent pas de lui. Mieux vaut refuser alors un festin si le prix qu'il faut payer pour cela est « _une louange, une visite, une complaisance, une dépendance_ ».

Philosophie antique

Bibliographie essentielle

• **Manuel**

• **Entretiens**

Cet ouvrage, également composé par Arrien, s'est aussi appelé _Diatribes_, qui signifie « discussions d'école, conversations entre un maître et son disciple ». On y retrouve les grands principes de la sagesse stoïcienne.

_Cf._ fiches 6, 26, 27, 29, 30 (1, 25), 33

36 SEXTUS EMPIRICUS
(IIe-IIIe s.)

Sextus Empiricus est un philosophe sceptique* grec, qui fut également médecin et astronome. Comme l'indique son surnom (« Empiricus »), il donna au scepticisme et à la médecine une orientation empirique*, attachée aux circonstances, à la description et à l'histoire de la maladie, s'opposant ainsi aux théories générales et abstraites et aux dogmatiques. Sextus Empiricus correspond à la période du scepticisme tardif, puisqu'il écrit plus de cinq siècles après son fondateur, Pyrrhon, mais il jouera un rôle déterminant dans l'histoire et la réception du scepticisme ancien, en particulier à la Renaissance. Par ailleurs, Sextus Empiricus insiste sur la fin morale du scepticisme en faisant de l'ataraxie, ou quiétude de l'âme, un concept central de sa philosophie.

Rien n'est vrai par nature

Critique du dogmatisme* et raisonnement sceptique

L'argument sceptique s'attache à faire apparaître la **contradiction des dogmatiques**, qui sont en désaccord au sujet du vrai. Face à la démarche dogmatique, qui soit affirme, soit nie qu'il existe quelque chose de vrai, le scepticisme établit par des raisonnements l'impossibilité de démontrer l'une ou l'autre de ces affirmations. Il conduit ainsi à une sorte d'impasse, car le désaccord est impossible à trancher. Le raisonnement sceptique a donc en premier lieu une **valeur critique**.

Il est impossible de savoir s'il existe quelque chose de vrai

Si l'on affirme sans démonstration, on ne remportera pas l'adhésion et le désaccord subsistera. Si l'on cherche à démontrer l'affirmation, on demandera une nouvelle démonstration pour appuyer la première, selon une démarche régressive à l'infini. C'est l'argument du **diallèle** : le raisonnement (la pensée) se trouve enfermé dans un cercle vicieux, qui conduit à ne pouvoir rien affirmer.

L'impasse de la démonstration

L'absence de démonstration conduit à l'**arbitraire**, puisque l'affirmation n'est pas justifiée. Mais la démonstration n'est pas non plus satisfaisante pour l'esprit : soit la démonstration repose sur des **prémisses obvies** (évidentes) et alors le raisonnement est lui-même évident ; soit elle repose sur des **prémisses qui ne le sont pas** et alors il est sujet à la dispute. Ainsi, le syllogisme* « Le juste est beau ; le beau est bon ; donc le juste est bon » est soit obvie (si l'on admet que le beau est bon), soit non concluant.

La suspension du jugement conduit à la quiétude de l'âme

La suspension du jugement

Toute question soumise à l'examen conduit à l'impossibilité d'affirmer ou de nier et à la

Le scepticisme

Pyrrhon (v. 365-275 av. J.-C.), contemporain d'Aristote, est considéré comme le fondateur de l'École sceptique. Il s'est attaché à montrer la relativité de la perception des phénomènes* et, face à l'impossibilité d'affirmer qu'une chose était telle ou telle, il traduisit en actes sa philosophie, en adoptant une attitude d'indifférence et une égalité d'âme qui, d'après Diogène Laërce, ne fut prise en défaut que deux fois : il s'enfuit devant un chien et il se mit en colère contre sa sœur.
Le début de la période hellénistique est marqué par le développement de l'épicurisme* et du stoïcisme*. Il faudra attendre le Ier siècle de notre ère pour assister au renouveau du pyrrhonisme, avec Aenésidème, qui développe une nouvelle forme de relativisme : toute vérité est relative et dépend des circonstances. Par exemple, la caille s'engraisse avec la ciguë, laquelle est mortelle pour l'homme ; le monde d'un homme malade ne ressemble pas à celui d'un homme robuste. Enfin, c'est Sextus Empiricus, dont le rôle fut indispensable dans la connaissance du scepticisme et de son histoire, qui définit l'École sceptique : celle-ci est appelée « chercheuse, suspensive et dubitative ». L'activité du philosophe sceptique consiste donc à chercher, à examiner et à douter.

Sextus Empiricus

reconnaissance de la force égale (« *isosthénie* ») des arguments. Cette reconnaissance conduit à l'*épokhê*, la **suspension du jugement ou de l'assentiment**. Cette attitude est également la conséquence de la relativité et de la mise en opposition des choses : ainsi « *le miel apparaît plaisant à la langue pour certains mais désagréable pour les yeux. Il est donc impossible de dire s'il est purement et simplement agréable ou désagréable* » (*Esquisses pyrrhoniennes*, I, 92).

La fin morale du scepticisme*

La suspension du jugement n'est pas une simple indifférence ou indécision, ni l'incapacité à affirmer ou à nier. Son but est la **quiétude de l'âme** (ataraxie) et l'**équilibre des passions** (métriopathie). En suspendant son jugement, le sceptique se détache du mouvement contradictoire des opinions et acquiert une santé et une force qui le libèrent de la crainte. Délivré de la poursuite des biens illusoires – puisque l'on ne peut affirmer ce qui est un bien et ce qui ne l'est pas –, il ne fuit rien et ne se dépense pas en vaines poursuites.

Comment parvenir à l'ataraxie ?

Il ne faut pas considérer que la tranquillité est la conséquence d'une discipline de la volonté. L'ataraxie, qui accompagne la suspension du jugement, est l'**heureux effet de l'impossibilité de trancher** : « *par bonheur, la quiétude accompagna la suspension du jugement, comme l'ombre le corps* » (*Esquisses pyrrhoniennes*, I, 25). Une fois que l'homme a compris qu'il est impossible de parvenir à une certitude, il se trouve naturellement libéré du souci de la poursuivre.

Œuvre clé

Esquisses pyrrhoniennes (IIe ou IIIe siècle)

Contexte d'écriture

L'ouvrage constitue un exposé ou résumé de la doctrine sceptique, d'où le caractère revendiqué d'esquisses, comme le reflète la brièveté du traitement des questions. Il constitue pratiquement le seul écrit authentique important sur le pyrrhonisme et est, à cet égard, une source précieuse et une œuvre de référence.

Thèse centrale

Les *Esquisses pyrrhoniennes* exposent les principes de la philosophie sceptique et proposent une réfutation des systèmes dogmatiques*.

Structure de l'œuvre
et idées principales commentées

Structure de l'œuvre

L'ouvrage se compose de 3 livres : après une introduction générale à la philosophie sceptique (livre I : la notion de « scepticisme », ses critères et ses modes), Sextus traite de la partie logique de la philosophie (livre II : le critère de la vérité, le signe, la démonstration, l'induction*), puis des parties physique et éthique* (livre III : la cause, le mouvement, le nombre ; des biens, des maux et des indifférents ; l'art de vivre).

« *La fin du sceptique est la tranquillité en matière d'opinions et la modération des affects dans les choses qui s'imposent à nous* » (I, 13)

Les opinions, toujours contradictoires, ne suscitent que l'inquiétude et le trouble continuel, et la poursuite des biens produit l'exaltation et la crainte. En revanche, l'indifférence permet au sage de s'affranchir de ces contraintes et de supporter avec sagesse les nécessités, sans considérer qu'elles sont mauvaises par nature.

« *La suspension est le résultat de la mise en opposition des choses* » (I, 31)

En opposant, par exemple, les choses apparentes aux choses apparentes – par exemple, deux choses que je vois –, le sceptique prend conscience de l'impossibilité de formuler des jugements définitifs ou généraux. Ainsi, la même tour paraît ronde de loin et carrée de près. De même pour les choses pensées : l'infortune des bons et la fortune des méchants contredisent l'idée de « Providence ».

Philosophie antique

Bibliographie essentielle

- **Esquisses pyrrhoniennes**
- **Contre les dogmatiques**
Traité en cinq livres (*Contre les logiciens*, I et II ; *Contre les physiciens*, III et IV ; *Contre les moralistes*, V).

125

Cf. fiches 4, 17, 20, 30 (1, 6), 42, 46, 53

37 SAINT AUGUSTIN (354-430)

Né à Tagaste en Afrique romaine et mort à Hippone, où il fut évêque, saint Augustin commence sa formation intellectuelle par l'étude de la rhétorique*, en particulier l'œuvre de Cicéron. D'abord influencé par le manichéisme*, le scepticisme* et le néoplatonisme* chrétien, il se convertit au christianisme en 386. Contre le moine Pélage, Augustin défend la doctrine de la prédestination, selon laquelle seule la grâce divine peut permettre à l'homme le salut. Il exercera ainsi une influence considérable, à l'époque de la Réforme (mouvement à l'origine du protestantisme), sur Luther et Calvin et, à l'âge classique, sur le jansénisme* et Pascal.

Deux amours ont fait deux cités

La critique de la cité païenne

Dans *La Cité de Dieu* (livre XIX), saint Augustin critique la définition du peuple donnée par Cicéron dans *La République* : « Une multitude rassemblée par l'acceptation d'une loi dans la participation à un bien commun. » À cette conception, qui conduit à idolâtrer l'État et à sacraliser un pouvoir qui n'est que temporel, saint Augustin oppose l'idée que ce qui fait l'unité véritable des membres d'un peuple est l'**accord sur ce qu'ils aiment**.

Cité terrestre et cité céleste

Pour saint Augustin, la cité terrestre et la cité céleste **coexistent et s'entrecroisent** dans l'histoire humaine, **mais ne poursuivent pas la même fin**. En effet, les cités sont définies par les « amours » ultimes de leurs membres, par l'orientation fondamentale de leur volonté. Ainsi, deux amours ont fait deux cités : « L'amour de soi jusqu'au mépris de Dieu fait la cité terrestre ; l'amour de Dieu au mépris de soi, la cité céleste » (*La Cité de Dieu*, XIV).

Amor sui et *amor Dei* déterminent donc **deux manières de rechercher la gloire** : la gloire auprès des hommes et la gloire de Dieu.

Que sont les royaumes sans la justice ?

« *Sans la justice, en effet, les royaumes sont-ils autre chose que de grandes troupes de brigands ? Et qu'est-ce qu'une troupe de brigands, sinon un petit royaume ?* » demande saint Augustin dans *La Cité de Dieu* (IV, 4). Cette question reprend en réalité la critique de Cicéron : si le pacte social* suffit à définir la communauté politique, un regroupement de malfaiteurs peut s'arroger le titre de « royaume ». Qu'est-ce qui distingue alors un conquérant comme Alexandre d'un simple pirate, sinon leur puissance ?

« Si je me trompe, je suis »

La critique du scepticisme

Saint Augustin mobilise les ressources de la logique et de la raison contre le scepticisme de la Nouvelle Académie* : dans *La Cité de Dieu* (XI, 26), il affirme que le fait de se tromper n'est pas le signe de l'impossibilité de la

La philosophie de l'histoire

Les grandes philosophies de l'histoire, au sens moderne du terme (c'est-à-dire comme réflexion sur le sens général de l'histoire), se sont développées au XIXe siècle, notamment à travers la figure de Hegel. Si la philosophie de saint Augustin reste étrangère à l'idée d'une « science de l'histoire » ou d'une « raison dans l'histoire », elle a néanmoins joué un rôle déterminant dans l'élaboration du concept d'un « sens de l'histoire ». Dans la perspective chrétienne qui est la sienne, saint Augustin tente d'interpréter les événements historiques à la lumière de l'idée de « Providence » : les événements sont ordonnés selon un plan voulu par Dieu. L'histoire a un sens, car elle a un commencement, une direction et une fin. Interpréter un événement revient ainsi à dégager sa signification spirituelle : dans *La Cité de Dieu*, saint Augustin montre qu'un événement comme le sac de Rome par Alaric en 410 ne peut à lui seul expliquer l'effondrement de la puissance romaine. Celle-ci était ruinée depuis longtemps par des vices et des mœurs dissolues, par la gloire et l'orgueil, telle la Babylone biblique, symbole de corruption. L'histoire sainte doit permettre de déchiffrer le sens de l'histoire.

Saint Augustin

certitude. **L'erreur montre simplement que je suis**, car, si je n'existais pas, je ne pourrais pas me tromper, et, même si je me trompe, je sais au moins que je n'ai aucun doute sur le fait d'exister.

L'âme se connaît quand elle se cherche

La connaissance de soi peut se définir comme une recherche de l'âme par elle-même. L'âme se connaît comme existante, même à travers l'erreur, et se connaît comme aimante, à travers les choses qu'elle aime et la réalité de son amour. Mais l'âme peut-elle être certaine de sa substance ? Elle ne sait pas si elle est de l'air, du feu ou un corps quelconque. Or, se connaître, c'est **être seulement ce que l'on est certain d'être**. Voilà le principe qui doit guider l'âme dans sa recherche.

Le *cogito* : Augustin et Descartes

Le propos d'Augustin sur le rapport entre l'erreur et l'existence, ainsi que le principe de la recherche de l'âme par elle-même présentent une analogie, déjà évidente aux yeux des contemporains de Descartes, avec le *cogito*. Il faut reconnaître que le XVIIe siècle a été très influencé par la pensée d'Augustin et le modèle de l'intériorité de la pensée qu'il développe. Les deux auteurs s'accordent pour établir que **l'âme se connaît comme immatérielle**, mais les conclusions de Descartes sont différentes : le *cogito* est une vérité première.

Œuvre clé

Les Confessions (397-401)

Contexte d'écriture

Ce livre essentiel de saint Augustin décrit l'histoire de sa conversion au christianisme. L'ouvrage ne possède pas le caractère autobiographique des *Confessions* de Rousseau : il est à la fois le récit de sa vie et l'évocation d'un itinéraire spirituel. Cette démarche reflète l'esprit de la philosophie chrétienne, qui accorde une place centrale à l'individu et à l'histoire de son salut. La pensée se trouve ainsi étroitement unie à l'existence.

Thèse centrale

Si la religion est, pour saint Augustin, affaire de foi et non de raison, seul un être intelligent, instruit, est néanmoins capable de croire. Dieu peut donc être recherché par le chemin de l'intériorité et de la réflexion, dans l'union de la raison et de la foi : « *Comprends pour croire et crois pour comprendre* », selon l'adage de saint Augustin dans ses *Sermons*.

Structure de l'œuvre et idées principales commentées

Structure de l'œuvre

Les Confessions sont à la fois l'aveu des fautes et une louange faite à Dieu. L'ouvrage se compose de 13 livres : les livres 1 à 3 décrivent l'enfance et les égarements du cœur ; les livres 4 à 9 évoquent les réflexions d'Augustin jusqu'à sa conversion au christianisme et à la mort de sa mère ; les livres 10 à 13 interrogent la création et le temps et célèbrent Dieu.

« Je n'aimais pas encore et j'aimais à aimer » (livre 3)

Avant le secours de la grâce et la connaissance du véritable amour qui est l'amour de Dieu, l'âme s'égare sans être certaine de la valeur des objets qu'elle aime ou croit aimer.

La conscience et le temps (livre 11)

Passé, présent et avenir dépendent de la dimension du temps que cherche à saisir la conscience : ainsi, la mémoire est le « *présent des choses passées* », l'attention le « *présent des choses présentes* » et l'attente « *le présent des choses futures* ».

Bibliographie essentielle

- **Les Confessions (397-401)**

- **De la Trinité (399-419)**
Saint Augustin analyse les trois personnes de la Trinité et leur unité en un seul et vrai Dieu.

- **La Cité de Dieu (412-427)**
Écrit après le sac de Rome par Alaric en 410, l'ouvrage propose une réflexion sur le lien politique et spirituel qui unit les hommes dans la cité.

Cf. fiches 2, 13, 24, 30 (6), 31, 45, 46

Philosophie antique

PHILOSOPHIE MÉDIÉVALE

Le Moyen Âge a longtemps été considéré comme un simple moment intermédiaire entre l'Antiquité et la Renaissance et comme une période où la philosophie était dépendante de la théologie*, au point de ne pas exister en tant que telle. Pourtant, les philosophes médiévaux ont développé une production intellectuelle de grande ampleur, notamment dans le domaine de la logique et de l'argumentation. C'est également au Moyen Âge que naît l'Université, dont le développement institutionnel aura sur la philosophie une influence déterminante.

La diversité des traditions

Un long Moyen Âge

Le Moyen Âge s'étend sur une période de près de mille ans (500-1500) : il est donc **impossible de considérer la philosophie médiévale comme un ensemble homogène** et inexact de la réduire à un commentaire ininterrompu de l'œuvre d'Aristote. Il faut prendre en compte la diversité des traditions (judaïsme, christianisme et islam) qui la caractérise, en particulier jusqu'au début du XIIIe siècle, mais aussi se rappeler que cette période fut marquée par des Grandes Invasions, la persistance du christianisme en Europe malgré l'afflux de peuples non chrétiens, la naissance de l'islam et les Croisades.

Hébreu, arabe et latin

Exemple de cette diversité, le théologien et savant juif Maimonide (1135-1204), né à Cordoue, est l'héritier de la tradition juive et rédige son œuvre en arabe, dont le célèbre *Guide des égarés*, traduit en hébreu et en latin.

Falsafa et tradition arabo-musulmane

De la philosophie grecque à l'islam

L'apport des représentants de la *falsafa* (« philosophie », en arabe) à la culture médiévale est considérable. Ce sont eux qui contribuent à la transmission des savoirs de l'Antiquité à l'Occident chrétien et **adaptent la philosophie grecque à l'islam : ils diffusent la pensée néoplatonicienne* et surtout l'œuvre d'Aristote**. Ses principaux représentants sont al-Fârâbi (v. 870-950), Avicenne (980-1037) et surtout Averroès* (1126-1198), qui commente les thèses d'Aristote et défend l'indépendance de la raison par rapport au dogme. La redécouverte des œuvres de logique et de médecine grecques explique le développement alors sans précédent des arts et des sciences, en particulier l'architecture, la géométrie et la médecine.

Al-Andalus

Pendant près de huit siècles (711-1492), **l'Espagne est sous domination musulmane**. La civilisation qui en naît, appelée Al-Andalus, et où coexistent les trois cultures (arabe, juive et chrétienne) correspond à une période particulièrement brillante de l'histoire européenne. Elle cessera au moment de la reconquête de l'Espagne par les Rois Catholiques (Ferdinand d'Aragon et Isabelle de Castille), qui s'achève avec la chute de Grenade (1492), dernier royaume musulman de la péninsule Ibérique, et l'expulsion des juifs d'Espagne (telle la famille de Spinoza).

Du néoplatonisme au christianisme : Boèce

Si l'influence des philosophes arabes est incontestable, le Moyen Âge se caractérise essentiellement par le **développement d'une pensée chrétienne**. Ainsi, Boèce (v. 480-524), influencé par le néoplatonisme, est l'une des principales sources de la théologie médiévale. Accusé de trahison, il rédige en prison, avant son exécution, la célèbre *Consolation de la philosophie* : la philosophie, sous les traits d'une femme, permet au condamné d'attendre sagement la mort. Boèce, dernier des Romains et premier des médiévaux, avait pour projet de transmettre Aristote aux Latins. Néanmoins, jusqu'au XIIe siècle, l'œuvre d'Aristote est mal connue des médiévaux. Il faut attendre Guillaume de Moerbeke (1215-1286) pour avoir une traduction précise de la *Métaphysique* d'Aristote.

La « querelle des Universaux »

Nominalistes* et réalistes*

Les penseurs du Moyen Âge accordent une **grande importance à la logique et au langage**, comme le montre la célèbre « querelle des Universaux ». Cette querelle oppose les nominalistes, qui considèrent genres et espèces comme des concepts mentaux (n'existant que dans notre esprit), et les réalistes*, pour qui les essences* ont une réalité en dehors de l'esprit. La position nominaliste*, notamment défendue par Pierre Abélard (1079-1142), sera développée par Guillaume d'Ockham.

L'art de la dispute

Cette querelle est un exemple parmi d'autres des disputes qui opposent les docteurs et les théologiens médiévaux. Les auteurs de la Renaissance ironiseront sur ces disputes incessantes portant sur des questions abstraites et vides : il faut dire que **l'art de la dispute** faisait alors partie de la formation de tout intellectuel ; et, si cet art entretenait un certain goût pour les distinctions subtiles et inutilement compliquées, il permettait également à la raison de s'exercer à argumenter et démontrer.

Logique et théologie*

Réconcilier la foi et la raison

Le Moyen Âge – et en particulier les XIIe et XIIIe siècles, qui voient le **développement de la scolastique*** – se caractérise par un souci constant de synthèse et de clarification. Il s'agit à la fois de rassembler les connaissances au sein d'une œuvre qui aspire à la totalité (*La Somme de théologie* de Thomas d'Aquin en est le meilleur exemple) et de clarifier les articles de la foi, c'est-à-dire les points fondamentaux de la religion chrétienne. L'historien de l'art Erwin Panofsky a montré, dans son ouvrage *Architecture gothique et Pensée scolastique* (Minuit, 1967), les similitudes existant entre la structure des cathédrales gothiques et les ouvrages produits par la scolastique : les divisions et subdivisions, le goût pour la symétrie caractérisent les édifices gothiques aussi bien que l'esprit des scolastiques.

Les preuves de l'existence de Dieu

Ce souci de rigueur et de clarification apparaît également dans l'importance accordée par la théologie aux preuves de l'existence de Dieu. La théologie peut se définir comme l'étude ou la science de Dieu et des choses divines. Bien que son objet – Dieu – appartienne à un domaine autre que celui de la raison (permettant de faire dialoguer raison et foi, cette dernière restant toujours supérieure à la raison), **la théologie ne traite pas de vérités étrangères à la raison**. Ainsi, Anselme de Canterbury, théologien spéculatif*, soumet le discours théologique aux exigences de la logique pour établir de manière rationnelle* l'existence de Dieu : il montre que Son existence est certaine et que penser le contraire est absurde. La ques-

tion de l'existence de Dieu devient, à partir du XIe siècle, une question théologique et métaphysique* majeure pour des penseurs comme Avicenne, Averroès* et Thomas d'Aquin, ou le philosophe allemand Maître Eckhart (v. 1260-v. 1327) et le théologien écossais John Duns Scot (v. 1266-1308).

De la nature au Créateur

L'univers médiéval repose sur une **correspondance entre le matériel et l'immatériel**. De même que les vitraux des cathédrales gothiques nous conduisent de l'humain au divin, en tournant notre esprit vers la lumière divine, c'est en observant la nature que l'on peut concevoir l'idée d'un Dieu créateur de toute chose. Ainsi, dans la *Somme de théologie* (1266-1273), Thomas d'Aquin, dominicain et aristotélicien*, considère qu'il faut, pour prouver l'existence de Dieu, partir de l'expérience et remonter de l'ordre du monde à son principe. Thomas établit pour cela « cinq voies » (*cf.* fiche 39). Comme l'explique la *Somme contre les Gentils* (1258-1272), Dieu est le premier être, mais c'est à partir des autres choses que nous parvenons à Le connaître et c'est à partir de Ses effets que nous Le nommons.

Théologie et politique

Pouvoir temporel et pouvoir spirituel

Au Moyen Âge, il est **impossible de séparer la politique de la théologie** : on peut ainsi définir la période médiévale comme « l'âge du théologico-politique ». Le pouvoir politique ne peut être considéré comme autonome et dépend de considérations morales et religieuses. On distingue le pouvoir temporel (ou civil) et le pouvoir spirituel (fondé sur l'Église) : l'une des questions essentielles est de savoir auquel des deux il faut accorder la primauté.

Le pape et l'empereur

La difficile question des rapports entre le pouvoir politique et le pouvoir religieux **aboutit, au début du XIVe siècle, à une crise** : Philippe le Bel et Louis de Bavière sont excommuniés, respectivement en 1303 et 1323, pour avoir remis en cause la plénitude de la puissance pontificale en proclamant l'indépendance absolue du roi et la primauté du pouvoir temporel sur le pouvoir spirituel. C'est d'ailleurs auprès de Louis de Bavière que se réfugient Guillaume d'Ockham et Marsile de Padoue, eux-mêmes excommuniés.

La Monarchie de Dante

Vers 1310, l'auteur de la célèbre *Divine Comédie* **rédige contre le pape un traité politique,**

Philosophie médiévale

La Monarchie, dans lequel le raisonnement syllogistique vient réfuter la validité de la « donation de Constantin ». Par ce document, dont l'authenticité sera mise en doute par l'humaniste Lorenzo Valla (1407-1457), l'empereur romain Constantin Ier (entre 270 et 288-337) aurait cédé au pape Sylvestre Ier la souveraineté sur Rome.

Loi divine et loi humaine

L'aristotélisme* politique de Marsile de Padoue

C'est également contre le pape et le théologien Augustin d'Ancône (1241-1328), partisan de la théocratie, que Marsile de Padoue (v. 1280-v. 1345) rédige le *Défenseur de la paix* en 1324. Opposé aux conceptions développées par saint Augustin dans la *Cité de Dieu*, il s'inspire d'Aristote et d'Averroès* pour développer une théorie du **pouvoir fondé sur une communauté humaine d'intérêts** et le consentement populaire, ayant pour fin l'unité politique et le bonheur dans la cité.

Les arts de gouverner

La théorie du droit divin* des rois est tardive et son développement est contemporain des théories du pouvoir absolu élaborées par les auteurs politiques des XVIe et XVIIe siècles. La **loi naturelle***, d'origine divine, est essentiellement conçue par les médiévaux comme **une limite au pouvoir du prince**, qui doit viser le bon gouvernement de son peuple et non le dominer. Ces éléments sont au fondement de l'art de gouverner, tel qu'il est défini dans les traités sur le gouvernement comme le *Policraticus* de Jean de Salisbury (1159), considéré comme le premier traité de sciences politiques, ou encore *Du gouvernement royal* de Thomas d'Aquin (1256) ou Gilles de Rome (1287). Pour Thomas d'Aquin, le roi est un pasteur recherchant le bien commun du peuple ; sa tâche est de conserver cette unité harmonieuse qu'on appelle « la paix » et son rôle est comparable à celui du pilote qui doit « *préserver son navire des périls de la mer et le faire parvenir à bon port sans le moindre dommage* ».

La théologie* et les sciences

Une opposition non conflictuelle

La distinction entre science et religion, que les modernes auront souvent tendance à opposer, n'est pas étrangère aux médiévaux. Néanmoins, ils considèrent généralement qu'il s'agit de **deux domaines qui n'entrent pas nécessairement en conflit**. Ainsi, les sciences, comme la géométrie ou l'arithmétique, reposent sur les principes de la raison naturelle, sans entrer en contradiction avec les principes de la doctrine sacrée.

Les questions de physique

Dans le domaine de la logique et de la physique, l'œuvre du nominaliste* Jean Buridan (v. 1300-ap. 1358) est essentielle. Dans les *Questions sur la physique* (av. 1352), il commente et discute les thèses d'Aristote et élabore de nouvelles hypothèses sur la chute des graves (relatif à la force de gravitation) et l'accélération du mouvement de la chute des corps : c'est l'*impetus*, c'est-à-dire une certaine force motrice imprimée par le moteur – par exemple, le lanceur –, qui permet de comprendre le mouvement des projectiles ; la vitesse du mobile (ou projectile) dépend de la force que lui a imprimée le lanceur. **Ses réflexions orienteront les développements de la mécanique,** ou science du mouvement, trois siècles plus tard.

L'infini entre mathématiques et théologie

Inspiré par la tradition néoplatonicienne* et les spéculations de Maître Eckhart, le théologien allemand Nicolas de Cues (1401-1464), fidèle au pape contre l'empereur, élabore le concept de « *coïncidence des opposés* », dans une réflexion sur l'infini absolu qui associe mathématiques et théologie : puisqu'ils sont tous les deux superlatifs, le maximum et le minimum coïncident, au-delà de toute opposition (*De la docte ignorance*, 1440). **Cette théorie de la coïncidence des contraires conduit à Dieu,** puissance infinie qui dépasse toute compréhension et tout raisonnement.

« La philosophie, servante de la théologie »

Cette célèbre formule exprime l'importance de la théologie, face à laquelle la philosophie aurait eu une position servile, la raison étant ainsi soumise à la révélation (manifestation de Dieu à l'homme selon un mode qui peut être inaccessible à la raison). Il ne faut pas comprendre, cependant, que la théologie maintient la philosophie dans un état de sujétion mais que **la raison est au service des vérités religieuses** et qu'il y a un **lien profond entre théologie, science et religion.** Loin d'être une période d'obscurantisme, le Moyen Âge est particulièrement riche du point de vue intellectuel, même si le cadre dans lequel s'élaborent les théories et réflexions philosophiques reste contraignant, notamment d'un point de vue politique. Mais cela n'est pas l'apanage du Moyen Âge : l'Inquisition ne fut jamais aussi répressive qu'au XVe siècle, c'est-à-dire à l'aube de la période moderne.

DATES	ÉVÉNEMENTS HISTORIQUES ET CULTURELS	ÉVÉNEMENTS PHILOSOPHIQUES
476	Chute de l'Empire romain d'Occident.	
496	Conversion de Clovis au christianisme.	
524		Mort sous la torture de Boèce, premier philosophe du Moyen Âge.
618	Dynastie Tang (après les Sui) en Chine.	
622	Mahomet est chassé de La Mecque.	
632	Mort de Mahomet.	
711	Les Arabes envahissent l'Espagne.	
732	Charles Martel arrête l'invasion arabe.	
751	Pépin le Bref, fils de Charles Martel, est roi des Francs (premier Carolingien).	
787	Incursions vikings en Grande-Bretagne.	
800	Couronnement de Charlemagne.	
843	Traité de Verdun qui disloque l'Empire carolingien.	
962	Othon Ier fonde le Saint Empire romain germanique.	
987	Hugues Capet devient roi.	
1037		Mort du philosophe arabe Avicenne.
1066	Conquête normande de l'Angleterre.	
1076		Anselme de Canterbury, *Monologion*.
1099	Prise de Jérusalem (Ire croisade).	
1126		Naissance du philosophe arabe Averroès, commentateur d'Aristote (décès en 1198).
1180	Chrétien de Troyes, *Lancelot, Yvain*…	
1204	Prise de Constantinople (IVe croisade).	Mort du philosophe juif Maimonide.
1215	Prise de Pékin par Gengis Khan.	
1234	*Le Roman de la Rose* (Lorris, puis Meung).	
1250	Mort de l'empereur Frédéric II.	
1266		Thomas d'Aquin, *Somme de théologie*. Naissance du théologien Duns Scot.
1270	Mort de Saint Louis.	
1306	Dante, *La Divine Comédie* (1306-1321).	
1315	Grandes famines en Europe du Nord.	
1323		Ockham, *Somme de logique*.
1337	Début de la guerre de Cent Ans.	
1348	Réapparition de la peste noire.	
1378	Grand Schisme d'Occident.	
1453	Prise de Constantinople par les Turcs.	
1455	Première Bible imprimée par Gutenberg.	

Philosophie médiévale

38 SAINT ANSELME DE CANTERBURY (1033 ou 1034-1109)

Anselme de Canterbury (ou Cantorbéry) naît à Aoste, qui appartient alors au Piémont bourguignon. Théologien spéculatif* et penseur chrétien, archevêque de Canterbury, il élabore une approche rationnelle* de la théologie*, en se fondant notamment sur la logique et la dialectique*. Il donne une première forme de l'argument ontologique*, ou preuve ontologique, de l'existence de Dieu, dont Descartes donnera une formulation plus systématique. L'œuvre de saint Anselme, à la suite de saint Augustin, associe la raison et la foi dans une réflexion qui introduit ou anticipe le nominalisme*. Pour lui, une foi raisonnée, éclairée, est préférable à une foi aveugle. Homme d'Église, il joue également un rôle important dans le contexte des conflits qui opposent la papauté et le royaume d'Angleterre.

Dieu est véritablement

La critique de l'insensé

Pourquoi l'insensé a-t-il dit dans son cœur : « Il n'y a pas de Dieu » (*Psaume*, 13, 1) ? Telle est la question que pose saint Anselme dans le *Proslogion* (terme latin que l'on peut traduire par « allocution »). Est-il possible de nier, dans l'esprit et dans la réalité, l'existence de Dieu, alors que Dieu est évident pour tout esprit raisonnable ? Est-il possible de choisir entre la croyance et l'incroyance ? Pour répondre à ces interrogations, saint Anselme entreprend de prouver non seulement que **l'existence de Dieu est certaine**, mais que **penser le contraire est absurde**. Il faut, pour commencer, interroger notre foi et notre croyance en Dieu, afin de voir s'il est bien ce que nous croyons. Il s'agit donc de poser une question simple : que croyons-nous lorsque nous disons que nous croyons en Dieu ?

« Rien de plus grand ne peut être pensé »

« Nous croyons que tu es quelque chose de tel que rien de plus grand ne peut être pensé. » Cette idée, que nous avons à l'esprit lorsque nous pensons à Dieu, **nul ne peut la nier**, même l'insensé qui dit qu'il n'y a pas de Dieu, car cette idée, il l'a lui aussi à l'esprit et la comprend, même s'il ne comprend pas que Dieu est. Or, si cette chose au-dessus de toutes les autres est au moins dans l'esprit, elle doit aussi être dans la réalité.

Il n'est pas possible de penser que Dieu n'est pas

Si l'on pouvait penser Dieu comme n'étant pas, Il ne serait pas cette chose telle que « rien de plus grand ne peut être pensé » – ce qui conduit à une absurdité, puisque cela reviendrait à affirmer que Dieu n'est pas Dieu. **Si l'on pense Dieu, Son existence est nécessaire.** C'est la relation de la pensée avec la perfection divine qui contribue à prouver l'existence de Dieu.

L'inexistence de Dieu est logiquement inacceptable

Nous comprenons alors que **Dieu est bien ce que nous croyons**. L'esprit ne peut penser quelque chose de meilleur que Dieu sans engendrer une nouvelle absurdité : celle d'une créature s'élevant au-dessus de son créateur. Toute chose en comparaison de Dieu a moins d'être que Lui, car Il contient en Lui toute perfection. Si donc l'insensé nie qu'il y ait un Dieu, c'est précisément parce qu'il est sot et insensé.

Bibliographie essentielle

- ***Monologion*** (« Soliloque », 1076)
Première méditation sur la rationalité de la foi.

- ***Proslogion*** (« Allocution », v. 1078)
Ouvrage principal de saint Anselme, qui contient, sous sa forme la plus rigoureuse, la preuve de l'existence de Dieu.

- ***De grammatico*** (1080)
Ouvrage de logique et de sémantique, approfondissant l'œuvre d'Aristote. Initie la distinction entre logique et grammaire.

Cf. fiches 12, 16, 30 (5, 14), 39, 45

SAINT THOMAS D'AQUIN (1225-1274)

Théologien dominicain né à Aquino près de Naples, Thomas d'Aquin est surnommé « le Docteur angélique ». Après avoir rejoint, contre l'avis de sa famille, l'ordre des Dominicains, il suit à Paris et à Cologne les enseignements du dominicain Albert le Grand. En 1256, il devient maître en théologie*. Par son œuvre et son enseignement, il participe au renouveau intellectuel du XIIIe siècle. Il participe aux controverses entre les dominicains, proches de l'aristotélisme*, et les franciscains, proches de la tradition augustinienne. Conciliant la pensée chrétienne et la philosophie d'Aristote, Thomas d'Aquin exercera sur l'Église catholique romaine une influence prépondérante. Canonisé en 1323 et proclamé docteur de l'Église en 1567, il peut être considéré comme le plus grand auteur scolastique*.

« Dieu seul peut rassasier la volonté de l'homme »

Dieu démontré par la raison naturelle

À la différence de la foi, la raison procède par affirmations démontrables. Pour Thomas, cependant, **raison et foi ne s'opposent pas mais se complètent**, car toutes deux sont données par Dieu. La raison ne peut donc pas contredire ou réfuter la foi, ni la révélation contredire la raison. Leurs domaines sont distincts et correspondent à deux types de vérités, auxquels correspondent deux sciences ou disciplines : la théologie révélée (vérité de foi) et la théologie naturelle (vérité accessible à la raison). La foi complète la raison et la connaissance raisonnée est vraie tant qu'elle ne s'oppose pas à la foi.

De l'effet à la cause

Loin d'abaisser la raison, la philosophie de saint Thomas (le thomisme) montre la dignité de la créature : l'homme peut **démontrer par la raison l'existence de Dieu** en se fondant sur la connaissance de la nature. À la différence de saint Anselme, qui considère la preuve de l'existence de Dieu à partir d'une idée de l'être le plus grand, saint Thomas considère qu'il faut partir de l'expérience, ou de l'effet, pour remonter à la cause.

Les cinq voies

L'expérience nous révèle un **ordre dans la nature** qui doit nous conduire à son principe. Cinq voies sont exposées par Thomas d'Aquin pour y parvenir et répondre aux objections contre l'existence de Dieu : la première se tire du mouvement et conduit à l'idée d'un premier moteur ; la deuxième se tire de la notion de *« cause efficiente* »* (Aristote) et renvoie à l'idée d'une première cause ; la troisième se tire du possible et du nécessaire* et conduit à l'idée d'un être nécessaire ; la quatrième est tirée des degrés que nous trouvons dans les choses et conduit à l'idée d'un degré maximum, de vérité et d'être ; la cinquième est tirée du gouvernement des choses, qui nous conduit à l'idée d'un être intelligent par lequel toutes les choses de la nature sont ordonnées à une fin (*Somme de théologie*, I, q. 2, a. 3).

Philosophie médiévale

La scolastique

La scolastique (étymologiquement, « relatif à l'école ») désigne à la fois un cadre théorique et institutionnel : sur le plan théorique, la scolastique peut se définir comme l'interprétation chrétienne d'Aristote ; sur le plan institutionnel, la scolastique est inséparable de l'Université médiévale. À la Renaissance et à l'âge classique, le terme prendra une connotation négative et sera utilisé par des auteurs comme Montaigne, Gassendi ou Hobbes pour désigner un savoir formel, dogmatique*, coupé de l'expérience, et un langage abstrait souvent incompréhensible. Avant cet usage, encore en vigueur de nos jours, la scolastique désignait tout simplement l'enseignement dispensé au Moyen Âge dans les écoles et les universités et fondé sur l'interprétation de la pensée d'Aristote à travers ses traductions latines. La scolastique correspond à un profond renouveau de la vie intellectuelle, par des auteurs qui, de 1200 à 1500, cherchent à concilier la raison et la révélation (la foi).

L'activité intellectuelle ne dépend pas du corps

L'intelligence est le premier moteur

La définition de l'« intellect » proposée par Thomas d'Aquin est un exemple de reprise des thèses aristotéliciennes dans une perspective chrétienne. Pour prouver que l'intellect est immatériel et que l'âme est étrangère au corps, il met en évidence la différence entre l'homme et l'animal : l'homme est comme les autres animaux un être qui se meut lui-même, mais en lui « *le premier moteur est l'intelligence qui, par son propre objet, met en mouvement la volonté* » (*Somme contre les Gentils*, II, 60).

L'intellect possible : noblesse de l'homme

La distinction entre l'**intellect passif** et l'**intellect possible** permet de différencier l'homme et l'animal : le premier, qui dépend du corps et du sensible*, est commun aux hommes et aux animaux ; le second, qui rend possible l'acte de comprendre et de raisonner, est le propre de l'homme. Le premier n'atteint que des vérités particulières ; le second rend possible le jugement universel impliqué par la connaissance.

Connaissance et universalité

Comprendre, c'est saisir ce qu'il y a d'universel dans le sensible. C'est ainsi que Thomas d'Aquin interprète l'exemple donné par Aristote dans sa *Rhétorique* : « *Nous haïssons dans leur nature universelle les brigands, lorsque nous nous irritons contre tel ou tel brigand.* »

Œuvre clé

Somme de théologie* (1266-1273)

Contexte d'écriture

La *Summa theologiae* (*Somme de théologie*) ou *Summa theologica* (*Somme théologique*) est l'œuvre principale de Thomas d'Aquin, à laquelle il a consacré les dernières années de sa vie. Il se propose d'exposer brièvement et clairement aux étudiants de théologie la doctrine sacrée. L'ouvrage s'adresse donc aux plus avancés, mais aussi aux débutants, ainsi que l'énonce le prologue de la première partie. *La Somme* prend pour modèle, tout en s'en écartant, le *Livre des sentences* (1152) de Pierre Lombard.

Thèse centrale

L'ouvrage constitue, comme l'indique son titre, une somme, c'est-à-dire une synthèse des questions et objections théologiques essentielles à la compréhension de la doctrine sacrée.

Structure de l'œuvre et idées principales commentées

Structure de l'œuvre

L'ouvrage se compose ainsi : 1. La « *Prima pars* » (I pars) traite de Dieu et de la création. 2. La « *Prima secundae* » (Ia, IIae) étudie les actes humains en général, c'est-à-dire la morale. 3. La « *Secunda secundae* » (IIa, IIae) étudie les actes humains en particulier (morale particulière). 4. La « *Tertia pars* » (IIIa) traite du Christ, de l'incarnation, des sacrements et de l'Église.

« Dans les choses, il n'y a ni vérité ni fausseté si ce n'est par rapport à l'intelligence » (I, q. 2, a. 3)

Ce ne sont pas les choses qui trompent, mais ce qu'on en dit ou s'en représente. Enfin, il n'y a de choses fausses que par rapport à notre intelligence et non par rapport à l'intelligence divine.

« La colère porte en elle la contrariété » (II, q. 46, a. 1)

La colère constitue pour la philosophie morale un objet d'étude classique. Thomas d'Aquin, à la suite d'Aristote, montre qu'elle est une passion spéciale, car causée par des passions contraires (l'espoir et la tristesse), et qu'elle porte ainsi en elle la contrariété, sans avoir elle-même de contraire. La raison l'accompagne et l'entrave tout à la fois. Thomas conçoit la sagesse comme « *une prudence* », c'est-à-dire comme une sagesse pratique, qui implique la modération.

Bibliographie essentielle

- **Somme contre les Gentils** (1258-1272)
Première synthèse chrétienne d'inspiration aristotélicienne et défense raisonnée de la foi catholique contre ses détracteurs.
- **Somme de théologie** (1266-1273)

Cf. fiches 12, 24, 27, 30 (4, 23), 32

GUILLAUME D'OCKHAM
(v. 1285-v. 1349)

Théologien franciscain né en Angleterre et mort à Munich lors de l'épidémie de peste noire, Guillaume d'Ockham (ou d'Occam) étudie à Oxford, où il est le disciple de Duns Scot, et remet en question les canons en vigueur, en particulier la réalité des essences*. Cela lui vaudra une accusation d'hérésie et l'obligera à se rendre à Avignon devant le Pape Jean XXII pour défendre ses thèses, dont certaines seront condamnées en 1326. Il prend une part active dans la querelle sur la pauvreté du Christ et des apôtres, qui oppose les franciscains au pape, et se réfugie en 1330 auprès de l'empereur excommunié Louis de Bavière, défendant les droits de ce dernier face à la puissance pontificale. Considérant que la croyance en Dieu, en la création et en l'immortalité de l'âme ne peut relever que de la révélation, Ockham remet ainsi en question la philosophie thomiste* fondée sur l'équilibre de la foi et de la raison.

Ne pas multiplier les entités sans nécessité

La « querelle des Universaux »

Cette querelle oppose les **partisans du réalisme***, qui considèrent les concepts comme des réalités qui existent en soi (suivant, en cela, Platon), et les **nominalistes*** ou **antiréalistes**, qui considèrent, à la suite d'Abélard (1079-1142), les universaux comme des mots.

L'universel n'est qu'un mot

Pour les nominalistes, dont Ockham défend les thèses, les concepts généraux comme « l'espèce » ou « le genre » ne renvoient à aucune réalité extramentale, car **seuls les individus sont réels**. L'abstraction est dans l'esprit de celui qui la pense et non dans les choses*. **Les universaux sont des concepts**, des idées générales exprimées par des mots, et ces mots ne sont que des signes conventionnels, dont la signification renvoie à une chose singulière. Ainsi, le concept d'« homme » n'a de sens que parce qu'il renvoie à des individus réels et non à une réalité distincte de ces individus.

Le « rasoir d'Occam »

Par la formule « *Il ne faut pas multiplier les entités sans nécessité* », Ockham énonce un **principe d'économie** connu sous le nom de **« rasoir d'Occam »** : puisque les concepts ne sont pas des réalités distinctes de l'entendement* qui les pense, il est inutile de multiplier les distinctions entre plusieurs types d'êtres, qui ne font qu'introduire de la confusion dans la pensée, là où la pensée a besoin de clarté et de concision.

Aucun universel n'est substance*

Selon la position antiréaliste, un concept n'est donc pas l'intuition* d'une essence, mais la saisie d'une pluralité d'existences individuelles : le concept « homme » se distingue d'un seul homme particulier, mais il ne se distingue pas de l'ensemble des hommes particuliers. **L'universel n'est pas une substance mais une « intention » de l'âme**, c'est-à-dire une manière de comprendre et de s'exprimer. Ockham formule ainsi un principe de l'empirisme* qui sera repris et discuté par Locke, Berkeley et Hume à propos du statut de l'abstraction et des idées générales.

Philosophie médiévale

Bibliographie essentielle

- ***Commentaire des sentences* (1318-1319)**
Ockham pose les fondements de la critique du réalisme et de la théorie de Duns Scot concernant l'abstraction comme saisie de l'essence d'une chose et expose la distinction entre connaissance intuitive et connaissance abstraite. Seule la première permet de savoir si une chose existe ou pas.

- ***Somme de logique* (1323)**
Cet ouvrage majeur reprend la critique du réalisme scotiste et développe la théorie du concept universel comme « *accident réel de l'esprit* » et « *qualité de l'âme* », c'est-à-dire comme un acte mental et non comme une réalité hors de l'esprit.

Cf. fiches 9, 12, 30 (13, 16, 26), 48

PHILOSOPHIE MODERNE

La période qui s'étend de la Renaissance aux Lumières est marquée par des crises et des bouleversements qui vont profondément redéfinir les savoirs et les pratiques philosophiques. De la Réforme protestante à la Révolution française, l'Europe est traversée, voire déchirée par des guerres et des conflits politiques et religieux. Plus que jamais, il apparaît que la philosophie n'est pas un ensemble figé de systèmes et de doctrines, mais un savoir vivant qui emprunte à l'histoire la matière de sa réflexion et se transforme au contact des événements. C'est d'ailleurs à l'époque moderne que se développent les philosophies de l'histoire.

Ancien et Nouveau Mondes

Les habitants du Nouveau Monde sont-ils des hommes ?

L'événement historique majeur qu'est la **découverte du Nouveau Monde** (1492) a sur la pensée et la conscience européennes des effets considérables. Une question va rapidement préoccuper et diviser les esprits de l'Europe chrétienne et donner naissance à la célèbre « **controverse de Valladolid** » (1550-1551) : en quel sens faut-il comprendre l'humanité de ces autres hommes que sont les habitants du Nouveau Monde ? est-on même certain qu'ils sont des hommes ? ont-ils une âme et qu'en est-il de la possibilité de leur salut ? doit-on alors les convertir au christianisme ?

Commerce et colonisation

La question n'est pas seulement philosophique ou théologique, mais aussi politique et juridique : comment obliger les Indiens à commercer avec les Européens ? Le dominicain Francisco de Vitoria évoquera un droit naturel* et originaire, **faisant du commerce une liberté fondamentale**. Ainsi, le refus de pratiquer le commerce pourra-t-il justifier le droit de conquête.

Enjeux économiques, enjeux philosophiques

L'or des Amériques et la balance du commerce

Il est vrai que l'essor du commerce joue un rôle considérable : l'or des Amériques constitue pour les monarchies anglaise ou espagnol un élément déterminant. L'afflux d'or va non seulement modifier les équilibres économiques et politiques entre les grandes monarchies européennes, mais aussi donner lieu à de **nouvelles doctrines comme le mercantilisme**, selon laquelle l'État doit accumuler puissance et richesse.

La fin des certitudes

Au-delà des formes cruelles ou tragiques que prendront la conquête et la colonisation, la découverte d'autres hommes et mœurs et les récits de voyages obligent les penseurs à **considérer une humanité différente**, à reconnaître la variété des mœurs, à s'interroger, comme Montaigne, sur la distinction entre sauvage et civilisé, et à **remettre en cause le fondement des croyances, des certitudes et des institutions**.

Conquérir, explorer, découvrir

Dans tous les domaines, de nouveaux espaces et de nouvelles perspectives s'offrent à la réflexion. **L'excès de savoir n'est plus un péché** : Giordano Bruno s'interroge sur les limites de l'univers et Francis Bacon décrit l'esprit de curiosité insatiable et infatigable qui caractérise l'homme moderne. De nouvelles espèces végétales ou animales observées par les navigateurs ou explorateurs permettent le développement de la science naturelle : ainsi, le casoar du zoo d'Amsterdam fascinera Bayle, Buffon et Locke.

Repousser les limites de la perception

De nouveaux instruments

Les progrès de la science et des nouveaux instruments d'observation – microscope et télescope – font découvrir aux savants de nouveaux univers : **l'infiniment grand et l'infiniment petit**. Galilée (1564-1642) perfectionne la lunette astronomique et le savant anglais Hooke publie ses observations menées au microscope dans *Micrographia* (1664), un ouvrage illustré représentant notamment les formes des cristaux des neiges et comprenant des planches de grand format sur les insectes. Ces découvertes auront une **incidence sur les réflexions philosophiques** menées par Pascal, Berkeley ou Hume sur les limites de la perception.

Une nouvelle vision de l'univers

L'époque moderne marque aussi la **fin du géocentrisme**. Nicolas Copernic (1473-1543) affirme que le Soleil se trouve au centre de l'univers. Giordano Bruno est brûlé vif en 1600, après un procès devant l'Inquisition, pour avoir affirmé l'infinité de l'univers. Galilée sera lui-même attaqué, censuré et condamné par l'Église catholique romaine pour avoir défendu la vision copernicienne de l'univers.

L'Europe chrétienne déchirée

Guerres de Religion et guerres civiles

Au XVIe siècle, les guerres de Religion, qui opposent protestants et catholiques et qui sont marquées notamment par le massacre de la Saint-Barthélemy (1572), puis les guerres civiles en Angleterre vont contribuer à **redéfinir l'espace public et les rapports entre politique et religion**. Elles permettent l'émergence des concepts de « tolérance » et de « liberté de conscience ». La religion devient une affaire privée et les théoriciens de la souveraineté (Bodin, Hobbes) s'efforcent de penser un fondement politique au pouvoir, libéré de ses fondements théologiques.

Le pessimisme anthropologique

Les crises contribuent à orienter la réflexion sur l'homme vers **un certain pessimisme**, dont on trouvera des échos dans le jansénisme*, Hobbes et Pascal. Pourtant, les philosophes croient au **pouvoir de la raison** et à sa capacité de produire un accord entre les hommes, du moins au sein d'une République des savants.

L'Europe des savants

Correspondance et voyages savants

Dans l'Europe politique divisée, les voyages savants et les réseaux de correspondance permettent de porter la controverse sur le terrain de la raison et de l'argumentation : alors que les conflits sur les plans politique et religieux sont destructeurs, **les querelles et controverses** scientifiques et philosophiques sont salutaires, car elles **permettent à la raison de forger ses instruments** et mettent à l'épreuve le jugement et l'esprit critiques.

La raison critique

La Renaissance voit **le renouveau de la philologie et de l'édition**. La Bible est commentée et éditée. C'est dans ce contexte qu'il faut situer, un siècle plus tard, le *Traité théologico-politique* de Spinoza (1670). **Les humanistes redécouvrent l'Antiquité et les textes savants.** Cette approche critique des textes, du point de vue de l'édition comme des commentaires, a également joué un rôle non négligeable dans le développement d'une raison critique, passant au crible les dogmes et remettant en cause les fondements de l'autorité. On peut ainsi voir une **continuité certaine au sein de l'époque moderne** : les auteurs de la Renaissance développent un savoir critique sur les textes (XVe-XVIe siècles) ; les penseurs de l'âge classique (XVIIe siècle) voient dans le bon sens et l'exercice du jugement les conditions de la recherche de la vérité et de la liberté ; les philosophes des Lumières (XVIIIe siècle) définissent les limites du pouvoir de la raison et n'acceptent, selon le mot de Kant, d'autre autorité que celle que la raison elle-même a établie.

L'imprimerie, l'édition, la censure

L'« invention » de l'imprimerie par Gutenberg (première Bible publiée en 1455) introduit des **changements structurels dans le rapport de l'homme au savoir** et les modes de diffusion des connaissances. Elle élargit l'accès au savoir et contribue à la promotion des Lettres. Son rôle a également été déterminant dans la diffusion des idées de la Réforme protestante. Le développement de l'Europe savante (la création de revues, le journal des savants) a d'ailleurs été largement influencé et rendu possible par cette avancée technique. Et le développement de l'édition à Amsterdam (notamment la famille Elzevier) a enfin permis aux auteurs d'échapper à la censure.

Les philosophes

La condition de philosophe

La condition du philosophe et du savant évolue également : alors que la philosophie était enseignée au Moyen Âge par des théologiens et que l'Université en constituait le cadre institutionnel quasi exclusif, les philosophes de la période moderne peuvent être médecins, précepteurs, et ne sont **pas nécessairement rattachés à une institution**.

Des vies aventureuses

Cette liberté va de pair avec **une certaine précarité** et les philosophes doivent souvent **rechercher les moyens de leur subsistance auprès de princes, de nobles ou de fortunés** qui font preuve de curiosité et de bienveillance envers les lettres et les sciences. Hobbes est précepteur de la famille Cavendish ; Descartes est invité à la cour de la reine Christine de Suède ; Spinoza gagne sa vie en

Philosophie moderne

polissant des lentilles optiques ; Bacon et Locke exercent de hautes fonctions gouvernementales et dans le commerce ; Leibniz et Hume sont un moment diplomates... **Kant, cependant, marque le retour de la philosophie universitaire.**

Le philosophe et son public

De nouveaux espaces de sociabilité

L'évolution des discours philosophiques est aussi liée aux **nouveaux lieux de sociabilité** : les cafés et les salons deviennent, au début du XVIIIe siècle, le lieu de conversations libres ou semi-clandestines, en rupture avec la philosophie académique des siècles précédents. C'est aussi pour les philosophes l'occasion d'une reconnaissance et la possibilité de conquérir un nouveau public.

Contre l'académisme

Le philosophe s'efforce de constituer **un regard sur son époque** et devient critique d'art. C'est le temps des premières expositions (« salons »). Diderot commente les principaux artistes de son temps et jette les fondements d'une nouvelle esthétique. Fasciné par le tableau *La Raie* (av. 1728) du peintre Chardin et le réalisme des natures mortes, il témoigne de l'émergence d'un art libéré de l'académisme et l'encourage.

Les Lumières et l'*Encyclopédie*

Les encyclopédistes

Autour de Diderot et d'Alembert, les encyclopédistes se proposent de renouveler l'ensemble des domaines du savoir : il ne s'agit pas seulement de produire une vaste synthèse des connaissances de l'époque, mais également de **contribuer, grâce à la connaissance, au progrès humain, social et politique.** Les encyclopédistes développent ainsi un savoir concret et considèrent la raison dans ses applications (à la médecine, l'économie, la morale, l'esthétique).

Critique et politique

L'exercice du jugement et de la raison critique a **des conséquences majeures dans le domaine politique.** La critique des dogmes et du pouvoir ne donne pas seulement lieu à l'élaboration de nouvelles théories politiques : les *Deux Traités du gouvernement civil* de Locke (1690), *L'Esprit des lois* de Montesquieu (1748), le *Contrat social* (1762) de Rousseau et les ouvrages des encyclopédistes s'inscrivent pleinement dans le mouvement de contestation qui aboutit aux

grandes révolutions modernes. La période qui sépare la Glorieuse Révolution d'Angleterre (1688) de la Révolution française (1789) est ainsi marquée par **une activité critique foisonnante.** Il serait certes aventureux et réducteur d'en attribuer l'origine ou la cause à ces écrits et de ne pas évoquer la misère du peuple ou l'essor de la bourgeoisie, mais il est certain que des révolutionnaires comme Robespierre ont été des lecteurs du *Contrat social* et qu'un auteur comme Locke a contribué à façonner les idées politiques de son temps. Le pouvoir mis en place après la Révolution apparaît ainsi comme une conséquence de cette raison qui le critiquait dans l'ombre auparavant.

La naissance de l'individu moderne

C'est à partir de l'idée d'un homme maître de son destin et attentif aux conditions matérielles et historiques de son bonheur que l'on peut définir **la modernité philosophique.** De l'humanisme aux Lumières, la pensée, telle qu'elle se réfléchit dans les œuvres picturales, littéraires, politiques ou philosophiques, fait apparaître **un même désir de liberté.** La naissance de l'individu (ou l'essor de l'individualisme) peut être lue dans différents domaines : du développement de l'art du portrait et de la représentation d'un bonheur matériel chez les réalistes flamands (Van Eyck, Vermeer, Bruegel) à la conception morale et politique d'un individu sujet de droits et pouvant légitimement aspirer au bonheur dans la cité, la modernité se caractérise essentiellement par cette **nouvelle prise en compte de l'individu.**

La politique de l'intérêt

Le libéralisme

C'est également dans cette perspective que l'on peut situer le **développement du libéralisme et la naissance d'une nouvelle science économique.** La prise en compte de l'intérêt et de l'aspiration légitime à satisfaire ses intérêts a rendu possible une réflexion sur le rapport entre commerce, liberté et propriété.

Satisfaction des intérêts et stabilité politique

Alors que le Moyen Âge pensait l'économie et la politique dans un cadre théologique et moral et condamnait la recherche de l'intérêt ou du profit individuel (à travers, par exemple, la critique de l'usure), les réflexions des Modernes s'attachent à voir dans la satisfaction des intérêts une aspiration humaine et **un élément de stabilité et de** rationalité pour la communauté politique. Montesquieu évoque ainsi le « *doux commerce* » et Hume met en évidence la nécessité de la convergence des intérêts comme condition de la paix, du bonheur et de la prospérité.

Naissance de l'économie politique

L'harmonie spontanée des intérêts

C'est en Angleterre que les relations entre la philosophie politique et la science économique sont le plus visibles, donnant ainsi naissance aux **premiers développements de l'économie politique**. La théorie de la « *main invisible* » (guidant le marché) d'Adam Smith* doit être rapprochée des thèses de Hume sur l'harmonie spontanée des intérêts et la nécessité de la collaboration entre les individus, principe de toute communauté politique.

Le modèle anglais

Cette prise en compte du fait économique dans la réflexion philosophique se retrouve aussi en France (Montesquieu, Condillac), notamment à cause de l'influence du modèle anglais et du développement précoce des Lumières en Angleterre. Il faut souligner, là encore, l'influence de **Locke** et de **son œuvre politique**.

Les limites de l'entendement*

La philosophie : critique (des facultés)

On assiste donc à une véritable révolution dans tous les domaines du savoir. La raison critique, qui caractérise la modernité, peut être définie en ces termes : l'homme apprend à **connaître les limites de son entendement** et la philosophie a pour principale tâche de **penser ces limites**. Telle est la tâche critique de la philosophie, de Locke à Kant.

L'usage de l'entendement

Cette définition de la philosophie comme critique, qui sera au cœur du système kantien, permet ainsi de mettre en rapport *La Critique de la raison pure* (1781) de Kant avec ses thèses dans l'opuscule *Qu'est-ce que les Lumières ?*. Il y énonce la célèbre maxime, qui incarne en quelque sorte l'esprit des Lumières : « *Aie le courage de te servir de ton propre entendement* » (« *Sapere aude* »). Il s'agit donc non seulement de connaître les limites de son esprit, mais aussi d'être prêt à en faire un usage raisonnable, à émettre des jugements et à participer, grâce à sa raison, à la construction d'un espace public. **Cet art de juger**, qui **fait la spécificité et la dignité de l'homme**, s'inscrit dans une forme de continuité avec le projet des philosophes de l'âge classique (Descartes, Pascal ou Spinoza) et leur effort pour définir la spécificité de l'homme à partir de ses facultés : la raison et l'imagination.

Science, croyance, probabilité

La critique des dogmatismes* va de pair avec le développement de la science et l'effort de la raison pour libérer les hommes des ténèbres du fanatisme et de la superstition. Mais il serait simpliste d'opposer la certitude à l'ignorance, la lumière aux ténèbres, car **l'homme vit dans un clair-obscur** : la raison critique définit ses propres limites et réfléchit sur les conditions d'exercice du jugement ou de l'assentiment. « Que puis-je savoir ? » : telle est la question que posent bon nombre de philosophes, de Montaigne à Kant. Libérer la raison du dogmatisme, c'est donc aussi **interroger les limites entre le certain, le vraisemblable et le probable**, et définir les rapports complexes entre savoir et croyance. Loin d'être rejeté hors du savoir, le probable est au cœur de la réflexion de Pascal, Locke, Leibniz ou Hume, au moment où des mathématiciens et savants comme Bernoulli ou Arbuthnot s'interrogent sur les probabilités.

Histoire et philosophie

Ruptures historiques et pensée philosophique

On évoque souvent le caractère mouvementé de l'histoire de l'Europe moderne et les transformations profondes qu'elle a connues. On parle ainsi de « l'effondrement des valeurs traditionnelles » et de « l'ordre médiéval ». Mais l'instabilité, les crises et les conflits sont le lot de toutes les époques. La spécificité de la philosophie moderne est d'**avoir pris en compte ces ruptures pour les penser** dans les œuvres et les systèmes philosophiques.

Conscience historique et conscience de crise

On peut ainsi parler, à l'époque moderne, de « l'**émergence d'une conscience historique** », c'est-à-dire à la fois la conscience d'appartenir à une époque et la conscience du changement. Cela commence avec les humanistes de la Renaissance qui, en considérant le temps qui les séparait des Anciens, ne cherchaient pas tant à leur ressembler qu'à parvenir, en se retournant vers eux, à produire les conditions d'un authentique renouveau. Cette conscience historique a d'ailleurs été décrite comme **une pensée en quête d'identité**, qui définit la modernité.

Philosophie moderne

DATES	ÉVÉNEMENTS HISTORIQUES ET CULTURELS	ÉVÉNEMENTS PHILOSOPHIQUES
1492	Découverte du Nouveau Monde par Christophe Colomb.	
1513		Machiavel rédige *Le Prince*.
1515	Début du règne de François Ier.	
1519	Charles Quint est empereur.	
1521	Luther est excommunié par le pape.	
1550	Controverse de Valladolid.	
1572	Massacre de la Saint-Barthélemy.	
1580		Début des *Essais* de Montaigne.
1598	Édit de Nantes. Fin des guerres de Religion.	
1610	Assassinat d'Henri IV.	
1617	Règne de Louis XIII.	
1618	Début de la guerre de Trente Ans.	
1620		Francis Bacon, *Novum Organum*.
1636	Corneille, *Le Cid*.	
1637		Descartes, *Discours de la méthode*.
1651		Hobbes, *Léviathan*.
1661	Monarchie absolue de Louis XIV.	
1664	Molière, *Le Tartuffe*.	
1670	Bossuet, *Oraisons funèbres*. Racine, *Bérénice*.	Pascal, *Pensées* (publication posthume). Spinoza, *Traité théologico-politique*.
1677	Racine, *Phèdre*.	Spinoza, *Éthique* (publication posthume).
1685	Révocation de l'édit de Nantes.	
1690		Locke, *Essai sur l'entendement humain*.
1710	Destruction de Port-Royal.	Leibniz, *Essais de théodicée*.
1715	Décès de Louis XIV.	Malebranche décède. Condillac naît.
1719	Daniel Defoe, *Robinson Crusoé*.	
1740	Frédéric II, roi de Prusse.	Hume, *Traité de la nature humaine*.
1748	Traité d'Aix-la-Chapelle.	Montesquieu, *De l'esprit des lois*.
1751	Premier volume de l'*Encyclopédie*.	
1755	Tremblement de terre à Lisbonne.	Rousseau, *Discours sur l'inégalité*.
1763	Traité de Paris : fin de la guerre de Sept Ans.	
1774	Goethe, *Les Souffrances du jeune Werther*.	
1775	Guerre de l'Indépendance américaine.	
1781		Kant, *Critique de la raison pure*.
1783	Indépendance des États-Unis (traité de Versailles).	
1787	Mozart, *Don Giovanni*.	
1789	Début de la Révolution française.	

NICOLAS MACHIAVEL (1469-1527)

Secrétaire au service de la république de Florence, Machiavel devient, en 1501, le bras droit du gonfalonier (chef de la République) Soderini, il acquiert un pouvoir important à Florence. Écarté momentanément de la politique après le renversement de la République par les Médicis (1513), il s'exile à Albergaccio. Il est chargé en 1520, par Jules de Médicis, d'écrire l'histoire de la cité de Florence, avant de connaître de nouveau la disgrâce, puis la mort en 1527, année du rétablissement de la République florentine. Historien et praticien de la politique, Machiavel a marqué la philosophie moderne en montrant que les fins de la politique sont distinctes de celles de la morale.

La loi, la force et l'art du paraître

Deux manières de combattre : l'une par les lois, l'autre par la force

Pour gouverner, le prince doit respecter le cadre de la loi, mais il peut également utiliser la contrainte. En effet, si les lois sont le propre de l'homme, les lois sans la force manquent souvent d'efficacité. D'où la nécessité, pour le prince, d'avoir **recours à la force**, mais une force légale, car le prince n'est pas un tyran. Il faut, à la manière des Anciens, suivre les enseignements du centaure Chiron, c'est-à-dire avoir pour gouverneur un « *demi-bête et demi-homme* », et savoir pratiquer la bête et l'homme. Et, pour bien user de la bête, il faut « *être renard pour connaître les rets, et lion pour faire peur aux loups* » (*Le Prince*, chap. 18), c'est-à-dire **déjouer les pièges et intimider l'ennemi**.

Dissimuler

L'art de gouverner est un art du **paraître** : la sincérité étant souvent mal récompensée en politique, le prince doit savoir dissimuler ses projets et ses pensées. L'essentiel, pour lui, est de toujours faire croire qu'il est le plus fort et possède les qualités pour gouverner. Il ne peut se comporter en homme de bien, car il est souvent contraint d'agir contre sa parole et contre la charité. Mais il doit toujours **avoir l'air vertueux** et **maintenir l'apparence du droit**.

Les hommes tels qu'ils sont

Ces principes de **réalisme*** introduits en philosophie politique marquent un tournant considérable, qui rompt avec l'utopie : il ne s'agit plus de définir le meilleur régime possible, ni même une république idéale. La bonne politique se nourrit de l'histoire, de l'observation et de l'expérience. Ainsi Machiavel se propose-t-il de décrire les hommes tels qu'ils sont et de comprendre le mécanisme de leurs passions. Pour fonder un État, il est ainsi nécessaire de penser que les hommes sont méchants (déraisonnables) et qu'ils n'agiront honnêtement que s'ils y sont contraints.

Philosophie moderne

La « raison d'État »

On ne trouve pas dans l'œuvre de Machiavel l'expression « raison d'État » ; et peut-être Machiavel n'est-il pas à proprement parler un penseur de la raison d'État, à la différence de Giovanni Botero, qui place le concept au centre de son œuvre (*Della ragione di Stato*, 1589). Néanmoins, l'œuvre de Machiavel en contient les principaux éléments : distinction entre la morale et la politique et amoralité ou immoralité de la politique justifiée par l'intérêt de l'État (faire passer l'intérêt général avant les intérêts particuliers) ; nécessité de garder le silence sur les affaires qui relèvent de la compétence du prince, en évitant la transparence lorsqu'elle est source possible de désordre civil. Quoi qu'il en soit, Machiavel a mis en évidence une contradiction essentielle à la politique : si la fin justifie les moyens au point de pouvoir contredire la morale, le prince qui possède la vertu politique est capable de conserver le pouvoir et de maintenir la paix civile. En ce sens, les conséquences de son action sont politiques et favorisent indirectement le bonheur des citoyens, même lorsque le prince est animé par des passions personnelles ou l'ambition. De ce point de vue, l'intérêt ne contredit pas l'utilité. Si la politique se définit surtout comme l'art de conserver le pouvoir, c'est aussi parce qu'elle devient ainsi la condition d'une certaine stabilité, qui préserve la cité de la décadence, du désordre et de la dissolution.

La fortune est maîtresse de la moitié de nos œuvres

Saisir la fortune « par les cheveux »

Contre le fatalisme et la Providence, Machiavel affirme que le rôle joué par la fortune (les circonstances) dans la vie des hommes ne doit pas les empêcher d'agir, à condition de savoir saisir l'occasion. Contre le défaitisme qui conduit, par paresse, à s'en remettre à la chance ou l'aventure, Machiavel affirme que **l'homme peut résister à la fortune**. Ainsi, les hommes fuient devant une rivière qui déborde et détruit les arbres et les maisons, mais ils peuvent, quand le temps est paisible, édifier des remparts pour contenir sa fureur, si elle croît une autre fois (*Le Prince*, chap. 25).

Virtù et *fortuna*

Ainsi, les conditions de l'action sont définies par un **équilibre entre la vertu** (ruse, capacité à dominer les circonstances, et non vertu morale) **et la fortune**, c'est-à-dire faire preuve d'audace, de force, de courage et de sagesse, d'une part, et avoir l'habileté de maîtriser le hasard et de saisir l'occasion, d'autre part. La fortune n'abolit donc pas notre libre arbitre* : elle le met simplement à l'épreuve.

La prudence et l'audace

La vertu ne consiste donc pas à réfléchir avant d'agir ou à choisir l'action la plus raisonnable. **L'action vertueuse suppose de l'audace**, ce mélange de rapidité et de courage qui définit l'action véritable. La vertu politique s'identifie ainsi à la capacité d'agir.

Œuvre clé

Le Prince (1513, publication posthume en 1532)

Contexte d'écriture

Composé en 1513 et publié en 1532, cinq ans après la mort de Machiavel, *Le Prince* fut mis à l'index puis censuré à partir de 1564, mais il continua d'exercer, de manière clandestine, une influence sur les auteurs politiques des siècles suivants. Accusé d'immoralisme par ses détracteurs, l'ouvrage fit scandale.

Thèse centrale

L'ouvrage tente de répondre à cette question : « Comment prendre le pouvoir et le conserver ? » Il reformule ainsi la question classique des arts de gouverner, qui traite des vertus du prince, et les principes du bon gouvernement.

Structure de l'œuvre et idées principales commentées
Structure de l'œuvre

L'ouvrage se compose de 26 chapitres. Après avoir distingué les républiques et les monarchies

et l'exercice du pouvoir qui leur correspond, l'auteur traite des questions militaires et politiques, puis formule les principes nécessaires à l'art de gouverner, pour conclure sur l'intérêt politique de cette démarche (l'unité et la paix).

« Il est plus sûr d'être craint que d'être aimé » (chap. 17)

L'inconstance et l'ingratitude des hommes rendent leur amour et leur fidélité bien fragiles. La crainte est plus sûre, car elle dissuade de l'offense, alors que l'amour cède au moindre motif d'intérêt personnel.

Deux dispositions d'esprit opposées : le peuple et les grands (chap. 9)

Le peuple ne veut être commandé ni opprimé par les grands ; les grands désirent commander et opprimer le peuple. C'est en fonction de ces dispositions contraires que le prince doit apprendre à gouverner. Pour conserver le pouvoir, il doit faire en sorte qu'en tout temps, temps de crise ou temps de paix, les citoyens aient besoin de lui.

Bibliographie essentielle

- ***Le Prince*** (1513, publication posthume en 1532)

- ***Discours sur la première décade de Tite-Live*** (1513-1519, publication posthume en 1531)
Dans ce livre d'histoire politique, Machiavel étudie la république en partant du modèle de la Rome antique.

- ***L'Art de la guerre*** (1521)
Dialogue associant les questions stratégiques et les questions politiques.

MONTAIGNE
(1533-1592)

Né au château de Montaigne dans le Périgord, Michel Eyquem de Montaigne étudie le droit et entre au Parlement de Bordeaux en 1557. Il y fait la connaissance d'Étienne de La Boétie, auteur du *Discours sur la servitude volontaire*, auquel il rend hommage dans *De l'amitié* (« Parce que c'était lui ; parce que c'était moi »). Montaigne commence en 1572 la rédaction de ses *Essais*, qui seront publiés pour la première fois en 1580. Il est élu maire de Bordeaux en 1581 et 1583, alors que les guerres de Religion déchirent la France. Ses *Essais* reflètent cette période troublée de l'histoire, sans pour autant en commenter les événements majeurs. Nourrie d'un dialogue constant avec la pensée des auteurs anciens, l'œuvre de Montaigne introduit une conception résolument moderne de la philosophie et de l'écriture : la liberté de style et l'esprit critique expriment une pensée vivante et non systématique.

« Je suis moi-même la matière de mon livre »

L'écriture comme connaissance de soi et expérience

En entreprenant l'écriture des *Essais*, Montaigne ne cherche pas seulement à livrer le témoignage d'une existence : l'écriture apparaît comme **une recherche** et **un examen**, comme **une expérience** plutôt qu'un simple récit d'expériences. Ainsi, la démarche associe une réflexion sur des événements personnels et une interrogation philosophique à partir des auteurs anciens. La lecture des Anciens est associée à une méthode et une recherche de la sagesse : ainsi, la lecture des sceptiques* comme Sextus Empiricus va amener Montaigne à exercer son jugement et à identifier l'acte de douter et l'acte de penser. Sceptique par tempérament, Montaigne définit, dans le contexte troublé de son époque, un **scepticisme moderne**, laissant la place à une raison souveraine, qui refuse tout dogmatisme* et toute vérité qu'elle n'aurait pas mise elle-même à l'épreuve.

« Le mentir est un maudit vice » (*Essais*, I, 9)

Le scepticisme de Montaigne ne cherche pas à nier la possibilité de la vérité. Au contraire, il va de pair avec un **idéal de sincérité, d'amitié et d'honnêteté** car « *nous ne sommes hommes, et ne nous tenons les uns aux autres que par la parole* ». La difficulté est d'apercevoir la vérité, lorsque celle-ci est cachée par la « *menterie* », c'est-à-dire le mensonge et la fausseté. Or, la vérité n'a qu'un visage, « *mais le revers de la vérité a cent mille figures* ».

Puissance du corps, faiblesse de la volonté

Nombreuses sont les choses qui ne dépendent pas de nous. Ainsi, **ce qui relève de notre corps échappe à notre volonté** : « *Nous ne commandons pas à nos cheveux de se hérisser, et à notre peau de frémir de désir ou de crainte.* » Mais c'est aussi notre volonté elle-même qui se porte au dérèglement et à la désobéissance et contredit notre raison. Où se trouve donc le véritable Moi ? Est-ce celui de la raison et de la volonté ? Ce Moi insaisissable, perpétuellement en mouvement, c'est précisément par l'écriture et la connaissance de soi que Montaigne entend en dessiner les contours.

« Quelle âme a-t-il ? » (*Essais*, I, 42)

Telle est la question qu'il conviendrait de poser pour juger et **estimer la valeur d'un homme**, au lieu de juger d'après les apparences. À la question « *Pourquoi, estimant un homme, l'estimez-vous tout enveloppé et empaqueté ?* », Montaigne répond : « *Il le faut juger par lui-même, non par ses atours* » (I, 42).

Bibliographie essentielle

- ***Essais* (1580, 1588, 1595)**
Ouvrage réparti en trois livres (à partir de 1588), à travers lequel l'auteur livre ses pensées, ses expériences et ses lectures. Il fait apparaître une réflexion en constante évolution et propose au lecteur un miroir pour se connaître lui-même.

Philosophie moderne

Cf. fiches 20, 30 (6), 36, 45, 46, 53

43 — FRANCIS BACON (1561-1626)

Souvent considéré comme le premier des Modernes et le dernier des Anciens, l'anglais Francis Bacon rompt avec la scolastique* et introduit en philosophie la méthode expérimentale, mais son œuvre maintient des liens avec l'alchimie et une certaine tradition ésotérique. Bacon mène également une carrière politique qui est interrompue après des accusations de corruption. Théoricien et partisan d'une république des savants, préfigurée dans l'utopie de *La Nouvelle Atlantide*, Bacon considère que « *le savoir lui-même est pouvoir* » : la science ne se définit plus seulement comme une recherche désintéressée de la vérité, mais aussi comme un moyen d'acquérir ou d'exercer un pouvoir.

« On ne triomphe de la nature qu'en lui obéissant »

La théorie des idoles

L'esprit de l'homme est déformé par des **idoles** (préjugés, idées toutes faites) qui entravent son jugement et l'objectivité de son regard. Dans la préface du *Novum Organum* (en référence à Aristote), Bacon distingue **4 classes** : idoles de la race (liées à nos sens), de la caverne (liées à l'éducation, cause du subjectivisme), du forum (liées au langage commun) et du théâtre (liées aux systèmes philosophiques).

La meilleure démonstration est de loin l'expérience

Bacon prône l'**alliance de la raison et de l'expérience**. Il ne faut imiter ni les fourmis, ni les araignées, mais les abeilles : comme la fourmi besogneuse, les empiriques* ramassent tout ce qu'ils trouvent sur leur chemin, et les rationnels*, à l'image de l'araignée tissant sa toile pour immobiliser sa proie, tissent à partir d'eux-mêmes des raisonnements complexes qui paralysent l'esprit. Il ne faut donc faire ni comme les empiriques (l'expérience sans la raison), ni comme les rationnels (la raison sans l'expérience), mais recueillir les fruits de l'expérience grâce à une méthode qui observe, classe et organise les matériaux de l'expérience pour les rendre intelligibles et utiles, c'est-à-dire en les transformant par l'entendement*. L'expérience n'est donc pas un simple tâtonnement (*experientia vaga*), mais une **expérience raisonnée** dont les résultats sont consignés par écrit (*experientia literata*).

« Nullius in verba »

La méthode expérimentale de Bacon a joué un rôle essentiel dans la promotion des sciences et de leur cadre institutionnel. La Société royale de Londres, société savante fondée en 1660, reprend le programme baconien du « *progrès et de la promotion des savoirs* » : sa devise « *Nullius in verba* » (« Ne croire personne sur parole ») affirme la **volonté de n'établir la vérité dans la science qu'en se fiant à l'expérience** et non sur l'autorité d'une personne ou sur un savoir verbal et scolastique.

Sciences et progrès technique

Le rôle accordé par Bacon à l'expérience correspond aussi à la **mise en valeur de l'importance nouvelle des techniques**. Ainsi, les instruments et inventions (comme la boussole) ne sont pas seulement la conséquence du progrès des sciences, mais des outils permettant une nouvelle connaissance du monde. La technique joue donc un rôle actif dans le progrès de l'esprit humain. Pour Bacon, l'homme peut se transformer lui-même grâce à l'accumulation de savoirs et, s'il le veut, « progresser ».

Bibliographie essentielle

- **Novum Organum (Le Nouvel Organon, 1620)**
L'ouvrage, qui cherche à donner à la science un nouvel *organon* (ou instrument), est un traité de la méthode. Les règles de l'interprétation de la nature sont exposées sous forme d'aphorismes.

- **La Nouvelle Atlantide (posthume, 1627)**
Récit des expériences menées par les sages d'une île utopique, qui préfigure la république des savants.

Cf. fiches 11, 15, 16, 30 (2, 9), 32, 44

THOMAS HOBBES (1588-1679)

Né à Westport, Malmesbury, dans le Sud de l'Angleterre, Thomas Hobbes peut être considéré comme le fondateur de la science politique et l'un des philosophes les plus importants de l'âge classique. Après des études à l'université d'Oxford, où il acquiert une culture humaniste et encyclopédique, il entre au service de William Cavendish, comte de Newcastle. Lors de ses séjours en France et en Italie, il rencontre les grands savants de son époque, comme Mersenne, Galilée ou Gassendi. Hobbes est également le témoin des troubles religieux et politiques que connaît l'Angleterre, notamment les guerres civiles qui opposent le Parlement et les monarchistes et qui conduiront à la décapitation de Charles Ier (1649). Hobbes est alors en France où il compose son œuvre majeure : le *Léviathan* (1651). Cette œuvre lui vaudra de fortes oppositions à son retour en Angleterre, notamment de la part des théologiens.

Tout ce qui est est un corps, et tout ce qui est un corps est en mouvement

La critique de la « *substance immatérielle* »

Hobbes considère que **toute substance* est corporelle** et que la notion de « substance incorporelle » n'a pas de sens. Pour lui comme pour d'autres auteurs (Bacon, Gassendi...) qui critiquent la tradition scolastique*, il faut se méfier de la notion de « substance », car elle fait partie de ce vocabulaire d'origine latine utilisé par les hommes de l'École* pour jeter le trouble et la confusion dans les esprits. Il est ainsi amené à critiquer les thèses de Descartes, lorsque ce dernier affirme que la nature du *cogito* est d'être une « *substance pensante* » et qu'il distingue la « *substance immatérielle* » (l'esprit) et la « *substance corporelle* ».

Le corps et l'esprit

Pour Hobbes, il est aussi saugrenu d'affirmer : « Je suis pensant, donc je suis une pensée » que d'affirmer : « Je suis promenant, donc je suis une promenade » (*Troisièmes Objections aux Méditations métaphysiques*). **L'esprit est, pour lui, de nature corporelle** : il n'est pas une substance immatérielle, mais plutôt une forme d'activité mentale, comme l'exprime le terme anglais *mind*.

Physique et politique

C'est également l'idée que les individus sont des corps qui oriente la philosophie politique d'Hobbes. Plus précisément, ils sont des **corps en mouvement, mus par un effort** (*conatus* en latin), c'est-à-dire une tendance ou une forme élémentaire du désir, l'agréable et le désagréable provoquant respectivement attraction et répulsion : on retrouve ici l'épicurisme* d'Hobbes. À l'état de nature, chaque individu/corps persévérant naturellement dans son mouvement entre en contradiction et en opposition avec les autres, conduisant ainsi à l'état de guerre. **Seule la loi permet d'harmoniser le mouvement** naturel et désordonné des corps, qui est aussi celui du désir et des passions.

Le matérialisme

Le matérialisme désigne une doctrine philosophique qui considère que le réel est entièrement constitué de matière et que la matière constitue également le principe d'explication de la réalité. Elle s'oppose en cela au spiritualisme*. Le matérialisme a joué un rôle important dans l'Antiquité pour le développement de la science et de la philosophie. L'esprit matérialiste recherche une cause matérielle derrière les phénomènes naturels (tonnerre, volcan, etc.) afin d'en proposer une explication rationnelle* à partir de phénomènes observables. Il s'oppose donc à la superstition et à la crédulité, qui conduisent à imaginer une volonté cachée ou transcendante* derrière des phénomènes qui font partie de la nature. Hobbes est, en ce sens, un auteur matérialiste, non seulement parce qu'il considère que tout ce qui existe est un corps, mais également parce que cette affirmation lui permet de proposer une philosophie mécaniste* qui prend pour modèle l'explication des phénomènes physiques.

Philosophie moderne

Dieu est un corps

L'affirmation qu'il n'existe que des corps pourrait conduire à nier l'existence de Dieu. Or, Hobbes, qui a été accusé à tort d'athéisme et d'hérésie, affirme la corporéité de Dieu : Dieu est un corps, **mais il est constitué d'une matière si fine et si subtile que nos sens ne peuvent l'appréhender** et que notre esprit ne peut en concevoir aucune idée. Cet argument est également mis au service de la critique des prêtres et des théologiens.

L'homme, être parlant et animal politique

L'homme et l'animal

Hobbes considère que l'on peut étudier les hommes comme des parties de la nature, c'est-à-dire des corps qui perçoivent, désirent et imaginent. Mais **ces désirs distinguent l'homme de l'animal**, bien que tous deux soient des corps. Alors que l'animal se caractérise par « *une jouissance quotidienne attachée à la nourriture, au confort et à la concupiscence* » (*Léviathan*, chap. 12), l'homme est capable de se tourner vers l'avenir et ne pas se limiter à la jouissance du présent. Il est capable de prévoir et de se préoccuper de son salut.

Langage et artifice

Bien qu'il soit un être naturel, l'homme est également capable d'artifice. Ainsi, l'invention du langage montre qu'il est capable d'attribuer de manière arbitraire des noms aux choses. Il s'en sert pour enregistrer ses pensées, mais également comme signes pour communiquer avec les autres hommes. **Le langage est, pour Hobbes, une condition de la sociabilité.** Sans lui, « *il n'y aurait pas eu parmi les hommes plus de république, de société, de contrat et de paix que parmi les lions, les ours et les loups* » (*Léviathan*, IV).

La raison ou la science

Cette capacité à réfléchir et à communiquer à partir de signes arbitraires ou de dénominations conventionnelles est ce qu'Hobbes appelle « *raison* ». L'homme qui raisonne ne se contente pas d'observer, comme peuvent le faire les animaux, des ressemblances entre les phénomènes* de la perception, mais **il perçoit des rapports entre des signes**. C'est ce qui conduit Hobbes à définir la raison comme « *calcul* » : elle suppose une forme d'abstraction, puisque calculer, ce n'est pas percevoir mais bel et bien raisonner, c'est-à-dire combiner des signes et effectuer des opérations.

Parole et politique

L'homme est à la fois un animal politique et un être parlant. De même que la parole ne lui est pas donnée mais suppose un apprentissage, de même l'homme n'est pas un animal politique par nature mais par discipline, c'est-à-dire par artifice et par institution. **La parole est à la fois ce qui permet aux hommes de s'accorder et de se contredire.** En ce sens, elle fait de la sociabilité et de la politique des problèmes plutôt que des évidences.

C'est l'autorité et non la vérité qui fait la loi

La science politique

Considérer la politique comme objet de science signifie, pour Hobbes, qu'elle n'est pas seulement affaire de pratique et ne relève pas simplement d'une connaissance empirique* ou technique, mais qu'elle passe par une connaissance des hommes et du mouvement de leurs passions. C'est cette analyse qui permet à Hobbes de déduire **la nécessité et la possibilité d'un pouvoir souverain** : en effet, d'une part, le pouvoir souverain est nécessaire, car, en l'absence de ce pouvoir, les hommes chercheront à prendre l'avantage sur leurs semblables et se comporteront de manière belliqueuse ; d'autre part, le pouvoir souverain est possible, car il se fonde sur la crainte.

Homo homini lupus

« *L'homme est un loup pour l'homme* » : cette formule, que l'on trouve notamment chez Plaute, appartient à la tradition proverbiale latine. Elle désigne la férocité dont l'homme est capable envers ses semblables. Hobbes en attribue la cause à la comparaison des individus les uns avec les autres. La question n'est donc pas celle de l'instinct de l'homme : Hobbes ne cesse de s'expliquer sur cette méchanceté supposée et de répéter que ses passions ne sont pas des péchés. La question est celle de ses conditions de vie en communauté, comme l'exprime le début du *Citoyen*, où apparaît la formule, précédée d'une autre tout aussi importante : « *L'homme est un dieu pour l'homme.* »

Thomas Hobbes

Passions et politique : le rôle de la crainte

L'homme est un être de désir et d'orgueil, mais il est **limité dans ses prétentions par la crainte de la mort violente du fait d'autrui**. D'un côté, cette passion ne fait qu'inciter les comportements belliqueux et augmente l'inimitié, car elle pousse l'homme à antici-per les réactions de l'adversaire. D'un autre côté, elle l'incline à la paix, car l'homme souhaite davantage conserver sa vie qu'affirmer sa puissance. La recherche de sécurité l'incite donc à renoncer à son droit naturel* sur toute chose et à s'en remettre à l'autorité du souverain pour jouir de ses biens et d'une

Œuvre clé

Léviathan (1651)

Contexte d'écriture

Comme pour ses premières œuvres politiques, c'est dans le contexte des guerres civiles qui déchirent l'Angleterre qu'Hobbes rédige en anglais *Léviathan* (1651). Une version latine paraîtra en 1668. Devant l'impossibilité pour la philosophie de constituer un remède aux crises historiques et politiques de son temps, Hobbes tente d'adopter un style clair et imagé qui saura convaincre le public et permettre une réforme de la société.

Thèse centrale

Le Léviathan, monstre biblique, est une allégorie de l'État et du pouvoir absolu. Dieu mortel, Léviathan est d'une puissance telle que les hommes ne peuvent en imaginer de plus grande. Il saura ainsi inspirer la crainte nécessaire à l'obéissance, mais également permettre la paix au sein de la société civile. L'ouvrage constitue une théorie et une justification de l'autorité politique.

Structure de l'œuvre et idées principales commentées

Structure de l'œuvre

Le *Léviathan* se compose de 4 parties. Après une étude du corps naturel (I), c'est-à-dire celui de l'homme (sensations, passions, esprit), Hobbes développe une analyse du corps politique (II) comme corps artificiel ou machine construite par l'homme, qui en est à la fois la matière et l'artisan. L'étude de la forme du corps politique définit proprement la science politique – qui rend compte de la manière dont les États ou républiques se constituent –, les droits et le juste pouvoir (ou autorité) du souverain, ce qui préserve et ce qui occasionne sa dissolution. Puis Hobbes analyse ce qu'est une république chrétienne (III), partie qui comporte une longue analyse du pouvoir ecclésiastique, pour terminer par une étude du royaume des ténèbres (IV).

« Là où il n'est pas de pouvoir commun, il n'est pas de loi ; là où il n'est pas de loi, il n'est pas d'injustice » (chap. 13)

Hobbes décrit l'état de nature (qui n'est pas une donnée historique mais une fiction théorique) comme un état de guerre de chacun contre chacun, conséquence de l'égalité naturelle entre les hommes. Cet état d'antagonisme des forces rend impossible l'obéissance à une même loi, car chaque homme ne cherche à obéir qu'à lui-même. Seule la loi peut définir ce qui est juste et injuste, car, avant l'instauration de cette loi, chaque individu considère comme juste ce qui sert son pouvoir ou ses intérêts et injuste ce qui les contredit.

« Une multitude d'hommes devient une seule personne quand ces hommes sont représentés par un seul homme ou une seule personne » (chap. 16)

C'est dans la personne du représentant que le corps politique trouve son unité ; sans l'institution du corps politique, il n'y a pas d'unité réelle mais seulement des intérêts contradictoires ou des alliances de circonstance. Avec la personne du représentant, c'est-à-dire le souverain, le corps politique acquiert une unité en tant que tel, car c'est dans une même volonté et une même parole qu'il s'exprime et s'incarne. C'est donc l'unité du représentant qui fait l'unité du représenté, lequel, par la représentation, devient un peuple et non une multitude. Une seule personne ou le souverain ne désignent pas nécessairement un seul individu (un roi) mais l'unité de la volonté, à laquelle une assemblée peut également parvenir.

« La loi de nature et la loi civile se contiennent l'une l'autre, et sont d'égale étendue » (chap. 26)

Hobbes considère la loi de nature et la loi civile comme des parties différentes de la loi, ou comme la loi non écrite et la loi écrite. La loi civile déclare ce qui est équité ou justice et fait donc respecter les préceptes de la loi de nature.

Philosophie moderne

tranquillité sans laquelle toute existence est misérable. Mais la crainte est aussi le moyen par lequel le pouvoir s'exerce : **c'est la crainte inspirée par la toute-puissance du *Léviathan* qui conduit les hommes à obéir**.

La loi comme parole de celui qui doit commander aux autres

La finalité de la loi, c'est-à-dire ce pour quoi elle est faite, est donc le maintien de la paix et de la sécurité. Le pire des maux, de ce point de vue, est le désordre. **La loi n'a de sens et de valeur que si le souverain a les moyens de la faire respecter.** Pour cette raison, elle s'énonce à l'impératif, comme un ordre qui s'impose comme tel au sujet. Elle n'est pas un conseil, que le sujet aurait la possibilité de suivre ou pas, mais un commandement.

Loi naturelle* et loi civile

Seule la loi civile ou politique, c'est-à-dire celle qui procède de la volonté du souverain, est à proprement parler une loi. La loi naturelle est, en effet, définie par Hobbes comme un conseil ou une prescription de la raison. La loi civile ne peut contredire la loi naturelle qui prescrit de rechercher la paix, mais seule la loi civile possède le caractère impératif et nécessaire qui est celui de la loi au sens strict. Elle n'est pas simplement une règle générale, mais **un énoncé valable pour tous**.

> « Qu'une république soit monarchique ou populaire, la liberté est toujours la même » (*Léviathan*, chap. 21)

Liberté des particuliers et liberté de la république

Il ne faut pas confondre, selon Hobbes, la liberté dont disposent les États ou répu-bliques, lorsqu'ils peuvent agir conformé-ment à leur intérêt, et la liberté dont dispo-sent les individus au sein de ces républiques. Hobbes **critique ainsi la conception répu-blicaine** des anciennes cités athéniennes ou romaines, **de même que le culte de la liberté** que l'on trouve encore dans certaines cités italiennes à son époque : « *Sur les tourelles de la ville de Lucques le mot LIBERTAS* [est inscrit] *en grandes lettres* », mais cela ne permet pas d'affirmer que les sujets y sont plus libres qu'à Constantinople, c'est-à-dire sous un régime monarchique.

La liberté comme liberté de mouvement

On retrouve dans l'analyse hobbésienne de la liberté l'idée selon laquelle n'existent que des corps. La liberté est essentiellement définie comme liberté de mouvement, c'est-à-dire l'absence d'obstacles ou d'entraves. **Désignant**, pour Hobbes, **l'absence d'op-position, la liberté ne doit donc pas être considérée comme une idée**, un idéal ou une abstraction, qui justifierait que l'on se sacrifie pour elle, **mais bien comme la qualité d'un corps en mouvement**.

La liberté comme silence de la loi

Plutôt qu'une définition républicaine de la liberté comme participation aux affaires de la cité, Hobbes propose une conception libé-rale : la liberté n'est pas un pouvoir donné au citoyen par la loi, mais **elle apparaît là où la loi n'a pas formulé d'interdiction**. En ce sens, la liberté se trouve dans le silence de la loi. Hobbes pense donc la liberté sur le modèle de la liberté naturelle, mais seule la loi civile rend possible cette liberté de mou-vement qui, à l'état de nature, est toujours menacée.

Bibliographie essentielle

- ***Éléments de la loi naturelle et politique* (1640)**
Après avoir étudié l'homme comme corps naturel, Hobbes expose les principes de la politique.

- ***Léviathan* (1651)**

- ***Éléments de philosophie : De corpore* (1655), *De homine* (1658), *De cive* (1642-1647)**
Exposé systématique de la philosophie d'Hobbes sous la forme d'un triptyque : les principes de philo-sophie naturelle, le traité de l'homme et le traité du citoyen.

- ***Béhémoth* (1682)**
Hobbes retrace l'histoire de la guerre civile et s'interroge sur ses causes.

Cf. fiches 19, 21, 22, 25, 30 (17, 20), 32, 45

RENÉ DESCARTES
(1596-1650)

René Descartes est né à La Haye, en Touraine, dans une famille de petite noblesse. Il étudie au collège royal de La Flèche tenu par les jésuites. Dans le *Discours de la méthode*, il se montrera assez critique à l'égard du contenu de cet enseignement et avouera s'être surtout intéressé aux mathématiques pour leur certitude. Après une licence de droit, Descartes s'engage dans une carrière militaire, au service du prince d'Orange en Hollande, puis du duc de Bavière. En 1619, un songe lui fait prendre conscience de sa véritable vocation en lui donnant l'intuition de sa méthode. Il se met à voyager et à fréquenter les milieux scientifiques et philosophiques. Il finit par s'installer en Hollande en 1628, pays protestant, comptant pouvoir y travailler plus sereinement. Il entreprend la rédaction de plusieurs traités qui resteront inachevés *(Les Règles pour la direction de l'esprit)* ou non publiés (le *Traité de l'Homme*, puis le *Traité du Monde*). C'est en 1637 que paraît le *Discours de la méthode*, écrit en français pour toucher un large public et servant de préface à trois traités scientifiques. Sa pensée évolue ensuite davantage vers la métaphysique*, comme en témoignent les *Méditations*, puis vers la morale (*Les Passions de l'âme*, 1649). Invité auprès de la reine Christine de Suède, il meurt à Stockholm en 1650. Homme de science autant que philosophe, il laisse une œuvre s'étendant à tous les domaines de réflexion et traversée par l'idée d'une profonde unité de la connaissance. Sa pensée, rompant avec la tradition médiévale et aristotélicienne*, peut être considérée comme un moment fondateur de la modernité. Elle exercera une influence marquante sur de nombreux auteurs (Spinoza, Durkheim, Husserl, Alain...).

La méthode

La nécessité d'une méthode

Par la confiance qu'il accorde à la raison, définie comme « *puissance de bien juger et distinguer le vrai d'avec le faux* », Descartes est un **rationaliste***. Grâce à elle, chaque homme dispose de façon égale du moyen d'accéder à la vérité. Comme l'affirme le début du *Discours de la méthode*, la raison ou « *le bon sens est la chose du monde la mieux partagée* ». Comment expliquer alors la diversité des opinions entre les hommes ou qu'on ne parvienne pas à plus de certitudes, même dans les sciences ? Pour Descartes, le problème ne tient pas à la raison elle-même, mais au **manque de méthode** dans son emploi. Il va même jusqu'à écrire qu'il « *vaut beaucoup mieux ne jamais songer à chercher la vérité sur aucune chose que de le faire sans méthode* ». En effet, la recherche de la connaissance n'a de sens que si elle permet d'aboutir à des résultats fiables. La première nécessité pour l'esprit humain est donc de se doter d'une méthode, pour pouvoir reconstruire l'ensemble de la connaissance sur **des fondements solides**.

La « mathesis universalis »

Pour Descartes, la **logique formelle**, ou art du syllogisme*, ne peut pas remplir le rôle de la méthode qu'il cherche. Elle lui apparaît à la fois trop complexe par le nombre de ses règles et inféconde. Elle ne permet pas d'augmenter la connaissance, mais seulement d'exposer des idées que l'on connaît déjà. En revanche, les **mathématiques** (algèbre et géométrie) sont par excellence un domaine de connaissance à la fois progressive et certaine. On pourrait progresser avec la même certitude dans toutes les autres sciences, en leur appliquant les mêmes règles de méthode. Descartes forme ainsi le projet d'une « *mathématique universelle* » (« *mathesis universalis* »), pouvant être appliquée à toutes les sciences particulières. Un des avantages de cette méthode est sa **simplicité** : elle consiste à prendre modèle sur les « *longues chaînes de raison* » de la démonstration géométrique, fondées sur l'**intuition*** et la **déduction***.

La recherche d'un véritable fondement

Le doute radical

Le souci de parvenir à une certitude absolue, qui caractérise la pensée de Descartes, le pousse à aller plus loin et à remettre en question la certitude accordée aux mathématiques. Il pose la question de façon plus radicale encore : est-il possible de parvenir à quelque certitude que ce soit ? Ne faut-il pas reconnaître que le doute est toujours possible, dans tous les domaines, comme y

Philosophie moderne

L'argument du rêve

Dans les étapes du doute radical (*Discours de la méthode*, 4e partie), Descartes montre d'abord la nécessité d'écarter comme faux tout ce que nous devons à nos sens, puisqu'ils peuvent être source d'illusions. On ne peut donc pas avoir une entière confiance dans la perception qu'ils nous donnent de la réalité. Comment douter, en revanche, que cette réalité elle-même existe ? N'est-il pas évident que des objets existent en dehors de nous, puisqu'ils font effet sur notre sensibilité ? Descartes rappelle que, lorsque nous rêvons, nous avons des sensations tout à fait semblables et qui ne renvoient pourtant à aucune réalité extérieure. La certitude que nous avons en ce moment d'être bien éveillé se révèle identique à celle que nous éprouvons lorsque nous sommes en train de rêver. La distinction entre le songe et la réalité apparaît donc elle-même comme douteuse. En revanche, comme le souligne Descartes, que nous soyons éveillé ou en train de rêver, une chose reste certaine : nous pouvons être sûr d'exister, comme « *chose qui pense* ». Nous ne pourrions pas, en effet, rêver si nous n'existions pas.

invitent les philosophes sceptiques* ? C'est ce qui justifie la démarche d'un **doute méthodique, radical** et « *hyperbolique* ». L'objectif étant de chercher de la certitude, Descartes prend comme principe de soumettre toutes ses idées au plus grand doute possible et de rejeter comme fausses toutes celles qui n'y résisteraient pas. C'est ainsi que se trouvent écartés tout ce que nous avons appris par nos sens, puis les raisonnements mathématiques eux-mêmes et, enfin, même la certitude de l'existence des choses qui nous entourent. En revanche, le doute ne peut remettre en cause la certitude de notre propre existence. Chacun peut donc parvenir à cette certitude « indubitable » : « *Je pense, donc je suis* » (en latin, « *Cogito ergo sum* »). Descartes précisera sa pensée dans les *Méditations*, afin d'éviter toute mauvaise interprétation : « **Je suis, j'existe** *est nécessairement vrai toutes les fois que je le prononce ou que je le conçois en mon esprit.* »

Le *cogito*, vérité fondamentale

La découverte du *cogito* est importante, car elle offre à la connaissance un véritable fondement, un moyen d'établir d'autres vérités avec la même certitude. La caractéristique du *cogito* est de se présenter à notre esprit sous la forme d'une **évidence** absolue, c'est-à-dire à la fois « *clairement* » et « *distinctement* ». Descartes en conclut qu'il est légitime de reconnaître comme vraies toutes les idées pouvant se présenter à notre esprit avec autant de « *clarté* » et de « *distinction* » que le *cogito*. Il faut d'ailleurs bien voir que le *cogito* consiste en **une intuition* immédiate** (c'est une seule et même chose de penser et d'exister) et non en une **déduction*** (comme pourrait le laisser croire le « *donc* »). C'est à cette condition que Descartes peut affirmer trouver en lui le « *premier principe de la philosophie* » qu'il cherchait.

La métaphysique*

Dieu ou l'« *Être parfait* »

L'existence de Dieu est la deuxième certitude que nous devons rencontrer après celle de notre propre existence. Descartes remarque qu'il y a en chacun de nous **l'idée d'un « *Être parfait* »**. Or, une telle idée ne peut pas venir d'un être qui est lui-même imparfait, comme l'homme. Elle nous conduit donc à reconnaître **l'existence de cet « *Être parfait* »**, c'est-à-dire Dieu, qui a laissé en chaque homme sa marque sous la forme de cette idée. La certitude de l'existence de Dieu est d'ailleurs ce qui fonde en dernière analyse toute l'entreprise de connaissance. Parce que « *parfait* », Dieu ne peut être trompeur. Il est donc légitime de penser qu'il nous a donné avec la raison le moyen de parvenir à la vérité avec certitude, à condition de respecter la méthode qu'elle implique.

Le dualisme* de l'âme et du corps

Le cheminement du doute radical conduit à l'évidence de l'existence d'une « *substance pensante* » (« *res cogitans* ») distincte du corps. Descartes est ainsi partisan d'un **dualisme** : la réalité se compose de deux substances absolument irréductibles l'une à l'autre. L'âme, ou la pensée, est par essence* ce qui n'occupe aucun lieu déterminé ou encore ce que l'on ne peut décomposer en parties. Au contraire, le corps, et plus généralement la matière, se définit par l'étendue*, c'est-à-dire le fait d'occuper un certain espace. Descartes parle ainsi de « *res extensa* ». La difficulté consiste alors à expliquer comment deux réalités aussi distinctes par nature peuvent agir l'une sur l'autre. Descartes souligne pourtant que c'est de **leur union** que nous faisons en permanence l'expérience, à travers les relations de l'âme et du corps.

(suite, p. 152)

René Descartes

Œuvre clé

Méditations métaphysiques* (1641)

Contexte d'écriture

Dans le _Discours de la méthode_ publié en français en 1637, Descartes ne livre qu'un résumé très bref de ses réflexions métaphysiques et presque en s'en excusant. Il s'adresse en effet à un public peu familier de ce type de réflexions et son objectif est alors surtout scientifique. C'est dans les _Méditations métaphysiques_, écrites et publiées en latin, que Descartes trouve l'occasion de livrer sa métaphysique sous la forme la plus fidèle. Ses idées sont exposées ici selon l'ordre « analytique », c'est-à-dire l'ordre véritable de la découverte de ses idées.

Thèse centrale

Comme Descartes l'indique lui-même, ses « _méditations touchant la philosophie première_ » ont pour objet principal la démonstration de « _l'existence de Dieu_ » et celle de « _la distinction réelle entre l'âme et le corps de l'homme_ ».

Structure de l'œuvre et idées principales commentées

Structure de l'œuvre

L'œuvre est composée de six « méditations », que Descartes suggère de lire en autant de journées différentes. En effet, il ne faut pas voir cet ouvrage comme le simple exposé d'une doctrine. C'est tout un cheminement à faire et à vivre soi-même, pour parvenir à la « _conversion de l'esprit_ » que suppose la pensée de Descartes, notamment pour habituer notre esprit à « _se détacher des sens_ ».

L'hypothèse d'un Dieu trompeur

L'originalité du doute dans les _Méditations_ tient à ce que Descartes va jusqu'à imaginer l'idée d'un Dieu qui pourrait faire en sorte que nous nous trompions quand nous croyons pourtant être face à des vérités certaines. Le doute doit, en effet, être poussé à l'extrême, si l'on veut trouver une certitude absolue. Or, tant que la véritable nature de Dieu n'est pas connue, cette hypothèse reste possible. Elle conduit à mettre en doute même les vérités mathématiques, pourtant indépendantes de nos sens.

L'analyse du morceau de cire

Nous pensons spontanément que c'est par nos sens que nous connaissons les corps matériels.

Dans cette célèbre analyse de la deuxième méditation, Descartes montre au contraire que c'est par notre entendement* : lui seul est capable de percevoir ce qui fait l'essence* et l'identité des choses*. Descartes en tire la conséquence que notre esprit est plus facile à connaître que notre propre corps.

Les preuves de l'existence de Dieu

Descartes en donne quatre, au total, dans les troisième et cinquième méditations. L'une d'elles repose sur la définition même de Dieu, son « essence ». L'idée, présente en nous, d'un « _Être parfait_ » implique celle de son existence. Penser un être comme parfait, sans lui attribuer en même temps la qualité d'exister, serait une contradiction logique interne. Cette preuve « ontologique* » sera par la suite critiquée par Kant.

L'explication de l'erreur

Dieu étant nécessairement parfait, il ne peut être trompeur. Comment expliquer alors que l'homme soit si sujet à l'erreur ? Pour Descartes, la faute en revient à l'homme lui-même, en raison du mauvais usage qu'il fait de sa liberté. Sous la forme du libre arbitre*, nous disposons d'une « volonté » infinie, qui nous rend semblable à Dieu. Nous nous trompons quand nous faisons un mauvais usage de celui-ci, c'est-à-dire en donnant notre assentiment à des choses que nous ne percevons pas de façon suffisamment claire et distincte.

La relation de l'âme et du corps

Le cheminement des _Méditations_ conduit à la claire distinction de l'âme et du corps et à mettre en évidence que nous sommes essentiellement une « _substance* pensante_ ». Dans la sixième méditation, Descartes écrit pourtant qu'il « _n'est pas seulement logé dans_ [son] _corps, ainsi qu'un pilote en son navire_ ». Il faut donc penser à la fois la distinction de l'âme et du corps et leur « _étroite union_ ». C'est dans ce cadre que Descartes dégage la véritable fonction des sensations que nous devons à notre nature incarnée. Ce sont moins des moyens de connaître la réalité que des informations par lesquelles la nature nous indique ce que nous devons fuir ou rechercher pour notre bonne conservation.

Philosophie moderne

La science

La physique, « géométrie » de la nature

Dans la lettre-préface des *Principes de la philosophie*, Descartes compare l'ensemble de la connaissance à un arbre, dont les racines et le tronc représentent respectivement la métaphysique* et la physique (du grec *phusis*, « la nature »). Descartes applique, en effet, l'analyse métaphysique de la matière à la connaissance de la nature. En ramenant les propriétés de la matière à la seule « *étendue** », il rompt avec l'héritage aristotélicien* et médiéval. Il ouvre en même temps la voie à une approche « mathématique » de la nature. Il montre qu'on peut la concevoir comme **un espace géométrique** et que tous les phénomènes* peuvent être réduits à des **mouvements de matière**. C'est selon ce principe que les phénomènes lumineux sont expliqués dans *La Dioptrique*, par exemple.

Le vivant comme « machine »

Le phénomène de **la vie** peut lui aussi être entièrement réduit à la **matière** et au **mouvement**, sans devoir recourir à un principe d'explication spécifique. Les automates que l'on admire à l'époque et les études anatomiques auxquelles Descartes lui-même se livre lui inspirent une **conception « mécaniste* » du vivant**. Il compare ainsi les différentes parties d'un organisme vivant aux rouages et aux pièces d'une horloge. Un être vivant n'est pas autre chose qu'une sorte d'automate naturel, une « *machine* » seulement plus complexe que celles que l'homme peut créer lui-même. Descartes va jusqu'à décrire le corps humain en termes « mécaniques » *(Traité de l'Homme)*. Il reste qu'il y a en l'homme quelque chose qui empêche de le réduire à une simple « *machine* », à la différence de tous les autres êtres vivants : l'âme ou la pensée. Celle-ci se manifeste par excellence dans la faculté de parole, propre à l'homme.

La morale

Une « morale par provision »

Dans l'arbre que forme l'ensemble de la philosophie selon Descartes, la morale représente une des principales branches. Elle est à la fois ce qui va porter les fruits les plus utiles à l'homme et ce qui ne pourra être connu que tardivement. C'est la raison pour laquelle Descartes a d'abord exposé une « *morale par provision* », dès le *Discours de la méthode* (3ᵉ partie), comme autant de principes à suivre pour agir au mieux, dans l'attente d'une « *plus haute et plus parfaite morale* ». Cette morale repose sur un mélange de modération et de résolution et s'inspire de la distinction **stoïcienne*** entre les choses qui dépendent de nous et celles qui n'en dépendent pas. La sagesse consiste à reconnaître que le cours des événements ne peut pas aller toujours dans le sens de nos désirs et à ne pas désirer ce qui est hors de notre pouvoir.

Les « passions de l'âme »

C'est dans *Les Passions de l'âme* que Descartes va tenter de livrer sa morale définitive, fondée sur l'étude des rapports de l'âme et du corps. Pour lui, la question essentielle de la morale est de savoir comment faire en sorte que nous puissions parvenir au bonheur, défini comme « *parfait contentement* ». La sensibilité et l'affectivité que nous devons à la relation de notre âme avec notre corps semblent à première vue y faire obstacle. Descartes montre qu'il ne faut pas rejeter ces « *passions* » que nous devons à notre nature (même quand il s'agit de la haine ou de la tristesse, par exemple), mais plutôt apprendre à nous en rendre maître pour **en faire le meilleur usage**. Parmi celles-ci, Descartes accorde une importance toute particulière à la « *générosité* » comme « *clef de toutes les autres vertus et remède général contre tous les dérèglements des passions* ». Il s'agit de la juste estime de soi, fondée sur le sentiment de notre liberté, c'est-à-dire la pleine maîtrise de notre volonté.

Bibliographie essentielle

- **Discours de la méthode (1637)**
Cette œuvre synthétique et fondatrice représente à la fois une autobiographie, un exposé doctrinal et un manifeste. Sa lecture est à compléter par celle des *Méditations métaphysiques*.

- **Méditations métaphysiques (1641)**

- **Lettres à Élisabeth (1643-1649)**
La correspondance de Descartes fait partie intégrante de son œuvre. Les lettres échangées avec la princesse Élisabeth de Bohême, une lectrice attentive, apportent d'importantes précisions sur les rapports de l'âme et du corps et sur des questions morales.

Cf. fiches 2, 9, 18, 19, 29, 30 (3, 6, 16, 18, 21)

BLAISE PASCAL
(1623-1662)

Né à Clermont, Pascal suit pendant son enfance les enseignements de son père, mathématicien et magistrat. Son talent en mathématiques se manifeste très tôt : il compose à l'âge de 11 ans un traité des sons et publie à l'âge de 17 ans un *Essai sur les coniques*, avant de concevoir, deux ans plus tard, la fameuse *Pascaline*, machine à calculer « *sans peine* ». Proche de Port-Royal et de son christianisme austère à partir de 1646, Pascal fréquente néanmoins les milieux libertins et poursuit ses expérimentations scientifiques (sur le vide et les probabilités), avant une crise de conscience qui aboutira à sa nouvelle et véritable conversion au christianisme la nuit du 23 novembre 1654 (relatée dans le *Mémorial*) et une période d'ascétisme au cours de laquelle il confirmera sa vocation d'apologiste*.

Où est le *moi* s'il n'est ni dans le cœur ni dans l'âme ?

Qu'est-ce que le *moi* ?
Le *moi* semble n'être qu'une illusion et **le vrai *moi* demeure introuvable**. En effet, on aime une personne pour telle ou telle de ses qualités (la beauté, le jugement ou la mémoire), mais ces qualités peuvent disparaître et l'amour avec lui, mais non la personne. Ces qualités qui sont périssables ne font donc point le *moi*. Et pourtant, on ne peut aimer la substance de l'âme abstraitement, en dehors de ces qualités. Pascal conclut avec pessimisme : « *On n'aime donc jamais personne, mais seulement des qualités* » (*Pensées*, éd. Brunschvicg, 323).

Le présent n'est jamais notre fin
L'homme est **sans cesse tourné vers le passé ou l'avenir** : toujours inquiet ou impatient, il s'attache à ses souvenirs ou ses projets et cherche à retenir le cours du temps ou à anticiper l'événement, au lieu de penser au présent, le seul temps qui lui appartient. Ainsi, « *nous ne nous tenons jamais au temps présent* » (Br. 172).

Ennui et divertissement
Errant dans des temps qui ne sont pas les siens et incapable d'être lucide sur sa malheureuse condition, l'homme se tourne vers des activités qui le distraient et trompent son ennui, mais, **en s'y adonnant, il ne fait que confirmer son incapacité au bonheur** : « *Les hommes n'ayant pu guérir la mort, la misère, l'ignorance, ils se sont avisés, pour se rendre heureux, de n'y point penser* » (Br. 68). Le divertissement (étymologiquement, « action de détourner ») se comprend comme un moyen d'oublier la misère et de porter son esprit vers de plus futiles tracas, car **c'est le tracas qui nous divertit** : « *Raison pourquoi on aime mieux la chasse que la prise.* »

Travaillons donc à bien penser : voilà le principe de la morale
Grâce au divertissement, **l'homme échappe à la conscience de sa misère**. Pourtant, « *penser fait la grandeur de l'homme* » : c'est par la pensée que l'homme se distingue du monde, de la pierre ou de la brute, et en elle que consistent sa grandeur et sa dignité. « *L'homme n'est qu'un roseau, le plus faible de la nature, mais c'est **un roseau pensant*** » (Br. 347).

Port-Royal et la controverse janséniste*

Pascal écrit dans le contexte de la controverse entre molinistes et jansénistes sur la grâce et la prédestination : contre le jésuite espagnol Luis Molina, qui accorde à la volonté humaine un rôle dans le salut, Jansenius, reprenant les thèses d'Augustin, affirme que l'homme a besoin du secours divin pour être sauvé et défend la doctrine de la prédestination (seuls quelques élus pourront être sauvés). Pascal est lié aux jansénistes de Port-Royal, qui prônent un christianisme austère, fait de solitude et de méditation, et considèrent, tout comme l'auteur des *Pensées*, que l'homme corrompu par le péché ne peut trouver en lui-même la force de vouloir le bien. Cette misère de l'homme sans Dieu explique que seule la grâce divine peut permettre le salut. L'homme peut néanmoins, dans les choses de l'esprit, faire usage de sa raison et de la lumière naturelle*, comme le montre *La Logique ou l'Art de penser* d'Antoine Arnauld et Pierre Nicole, dite *Logique de Port-Royal* (1662-1683).

Philosophie moderne

Le pari

L'apologétique* cherche à donner à l'incroyant des arguments qui rendront possible sa conversion. C'est dans ce cadre, qui relève d'un art de persuader, que Pascal énonce l'argument du pari : celui-ci doit permettre au libertin ou à l'athée de comprendre qu'*il y a tout à gagner et rien à perdre*, si ce n'est des choses insignifiantes, *à parier pour l'existence de Dieu*. Si Dieu existe, l'homme gagne la béatitude. S'Il n'existe pas, il n'aura sacrifié que des plaisirs inutiles, dans une vie égarée par les puissances trompeuses : la concupiscence, l'orgueil et l'amour-propre. *« Si vous gagnez, vous gagnez tout ; si vous perdez, vous ne perdez rien »* (Br. 233).

Le cœur et la raison

Seule la géométrie observe la véritable méthode

Parce qu'elle définit parfaitement les termes qu'elle utilise et procède par déduction* rigoureuse, la méthode géométrique donne l'exemple de l'excellence de la raison dans la démonstration. Mais une telle méthode ne peut exister sous sa forme parfaite. En effet, il est impossible de définir tous les termes que l'on utilise, *« car il est évident que les premiers termes qu'on voudrait définir en supposeraient de précédents pour servir à leur explication »*. Ainsi, **la méthode géométrique montre à la fois l'excellence de la raison et ses limites**, comme l'explique Pascal dans *De l'esprit géométrique et de l'art de persuader*.

Il est vain de chercher à tout démontrer

L'ordre de la géométrie peut néanmoins être considéré comme certain, même s'il ne prouve pas tout. Il consiste ni à tout définir et tout démontrer, ni à ne rien définir et ne rien démontrer, mais à **définir et démontrer ce qui mérite de l'être** et donc à se tenir dans un milieu entre deux excès. Il est vain de chercher à tout démontrer, car **le cœur sent les premiers principes** (par exemple, qu'il y a trois dimensions dans l'espace et que les nombres sont infinis) *« et c'est sur ces connaissances du cœur et de l'instinct qu'il faut que la raison s'appuie et qu'elle y fonde tout son discours »* (Br. 282).

Disproportion de l'homme

« Car enfin qu'est-ce que l'homme dans la nature ? Un néant à l'égard de l'infini, un tout à l'égard du néant, un milieu entre rien et tout » (Br. 72). **L'homme est perdu entre l'infiniment grand et l'infiniment petit**, entre l'immensité de l'univers et l'extrême petitesse de la nature, puisqu'un animal minuscule comme le ciron contient encore une infinité de petites parties. La considération de ces deux abîmes de l'infini et du néant provoque **frayeur et vertige** et invite l'homme à la **contemplation silencieuse** de ce qui, pour lui, demeure un secret impénétrable.

Misère et grandeur

De même, Pascal montre que l'homme doit **éviter de tomber dans deux excès** : celui des stoïciens*, qui prétendent que l'homme sage peut atteindre la vérité (et donc égaler Dieu), et celui des pyrrhoniens, qui pensent qu'il n'y a pas de certitude possible. D'où, chez Pascal, la volonté de prendre en considération à la fois la misère et la grandeur de l'homme.

Force et justice

Ne pouvant faire que ce qui est juste fût fort...

Parce qu'ils sont corrompus par le péché originel, les hommes ne sont pas capables de respecter la justice, ni même de s'accorder sur une définition du « juste ». Parce qu'il est impossible de trouver dans la nature humaine une loi naturelle* qui constitue à la fois un fondement du droit positif* et une limite à l'exercice arbitraire du pouvoir, il n'y a pas d'accord rationnel* sur l'idée de « justice ». Ainsi, **sans le secours de la force, la justice est contredite et inefficace**, « impuissante ».

... on a fait que ce qui est fort fût juste

La force a cet avantage sur la justice d'être incontestable et de mettre tout le monde d'accord : *« La justice est sujette à dispute »*, mais **la force est « *sans dispute* »**. Cependant, parce qu'elle est tyrannique, *« la force sans la justice est accusée »*, c'est-à-dire dénoncée par les hommes qui y voient l'exercice arbitraire et injustifié d'une puissance. Il a donc fallu **justifier la force**, c'est-à-dire en réalité faire croire que la force était juste. Alors que la force est muette, elle a tenu le discours de la justice, pour éviter la discorde et la contestation. L'exercice du pouvoir repose ainsi sur **une illusion nécessaire** (Br. 298).

Blaise Pascal

Le règne de l'imagination

L'imagination dispose de tout

« *Maîtresse d'erreur et de fausseté* », **l'imagination persuade mieux que la raison**. « *La raison a beau crier, elle ne peut mettre le prix aux choses* » (Br. 82) : c'est l'imagination, c'est-à-dire le fait d'attribuer aux choses et aux êtres des qualités qu'ils n'ont pas, qui exerce sur les hommes un véritable empire ; elle les trompe et les asservit. Ainsi, pouvoir et autorité ne sont pas toujours fondés sur des qualités réelles ou sur la force : il suffit aux médecins ou aux magistrats de revêtir l'uniforme pour s'attirer le respect et pour qu'on présuppose de leurs compétences. N'ayant que des savoirs et des aptitudes imaginaires, **ils dupent le monde grâce à l'imagination**.

Œuvre clé

Pensées (1657-1662, publication posthume en 1670)

Contexte d'écriture

Ces notes découvertes et éditées après la mort de Pascal devaient constituer une apologie*. La forme fragmentaire s'explique donc par le caractère inachevé de l'ouvrage, mais également par le style et la pensée de Pascal, qui ne cherchait pas à constituer un système démontrant l'existence de Dieu mais à montrer la nécessité de la grâce, qui seule permet à l'homme de se détourner de la misère.

Thèse centrale

Sans Dieu, l'homme a une existence vaine et livrée à la concupiscence. Il ne peut donc espérer le salut que s'il se tourne vers Dieu et accepte Son aide. La raison ne peut prouver l'existence de Dieu, car il y a une distance infinie entre un Dieu infini et Sa créature finie, mais elle peut nous incliner à choisir raisonnablement de vivre avec Dieu.

Structure de l'œuvre et idées principales commentées

Structure de l'œuvre

Même s'il s'efforce de refléter l'intention de l'auteur, l'ordre des *Pensées* est aussi un choix d'édition, car les papiers retrouvés après la mort de Pascal ne correspondent certainement pas à un état définitif du manuscrit avant publication. Ainsi, Léon Brunschvicg (1904, noté ici « Br. ») a établi un ordre censé correspondre au projet de Pascal et a regroupé les fragments en 14 articles (« Pensées sur l'esprit et sur le style », « Misère de l'homme sans Dieu », « De la nécessité du pari », « Des moyens de croire », « La justice et la raison des effets », « Les philosophes », « La morale et la doctrine », « Les fondements de la religion chrétienne », « La perpétuité », « Les figuratifs », « Les prophéties », « Les preuves de Jésus-Christ », « Les miracles », « Fragments polémiques »). L'édition de Philippe Sellier (2004) s'est, en revanche, essentiellement attachée à la genèse de l'œuvre et s'est efforcée de reconstituer l'état et l'organisation des manuscrits tels qu'ils étaient au moment de la mort de Pascal.

« *Se moquer de la philosophie, c'est vraiment philosopher* » (Br. 513)

Cette célèbre formule résume, en un sens, la démarche de Pascal, à la fois sceptique* et apologétique*. Il philosophe tout en critiquant la raison, les illusions ou le dogmatisme* de certaines théories philosophiques. Plus précisément, Pascal énonce cette formule dans le cadre d'une réflexion sur l'esprit de géométrie (le raisonnement) et l'esprit de finesse (le sentiment) : certains esprits sont accoutumés à raisonner par principe, d'autres à juger par le sentiment, et les deux qualités sont incompatibles. Philosopher, c'est aussi comprendre que les vertus de l'esprit ne peuvent se réduire ni à la raison ni au sentiment.

« *Nous ne cherchons jamais les choses, mais la recherche des choses* » (Br. 773)

Cette formule, qui doit être mise en rapport avec la théorie pascalienne du divertissement, établit un parallèle entre le jeu et la vérité : ce que nous aimons, c'est être occupé, c'est le combat plus que la victoire. Nous aimons voir les contraires s'opposer, car c'est un spectacle qui nous divertit et que nous préférons à la contemplation de la vérité : une fois le désir ou la curiosité satisfaits, l'homme incapable de tranquillité entreprend de nouvelles recherches pour éviter le désespoir.

« *Nous sommes automates autant qu'esprit* » (Br. 821)

La force de la coutume est souvent bien supérieure à celle de la démonstration ; elle « *entraîne l'esprit sans qu'il y pense* » et nous fait croire « *sans violence, sans art, sans argument* ». Le scepticisme de Pascal établit ainsi que nombre de nos croyances les plus vives et les plus profondes se passent de démonstration : « *Qui a démontré qu'il sera demain jour et que nous mourrons ?* »

Philosophie moderne

La querelle des Anciens et des Modernes

Cette célèbre querelle oppose les défenseurs de la tradition et de l'autorité des Anciens aux partisans de la nouvelle science et des progrès de la connaissance, fondés sur l'expérience et le raisonnement. Pour Pascal, il y a là une confusion entre deux domaines et une mise en concurrence inutile de l'autorité et du raisonnement. Dans certaines matières, il est nécessaire de savoir ce que les auteurs ont écrit et d'avoir recours au témoignage : histoire, géographie, jurisprudence, langues ou théologie*, qui ont pour principe le fait simple ou l'institution divine ou humaine ; mais, pour les *« sujets qui tombent sous le sens ou sous le raisonnement »*, c'est-à-dire essentiellement dans les sciences, *« l'autorité y est inutile ; la raison seule a lieu d'en connaître »* (préface au *Traité du vide*).

Le règne de l'opinion

« Qui a donc trompé ? Les sens ou l'instruction ? » demande Pascal. Si l'imagination exerce un tel pouvoir, c'est que **les hommes suivent facilement leurs fausses impressions**. Ce règne de l'opinion s'établit-il dès l'enfance, grâce à l'illusion des sens, fortifiée par la coutume, ou bien parce que l'école et l'instruction ont corrompu le sens commun ? La question reste sans réponse : **le règne de l'imagination est sans limites**.

Les trois ordres

La chair, l'esprit, la charité

Pour penser la condition humaine, sa misère et sa grandeur, Pascal élabore **la théorie des trois ordres** : l'ordre des corps ou de la chair, l'ordre des esprits, l'ordre de la charité. Ces ordres doivent être compris comme des niveaux de réalité incomparables, comme *« trois ordres différents de genre »*, chacun réunissant des éléments de même nature qui lui sont propres. Ainsi, les gens d'esprit sont indifférents aux richesses et aux honneurs, qui sont des grandeurs pour les sens et l'imagination : *« la grandeur des gens d'esprit est invisible aux rois, aux riches, aux capitaines »* qui sont des *« grands de chair »*, et la grandeur de la sagesse *« est invisible aux charnels et aux gens d'esprit »* (Br. 793).

Ordre de la nature, ordre de la charité

L'ordre des corps est visible aux yeux ou à l'imagination ; l'ordre de l'esprit est visible à l'esprit et invisible aux yeux ; l'ordre de la charité est visible au cœur et invisible aux yeux et à l'esprit. Mais il faut encore préciser que l'ordre de la chair et l'ordre de l'esprit appartiennent tous les deux à la nature, alors que l'ordre de la charité est surnaturel (divin). **Chaque ordre est donc incomparable aux deux autres** et la distance des corps aux esprits est infinie, mais la distance entre les deux premiers ordres et le troisième est *« infiniment plus infinie »*.

Les rois, les génies, les saints

Chaque grandeur a son empire. Rois, riches et capitaines sont des grands de chair ; les génies *« sont vus non des yeux, mais des esprits »* ; les saints *« n'ont nul besoin des grandeurs charnelles ou spirituelles »* car *« Dieu leur suffit »*. Chaque ordre possède donc sa grandeur, son éclat et sa victoire : Archimède fut reconnu pour son génie, Jésus-Christ pour sa sainteté. **Ces trois ordres expriment aussi l'idée pascalienne de « grandeur et misère de l'homme »** : en tant que corps, l'homme n'est rien ; en tant qu'esprit, que *« roseau pensant »*, il fait preuve de grandeur.

Bibliographie essentielle

- ***Les Provinciales (1656-1657)***
Pascal défend la cause du jansénisme* contre ses adversaires, en particulier les jésuites, et propose une critique de leur méthode : la casuistique*.

- ***De l'esprit géométrique et de l'art de persuader (1657)***
Dans cette réflexion sur les moyens de rechercher et démontrer la vérité, Pascal examine comment l'on peut tirer des conclusions certaines à partir d'axiomes indémontrables et montre à la fois la perfection et les limites de la méthode géométrique.

- ***Pensées (1670)***

Cf. fiches 7, 12, 16, 24, 29, 30 (16, 22), 35, 36

BARUCH DE SPINOZA (1632-1677)

Né à Amsterdam d'une famille juive chassée d'Espagne en 1492 et convertie de force au catholicisme, Spinoza est exclu de la communauté juive en 1656 et accusé d'athéisme. Contraint de quitter Amsterdam, il réside dans différentes villes hollandaises et gagne sa vie en polissant des lentilles optiques. La philosophie de Spinoza porte l'empreinte de sa culture hébraïque, mais apparaît essentiellement comme la pensée d'un esprit libre, qui met la religion à l'épreuve de la raison et critique toutes les formes de dogmatisme*. En politique, il est un ardent défenseur des libertés individuelles et de la tolérance. Menant une existence solitaire et indépendante, tout en entretenant une riche correspondance avec les savants de son époque, il refusera une chaire à l'université d'Heidelberg.

Les trois genres de connaissances

La connaissance du premier genre

Pour aboutir à la définition de la connaissance vraie, Spinoza distingue trois genres de connaissances ou trois modes différents de perception. Connaître est, en effet, une certaine manière de voir ou de percevoir une chose* ou une idée*. Le premier genre est celui de la **connaissance par « ouï-dire » ou « expérience vague »**. Celle-ci désigne la confiance faite aux témoignages, lorsque je m'en remets à ce que m'a dit autrui : c'est ainsi, par exemple, que je sais la date de ma naissance. Je sais par expérience vague que je mourrai ou encore que l'eau est propre à éteindre le feu. **C'est ici l'expérience qui me conduit et non mon entendement***. Ce mode de perception ne permet pas une connaissance certaine.

La connaissance du deuxième genre

Elle désigne **le raisonnement, l'enchaînement logique**. L'entendement part d'idées simples qui ne sauraient être que vraies, pour aboutir à d'autres vérités : par exemple, quand je connais la nature de la vision, qui fait qu'un même objet vu à grande distance paraît plus petit que si nous le regardions de près, j'en conclus que le Soleil est plus grand qu'il ne m'apparaît. Ce mode de connaissance est toujours vrai, mais **il n'est pas une connaissance directe de la chose**.

La connaissance du troisième genre

On ne connaît véritablement une chose que lorsqu'on connaît son essence*, sa nature. C'est ainsi que nous savons que deux et trois font cinq ou que deux lignes parallèles à une troisième sont parallèles entre elles. **Cette connaissance n'est pas un raisonnement mais une intuition*, une connaissance directe de la chose.** Elle ne porte pas sur l'existence de la chose mais sur son essence. Dans la connaissance du troisième genre, l'esprit se rend compte qu'il comprend et en éprouve de la joie. Ce savoir ne dépend pas d'une opération de l'esprit, mais elle est une saisie immédiate. Enfin, cette connaissance me permet de comprendre la nécessité qui unit chaque événement à la nature du tout, c'est-à-dire de le situer dans l'ordre de la nature.

La vérité n'a besoin d'aucune marque

« Je n'ai pas besoin, pour savoir, de savoir que je sais et encore bien moins de savoir que je sais que je sais […] mais, pour savoir que je sais, il est nécessaire que je sache d'abord » (Traité de la réforme de l'entendement). **Seule la possession de l'idée vraie est nécessaire à la connaissance** : ainsi, connaître Pierre, c'est avoir une idée vraie de Pierre ; de même que savoir ce

Philosophie moderne

Le *conatus*

« Toute chose, autant qu'il est en elle, s'efforce de persévérer dans son être », écrit Spinoza dans l'*Éthique** (III, proposition 6). Ce terme latin, déjà utilisé par Descartes et Hobbes, peut se traduire par « effort » ou « tendance » et désigne chez Spinoza le fait que chaque être (l'ensemble des êtres) exprime une puissance d'exister et affirme sa nature particulière ou son essence singulière : un corps quel qu'il soit se maintient dans son état si une cause ne vient pas le modifier. Le *conatus* ne désigne pas un instinct de conservation ou une forme d'égoïsme, car affirmer sa puissance d'exister, c'est aussi chercher à se composer avec d'autres corps, afin d'étendre le champ de son expérience et de sa connaissance.

qu'est un cercle, c'est avoir une idée vraie du cercle. Le vrai n'a donc besoin d'aucun signe extérieur, mais se reconnaît de lui-même.

Liberté et nécessité

L'homme, partie de la nature

Chacun forme, en fonction de son expérience ou de ses habitudes, **des images générales des choses***. Un soldat, par exemple, ayant vu sur le sable les traces d'un cheval, passera aussitôt de la pensée d'un cheval à celle d'un cavalier et de là à la pensée de la guerre. Un paysan, au contraire, passera de la pensée d'un cheval à celle d'une charrue, d'un champ. Dans cette expérience, où nous associons, par l'imagination, une idée à une autre, **nous ne sommes pas la cause de notre action**, mais nous sommes passif, car déterminé par notre corps.

Dieu ou la Nature

Dieu s'identifie à la Nature : **la philosophie de Spinoza est un immanentisme** – ce qui signifie que Dieu n'est pas au-dessus de la Nature (transcendant*), mais dans la Nature (immanent*). Dans la Nature, tout est déterminé par Dieu. Ainsi, lorsque nous percevons les liens nécessaires qui unissent les idées dans une démonstration, nous percevons un ordre que nous n'avons pas choisi, mais que nous comprenons librement. Liberté et nécessité sont donc compatibles.
Spinoza rejette l'idée de création : le monde découle de la nature de Dieu et il y a une idée éternelle de chaque être. Imaginer un Dieu créateur et considérer l'homme comme but de la création sont des illusions qui ont pour origine le désir de l'homme de se placer au centre de l'univers.

La liberté comme ignorance des causes

Les hommes s'imaginent souvent qu'ils sont libres et qu'il est en leur pouvoir, par exemple, de parler ou de se taire. Mais, en réalité, ils sont **gouvernés par les appétits, les désirs et les passions** : c'est ce qui les conduit à regretter souvent leurs actions ou à ne pas faire le meilleur choix (« nous voyons le meilleur et nous faisons le pire »). L'homme croit souvent que ses actions sont les conséquences de sa volonté, mais c'est simplement parce qu'il ignore les causes qui le déterminent, tel l'enfant qui croit vouloir du lait, le jeune garçon en colère qui croit vouloir la vengeance ou le peureux qui croit vouloir prendre la fuite.

Bien et mal ne sont pas dans la nature

Bien et mal ne sont pas des absolus

La morale et la religion nous présentent le bien et le mal comme des absolus, c'est-à-dire comme des principes ou des réalités qui ne dépendent pas de nous. Ainsi, lorsque nous disons : « C'est bien » ou « C'est mal », nous faisons de la chose ou de l'action que nous qualifions ainsi une réalité objective et la conséquence de la volonté divine. Faire le mal revient ainsi à transgresser les interdits ou à enfreindre les commandements divins. Contre cette représentation naïve, Spinoza montre que **bien et mal ne sont pas dans la nature mais dans notre entendement***.

Bien et mal sont des êtres de raison

Pour Spinoza, bien et mal sont des êtres de raison, c'est-à-dire qu'ils dépendent de la manière dont nous nous représentons ou nous qualifions les actions comme bonnes ou mauvaises. Or, on ne peut dire qu'une chose est bonne ou mauvaise absolument, mais qu'elle est plus ou moins bonne ou bonne relativement à une autre. Ainsi, **le bien et le mal ne peuvent avoir de sens en dehors des rapports de comparaison** que nous établissons entre les choses que nous estimons bonnes ou mauvaises. Cela suppose, par ailleurs, de comparer entre elles des choses comparables : un homme peut être considéré comme mauvais par rapport à un autre homme meilleur et nous ne pouvons dire qu'une pomme est mauvaise que par rapport à une autre pomme (*Court Traité*, I, 10).

De la morale à l'éthique*

Le sens du bien et du mal étant relatif et dépendant d'une estimation ou d'une évaluation, bien ou mal agir ne revient pas à respecter sans comprendre des interdits ou des commandements, tout simplement parce qu'ils sont formulés comme tels, mais à **comprendre pourquoi telle chose, pour moi ou pour autrui, est nuisible ou utile**, bonne ou mauvaise. C'est l'un des sens que Spinoza donne à l'éthique.

Bon et mauvais : de l'éthique à la politique

Bien agir consiste non seulement à rechercher ce qui se compose avec mon corps, c'est-à-dire ce qui est utile ou bénéfique pour moi, mais aussi à favoriser les rapports

Baruch de Spinoza

utiles et fructueux entre les choses* ou les êtres. L'imposition arbitraire d'un pouvoir qui oblige à obéir de manière aveugle et sans comprendre ne fait que limiter mon esprit et diminuer ma puissance d'agir. En ce sens, **la contrainte* peut être considérée comme mauvaise ou nuisible**, en particulier dans le domaine politique.

Œuvre clé

Éthique* (posthume, 1677)

Contexte d'écriture

Publié à sa mort en 1677, l'*Éthique* est l'œuvre majeure de Spinoza. Rédigée en latin, son titre complet explicite la méthode et le projet de l'ouvrage : *Éthique démontrée suivant l'ordre géométrique*. La rédaction est entreprise à partir de 1663 et s'achèvera en 1675, alors que les accusations d'athéisme se font de plus en plus fréquentes, dans un contexte moins favorable à la liberté et à la tolérance.

Thèse centrale

Le projet de l'ouvrage est lié à la méthode « *suivant l'ordre géométrique* » : il s'agit de montrer par un raisonnement rigoureux que la connaissance peut permettre de libérer l'homme et de le mettre sur le chemin de la béatitude (du « Souverain Bien »), en comprenant que la liberté est compatible avec la nécessité*, grâce à la connaissance des causes qui nous déterminent.

Structure de l'œuvre et idées principales commentées
Structure de l'œuvre

L'ouvrage se compose de 5 parties : la première partie (« De Dieu ») définit Dieu comme la seule substance* ; la deuxième partie, qui traite « De la nature et de l'origine de l'âme », définit notamment l'esprit comme « *idée du corps* » et traite de l'imagination et de l'erreur ; la troisième partie (« De l'origine et de la nature des passions ») se propose de comprendre les sentiments par leurs causes et définit le *conatus* comme l'effort pour persévérer dans son être ; la quatrième partie traite « De la servitude de l'homme ou de la force des passions » ; la cinquième partie (« De la puissance de l'entendement* ou de la liberté de l'homme ») propose des remèdes aux passions et présente le chemin qui doit conduire l'homme à la béatitude.

« Dieu agit par les seules lois de la nature et sans être contraint par personne » (I, proposition 17)

Puisque tout est en Dieu et que Dieu est la seule substance, rien d'autre que Lui ou extérieur à Lui ne peut le contraindre à agir. Dieu est ainsi une cause libre, c'est-à-dire qu'Il agit par la seule nécessité de Sa nature. Il ne se définit pas tant comme une intelligence suprême ou une volonté libre que comme ce qui fait exister une infinité de choses. Les choses créées par Dieu n'auraient pu l'être d'une autre façon : elles découlent nécessairement de la nature de Dieu. C'est par la puissance de Dieu que toute chose existe.

Le désir est l'essence* de l'homme (III, proposition 2, Scolie)

Loin d'être le signe d'un manque, le désir est, pour Spinoza, l'effort conscient par lequel chacun persévère dans son être, pour une certaine durée. La manière dont nous désirons découle de notre nature ou de notre essence ; le désir est « *l'appétit avec conscience de l'appétit* » et se rapporte plus généralement à l'homme, car les animaux et les autres êtres n'ont pas conscience de ce qui les attire. C'est le désir qui détermine la valeur de la chose et non l'inverse : c'est parce que nous la voulons ou la désirons que nous jugeons qu'elle est bonne. Puisque la manière dont nous désirons découle de notre nature ou de notre essence, il est illusoire de chercher à aller contre nos désirs, car ce serait aller contre notre nature et contre l'effort qui tend à la conserver.

Joie et tristesse

« J'entendrai donc par joie, dans toute la suite de ce traité, une passion par laquelle l'âme passe à une perfection plus grande ; par tristesse, au contraire, une passion par laquelle l'âme passe à une moindre perfection » (III, proposition 11, Scolie). À la différence des moralistes, qui jugent ou condamnent les passions, Spinoza considère qu'elles font partie de la nature et doivent être expliquées par leurs causes. Loin d'être des anomalies, elles peuvent être rapportées aux règles universelles de la nature, c'est-à-dire qu'elles obéissent à des mécanismes constants. Ainsi, la joie est causée par ce qui augmente ma perfection ou ma puissance d'agir et la tristesse est son contraire : ce qui m'est utile ou favorable me rend gai, alors que les obstacles, les contrariétés et tout ce qui détruit ce que j'aime me rendent triste.

Philosophie moderne

L'interprétation des Écritures

La critique de la religion chez Spinoza et ses conceptions matérialistes* lui ont valu l'accusation d'athéisme. Sa philosophie constitue sans aucun doute une pensée subversive et critique, qui influencera les libres penseurs et les esprits les plus radicaux des Lumières. Néanmoins, cette critique se fonde sur une étude précise des Écritures, à partir d'une démarche rationnelle* : « *Pour interpréter l'Écriture, il est nécessaire d'en acquérir une exacte connaissance historique* » (*Traité théologico-politique*). Cette voie s'accorde avec la méthode d'interprétation de la nature, qui consiste à réunir des données et à en tirer des conclusions. Comme Hobbes, Spinoza considère que la connaissance de l'Écriture doit être tirée de l'Écriture elle-même, c'est-à-dire que le commentateur doit s'en tenir à ce qui est dit dans le texte sacré.

La fin de l'État est la liberté

Liberté et société

Comme Hobbes et d'autres auteurs de l'âge classique, les réflexions de Spinoza sur la nature sont liées à sa conception de la politique et des rapports entre les hommes en communauté. Partant d'un constat qui est que « *personne ne peut renoncer à la liberté de juger et d'opiner comme il veut* » (*Traité théologico-politique*, 20), **toute tentative de l'État pour empêcher les hommes de s'exprimer librement est vouée à l'échec**. Elle constitue une forme de violence contre les individus qui ne peut avoir que des conséquences désastreuses. Contre Hobbes, Spinoza affirme qu'il n'est ni souhaitable ni vraiment possible de dénier à l'individu « *la liberté de dire et d'enseigner ce qu'il pense* ».

Gouvernement modéré et tolérance

La tâche de la politique et d'un gouvernement modéré (monarchique, aristocratique ou démocratique) est donc de pouvoir **concilier** la liberté d'expression et la nécessité de ne pas léser l'autorité et la majesté du souverain par des paroles ou des actions irrespectueuses et séditieuses. Il est donc à la fois impossible de retirer aux sujets la liberté d'expression et pernicieux de la leur accorder entièrement. Il est notamment possible de limiter la liberté d'expression, mais pas la liberté de penser, car « *il ne peut se faire que l'âme d'un homme appartienne entièrement à un autre* ».

Liberté et autorité

La liberté n'est pas incompatible avec le respect de l'autorité. Au contraire, l'autorité politique a pour tâche de rendre cette liberté possible, en garantissant aux individus la possibilité de s'acquitter de leur tâche, de travailler et d'être heureux. Elle doit permettre aux individus d'user d'une « *raison libre* » et améliorer les relations entre les hommes, en évitant que les passions – la jalousie et la haine – ne les déchirent et en les incitant à faire preuve de bienveillance les uns envers les autres.

Bibliographie essentielle

• ***Traité de la réforme de l'entendement* (posthume, 1677)**
Rédigé en latin entre 1656 et 1662 et resté inachevé, l'ouvrage esquisse la voie d'une libération par la connaissance et se propose de rechercher une méthode pour connaître le vrai.

• ***Principes de la philosophie de Descartes* (1663)**
Cours de Spinoza publiés en latin, sur l'ouvrage de Descartes (*Les Principes de la philosophie*, 1644).

• ***Traité théologico-politique* (1670)**
Publié de manière anonyme, ce traité sur la liberté de pensée et contre la superstition analyse de manière rationnelle le texte des Écritures. Il affirme que la fin de la politique est la liberté et considère la démocratie comme le meilleur régime car le plus naturel et le plus rationnel.

• ***Éthique** (posthume, 1677)**

• ***Traité politique* (posthume, 1677)**
Interrompu par la mort de Spinoza, l'ouvrage montre que la puissance souveraine est naturellement bornée et que le meilleur régime garantit la paix et la liberté des citoyens.

Cf. fiches 2, 6, 27, 30 (4, 5, 25), 44

JOHN LOCKE
(1632-1704)

Philosophe anglais né près de Bristol, John Locke occupe des responsabilités publiques importantes : ami et médecin de Lord Ashley, comte de Shaftesbury et lord chancelier d'Angleterre, il est secrétaire du Conseil ecclésiastique puis du ministère du Commerce. Après l'opposition du comte de Shaftesbury à l'absolutisme de Charles II, il le suit dans son exil en Hollande, puis revient en Angleterre à la suite de l'accession au trône de Guillaume d'Orange en 1688. Il meurt à Oates, dans le comté d'Essex, en 1704, chez la fille de Ralph Cudworth, platonicien de l'École de Cambridge. Considéré comme le fondateur de l'empirisme*, John Locke exercera une influence déterminante sur le Siècle des lumières, en particulier par sa critique du dogmatisme*, dans la théorie de la connaissance et dans la politique.

Toutes nos idées viennent de l'expérience

Supposons que l'âme est une table rase

« Comment l'homme vient à avoir toutes ces idées* ? » demande Locke dans l'*Essai philosophique concernant l'entendement* humain* (II, 1). Contre ceux qui pensent que les hommes ont des idées innées, c'est-à-dire des caractères originaux gravés dans leur âme, Locke émet l'hypothèse de « **l'âme comme table rase** », sans aucune idée, et voit dans l'expérience le fondement de toutes nos connaissances, leur première origine. L'existence des idées innées (Descartes) n'est ni démontrée, ni nécessaire pour expliquer la genèse de nos idées : l'expérience permet d'expliquer l'ensemble de nos connaissances car toute idée procède soit de l'observation des objets extérieurs, soit des opérations intérieures de notre âme. Ainsi, **toutes nos idées sont acquises**.

La sensation et la réflexion sont au principe de toutes nos idées

Deux sources fournissent, en effet, à l'entendement la matière de ses idées. Les **objets extérieurs**, c'est-à-dire les objets de la **sensation**, constituent la première source, qui nous permet d'acquérir les idées des qualités sensibles*, comme l'idée du « blanc » ou du « jaune », du « chaud » ou du « froid », du « dur » ou du « mou », du « doux » ou de l'« amer ». Les **opérations de notre esprit**, c'est-à-dire les objets de la **réflexion**, constituent la seconde source, qui produit dans l'entendement des idées comme « apercevoir », « penser », « douter », « croire », « raisonner », « connaître », « vouloir ».

La réflexion est comme un sens intérieur

Source seconde de nos connaissances, la réflexion est définie comme « *la perception des opérations de notre âme sur les idées qu'elle a reçues par les sens* ». Elle produit donc une espèce

Philosophie moderne

Le problème de Molyneux

Ce problème fut soumis à Locke par le savant irlandais William Molyneux. Il est envisagé en ces termes par Locke dans l'*Essai* (II, 9.8), lorsqu'il se réfère à la lettre que lui écrit Molyneux : un aveugle de naissance ayant appris à reconnaître par le toucher un cube et un globe du même métal et de la même grosseur serait-il capable, s'il retrouvait la vue, de dire, sans les toucher, quel est le cube et quel est le globe ? La réponse de Locke, comme celle de Molyneux, est négative (l'aveugle qui retrouve la vue ne peut faire cette distinction qu'en l'apprenant par l'expérience). Le problème fut repris et discuté, notamment par Berkeley, Leibniz et Diderot. À travers cette expérience de pensée se trouve notamment posée la question de la correspondance entre les sens, en l'occurrence la question du rapport entre les données fournies par le toucher et celles fournies par la vue. Un tel rapport semble difficile à concevoir, puisque chaque idée de sensation correspond à une donnée originale que lui fournit le sens en question.

d'idées* venant de l'entendement* lui-même et de ses opérations, mais qui ont pourtant toujours leur source dans l'expérience et dans les sens : la réflexion n'est donc pas un sens, mais s'en approche beaucoup, car elle **est une forme de perception** par laquelle l'âme prend connaissance de ses différentes opérations.

Idée et perception

Le terme de *perception* désigne pour Locke tout objet de l'âme lorsqu'elle pense. *Idée et perception* **sont des termes synonymes** : les idées de sensation ou les idées de réflexion sont toujours des manières de percevoir et les perceptions sont toujours des idées, car c'est toujours notre esprit qui perçoit.

Les mots sont des signes sensibles* de nos idées

Les pensées de l'homme sont renfermées dans son esprit

L'expérience étant propre à chaque homme et les idées venant de l'expérience, ces dernières ne sont donc pas universelles. Comment les hommes peuvent-ils alors communiquer ce qu'ils pensent ? La difficulté vient du fait que les pensées sont invisibles et cachées aux autres et qu'il faut les rendre manifestes grâce à des signes extérieurs et sensibles. C'est ce qui **explique et justifie l'invention des mots**.

Les mots signifient les idées

La signification du mot est l'idée dont il est le signe. Ainsi, lorsque je dis *blanc*, je désigne cette idée de sensation que j'appelle « blanc », de même que, lorsque je dis *justice*, je désigne les idées auxquelles j'associe ce terme. Le mot ne désigne donc pas immédiatement les choses selon ce qu'elles sont réellement en elles-mêmes, mais **les idées de mon esprit** que je veux communiquer à autrui.

L'institution arbitraire du langage

Les sons articulés dont les hommes se servent pour manifester leurs idées ont **une signification arbitraire** : il n'y a pas de liaison naturelle entre certains sons articulés et certaines idées, mais une liaison volontaire. Même si l'habitude nous donne l'impression que cette liaison va de soi, elle résulte bien, au départ, d'une convention. C'est cette hypothèse qui explique **la pluralité des langues**.

Les abus des mots

Le langage est un merveilleux lien entre les hommes, qui leur permet non seulement de communiquer, mais aussi d'exprimer, grâce aux termes abstraits ou généraux, un grand nombre de choses singulières, qu'il serait impossible ou inutile d'énumérer. Mais le langage est également source d'erreurs et de confusions, car les hommes ne sont pas toujours certains que les mots qu'ils utilisent désignent les mêmes idées. Ainsi, **les controverses naissent du sens des mots** et du fait que les hommes associent à tel ou tel terme des idées différentes. Ainsi, l'idée de « justice » ou l'idée de « Dieu » peuvent différer d'un homme à l'autre, c'est-à-dire qu'en réalité chacun veut défendre la signification qu'il donne au terme en question et les idées qui doivent lui être attachées.

Chaque homme est propriétaire de sa propre personne

L'état de nature est un état de liberté

Pour comprendre la genèse des sociétés, Locke a recours à l'hypothèse de « l'état de nature ». Contrairement à Hobbes, **il ne l'envisage pas comme un état de guerre** de tous contre tous, mais comme un état où les hommes « *sont parfaitement libres d'ordonner*

Le libéralisme

Locke est souvent présenté comme l'une des figures fondatrices du libéralisme. Libéralisme politique, d'une part : il est un défenseur des libertés individuelles, que l'État doit toujours garantir et ne jamais menacer. Libéralisme économique, d'autre part : Locke associe la liberté et la propriété (des biens et de sa propre personne). De ce point de vue, il peut apparaître, à la suite d'Hobbes, comme un théoricien de la prospérité économique et de ce que le théoricien d'inspiration marxiste C. B. Macpherson a appelé « l'individualisme possessif ». Ces aspects ne doivent pas masquer l'importance accordée par Locke à la morale et à la religion, qui ne contredisent pas nécessairement son libéralisme mais lui donnent une signification particulière. Locke est, en effet, un fondateur des droits de l'homme, qu'il justifie à partir de sa conception calviniste : l'homme a besoin de droits parce qu'il a des devoirs (il a une vocation morale à accomplir pour son salut).

John Locke

leurs actions, de disposer de leurs biens et de leur personne comme ils l'entendent, dans les limites du droit naturel*, sans demander l'autorisation d'aucun autre homme ni dépendre de sa volonté » (*Second Traité du gouvernement civil*, II, 4). Mais cet état de liberté n'est pas un état de licence et le droit naturel, qui est un droit de raison, prescrit notamment de ne pas détruire sa propre personne.

Une souveraineté limitée

Contre ceux qui prônent que l'individu, lorsqu'il entre dans l'état de société, doit abandonner la quasi-totalité de sa liberté naturelle et que le souverain, ainsi que l'affirme Hobbes, n'a aucune obligation envers ses sujets, Locke avance l'idée d'un **contrat entre le souverain et ses sujets**. Le souverain doit assurer, dans l'état de société,

Œuvre clé

Essai philosophique concernant l'entendement humain ou Essai sur l'entendement humain (1690)*

Contexte d'écriture

Dans son œuvre majeure, Locke entend définir les limites de l'esprit humain, à partir d'une théorie de la connaissance qui se présente non comme celle d'un physicien cherchant à connaître la nature des choses, mais comme un philosophe moral qui saisit les enjeux critiques de la connaissance, tout en cherchant à améliorer et à faire progresser l'esprit. Locke reprend sur ce point le programme de réforme du savoir fixé par Bacon.

Thèse centrale

La connaissance est un rapport entre idées*. C'est en comprenant et en analysant ces différents actes de l'esprit que l'on pourra dresser un tableau de l'ensemble de nos idées et comprendre ce que fait l'esprit lorsqu'il pense. Locke est, de ce point de vue, l'héritier de Descartes, qui a défini la connaissance comme une connaissance par idées plutôt que comme une connaissance des choses*. Si l'on peut parler de « connaissance des choses » ou « de la réalité », c'est nécessairement par l'intermédiaire des idées qu'elle a lieu, car connaître est un acte de l'esprit.

Structure de l'œuvre et idées principales commentées
Structure de l'œuvre

L'*Essai* se compose de 4 livres. Le premier expose la critique de l'innéisme*, dirigée contre un certain cartésianisme, mais aussi contre une certaine conception religieuse de l'innéisme incarnée par Herbert de Cherbury. Le second livre porte sur les idées et leur classification, notamment en idées simples et idées complexes. Le troisième livre porte sur le langage et le quatrième sur la connaissance.

Les idées simples sont indéfinissables

Les idées simples sont comme les éléments premiers, au-delà desquels on ne peut remonter,

de même que la sensation est elle-même première. Sans les impressions produites par les objets, aucun mot ne pourrait avoir de sens, car les mots ne sont que des sons. Pour convaincre qu'il ne peut en être autrement, Locke observe qu'aucun mot ne saurait procurer la saveur de l'ananas, c'est-à-dire que le sens du mot et la définition de l'objet supposent l'impression et l'idée simple qui correspond.

Il en va tout autrement pour les idées complexes

Les idées complexes sont des combinaisons d'idées simples, réalisées par l'esprit. Elles peuvent ainsi ne correspondre à aucune chose extérieure. On les acquiert par son propre entendement ou en les recevant de quelqu'un d'autre qui nous les explique avec des mots. Par exemple, « *un homme peut venir à se représenter l'idée de ce qu'on appelle* meurtre *ou* sacrilège*, si on lui fait l'énumération des idées simples que ces deux mots signifient, sans qu'il ait jamais vu commettre ni l'un ni l'autre de ces crimes* » (II, 22).

Le jugement supplée au défaut de connaissance (IV, 14)

Locke redéfinit le jugement non comme la perception du vrai ou se fondant sur des preuves démonstratives, mais comme une opération de l'esprit liée à l'assentiment. Le jugement est ainsi rejeté du côté du probable, mais cet assentiment peut être fondé sur la raison, car un bon jugement, entraîné avec soin, doit permettre de discerner les degrés de certitude. Cette théorie du jugement n'est pas fondée sur la logique, au sens d'une discipline qui implique de suivre des règles, mais sur le discernement. Le jugement permet de lier la raison et la croyance ; il est l'instrument de l'esprit : ainsi, le jugement n'est pas une connaissance certaine, mais il n'est pas pour autant étranger à la raison, qui doit être son guide.

Philosophie moderne

la protection de droits qui sont antérieurs à cet état : droit de liberté personnelle ; droit de propriété, d'abord sur notre propre corps ; droit de légitime défense... En entrant dans l'état civil, l'individu ne renonce à aucun de ses droits : il remet seulement au souverain l'exercice de son droit de légitime défense (c'est l'État qui se chargera de punir le coupable au nom de la loi). Le sujet peut toujours reprendre le pouvoir au souverain, si celui-ci en abuse : **le contrat est fondé sur le consentement des sujets** (*cf.* aussi Spinoza, *Traité théologico-politique*).

Le contrat social

Le passage de l'état de nature à l'état civil s'est donc opéré par le moyen d'un **contrat**, issu du **consentement libre** (une convention) de chacun de ne plus exercer son droit de légitime défense et de sa confiance envers le gouvernement qui détient le droit de punir. On retrouve là le combat de Locke contre la théorie du droit divin* des rois, qui justifiait la monarchie absolue.

Personne et propriété

Chaque homme est propriétaire de sa propre personne et n'est donc soumis à aucun autre : c'est pour cette raison que **son travail lui appartient en propre**. La propriété est ainsi justifiée par le travail : en travaillant une terre, par exemple, l'homme lui ajoute quelque chose venant de lui-même (il la fait fructifier) et celle-ci devient sa propriété légitime.

L'autorité politique ne peut forcer les consciences

Le rôle de l'État

Dans une Angleterre politiquement et religieusement instable, **Locke défend la tolérance**, qui, selon lui, est conforme à l'Évangile mais également à une saine politique. L'État doit s'occuper de la paix, de la sécurité et de l'intérêt publics, mais pas du salut des âmes, c'est-à-dire de la religion de chacun. La liberté de jugement de chaque citoyen, au fondement de toutes les autres libertés, n'est pas concevable sans la tolérance en matière religieuse (sauf pour l'athéisme, qui rompt le lien social).

Tolérance, religion et politique

C'est dans le contexte des guerres de Religion que s'élabore ce concept de « tolérance ». L'existence de plusieurs religions au sein d'une même communauté politique a rendu nécessaire le principe de neutralité de l'État et a amené l'idée d'une séparation entre le politique et le religieux. Dans l'*Essai sur la tolérance* (1667), **Locke défend la liberté de penser** et affirme que la diversité des mœurs et des religions ne remet pas en cause l'unité politique. Ainsi, « *le baptême des adultes ne détermine pas plus de tempête dans l'État ou sur la rivière que le simple fait que je prenne un bain* ».

Bibliographie essentielle

• *Essai sur la tolérance* (1667) et *Lettres sur la tolérance* (en latin, 1689)
Locke défend le principe de la liberté de penser et de la tolérance en matière de religion.

• *Deux Traités sur le gouvernement civil* (en anglais, 1690)
Le premier traité expose la critique de l'ouvrage de Robert Filmer *Patriarcha*, qui fonde le pouvoir politique sur le droit divin et associe pouvoir monarchique et pouvoir paternel. Le second traité tire les conséquences du premier pour élaborer une théorie de la souveraineté limitée dans un État qui garantit les libertés individuelles.

• *Essai sur l'entendement humain* (en anglais, 1690)

• *Quelques pensées sur l'éducation* (en anglais, 1693)
Les principes développés dans les autres ouvrages sont ici appliqués à l'éducation, qui est comme l'aboutissement logique d'une œuvre qui se soucie avant tout du progrès et de l'amélioration intellectuelle et morale de l'esprit. Les principes d'éducation proposés associent rigueur et tolérance.

• *Le Caractère raisonnable du christianisme tel qu'il est proposé par les Écritures* (en anglais, 1695)
La religion raisonnable, telle que Locke la conçoit, doit se distinguer de toutes les formes de fanatismes et d'enthousiasmes qui sont sources de discordes et de guerres civiles.

Cf. fiches 4, 9, 22, 25, 30 (6, 21), 44, 45

NICOLAS DE MALEBRANCHE (1638-1715)

Après des études de philosophie, Nicolas de Malebranche, admirateur de saint Augustin, étudie la théologie* à la Sorbonne. Ordonné prêtre en 1664, son intérêt pour la philosophie est confirmé par la lecture des œuvres de Descartes, qu'il ne cessera de lire et de méditer. Son œuvre majeure est *De la recherche de la vérité*, qui connaît un réel succès. Considérant que « *la religion est la vraie philosophie* », il reprend le projet cartésien, en mettant l'accent sur la nécessité pour l'homme d'éviter l'erreur, conséquence de son état de pécheur. L'homme s'est éloigné de Dieu et doit, par la connaissance, définie comme une « *vision en Dieu* », retrouver l'union de l'âme avec les choses intelligibles*. Théoricien de « l'occasionnalisme », il soutient que les phénomènes* sont des occasions de l'action de Dieu, en Qui réside toute puissance véritable.

Nous ne connaissons notre âme que par conscience

La connaissance des corps extérieurs

Nous avons une idée* des corps extérieurs – idée qui, pour Malebranche, **se trouve en Dieu et ne vient pas de nos sens** – qui nous permet de connaître toutes leurs propriétés. Ainsi, la géométrie est cette science qui nous permet par raisonnement de connaître les rapports entre les figures. Même si elle est parfois l'occasion d'erreurs, parce qu'elle est abstraite (contrairement à la nature), la géométrie est « *très utile pour rendre l'esprit attentif aux choses dont on veut découvrir les rapports* » (*De la recherche de la vérité*, VI, I, 4). Par exemple, elle est utile à l'astronomie pour connaître le mouvement des planètes, qui décrivent de manière régulière des cercles et des ellipses.

Une connaissance imparfaite de notre âme

On ne peut connaître notre âme à la manière dont nous connaissons les corps extérieurs. En effet, « *nous ne la connaissons point par son idée : nous ne la voyons point en Dieu : nous ne la connaissons que par conscience ; et c'est pour cela que la connaissance que nous en avons est imparfaite* ». **Pour connaître notre âme,** et ce qui se passe en elle, **nous avons besoin de sentir** (la douleur, la chaleur ou la lumière) : l'expérience et la conscience intime sont nécessaires pour savoir ce dont notre âme est capable et ce qu'elle peut supporter.

Notre âme est quelque chose de grand

Le « sentiment intérieur » que nous avons de nous-même nous permet de savoir que notre âme est quelque chose de grand, car nous sentons que ses possibilités sont plus grandes que ce que nous éprouvons actuellement. En un sens, pour tout connaître de notre âme, il faudrait éprouver tout ce dont elle est capable – ce qui est impossible.

La conscience ne nous montre peut-être que la moindre partie de notre être

Savoir que notre âme est quelque chose de grand ne signifie donc pas que nous la connaissons parfaitement : au contraire, nous n'en connaissons qu'une partie, sans connaître l'étendue de ce qui nous en reste à connaître. Malebranche propose ainsi une explication brillante de la condition de **l'homme, créature finie mais non dépourvue de grandeur**.

Bibliographie essentielle

- ***De la recherche de la vérité* (1674-1675)**

L'homme doit chercher à éviter l'erreur, en se fiant non à la lumière naturelle*, mais à la Raison universelle (Dieu), dont il reçoit la lumière. Malebranche reprend, dans une perspective chrétienne, la question de l'union de l'âme et du corps (dualisme* cartésien) : depuis le péché originel, l'âme s'est tournée, comme le corps, vers les choses* sensibles* et la considération des choses intelligibles ne provoque en elle que lassitude ou indifférence.

- ***Traité de morale* (1683)**

Exposé complet de morale, qui développe la conception de la vertu comme amour de l'ordre.

Cf. fiches 2, 19, 26, 30 (2, 26), 45

50 — GOTTFRIED WILHELM LEIBNIZ (1646-1716)

Fils d'un professeur de droit et de morale, le philosophe allemand Leibniz se distingue par le caractère universel de ses connaissances. Mathématicien de renom, il est considéré, avec Newton, comme l'inventeur du calcul infinitésimal, mais il fut aussi lié à la vie politique de son temps. Ses missions diplomatiques lui permettent de voyager en Europe : à Paris, il fait la connaissance d'Arnauld et de Malebranche ; il rencontre Newton à Londres et Spinoza à La Haye. Penseur de l'harmonie et de l'unité, il l'est aussi de l'individu et de la variété, attentif aux détails qui composent la richesse de l'univers.

> « Ce qui n'est pas véritablement un être n'est pas non plus véritablement un être »

La monade

Contrairement à Spinoza, qui considère qu'il existe une substance* unique, Leibniz pense que le monde est constitué d'**une infinité de substances qu'il appelle « monades »**. Notion essentielle chez lui, la monade est l'**unité d'être qui compose l'univers**. Elle ne désigne pas une unité matérielle et concrète, tel un atome, qui serait toujours divisible, mais **une unité immatérielle**. La monade est simple (étant indivisible) et ne peut donc ni naître ni mourir naturellement, puisque la naissance et la mort consistent en une agrégation d'éléments simples et une dissolution de cette agrégation. **Les monades sont donc créées par Dieu et immortelles.** En outre, toutes les monades sont différentes : chacune est unique et est un point de vue particulier sur l'univers.

Les différents types de monades

Certaines monades sont douées de vie mais sans sentiments ni mémoire, telle l'**âme végétale**. Certaines sont douées de sentiments et de mémoire, telle l'**âme animale**. La monade douée en plus de raison et de réflexion est l'**âme humaine**, tandis que **Dieu est la monade des monades**, Celui qui assure l'ordre de toutes les monades.

Substance et agrégat

Il faut distinguer les substances et les êtres par agrégation, qui ne sont qu'une manière d'être de ceux qui les composent : « *Par exemple, ce qui fait l'essence* d'une armée n'est qu'une manière d'être des êtres qui la composent* » (*Lettre à Arnauld* du 30 avril 1687). De même, un tas de pierres n'est pas un être réel ou substantiel. **À la différence des substances, les êtres d'agrégation n'ont d'unité que dans notre esprit**, parce que nous nous représentons l'unité de cette pluralité d'êtres, comme un cercle d'hommes qui se prennent par la main.

Unité et réalité

Cela ne signifie pas que les êtres par agrégation sont fictifs ou dépourvus de toute réalité, mais **leur réalité dépend de l'unité véritable qui entre dans leur composition**. Ainsi, l'arc-en-ciel ou le tas de pierres seraient des phénomènes imaginaires s'ils n'étaient pas composés d'êtres qui ont une véritable unité. Comme un fleuve qui change toujours d'eau ou comme le navire de Thésée que les Athéniens réparaient sans cesse, **les corps organisés ne restent les mêmes qu'en apparence**. De même, c'est un esprit indivisible qui fait le *moi* dans les substances qui pensent et non l'organisation des parties dans un seul corps (*Nouveaux Essais sur l'entendement humain*, II, 27).

La « *caractéristique universelle* »

Soucieux de corriger les imperfections du langage, liées notamment à la diversité des langues et à l'imprécision ou l'équivocité des mots, Leibniz forme le projet d'une « *caractéristique universelle* », conçue comme un système de signes qui, comme les signes algébriques, exprimeraient les idées de manière à la fois simple et précise. Cette écriture ou langue universelle serait entendue de tous les peuples, s'apprendrait en peu de jours et serait une sorte de calcul conforme aux exigences de la pensée rationnelle*. Alors que les longues délibérations ne permettent pas toujours d'éclairer rapidement l'esprit, cette langue permettrait, au contraire, de présenter à l'esprit les avantages et désavantages, à la manière dont un livre de comptes présente la recette et la dépense à la vue d'œil.

Gottfried Wilhelm Leibniz

L'harmonie préétablie

Chaque monade est un point de vue sur le monde

Chaque monade (« *sans porte, ni fenêtres* ») est liée à toutes les autres qui composent l'univers, non pas en vertu d'un rapport mécanique interindividuel, puisque les monades ne sont pas des corps composés et ne peuvent donc agir les unes sur les autres, mais d'un **rapport d'entre-expression**. Chacune étant un point de vue sur le monde, elles expriment donc d'une certaine manière

---

Œuvre clé

Nouveaux Essais sur l'entendement humain* (1704, publié en 1764)

Contexte d'écriture

Écrit en français, l'ouvrage est une réponse à l'*Essai sur l'entendement humain* publié en 1690 par John Locke : réponse rationaliste* à l'empirisme*, elle se présente comme un dialogue fictif entre Philalèthe, qui défend les thèses de Locke, et Théophile, qui tente de le réfuter. Rédigé en 1704, l'année de la mort de Locke, Leibniz renonce à le publier par égard pour lui. L'ouvrage ne paraîtra qu'en 1764.

Thèse centrale

Le dialogue imaginaire entre Philalèthe et Théophile permet de confronter la position empiriste, selon laquelle les idées* viennent des sens, et une position innéiste*, selon laquelle les idées sont dans notre esprit dès la naissance. Cette confrontation permet de définir une position rationaliste qui accorde néanmoins un rôle à l'expérience : celui de réveiller les idées qui sont en nous et existent potentiellement dans notre esprit, avant que l'expérience lui donne l'occasion de penser.

Structure de l'œuvre et idées principales commentées

Structure de l'œuvre

L'ouvrage de Leibniz, qui reprend le plan et l'ordre des chapitres de l'*Essai* de Locke, est divisé en 4 livres : le premier traite des « Notions innées », le deuxième des « Idées », le troisième des « Mots » et le quatrième de la « Connaissance ». Un long avant-propos expose les principaux points de désaccord : l'âme n'est pas pour Leibniz une « *table rase* » ; il considère, contre Locke, que l'âme pense toujours et que le vide n'est pas nécessaire au mouvement.

Les sens ne donnent jamais que des exemples

L'expérience ne donne que des vérités particulières et individuelles, qui dépendent des circonstances, du temps et du lieu. Nous ne pouvons être certain que ce que nous observons est vrai universellement, en tout temps et en tout lieu. Ainsi, l'alternance du jour et de la nuit avant le décours (déclin de la Lune) de 24 heures ne s'observe pas partout, puisque le contraire a été expérimenté en Nova Zembla, près du pôle Nord ; et l'on ne peut être certain qu'il en serait toujours ainsi dans nos climats, puisque le Soleil et la Terre disparaîtront peut-être un jour. Seules les démonstrations permettent d'établir des vérités nécessaires.

Identité personnelle et identité morale

Locke a défini dans l'*Essai* l'identité personnelle comme une identité de conscience et non comme une identité de substance* : même si je change et ne suis pas strictement le même individu, l'identité de ma personne est rendue possible par le fait que j'ai conscience de ce que j'ai été ou de ce que j'ai fait. Leibniz observe que, si une maladie me privait du souvenir des actions accomplies dans le passé, le témoignage des autres pourrait compenser l'absence de souvenirs. On pourrait ainsi me punir pour des actions dont je n'ai pourtant aucun souvenir. De même pourrais-je apprendre des autres ma vie passée – ce qui permet de « *maintenir l'identité morale qui fait la même personne* » (II, 27).

Le principe des indiscernables

La princesse Sophie de Hanovre, rappelle Leibniz, affirmait ne pouvoir trouver, en se promenant dans son jardin, deux feuilles parfaitement semblables – ce que dut admettre, après une recherche assidue, le gentilhomme qui l'accompagnait. Cette anecdote illustre le principe des indiscernables, selon lequel on ne peut trouver deux êtres strictement identiques : la raison d'être de chaque être est aussi ce qui fait qu'il est unique. Contre Descartes et Locke, qui considèrent que les différences entre les corps ne sont que des différences de forme ou de grandeur, Leibniz montre que l'individualité et l'unicité des êtres sont liées à une différence interne, c'est-à-dire une différence des parties de la matière qui les composent. Ainsi, une feuille ressemble par sa forme à une autre, mais le détail des parties qui composent chaque feuille permet de les distinguer.

Philosophie moderne

« Je vois le meilleur et je m'attache au pire »

Cette célèbre formule se trouve au début du livre VII des *Métamorphoses* d'Ovide : « *Je vois le mieux, et j'y adhère, et pourtant c'est dans la voie du pire que je m'engage.* » C'est ainsi que s'exprime Médée à la vue du beau Jason, impuissante face à la passion dévorante dont elle pressent pourtant les conséquences néfastes. La formule est souvent reprise par les auteurs classiques, pour traduire le conflit entre les passions et la raison ou, plus exactement, entre l'entendement* et la volonté : par Descartes, qui considère que ce mot s'applique seulement aux esprits faibles, dont l'entendement n'arrive pas à incliner la volonté ; par Spinoza, pour illustrer la force des affects ; et enfin par Leibniz, pour montrer que l'on agit toujours par inclination, déterminé par des petites perceptions.

le monde, la totalité ; en cela, leur rapport est d'entre-expression.

Dissemblance et harmonie

En l'absence de rapport réel entre les monades, le tout est perçu de manière interne par la monade suivant une série dynamique préétablie par Dieu, Qui a prévu l'enchaînement des changements dans toutes les monades. **Chaque substance* singulière exprime ainsi tout l'univers à sa manière**, de son point de vue, mais une parfaite harmonie subsiste, car il existe toujours un rapport entre les différentes représentations d'une même chose, comme dans les projections de perspective, qui font voir qu'un cercle peut être représenté par une ellipse, une parabole ou une hyperbole : « *Rien ne paraît si différent ni si dissemblable que ces figures ; et cependant il y a un rapport exact de chaque point à chaque point* » (*Essais de théodicée*, III, § 357).

La théodicée

Dans cet ordre, nous constatons qu'il y a du désordre, du mal : ce n'est pas là l'effet d'une imperfection de Dieu ou une limitation de Sa puissance ; Dieu a seulement choisi par un calcul **l'univers le meilleur possible entre tous les univers possibles**. L'optimisme leibnizien ne consiste donc pas à dire que nous vivons dans un monde parfait. La théodicée (ou « *justice de Dieu* »), terme formé par Leibniz, permet de résoudre la contradiction entre la toute-puissance et la bonté de Dieu, et l'existence du mal sur Terre. Cette puissance et cette perfection divines s'expriment aussi dans le **principe de raison suffisante**, selon lequel rien n'arrive sans une cause ou une raison justifiant que quelque chose existe ou s'est produit de cette manière plutôt que d'une autre.

La sagesse doit varier

Dire que le monde qui existe est le meilleur possible ne signifie pas qu'il ne comprenne, dans ses parties, des imperfections. En un sens, **ces imperfections sont nécessaires à l'harmonie du tout** : « *Midas se trouve moins riche, quand il n'eut que de l'or* » ; ayant le pouvoir de transformer en or tout ce qu'il touchait, il mourut de faim et de soif. De même, il ne sert à rien de multiplier la même chose, même la plus noble : cela n'engendrerait que pauvreté et monotonie. Ainsi, « *avoir mille Virgiles bien reliés dans sa bibliothèque* » ou « *casser toutes les porcelaines pour n'avoir que des tasses d'or* » serait inutile et peu conforme à la raison (*Essais de théodicée*, III, § 124).

Les petites perceptions

Les perceptions insensibles

Chaque monade est un « *miroir de l'univers* », mais ne s'aperçoit pas nécessairement de tout ce qu'elle perçoit : ainsi, certaines perceptions sont trop petites ou trop faibles pour être aperçues ; l'homme n'en a pas conscience. Le meunier dort sans s'apercevoir du bruit de son moulin, un bruit que pourtant il perçoit inconsciemment ; de même, en entendant le bruit de la mer, je ne distingue cependant pas le bruit de chaque vague. La mise en évidence du phénomène des petites perceptions montre que **la conscience** ne dure que le temps qu'on y pense et qu'elle **est déterminée par des perceptions inconscientes**.

L'ordre dans la multiplicité

Lorsque nous écoutons un orchestre, nous percevons le son que produit l'ensemble, mais nous ne percevons pas, à moins de nous concentrer et de perdre alors la mélodie. Le monde est à l'image de cet orchestre : **chaque monade ne communique qu'avec le chef d'orchestre (Dieu)**, qui imprime la série des sons qu'elle doit produire et par lesquels elle est liée aux autres monades, puisque ce son entre en interaction avec les autres sons pour produire **l'harmonie universelle**. Mais les monades n'écoutent pas les sons des autres instruments, sous peine de perdre le

Gottfried Wilhelm Leibniz

fil de leur partition et de produire une fausse note par rapport au plan établi par le chef d'orchestre.

Petites perceptions et inquiétude

Les perceptions inconscientes déterminent également notre manière d'agir. Ce sont des « *petites sollicitations imperceptibles qui nous tiennent toujours en haleine, ce sont des déterminations confuses* » (*Nouveaux Essais sur l'entendement* humain*, II, 20) qui causent en nous une inquiétude ou une démangeaison : elles sont comme « *des petits ressorts qui font agir notre machine* » et nous ne sommes jamais indifférent, même quand nous semblons l'être (par exemple, lorsque nous tournons à droite plutôt qu'à gauche au bout d'une allée).

L'impossible repos

Leibniz rappelle que le terme « *Unruhe* » (« inquiétude » en allemand) désigne le balancier d'une horloge. Ainsi, **notre corps est comme une horloge**, toujours agité par des mouvements insensibles qui nous empêchent d'être à notre aise. Notre expérience est un combat perpétuel pour trouver la posture ou l'état dans lesquels nous nous trouvons plus à l'aise, mais nous ne sommes jamais parfaitement en repos et **l'inquiétude n'est pas un état passager, mais l'état lié à notre condition**.

Il n'y a rien dans la nature que de vivant

« Chaque corps organique d'un vivant est une espèce de machine divine »

Les machines de la nature, c'est-à-dire les corps vivants, sont plus parfaites et plus mer-veilleuses que les machines faites par l'homme, car « *elles sont encore machines dans leurs moindres parties jusqu'à l'infini* ». **La moindre des parties contribue au fonctionnement de l'organisme** : alors que le laiton dont est faite la roue dentée d'une machine humaine n'est pas lui-même une machine, mais simplement un élément naturel qui la compose, les corps vivants manifestent la supériorité de l'art divin, qui crée des corps vivants dans lesquels **chaque partie de partie a un mouvement propre** et n'a pas besoin d'autre chose pour être mue (*Monadologie*, § 64).

Il y a un monde de créatures dans la moindre partie de la matière

« *Chaque portion de matière peut être conçue comme un jardin plein de plantes et comme un étang plein de poissons.* » **L'univers est plein de vie**, car il est composé d'une infinité d'êtres, eux-mêmes composés d'une infinité de parties vivantes, même si leur subtilité ne les rend pas toujours perceptibles : « *Chaque rameau de la plante, chaque membre de l'animal, chaque goutte de ses humeurs est encore un tel jardin ou un tel étang.* »

« Il n'y a rien d'inculte, de mort, de stérile dans l'univers »

L'image du jardin plein de plantes et de l'étang plein de poissons s'oppose à la conception d'un univers statique. **L'univers est foisonnant, mais cette profusion ne signifie ni désordre ni chaos.** Ainsi, un observateur qui percevrait à distance un étang grouillant de poissons ne percevrait qu'un mouvement confus sans discerner les poissons eux-mêmes, mais cette impression de désordre n'est que la conséquence de la profusion des êtres, qui sont autant de signes de la puissance divine.

Philosophie moderne

Bibliographie essentielle

• ***Discours de métaphysique* (1686)***
Cet écrit bref et dense définit la réalité d'un être à partir de son unité et affirme que tous les individus sont des substances*.

• ***Nouveaux Essais sur l'entendement humain (1704, publié en 1764)***

• ***Essais de théodicée (1710)***
L'ouvrage, qui examine le problème de l'existence du mal dans un univers créé par Dieu, est une justification de la bonté divine.

• ***Monadologie (1714)***
Leibniz expose sa métaphysique sous une forme synthétique, visant à montrer la cohérence du système. L'ouvrage insiste notamment sur la différence entre les êtres réels (ou monades) et les êtres composés (ou agrégats).

Cf. fiches 2, 16, 18, 28, 30 (13, 15, 26), 47

GEORGE BERKELEY
(1685-1753)

Philosophe irlandais, Berkeley entre dans les ordres anglicans en 1710 et part en tant que missionnaire pour l'Amérique. Puis il devient évêque de Cloyne (1734). Son œuvre se présente, en grande partie, comme une défense de la foi et une critique des libres penseurs et des fondements de l'irréligion. Sa philosophie est associée à la thèse de l'immatérialisme*. Mais elle constitue aussi une critique de la réduction de la connaissance à la sensation, telle que la conçoivent, selon lui, les libres penseurs.

La matière n'existe pas

Seul existe ce que nous percevons

L'évidence commune pose que, puisque nous sentons les choses, c'est donc qu'elles existent indépendamment de nous, de façon matérielle. Or, pour Berkeley, cette existence purement matérielle est une abstraction vide de sens. La célèbre formule « *Être, c'est être perçu* » revient à affirmer que nous ne saisissons les choses qu'à travers la perception que nous en avons. **Elles n'existent donc pas en elles-mêmes mais comme choses perçues.** En effet, leurs qualités (lumière, couleurs, chaleur et froid) ne sont que des « *sensations, notions, idées ou impressions qui se font sur les sens* ». Elles n'ont pas de réalité en dehors de nos sensations. Cette conception correspond à un immatérialisme.

L'idée de « matière » est une abstraction

Ainsi, **la notion de « matière » n'est qu'une abstraction, une idée générale ne correspondant à rien de réel.** La matière renvoie, en effet, à l'idée cartésienne de « *substance** », laquelle serait le support de tout ce qui existe. Or, un tel support, auquel on associe les notions d'« étendue* », de « forme » et de « mouvement », ne peut être séparé des objets particuliers et sensibles* que nous percevons. On ne peut saisir la « matière » d'un objet : on ne saisit que ses qualités sensibles particulières. Plus généralement, toute idée abstraite, à comprendre comme essence* commune à plusieurs objets, est remise en cause par Berkeley (l'idée d'un homme en général est vide de sens : on ne saisit que des hommes grands, petits, blancs ou noirs).

Dieu est la source de tout

Nos idées et nos perceptions viennent de Dieu

En tant que penseur religieux s'inspirant des Écritures, Berkeley conçoit Dieu comme étant la source et l'origine de toutes nos pensées et de tout ce qui existe. Son immatérialisme s'enracine, en ce sens, dans un spiritualisme* religieux. **Si nos perceptions n'ont pas pour origine une matière existant en elle-même, c'est que leur origine est en Dieu** : c'est l'esprit divin qui crée tout ce qui est et qui nous le fait percevoir.

Il n'existe que des esprits et des idées issus d'un esprit infini

Par conséquent, la réalité se compose uniquement d'**esprits percevants** et d'**idées perçues**, tous issus de l'esprit divin, lequel est infini (non limité) : « *Rien n'existe en dehors de ce qui pense et de ce qui est pensé* ». Contre l'objection qui demanderait ce que deviennent les choses le temps que nous ne les percevons pas, Berkeley répond qu'« *il peut y avoir quelque autre esprit qui les perçoit pendant que nous ne les percevons pas* ».

Bibliographie essentielle

- **Traité sur les principes de la connaissance humaine** (1710)
L'objet de l'ouvrage, explicité dans le sous-titre, porte « *sur les principales causes d'erreurs et de difficultés dans les sciences ainsi que sur les fondements du scepticisme*, de l'athéisme et de l'irréligion* ».

- **Trois Dialogues entre Hylas et Philonoüs** (1713)
Dans cet ouvrage, qui reprend les thèses du *Traité* et examine de nouvelles objections, Berkeley tente de mettre d'accord la philosophie avec le sens commun et propose une nouvelle preuve de l'existence de Dieu : les choses sensibles existent réellement ; elles sont donc perçues par un esprit infini.

MONTESQUIEU (1689-1755)

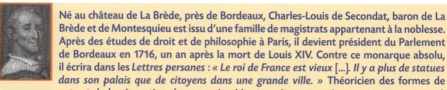

Né au château de La Brède, près de Bordeaux, Charles-Louis de Secondat, baron de La Brède et de Montesquieu est issu d'une famille de magistrats appartenant à la noblesse. Après des études de droit et de philosophie à Paris, il devient président du Parlement de Bordeaux en 1716, un an après la mort de Louis XIV. Contre ce monarque absolu, il écrira dans les *Lettres persanes* : « *Le roi de France est vieux [...]. Il y a plus de statues dans son palais que de citoyens dans une grande ville.* » Théoricien des formes de gouvernements et de la séparation des pouvoirs, Montesquieu eut un immense rayonnement à travers l'Europe et les encyclopédistes virent en lui le fondateur des Lumières.

« La liberté est le droit de faire tout ce que les lois permettent »

La liberté politique

Montesquieu s'oppose à Hobbes, qui définit la liberté comme « absence d'obstacles » et considère qu'elle réside dans le silence des lois, c'est-à-dire dans les actions pour lesquelles la loi n'a pas formulé d'interdiction. Contre cette thèse, Montesquieu élabore une conception de la liberté politique, définie comme un **pouvoir accordé par la loi, qui en fixe les limites**. La liberté politique ne saurait donc être confondue avec l'absence de contraintes ni avec l'indépendance.

La loi, condition de la liberté

La loi fixe pour tous les limites de ce qui est autorisé et interdit. Elle **ne tolère pas d'exception**, car il est impossible de consentir à un seul ce qui est interdit aux autres sans rompre l'égalité de chacun devant la loi. Si chacun avait le pouvoir de faire ce qu'il veut et d'agir en dehors de ce que permet la loi, les lois seraient sans effets et il n'y aurait plus de liberté. Ce qui confirme la **distinction entre la liberté et l'indépendance**.

Bons et mauvais gouvernements

Pour Montesquieu, « *la liberté pure est plutôt un état philosophique qu'un état civil* » (*De l'esprit des lois*, IX, 2). Cela signifie que l'idée philosophique de « liberté » ne peut s'incarner dans un gouvernement et qu'aucun gouvernement ne peut prétendre posséder la véritable et unique définition de la liberté. Néanmoins, une bonne constitution doit éviter de s'éloigner de cette idée philosophique : les lois ne visent pas à asservir les hommes, mais à **définir le cadre politique et juridique de leur liberté**.

L'équilibre des pouvoirs

Les types de gouvernements

La théorie politique classique distinguait les régimes en fonction du nombre de gouvernants. Ainsi, pour Platon et Aristote, mais encore pour Hobbes, la monarchie est le gouvernement d'un seul, l'aristocratie le gouvernement de quelques-uns et la démocratie le gouvernement de tous. **Montesquieu établit une nouvelle classification et distingue les gouvernements républicain, monarchique et despotique.** Dans une république, c'est le peuple ou une partie du peuple qui

Loi et coutume

Juriste de formation et influencé par le pensée anglaise, Montesquieu accorde à la coutume un rôle déterminant et privilégie une approche concrète du droit et de la nature humaine. Une théorie abstraite du droit n'a pas de sens : il faut étudier la multiplicité des systèmes de lois tels qu'ils existent historiquement. À l'image des juristes anglais et philosophes de la *common law* (« droit coutumier »), il considère que la coutume est un élément de l'esprit des lois : la coutume est cette loi non écrite, qui donne son sens et sa valeur au droit positif* (c'est-à-dire la règle édictée par l'autorité). L'importance accordée aux mœurs, à la description et à la comparaison des systèmes politiques fait de Montesquieu le précurseur de la sociologie. Néanmoins, en définissant la loi comme un rapport nécessaire qui dérive de la nature des choses, il montre que la loi n'est pas un simple produit de l'usage et que la coutume ne suffit pas à faire le droit : la loi civile et la Constitution supposent la volonté d'un législateur et ne sont pas le simple reflet des mœurs.

gouverne ; dans une monarchie, un seul gouverne, mais par des lois fixes et établies ; alors que, dans le despotisme, *« un seul, sans loi et sans règle, entraîne tout par sa volonté et ses caprices »*. Seul le gouvernement despotique est un gouvernement sans loi.

Nature et principe des gouvernements

La **nature** d'un gouvernement est **ce qui le fait être tel** (sa structure particulière) et le **principe** est **ce qui le fait agir**, c'est-à-dire la passion sur laquelle il repose : la vertu civique pour les républiques, l'honneur pour les monarchies, la crainte pour le despotisme.

L'équilibre des pouvoirs

Pour préserver la liberté politique et garantir la tranquillité d'esprit des citoyens, il faut **éviter de concentrer les pouvoirs** dans les mains d'un seul homme ou d'un seul corps, afin d'éviter l'arbitraire et l'oppression. Ainsi, le gouvernement modéré (républicain ou monarchique), fondé sur la distinction entre le pouvoir judiciaire, le pouvoir législatif et le pouvoir exécutif, est **le meilleur rempart contre le despotisme**. Il ne s'agit pas de contester la souveraineté et son caractère indivisible, mais de limiter le pouvoir par lui-même, dans un système équilibré où *« le pouvoir arrête le pouvoir »*.

Œuvre clé

De l'esprit des lois (1748)

Contexte d'écriture

L'ouvrage paraît pour la première fois à Genève en 1748. Il rencontre rapidement un vif succès à travers l'Europe et est accueilli très favorablement par les encyclopédistes, en particulier par d'Alembert. Sa critique de l'esclavage et du despotisme fait de lui un défenseur de la liberté contre l'oppression. Sa défense de l'aristocratie lui vaut néanmoins des critiques, auxquelles il répond dans *La Défense de « L'Esprit des lois »* (1750).

Thèse centrale

Comme l'écrit Montesquieu, *« cet ouvrage a pour objet les lois, les coutumes, et les divers usages de tous les peuples de la Terre. On peut dire que le sujet en est immense, puisqu'il embrasse toutes les institutions qui sont reçues parmi les hommes. »* Il définit, en un sens général, les lois comme *« les rapports nécessaires qui dérivent de la nature des choses »* : les lois humaines, établies par un législateur, comme les lois établies par Dieu ne sont pas le fruit du hasard. Elles peuvent, à ce titre, être étudiées rationnellement et expliquées par différents facteurs, physiques et sociaux.

Structure de l'œuvre et idées principales commentées

Structure de l'œuvre

L'ouvrage, qui se compose de 31 livres, étudie les lois dans leur rapport au gouvernement, à la défense, au climat, au terrain, aux mœurs, au commerce, au nombre des habitants.

« Les lois politiques ou civiles sont les cas particuliers où s'applique la raison humaine » (I, 3)

Les lois humaines sont liées à la loi naturelle*, antérieure à elles, mais elles sont propres à chaque pays. L'ensemble des rapports et des facteurs (climat, terrain, genre de vie) qui déterminent les lois forment ce que l'on appelle *« l'esprit des lois »*. Il s'agit ainsi de rechercher ce qui fait l'unité d'une institution.

Le déterminisme* du climat

Montesquieu observe l'effet du climat sur les caractères des hommes et leurs comportements. D'après lui, les hommes ont plus de vigueur dans les climats froids et les peuples des pays chauds sont timides. Le déterminisme physique a ainsi des conséquences psychologiques et politiques.

Bibliographie essentielle

- **Lettres persanes (1721)**
Dans ce roman épistolaire, Montesquieu fait une satire et une critique de la société française, en mettant en scène le point de vue d'ambassadeurs persans en visite à Paris.

- **Considérations sur les causes de la grandeur des Romains et de leur décadence (1734)**
Montesquieu produit une analyse socio-historique des conditions d'expansion puis de décadence de l'Empire romain : perte de la prudence, de la sagesse...

- **De l'esprit des lois (1748)**

Cf. fiches 22, 24, 25, 27, 30 (1, 8, 9, 17), 44

DAVID HUME
(1711-1776)

Élevé par sa mère et son oncle pasteur, puis étudiant au collège d'Édimbourg (Écosse), Hume fut marchand, espion, diplomate. Ses écrits connurent, de son vivant, un succès dans toute l'Europe. L'œuvre de Hume conjugue empirisme* et scepticisme* : critique du rationalisme* dogmatique*, sa philosophie propose d'établir la genèse de nos croyances et de nos facultés. Il élabore également une conception rigoureuse de la philosophie, qui ne conduit pas à un scepticisme radical mais à un scepticisme mitigé, qui rend possibles la science, la politique et la morale. Hume fut un temps l'ami de Rousseau et son œuvre fut connue et appréciée par les encyclopédistes.

Toutes nos idées viennent de l'expérience

La notion d'« expérience » : impressions et idées

Pour l'auteur du *Traité de la nature humaine*, notre connaissance procède d'abord des impressions, des perceptions vives (couleurs, sons, mais aussi joie, douleur), puis des idées* qui en sont les **copies affaiblies**. Le point de départ de sa philosophie est donc l'expérience, faite soit directement à partir de données élémentaires, soit dérivée de celles-ci. Il n'y a pas à distinguer une extériorité (celle des choses dont nous instruisent les sens) et une intériorité (celle de l'esprit quand il réfléchit sur lui-même) : il n'y a que l'expérience et ses critères, la vivacité (impressions) ou la faiblesse (idées) du senti.

La critique de la causalité

Toute la pensée relève alors des relations entre ces données et de la manière dont nous les éprouvons. C'est dire qu'il n'y a aucune relation, si ce n'est celle que l'esprit établit. Ainsi, l'idée de « causalité », qui signifie qu'il y a une **connexion nécessaire** entre deux choses – la cause et l'effet –, n'est pas perçue dans les choses mêmes, mais **vient de ce que l'esprit prend l'habitude de les lier**. C'est une simple tendance de l'esprit, une association spontanée entre ses idées, qui nous fait croire à une causalité que nous n'observons jamais. Ainsi, nous croyons que le soleil se lèvera nécessairement demain, parce que nous avons l'habitude de le voir se lever tous les jours.

Le rôle de l'imagination

L'imagination est ce qui permet de **produire les idées**, soit à partir d'**impressions que l'on reproduit** sous forme d'images, soit en combinant plusieurs idées déjà acquises pour former de **nouvelles idées**. Elle permet également de produire des **idées générales** (abstraites) à l'aide des mots. Mais, soumise à l'habitude de voir certaines connexions se répéter, elle peut aussi **anticiper certains événements** et se voir ainsi réduite dans sa capacité à produire des idées nouvelles (à force, par exemple, de voir le soleil se lever tous les jours, on ne peut que difficilement imaginer le contraire).

Un scepticisme modéré

En rendant compte de la vie humaine à partir d'habitudes intellectuelles, de croyances et de penchants affectifs, Hume fait preuve de scepticisme : il met en doute de manière radicale notre capacité à fonder et légitimer quelque connaissance ou action que ce soit et, par là même, l'idée que la philosophie soit une recherche des fondements. Toutefois, **son scepticisme** est modéré, au sens où il **ne vise pas tant à détruire nos certitudes qu'à nous éclairer sur leurs origines** (les habitudes de la vie courante). La répétition de certaines connexions, bien que non nécessaire, reste toutefois probable (il n'est pas nécessaire que le soleil se lève demain, mais il se lèvera probablement).

L'habitude

Si cette probabilité se justifie, c'est qu'il y a bien une sorte d'harmonie entre nos habitudes et l'ordre des choses. **L'habitude est, pour l'homme, comme l'instinct pour l'animal** : nous ne survivrions pas sans elle. C'est à elle que nous devons notre conservation. Et pourtant, l'idée de voir dans cet accord une finalité, l'œuvre bienveillante d'une intelligence supérieure, doit être exclue. C'est chercher une nécessité là où il n'y a qu'un fait *(Dialogues sur la religion naturelle)*.

Philosophie moderne

La raison n'est pas première

Nature humaine et morale

La morale, selon Hume, est une **tendance naturelle de l'homme**. Seuls les sentiments, désirs ou passions peuvent motiver l'action humaine, pas la raison. Cette dernière nous permet d'assurer une cohérence entre nos pensées et nos modes d'action mais elle ne peut nous donner de but ou d'objectif. Hume tente de dépasser ainsi l'opposition entre raison et passion.

La partialité

« *La raison est, et elle ne peut qu'être, l'esclave des passions ; elle ne peut prétendre à d'autre rôle qu'à les servir et à leur obéir* » (*Traité de la nature humaine*, II). Si la raison n'est qu'une tendance, **la passion est un penchant qui nous fait agir**. Lorsque nous croyons pouvoir opposer la raison à nos passions, nous nous trompons, parce que jamais la raison ne détermine l'action. Agir raisonnablement, ce n'est qu'être mû par une passion calme, qui ne se fait pas sentir comme telle. D'ordinaire, une passion est violente, c'est-à-dire exclusive. Elle entend obtenir une satisfaction immédiate et se caractérise par sa partialité. Ainsi, l'obstacle, pour toute société, est la passion du gain qui anime les hommes, un désir d'appropriation pour eux-mêmes et leurs proches, auxquels seuls nous accordons de la sympathie (affection).

La convention

Comment surmonter l'obstacle une fois affirmé qu'une passion ne saurait être réprimée ? Il faut **une ruse ou un artifice, dont la nature humaine est coutumière**. Plutôt que de limiter chacun par un contrat, il faut étendre nos sympathies par ce que Hume appelle « *une convention* ». En observant que ma passion d'acquérir sera d'autant plus satisfaite que je m'abstiendrai de ce qu'acquièrent les autres, une convention s'établit, qui permet à la passion de se satisfaire de manière oblique plutôt que directement.

Passions et intérêts

La formule célèbre et provocatrice « *Il n'est pas contraire à la raison de préférer la destruction du monde entier à une égratignure de mon doigt* » met en évidence **une nature humaine égoïste**. Si la raison ne peut influencer directement les passions et si le plaisir et l'intérêt ont plus de force que la raison, l'essentiel est de faire en sorte que nos passions ne contredisent pas les intérêts communs.

L'illusion du *moi*

L'esprit n'est rien d'autre qu'un amas ou une collection de perceptions

Contre Descartes, qui voyait dans la pensée l'identité d'une même substance* (celle de la *res cogitans*), Hume considère qu'il est impossible de trouver, derrière la succession des états et émotions qui caractérisent la vie de la conscience, un même principe ou un même substrat : une telle hypothèse relève de la fiction et est contraire à l'expérience. En réalité, **nous ne pouvons pas avoir conscience de notre *moi***, car nous ne sentons pas son existence ni sa continuité et nous ne pouvons

La religion naturelle

On trouve dans le *De natura deorum* (I, 1) de Cicéron une formule qui éclaire la notion de « religion naturelle » : « *Le sentiment commun qui a beaucoup de vraisemblance et que la nature nous inspire à tous reconnaît l'existence des dieux.* » La religion naturelle s'enracinerait ainsi dans l'idée que l'homme pourrait parvenir à la connaissance de Dieu par sa propre réflexion. Comme l'a montré Jacqueline Lagrée dans *La Religion naturelle* (PUF, 1991), le retour de la religion naturelle à l'âge classique, qui s'inspire en partie de Cicéron, est notamment motivé par les guerres de Religion : les religions établies ou les religions révélées provoquent des conflits fratricides ; la religion naturelle sera donc, pour certains (comme Grotius), un moyen de retrouver un christianisme authentique et, pour d'autres (comme Hobbes, Spinoza ou Locke), de libérer la philosophie et la théologie* de toute tutelle ou de leur influence mutuelle. Hume examine et discute cette question dans les *Dialogues sur la religion naturelle* et *L'Histoire naturelle de la religion* (1757). Il s'agit, pour lui, de critiquer les prétentions de la raison à « déduire » l'existence de Dieu à partir d'une finalité visible dans la nature. Pour Hume, cette finalité n'est qu'une projection de la finalité technique (nous considérons le monde comme le produit d'une intelligence). Il faut ramener la religion à sa juste valeur : elle provient d'un besoin que l'homme a de croire en Dieu.

David Hume

davantage être certains de son identité (nous ne saisissons de nous-même que des états variés et changeants). Fidèle à sa méthode,

Hume pose la question : « *En effet, de quelle impression pourrait dériver cette idée ?* » (*Traité de la nature humaine*, I).

(suite, p. 176)

Œuvre clé

Traité de la nature humaine (1739-1740)

Contexte d'écriture

Le *Traité de la nature humaine (A Treatise of Human Nature)*, publié en 3 volumes en 1739 et 1740, est à la fois le premier ouvrage de Hume et son œuvre la plus importante. D'un abord un peu difficile, ce texte ne rencontra pas le succès espéré au moment de sa publication : il « *tomba mort-né de la presse* », comme l'écrit Hume dans son autobiographie *(My Own Life)* – ce qui justifiera à ses yeux l'écriture et la publication de l'*Enquête sur l'entendement* humain* en 1748.

Thèse centrale

« *La nature humaine est la seule science de l'homme et elle a été jusqu'ici la plus négligée.* » Le projet de Hume est clairement énoncé : constituer une science de la nature humaine, en prenant pour modèle les sciences de la nature, en particulier la physique de Newton, pour montrer que le déterminisme* qui s'applique aux phénomènes* et aux lois de la nature permet également de rendre compte des opérations de l'esprit. Le sous-titre précise le projet de l'ouvrage : *Essai pour introduire la méthode expérimentale de raisonnement dans les sujets moraux*. La science de la nature humaine doit permettre, selon Hume, d'édifier « *le système complet des sciences* ».

Structure de l'œuvre
et idées principales commentées
Structure de l'œuvre

L'ouvrage se compose de 3 livres : « L'entendement* » (I), « Les passions » (II), « La morale » (III). Comme l'indique Hume dans l'avertissement, « *les sujets de l'entendement et des passions forment à eux seuls une chaîne complète de raisonnement* », soulignant ainsi l'unité de la vie intellectuelle et de la vie affective. Hume annonce d'ailleurs, dans ce même avertissement, qu'il passera ensuite à l'examen de la morale, de la politique et de la critique. La morale fera l'objet du troisième livre, mais la politique et la critique seront traitées dans les *Essais moraux et politiques*, qui, à certains égards, complètent et achèvent le projet philosophique de Hume.

La science de l'homme suit l'exemple
de la philosophie naturelle, mais elle la dépasse

Il faut traiter l'esprit comme les corps extérieurs : l'essence* de l'esprit nous étant aussi inconnue que celle des corps extérieurs, il faut, pour connaître ses pouvoirs et ses qualités, procéder à « *des expériences soigneuses et exactes et par l'observation d'effets particuliers qui résultent des différentes circonstances et situations où il est placé* ». Hume propose de décrire et d'analyser le cours régulier de la nature humaine par « *une observation prudente de la vie humaine* », mais il ne cherche pas à découvrir ses qualités originelles et ultimes : cette prétention « *doit être d'emblée rejetée comme [...] chimérique* ».

Les idées* et les impressions ne diffèrent
que par leur force et leur vivacité

Impressions et *idées* renvoient à la distinction entre *sentir* et *penser*. L'idée est, pour Hume, une impression moins vive, une image affaiblie dans la pensée et le raisonnement des sensations, passions ou émotions. Si toutes les idées sont des copies ou des représentations des impressions, cela implique qu'il ne peut y avoir entre *idée* et *impression* d'autre différence que celle de leur vivacité : tout ce qui est vrai de l'une doit être vrai de l'autre. Par conséquent, l'image que nous avons dans l'esprit ne peut être que celle d'un objet particulier.

La beauté n'est rien d'autre qu'une forme
qui produit du plaisir (II, 1, 8)

Hume rapproche la beauté du plaisir : la beauté n'est pas un idéal, un ensemble de règles, mais elle est liée aux sens et aux impressions ou émotions. La beauté n'est pas désintéressée, mais liée à l'utilité. En même temps, il n'est pas question de réduire la beauté au plaisir ou à l'utilité, mais de montrer qu'elle entretient un rapport nécessaire avec les idées d'« ordre » et de « convenance ». Ainsi, « *l'ordre et la convenance d'un palais ne sont pas moins essentiels à sa beauté que son apparence et son aspect extérieurs* ». Sa forme « *nous apporte l'idée de sécurité, qui est plaisante ; tandis que la forme inverse nous fait craindre un danger et nous met mal à l'aise* ».

Philosophie moderne

Le sens moral

Hume, comme Adam Smith*, subit l'influence de Shaftesbury et d'Hutcheson. Dans l'*Essai sur le mérite et la vertu* (1699), Shaftesbury affirme que toute beauté est vérité. L'amour de l'ordre, le sentiment de l'harmonie et la sympathie sont autant de signes d'une morale naturelle, qui conduit l'homme à aimer le bien pour lui-même. Quant à Hutcheson, il considère que c'est un sens intérieur qui est à l'origine de nos jugements esthétiques et moraux, un instinct presque aussi puissant que celui de notre conservation. Opposés au pessimisme et à l'égoïsme moral d'Hobbes ou de Mandeville (*La Fable des abeilles*), les philosophes du sens moral affirment l'existence d'une bienveillance désintéressée qui conduit l'homme à faire le bonheur d'autrui et aimer ses semblables.

Je ne peux rien observer que la perception

Puisqu'il n'y a pas d'impression constante et invariable, aucune ne peut engendrer l'idée du « moi » : « *Par conséquent, une telle idée n'existe pas.* » Héritier du scepticisme* de Montaigne, Hume remarque que, lorsqu'on écarte pour un temps les perceptions, comme dans le sommeil, ou les supprime, comme dans la mort, il n'y a pas de conscience du *moi* « *et on peut dire vraiment que je n'existe pas* ». Il n'y a donc pas de conscience du *moi* ou de ce que j'appelle « *moi* » en dehors d'une perception particulière (chaud, froid, douleur, plaisir, etc.). **Sans perception, le *moi* ne peut être autre chose qu'un parfait néant.**

L'esprit est une sorte de théâtre

Cette comparaison permet à Hume d'affirmer qu'**il n'y a dans l'esprit ni simplicité ni identité**, mais qu'il est constitué par diverses perceptions, qui apparaissent successivement, « *passent, repassent, glissent sans arrêt et se mêlent en une infinie variété de conditions et de situations* [...]. *Ce sont ces seules perceptions successives qui constituent l'esprit.* »

Critique de la substance* et de l'identité

Plus largement, imaginer une existence continue des choses* (ce qui nous conduit à concevoir les notions d'« âme », de « moi » et de « substance ») sert à masquer la variation des objets. Cette **fiction de l'identité** nous amène à concevoir quelque chose de mystérieux et d'inexplicable.

Les distinctions morales ne dérivent pas de la raison

La morale est relative

Les hommes, selon Hume, se définissent par leurs vices et leurs vertus, en fonction desquels ils agissent. Leurs actions, pour être comprises, doivent toujours être ramenées à la personne de l'individu. Il est donc **impossible de déterminer**, à partir de ces conduites, **des principes universels**. Le jugement moral est affaire de sentiments et de sens commun, donc relatif aux normes de chaque société, sans pour autant être arbitraire du fait de l'unité de la nature humaine.

La sympathie et la bienveillance

Nous avons une **tendance naturelle à sympathiser** avec les autres, quels que soient leurs inclinations ou leurs sentiments, c'est-à-dire à ressentir ce qu'ils ressentent. C'est par cette tendance que l'on peut expliquer l'uniformité dans le caractère et la manière de penser des hommes d'une même nation. « *Un homme d'un bon naturel se trouve en un instant de la même humeur que sa société* » (*Traité*, II, 1, 11). C'est donc par l'effet de cette communication naturelle (issue de la sympathie) et non par une vertu propre à un caractère que sont ressenties et partagées les passions. Mais la sympathie est insuffisante et Hume considère que **la bienveillance est une vertu universelle et naturelle**. C'est la base de la morale humaine, car elle correspond au souci du bien-être d'autrui.

Bibliographie essentielle

- *Traité de la nature humaine* (1739-1740)

- *Enquête sur les principes de la morale* (1751)
L'ouvrage traite de la question de l'origine des distinctions morales et développe la thèse du « sens moral ».

- *Enquête sur l'entendement* humain (1748)
Hume développe de manière plus accessible que le *Traité* ses thèses empiristes* sur l'esprit.

Cf. fiches 1, 4, 10, 12, 30 (1, 6, 26), 45, 48

4. JEAN-JACQUES ROUSSEAU (1712-1778)

Rousseau naît à Genève dans une famille d'artisans. Il quitte cette République à 16 ans et rencontre Mme de Warens (« *Maman* »), dont il reçoit une première culture philosophique et dont il deviendra l'amant. En 1742, il tente une première carrière parisienne en publiant des textes sur la notation musicale (thème aussi de sa contribution à l'*Encyclopédie* de Diderot et d'Alembert). Sa notoriété est assise avec le Prix de l'Académie de Dijon, remporté en 1750 pour un *Discours sur les sciences et les arts*, qui, selon lui, corrompent les hommes. Sa brouille avec les milieux éclairés survient avec le *Discours sur l'origine et les fondements de l'inégalité parmi les hommes* (1755), dans lequel il critique l'idéologie du progrès, et avec sa critique du théâtre. En 1761, il publie *Julie ou la Nouvelle Héloïse*, roman épistolaire qui représente une véritable révolution littéraire. La parution du *Contrat social* et de l'*Émile*, en 1762, marque le début de ses persécutions : il doit quitter Paris et choisit de renoncer à sa qualité de citoyen de Genève, lorsque la République prononce la condamnation de ces œuvres. Après des voyages malheureux à travers l'Europe, il peut regagner Paris en 1770. Il décède à Ermenonville, chez le marquis de Girardin, en 1778.

L'homme est bon par nature

L'hypothèse de l'état de nature

Pour penser la vie en société et interroger ses fondements (notamment les inégalités qui s'y manifestent), Rousseau est amené à faire l'hypothèse d'un état de nature originel, précédant la naissance de la société. Cette hypothèse est donc un **outil théorique** permettant d'établir un **point de comparaison** entre l'homme d'aujourd'hui et l'homme en lui-même. Pour Rousseau, en effet, les inégalités ne sont pas naturelles mais l'œuvre de la société. Il suffit, pour le démontrer, de concevoir un état « possible » dans lequel elles n'apparaîtraient pas. Tel est le rôle de l'état de nature : montrer jusqu'où l'on peut penser l'homme naturel en dehors du modèle donné par l'homme civilisé.

L'amour de soi

Ainsi, l'amour de soi est une disposition que l'individu possède depuis l'état de nature, où il vivait isolé, sans raison ni morale et dans un milieu lui permettant de satisfaire ses besoins vitaux : il fait que chacun veille à sa propre conservation. L'amour de soi est plus l'œuvre d'un sentiment que d'un acte raisonné (il ne mobilise pas la réflexion) et, à l'état de nature, il ne concerne pas les rapports avec autrui (il ne comporte donc aucune moralité). Il doit être distingué de l'**amour-propre**, qui naît avec la raison et la vie en société et qui **élargit abusivement le souci de soi** à toute une série de relations artificielles (par exemple, la vanité), par le jeu des comparaisons que l'imagination alimente sans cesse. **L'amour de soi**, au contraire, parce qu'il est innocent, **est foncièrement bon** et peut être élargi par l'éducation, afin de se transformer en une **authentique moralité** : « *L'amour de soi-même est un sentiment naturel qui porte tout animal à veiller à sa propre conservation et qui, dirigé dans l'homme par la raison et modifié par la pitié, produit l'humanité et la vertu* » (*Discours sur l'inégalité*).

La pitié

Selon le *Discours sur l'inégalité*, la pitié est la **deuxième affection primitive de l'homme** à l'état de nature. Dans sa forme élémentaire, elle ne mobilise pas la raison et désigne simplement notre répugnance spontanée à voir souffrir d'autres êtres vivants. La pitié, chez l'homme qui développe ses facultés supérieures, prend la forme d'une règle générale pouvant s'appliquer à l'ensemble de nos rapports avec les autres (au-delà de nos simples rencontres ponctuelles). Cette règle est celle qui impose à chacun de « *faire son bien avec le moindre mal d'autrui qu'il est possible* ». Et Rousseau de conclure que **l'imagination**, qui permet l'identification à autrui, **est au cœur même de la bienveillance** que l'individu éprouve pour son semblable. Car c'est en imaginant ce que l'autre ressent que l'on peut éprouver de la pitié pour lui.

(suite, p. 179)

Philosophie moderne

Œuvre clé

Émile ou De l'éducation (1762)

Contexte d'écriture

Rousseau abandonna ses enfants, mais fut aussi précepteur. Ne croyant pas en un salut collectif, il voit dans l'éducation la grande affaire de la philosophie : il s'agit, en effet, de servir le progrès des facultés de l'individu, suscité par la perfectibilité (voir ci-contre), afin qu'il devienne un « *homme de la nature* » (plutôt qu'un citoyen). Le traité d'éducation couronne donc le système de Rousseau.

Thèse centrale

Dans la mesure où les facultés virtuelles de l'homme ne peuvent manquer de s'éveiller, l'éducation joue un rôle majeur. Elle doit les arracher à l'obscurité de l'état de nature et leur conférer une heureuse orientation : « *Le meilleur esprit naturel n'est rien sans l'instruction.* »

Structure de l'œuvre
et idées principales commentées

Structure de l'œuvre

L'*Émile* se compose de 5 livres et, tout en incluant un long exposé sur la religion naturelle au livre IV (la « Profession de foi du Vicaire savoyard »), l'ouvrage s'ordonne selon les progrès de l'élève et le type d'objets qu'il est capable d'appréhender à chaque âge : on inscrit d'abord le petit enfant dans un ordre matériel sur lequel il éprouve ses premières capacités (c'est le règne de la nécessité) ; on le met ensuite en état de réfléchir aux rapports qui composent cet ordre (la « *raison sensitive* » s'éveille alors) ; on lui permet de se projeter vers autrui pour entretenir des relations humaines au sens plein (c'est le moment de la sensibilité active) ; enfin, on lui destine une épouse (Sophie) et Rousseau expose une théorie de l'amour, du mariage et de la sagesse. Les divisions fondamentales du traité d'éducation répondent à ces différents passages.

« Cette éducation nous vient de la nature, ou des hommes, ou des choses » (livre I)

Rousseau distingue trois éducations qui façonnent l'homme. L'éducation de la nature est celle qui correspond au « *développement interne de nos facultés et de nos organes* » ; celle des hommes est « *l'usage qu'on nous apprend à faire de ce développe-ment* » ; et celle des choses est « *l'acquis de notre propre expérience sur les objets qui nous affectent* ». Selon Rousseau, une éducation réussie est celle qui arrive à orienter ces trois éducations dans le même sens, vers les mêmes buts. Une mauvaise éducation, au contraire, est celle qui ne les oriente pas vers la même finalité et qui produit un être contradictoire, ne sachant plus ce qu'il veut. Pour parvenir à la meilleure forme d'éducation, il faut mettre au premier plan l'éducation de la nature et faire en sorte que les deux autres la suivent au lieu de la contrarier. Ainsi, Rousseau insiste sur le devoir de respecter le plus possible la liberté naturelle de l'enfant et ce que suggère la nature : il critique donc, par exemple, l'em-maillotement (qui empêche le mouvement et la croissance) et le fait de confier ses enfants à des nourrices (« *la véritable nourrice est la mère* ») et à des précepteurs étrangers (« *le véritable précepteur est le père* »).

« Nos premiers devoirs sont envers nous » (livre II)

Les principes des devoirs de l'homme s'enracinent dans l'intérêt personnel. L'homme ne se forme son idée de la justice que par rapport à ses intérêts propres. C'est en généralisant ce sentiment qu'il parvient à imaginer une justice plus large valable aussi pour autrui. Ainsi, « ce qui lui est dû », c'est-à-dire ce qu'il trouve juste pour lui-même, est le point de départ de ce qu'il peut ensuite imaginer de juste pour les autres en général.

« Nos passions sont les principaux instruments de notre conservation » (livre IV)

En tant qu'elles ont l'amour de soi pour principe et parce qu'elles visent naturellement la conservation de soi, les passions de l'homme ne doivent pas être étouffées. Même s'il y a bien une diversification des passions en fonction des objets que les hommes imaginent pour leur bien-être, elles restent toujours liées à la conservation de soi. Elles ne deviennent mauvaises que par un mauvais usage, c'est-à-dire lorsqu'elles tombent dans l'excès (par exemple, Rousseau montre qu'il est plus condamnable d'aimer déraisonnablement sa femme que de convoiter celle du voisin). Là encore, c'est à l'éducation de permettre cette maîtrise, cet usage réglé des passions, sans pour autant aller contre la nature.

Jean-Jacques Rousseau

La conscience

À l'adolescence, l'homme accède aux affections morales, qui désignent à la fois les passions (lorsqu'elles associent l'imagination aux plaisirs corporels) et la conscience (lorsque l'âme éprouve un sentiment propre relatif à un bien ou à un mal). Contre une longue tradition (qui débute au moins avec saint Thomas), Rousseau affirme que la conscience morale repose sur un sentiment et non sur un effort de la raison à appliquer des principes moraux à un cas particulier : elle est un « *instinct divin* » par lequel je juge en mon for intérieur de la moralité de mes actions par rapport à autrui.

La perfectibilité

Cette faculté de se perfectionner désigne une **aptitude spécifique de l'espèce humaine** à **développer**, en fonction des rapports matériels et sociaux que l'homme entretient avec les autres hommes, **les facultés supérieures** (imagination, sensibilité active, raison) que sa nature ne contient d'abord qu'en puissance (*cf.* repère 7) : on la définira donc comme une « *faculté qui, à l'aide des circonstances, développe successivement toutes les autres et réside parmi nous tant dans l'espèce que dans l'individu, au lieu qu'un animal est, au bout de quelques mois, ce qu'il sera toute sa vie, et son espèce, au bout de mille ans, ce qu'elle était la première année de ces mille ans* » (*Discours sur l'inégalité*).

En même temps, pour Rousseau, cette perfectibilité n'est pas nécessairement la source d'un progrès mais plutôt celle d'un mal. Elle fait que, contrairement à l'animal, l'homme développe et crée des habitudes et des comportements différents et nouveaux, sous l'effet de circonstances et de hasards, et « s'arrache » ainsi à la nature. **Ce qui caractérise l'homme**, ce n'est donc ni la raison ni le langage, mais **son historicité**. En inventant notamment la propriété, l'homme entre dans la société civile et, plus largement, dans la culture.

L'inégalité

Rousseau affirme une **égalité essentielle** des hommes. L'inégalité physique de l'état de nature, qu'il ne conteste pas, ne débouche jamais sur un rapport de dépendance, parce qu'elle est négligeable entre des individus isolés. Tous les hommes ne disposent pas exactement de la même force, mais ils n'emploient alors que celle qui est nécessaire à la satisfaction de leurs besoins. **L'inégalité ne se développe qu'avec l'amour-propre**, lorsque chacun réclame pour son propre compte un surcroît de fortune, d'estime ou d'autorité. Toutes ces inégalités finissent par s'exprimer dans l'inégalité économique, parce que l'argent permet de convertir l'ensemble des biens que promeuvent les sociétés modernes, foncièrement corrompues. Ainsi, l'inégalité que l'on constate dans la société n'est pas fondée en nature ; on ne peut admettre cette inégalité sous prétexte que les hommes seraient « naturellement » inégaux.

La liberté politique est possible

Le contrat social

Comme Hobbes ou Locke, Rousseau développe une théorie du contrat suivant laquelle, pour fonder une société politique, chacun doit renoncer au droit de nature* qu'il possède sur toutes choses, à condition que le souverain protège sa vie (Hobbes) et ses biens (Locke) ; mais Rousseau affirme, quant à lui, que **c'est la conservation de la liberté qui doit être placée au cœur du problème classique du contrat social** : « *"Trouver une forme d'association qui défende et protège de toute la force commune la personne et les biens de chaque associé, et par laquelle chacun s'unissant à tous n'obéisse pourtant qu'à lui-même et reste aussi libre qu'auparavant ?" Tel est le problème fondamental dont le contrat social donne la solution.* » Par là même, Rousseau dénonce les contrats qui reposeraient sur l'idée que les hommes devraient se soumettre au plus fort et perdre leur liberté. Cette soumission au plus fort n'est pas fondée, selon Rousseau : la force, même naturelle, ne fait pas le droit, c'est-à-dire qu'elle n'est pas légitime. Seule une obéissance volontaire à ce que l'on estime juste est fondée.

Les individus ne concluent pas ce pacte social* entre eux, de particulier à particulier, mais **avec le souverain dont ils sont en même temps les membres** (à l'image d'un corps). Autrement dit : le peuple en train de constituer sa souveraineté est l'une des parties concluant le pacte. **La condition est donc égale pour tous** et ne peut engendrer de nouvelle inégalité. Chaque individu se trouve tout à la fois soumis au souverain (en tant que sujet) et participe à la souveraineté (en tant que citoyen). Ainsi passe-t-on de la liberté naturelle (l'indépendance), limitée par les forces de l'individu, à la liberté civile (la loi), qui n'est, quant à elle, bornée que par la volonté générale dans laquelle elle s'exprime.

Philosophie moderne

Une aliénation en vue de l'égalité

Les deux termes de l'échange qui s'expriment dans ce pacte social* sont donc l'aliénation et l'égalité. En effet, les hommes renoncent à l'usage de leur force et à leurs acquis naturels au profit de la communauté (ils perdent ainsi leur indépendance naturelle). Mais **ils gagnent en contrepartie une égalité** (d'état, de condition et de réciprocité) **et restent aussi libres qu'avant**, puisqu'ils obéissent à une loi qu'ils ont décidée.

La volonté générale

La volonté générale est l'expression du peuple souverain. Elle n'est pas une addition de la volonté de chacun, mais **une volonté commune**, qui a en vue des objets qui intéressent tous les citoyens (par exemple, se défendre contre des agresseurs) et **à laquelle ils obéissent volontairement**. Rousseau admet toutefois que cette volonté générale puisse s'exprimer dans une volonté particulière (élue à la majorité). Mais, pour éviter le danger du despotisme, cette volonté particulière doit rester l'expression de la volonté générale et préserver la liberté.

La loi

La loi, dans sa forme, est l'expression de la volonté générale et l'unique pouvoir du souverain. Elle est élaborée par le législateur. La matière de la loi doit être commune à tous les membres du corps politique. La volonté générale risque de s'évanouir si elle porte sur un objet particulier (la loi peut ainsi décider qu'il existe des privilèges, mais elle ne saurait désigner les individus qui en bénéficient). **La loi est donc une relation** que le souverain entretient avec chacun de ses membres.

L'homme est un être sensible

La sensibilité

La sensibilité est le principe selon lequel l'animal se trouve affecté par les circonstances dans la totalité de son être. Quand elle est simplement passive, elle ne porte que sur des rapports physiques (les sensations, le plaisir, la douleur) ; quand elle devient active, comme chez l'homme sorti de l'état de nature, **elle le projette dans des relations morales avec ses semblables**.

Les langues

Les langues sont essentiellement, pour Rousseau, les instruments d'une expression du sujet sensible, même si, dans les sociétés modernes des pays du Nord, elles ne remplissent plus qu'une fonction essentiellement utilitaire et ne valent plus que par leur construction rationnelle*. Les hypothèses de Rousseau sur l'origine des langues permettent donc de **montrer la source affective** (passionnelle) de la prise de parole qui, à ses débuts, fut forcément imagée : tous les hommes parlèrent d'abord par métaphore et **pour exprimer des sentiments**. L'expression linguistique authentique met en place une communication affective, par laquelle l'imagination d'un homme s'adresse à celle des autres – il peut s'agir du musicien ou du politique éloquent.

Le luxe

Rousseau s'oppose aux auteurs des Lumières qui voient dans le luxe le moyen de perfectionner les arts, d'affiner le goût et de développer l'industrie. Pour lui, l'inégalité économique engendre l'oisiveté des riches qui, corrompus par l'amour-propre, sont obsédés par le désir de se distinguer. Le luxe naît de ces deux vices (l'oisiveté et l'amour-propre). **Le luxe est toujours en excès par rapport à ce que prescrit la nature** (ne viser que ce qui est utile) et ce dont un être moral devrait se satisfaire : « *Que le luxe soit un signe certain des richesses ; qu'il serve même si l'on veut à les multiplier : [...] que deviendra la vertu, quand il faudra s'enrichir à quelque prix que ce soit ?* »

Bibliographie essentielle

- **Discours sur l'origine et les fondements de l'inégalité parmi les hommes (1755)**
Rousseau affirme que l'homme n'est pas sociable par nature et critique le dogme du péché originel (qui considère que l'homme est mauvais par nature). Il montre comment ce sont les circonstances, et non la nature, qui ont mis en place les inégalités caractéristiques du monde social.

- **Du contrat social (1762)**
L'ouvrage établit le fondement légitime de l'autorité politique, qui doit garantir la préservation de la liberté constituant l'essence* de l'homme.

- **Émile ou De l'éducation (1762)**

DENIS DIDEROT
(1713-1784)

Philosophe, écrivain, essayiste... les talents de Diderot sont à l'image de l'*Encyclopédie*, œuvre dont il fut le directeur et l'un des principaux rédacteurs, et tableau vivant des différents savoirs à l'époque des Lumières. Par son engagement et sa critique de l'intolérance et de l'ordre établi, Diderot contribue à façonner l'image nouvelle du philosophe ou de l'intellectuel. La diversité de son œuvre veut également être à l'image du monde et de ses multiples contradictions, qu'il entend présenter plutôt que résoudre.

Le mouvement de la nature

L'homme est né pour penser par lui-même

Diderot critique les systèmes philosophiques existants et les partage en deux classes : « *Les uns ont, ce me semble, beaucoup d'instruments et peu d'idées ; les autres ont beaucoup d'idées et n'ont point d'instruments* » (*De l'interprétation de la nature*). Contre les philosophes rationalistes*, qui ne se préoccupent pas de recueillir de nouveaux faits, et contre les philosophes expérimentaux, qui ne proposent que des vues particulières, il suggère de **rapprocher le raisonnement et l'observation**, suivant ainsi le programme défini par Bacon. Il cherche à rendre compte de la richesse de la nature en laissant les pensées se succéder sous sa plume mais aussi à « *rendre la philosophie populaire* ».

Idéalisme* et sensualisme*

Dans sa *Lettre sur les aveugles* (1749), Diderot **renvoie dos à dos idéalisme et sensualisme**, Berkeley et Condillac : pour l'un comme pour l'autre, nous ne sortons jamais de nous-même et ce n'est que notre propre pensée que nous apercevons. Pour Diderot, la philosophie doit, au contraire, **se tourner vers ce qui est hors de nous**, vers le mouvement de la nature, la variété des espèces, selon un **matérialisme vitaliste*** exposé notamment dans *Le Rêve de d'Alembert*.

La beauté est perception des rapports

De même, le beau n'est perceptible que par l'idée qu'il éveille en moi, mais c'est bien une chose hors de moi qui éveille cette idée, par les formes qui sont en elle. Diderot écrit ainsi, dans l'article « Beau » de l'*Encyclopédie* (1751-1772) : « *J'appelle donc* beau hors de moi, *tout ce qui contient en soi de quoi réveiller dans mon entendement* l'idée de rapports ; et beau par rapport à moi, *tout ce qui réveille cette idée.* » Il considère qu'**il n'y a pas de beau absolu**, mais « *deux sortes de beau par rapport à nous : un* beau réel *et un* beau aperçu ». Le beau ne relève pas de la simple sensibilité, mais il n'est pas non plus savant, car il n'est pas nécessaire de connaître la proportion ou la raison des rapports pour jouir de leur beauté. Ainsi, en entendant une mélodie, je perçois qu'il y a un rapport entre les notes, mais je n'ai pas besoin de savoir s'il s'agit d'une tierce ou d'une quinte. De même, un accord peut me paraître harmonieux, sans savoir de quel type d'accord il s'agit.

Le « clavecin philosophe »

Pour exprimer ce qu'est l'esprit de l'homme et ce que doit être l'entendement du philosophe, Diderot compare les fibres de nos organes à des cordes vibrantes sensibles : « *Nos sens sont autant de touches qui sont pincées par la nature qui nous environne et qui se pincent souvent elles-mêmes.* » **Notre conscience est ainsi une forme de mémoire continue** ou de sensation consciente.

Bibliographie essentielle

- **Jacques le Fataliste et son Maître (1771-1773, édité en 1796)**
Roman dans lequel Diderot insère des parenthèses philosophiques, où il expose sa vision du monde.

- **Le Neveu de Rameau (1761, édité en 1821)**
Diderot analyse les comportements individuels et le statut social – ce qu'il appelle « *les idiotismes de métier* » ou « *exceptions à la conscience générale* ».

- **Le Rêve de d'Alembert (1769, édité en 1830)**
Diderot expose, dans ce dialogue, son programme philosophique : le matérialisme vitaliste.

56 CONDILLAC (1715-1780)

Étienne Bonnot, abbé de Condillac, renonce à la prêtrise avant de mener à Paris la vie d'un homme de lettres. Proche des encyclopédistes, il est le principal représentant de l'empirisme* en France et du « sensualisme* », sorte de version radicale de l'empirisme, qui accorde aux sensations un rôle exclusif ou déterminant dans la formation de nos connaissances. Le sensualisme est lié à un nominalisme* qui donne au langage une fonction essentielle, non seulement dans la communication, mais aussi dans la connaissance.

La sensation est l'origine de la connaissance

La statue de chair

Condillac considère que le développement de l'esprit (le jugement, la réflexion, les désirs...) n'est que la sensation qui se transforme ; en d'autres termes, que **notre connaissance et notre caractère proviennent de la sensation**. Pour le montrer, il propose une fiction, celle d'une statue de chair « *organisée intérieurement comme nous* », c'est-à-dire capable d'éprouver des états internes analogues aux nôtres, mais revêtue d'une enveloppe de marbre. La statue est « *animée d'un esprit privé de toute espèce d'idée** » et son esprit est donc comme une page blanche. Condillac lui confère un seul sens : l'odorat. Ainsi, mise en présence d'objets extérieurs, la statue ne pourra éprouver qu'un seul type de sensation.

L'odeur de rose

En présence de la rose, la statue devient tout entière odeur de rose et, en présence de l'œillet ou de la violette, odeur d'œillet ou de violette. Pourvu de ce simple sens, dont on prétend qu'il est celui qui contribue le moins aux connaissances de l'esprit humain, la statue ne peut avoir l'idée d'« étendue* », de « figure », de « couleur », de « son » ou de « saveur ». De manière générale, il lui sera **impossible d'avoir la moindre idée de ce qui est hors d'elle ou hors de ses sensations**.

Sensation et opérations de l'esprit

Néanmoins, la statue pourra **développer des facultés** telles que l'attention, puisqu'il lui suffit de se focaliser sur la sensation qu'elle éprouve grâce à son sens (ici, l'odorat). De même, puisqu'elle possède la capacité de sentir une odeur agréable ou désagréable, elle pourra jouir et souffrir ; puisque la sensation peut se prolonger, la statue devient mémoire et attention double, conscience du présent et du passé, et donc comparaison, puis jugement, imagination, raisonnement. L'intérêt que prend la statue à jouir des sensations agréables et à se dérober aux sensations désagréables « *suffit pour donner lieu aux opérations de l'entendement* et de la volonté* ».

Les signes du langage

Après Locke, Condillac considère que, sans les signes, nos idées, en particulier les idées générales, ne seraient rien pour l'esprit. Les signes permettent **une maîtrise et une vivacité de la pensée**, en libérant l'esprit d'une dépendance exclusive aux objets extérieurs et au moment où l'on éprouve une sensation. Avant les linguistes modernes, comme Saussure, Condillac affirme que **les signes du langage sont** « *d'institution* », c'est-à-dire arbitraires. On peut voir dans cet usage conventionnel et volontaire des signes la marque de la liberté de l'homme, car la signification des mots est une création des hommes et dépend de leur volonté.

Bibliographie essentielle

- ***Essai sur l'origine des connaissances humaines* (1746)**
Condillac propose une genèse de la connaissance à partir de la sensation, en décrivant la formation des différentes facultés ou opérations de l'esprit.

- ***Traité des sensations* (1754)**
L'ouvrage met en scène une fiction (celle d'une statue de chair) pour répondre au problème du rapport entre la sensation, comme état purement interne, et la perception des objets extérieurs.

Cf. fiches 4, 9, 27, 30 (3, 21), 48, 55

EMMANUEL KANT
(1724-1804)

Emmanuel Kant naît à Königsberg, en Prusse orientale, dans une famille piétiste (courant du protestantisme centré sur la rigueur morale). En 1740, Kant entre à l'université de Königsberg, puis exerce pendant neuf ans la fonction de précepteur. En 1755, il enseigne à cette même université en qualité de professeur libre et ses cours attirent un grand nombre d'auditeurs. Puis il devient titulaire en 1770, à 46 ans, grâce à sa thèse intitulée *Dissertation sur la forme et les principes du monde sensible* et du monde intelligible**. En 1781, il publie la *Critique de la raison pure*, qui inaugure la suite de son œuvre. Son existence est entièrement consacrée à l'enseignement et à la réflexion. De santé fragile, il adopte un régime de vie strict, que ponctuent simplement une promenade hebdomadaire à heure fixe et des repas pris le midi avec des invités. Son œuvre est immense et couvre tous les domaines de la philosophie : la connaissance, la morale, l'art, la religion, l'histoire et la politique. Il meurt en 1804 dans sa ville natale qu'il n'a jamais quittée, en disant : « *C'est bien.* » Sa philosophie dépasse notamment l'empirisme* de Hume (grâce à qui il reconnaît avoir été toutefois « *réveillé de son sommeil dogmatique** ») et s'inspire de la morale de Rousseau.

La théorie de la connaissance : le criticisme

La révolution copernicienne

La théorie de la connaissance s'efforce de répondre à la question « Que puis-je connaître ? » (qui figure aux côtés des deux autres questions de la raison : « Que dois-je faire ? » et « Que m'est-il permis d'espérer ? »). L'entreprise kantienne s'attache, en ce sens, à abandonner le modèle de la métaphysique* classique (issue de Leibniz et de Wolff) qui étend les pouvoirs de la raison à des objets tels que Dieu ou l'âme. Pour Kant, il faut envisager plutôt **les limites des pouvoirs de la raison** en s'inspirant de la révolution opérée en astronomie par Copernic : au lieu de concevoir les astres comme tournant autour du spectateur, « *il chercha s'il ne serait pas mieux de supposer que c'est le spectateur qui tourne et que les astres demeurent immobiles* » (*Critique de la raison pure*). Pour Kant, il faut admettre que **la connaissance des objets dépend du sujet et des pouvoirs de son esprit** et que le sujet est donc le centre de la connaissance.

Formes *a priori*, catégories et schèmes

La connaissance mobilise trois facultés essentielles : la sensibilité, l'entendement* et l'imagination. La **sensibilité** permet de « recevoir des représentations » dans des **intuitions*** sensibles et l'**entendement** permet de penser la réalité à travers des **concepts**. Mais Kant cherche, dans ces facultés, des « *formes a priori* », c'est-à-dire des cadres permettant d'appréhender la réalité **avant même d'en faire l'expérience**. Pour Kant, **l'espace et le temps**, « *formes pures de l'intuition sensible* », sont de tels cadres : ils rendent possible notre expérience des choses, sans dépendre aucunement de l'expérience qu'ils conditionnent. Kant définit ainsi le temps : il est « *donné a priori. Sans lui, toute réalité des phénomènes* est impossible. On peut les supprimer tous, mais lui-même (comme condition générale de leur possibilité) ne peut être supprimé* » (*Critique de la raison pure*, « Esthétique transcendantale »). Kant met également en évidence, dans l'entendement, les formes *a priori* que sont les « **catégories** » : il s'agit aussi de concepts purs, qui permettent de penser la réalité avant même d'en faire l'expérience. On trouve ainsi douze catégories, parmi lesquelles figurent l'unité, la négation, la causalité, la nécessité, etc. Enfin, pour permettre aux catégories de l'entendement de s'appliquer au réel sensible et de nous en donner une image, Kant met en évidence le rôle d'une troisième faculté – **l'imagination** –, qui produit des « **schèmes** ». Par exemple, le nombre est le schème de la quantité.

Phénomènes et noumènes

L'analyse de ces **formes *a priori*** permet de poser que le sujet humain ne peut finalement connaître que ce que son esprit est en mesure de saisir à travers ses cadres formels constitutifs. **Nous ne connaissons en fait que les choses telles qu'elles nous « appa-**

Philosophie moderne

raissent », et tels sont les **phénomènes*** (du grec *phaïnoména*, « apparences »). Les choses en soi*, telles qu'elles existent indépendamment de nous, ne sont que des **objets possibles pour la pensée** – ce que Kant appelle « les **noumènes** » (du grec *noouména*, « les choses pensées »). Ce sont des objets auxquels ne correspond aucune intuition* sensible* et qui, parce que nous ne pouvons en faire l'expérience, ne peuvent être connus. Ainsi, Dieu, l'âme, le monde sont des noumènes, à savoir de purs objets de pensée.

L'illusion métaphysique* : les trois idées de la raison

Lorsque la raison cherche à **penser les choses au-delà de toute expérience possible** (dans un dépassement « métaphysique »), elle produit des « idées » en étant victime d'une illusion « transcendantale » (car déterminée par la structure même de la raison). Ainsi, **Dieu**, **l'âme** et le **monde** sont les objets de cette illusion transcendantale, qui, comme toute illusion, subsiste malgré la démarche critique : **la raison ne peut**, en effet, **s'empêcher de vouloir appliquer les catégories de l'entendement*** à ces objets. En voulant appliquer ces catégories à l'âme, la raison produit ainsi des « **paralogismes** » (raisonnements invalides) : elle affirme le caractère substantiel et simple du *moi* en déduisant abusivement le « *moi pensant* » du « *Je pense* ». Appliquée au monde, l'illusion métaphysique produit des « **antinomies** », c'est-à-dire des contradictions : elle peut à la fois affirmer que le monde a un commencement et qu'il n'en a pas, qu'il est soumis à la nécessité* et qu'il a une causalité libre. Appliquée à Dieu, l'illusion métaphysique consiste à affirmer l'existence de Dieu à partir de Sa seule essence* (**argument ontologique***).

La morale : faire son devoir par devoir

La bonne volonté

Cherchant à établir les fondements de l'action morale, Kant examine ce que l'on doit tenir pour moralement bon. Il pose ainsi qu'« *il n'y a qu'une seule chose qu'on puisse tenir pour bonne sans restriction : c'est une* bonne volonté ». En effet, certaines choses bonnes, comme l'intelligence ou le courage, peuvent devenir mauvaises si elles ne sont pas soutenues par une bonne volonté. Pour Kant, la bonté, la moralité de nos actions sont donc fondées sur le « *caractère* » ou, plus communément, l'intention pure et non pas sur les résultats de nos actions : **ce qui compte, c'est de vouloir l'action bonne**. Quand bien même elle échouerait, elle resterait bonne par son effort pour atteindre son but. Le « *caractère* » désigne, en ce sens, la capacité de l'homme à agir selon des principes, en se déterminant librement à agir.

L'action conforme au devoir et l'action faite par devoir

Kant distingue, à ce titre, les actions conformes au devoir et les actions faites par devoir. **Les motifs qui président à l'action conforme au devoir peuvent ne pas être la volonté** : il peut s'agir d'intérêts ou d'inclinations sensibles (désirs). Un marchand honnête l'est par intérêt et par prudence et non pas par sa volonté d'être honnête. Au contraire, l'homme désespéré de vivre et refusant de se laisser aller au suicide agit par sa seule volonté et « par » devoir. **L'action faite par devoir repose donc sur la volonté seule**, se déterminant par elle-même, en toute « autonomie », à « vouloir ».

L'idéalisme transcendantal

Le criticisme kantien est également appelé « idéalisme transcendantal ». Il s'agit d'affirmer que la réalité n'existe véritablement que pour un sujet qui se la représente. La réalité, en dehors des idées que l'on peut en avoir, n'a pas de valeur en elle-même. Pour Kant, elle existe certes, mais on ne peut la connaître (alors que, pour Berkeley ou Fichte*, la réalité se ramène aux représentations du sujet seulement et n'a aucune existence matérielle indépendante). Le terme *transcendantal* ajoute une précision à cette position philosophique : le sujet qui donne à la réalité sa dimension idéale est constitué, structuré par des cadres *a priori*, qui conditionnent l'expérience et la déterminent. *Transcendantal* s'oppose ici à *empirique** : la réalité n'est pas donnée seulement dans l'expérience ; elle est donnée aussi et surtout par la structure formelle, *a priori*, de nos facultés.

Emmanuel Kant

L'impératif catégorique : l'action morale

Le devoir prend ainsi la forme d'un « Tu dois », c'est-à-dire d'un impératif. L'impératif catégorique est le devoir qui impose son action sans condition (devoir fait pour lui-même). Une première formulation de l'impératif catégorique le pose comme une « loi universelle », c'est-à-dire aussi une « _loi universelle de la nature_ » (car l'universalité de la loi se trouve dans le déterminisme* de la nature). Le devoir prend donc la forme d'un impératif nous commandant d'agir « _comme si la maxime de_ [notre] _action devait être érigée par_ [notre] _volonté en loi universelle de la nature_ » (_Fondements de la métaphysique* des mœurs_). Ainsi, **notre action n'est un devoir que si l'on peut l'universaliser**, c'est-à-dire la généraliser à tout être sans exception. Cherchant alors ce qui pourrait commander ainsi notre action, Kant met en évidence le respect de la personne : le devoir consiste à **s'imposer de respecter cette valeur fondamentale qui est la dignité de l'être humain, en le traitant comme une fin** (en en faisant le but de notre action) **et non comme un moyen** (s'en servir comme d'une chose, l'instrumentaliser). Telle est l'autre formulation de l'impératif catégorique.

La source du devoir : la liberté

Kant situe l'origine du devoir dans la liberté. Il montre combien le devoir est ce qui est capable de proposer « _une loi qui d'elle-même s'introduit dans l'âme et la force au respect_ [...] _et devant laquelle se taisent tous les_ penchants ». Il faut ainsi chercher une origine « digne » du devoir. Kant montre que **cette origine est la** « _personnalité, c'est-à-dire la liberté, ou l'indépendance par rapport à tout mécanisme de la nature_ ». Par _personnalité_, il faut entendre « ce qui fait de l'homme une personne, le fait qu'il se distingue, par sa raison, de l'ensemble de la nature ».

Œuvre clé

Fondements de la métaphysique des mœurs (1785)

Contexte d'écriture

Kant rédige les _Fondements de la métaphysique des mœurs_ quatre ans après la _Critique de la raison pure_. C'est un « petit » ouvrage, qui annonce la _Critique de la raison pratique*_ (1788). Il s'agit pour Kant de chercher « _le principe suprême de la moralité_ » et de critiquer la morale empirique* (tirée de l'expérience).

Thèse centrale

L'idée centrale des _Fondements_ est qu'une action n'est moralement bonne que si son principe d'action peut être universalisé, étendu à tout être sans exception. Une action est moralement mauvaise si son universalisation entraîne dommage ou contradiction.

Structure de l'œuvre et idées principales commentées

Structure de l'œuvre

L'ouvrage se compose de 3 sections, qui se proposent de s'élever de la connaissance morale commune à la détermination du principe suprême de la moralité, lequel est à chercher dans la raison pure pratique.

« _Le devoir est la nécessité de faire une action par respect pour la loi_ » (Première section, § 15)

Kant montre en quel sens le devoir repose sur l'intention, sur le principe qui motive la volonté à agir (accomplir son devoir, quelles que soient les conséquences de l'action effectuée par devoir). Kant nomme ce principe « respect », c'est-à-dire le fait d'obéir à un commandement absolu. Ce respect ne peut avoir pour objet qu'une « loi », à comprendre, selon Kant, comme universelle (« Fais ceci en supposant que tout le monde le fasse »).

« _Agis toujours de telle sorte que tu traites l'humanité, aussi bien dans ta personne que dans la personne d'autrui, toujours en même temps comme fin, jamais simplement comme moyen_ » (Deuxième section, § 49)

C'est la formulation de l'impératif catégorique, fondé sur la notion de « personne », seule capable de déterminer la volonté dans une loi universellement valable. Seul l'homme est une fin en lui-même (il est une personne, distincte des choses), fin qui permet à la volonté de se déterminer « pour » une valeur absolue (fin en soi).

« _L'homme ne peut penser la causalité de sa propre volonté que sous l'idée de liberté_ » (Troisième section, § 15)

Les _Fondements_ s'achèvent sur ce qui sera l'objet de la _Critique de la raison pratique_, à savoir le problème de la liberté : on ne peut en faire l'expérience et elle n'est, par conséquent, qu'une « idée », mais on doit en supposer l'existence pour fonder la possibilité d'une action authentiquement morale (volontaire).

Philosophie moderne

Les trois postulats de la raison pratique*

La liberté reste toutefois problématique, au sens où elle n'est pas un objet d'expérience. Elle fait partie des illusions de la raison. Pourtant, Kant montre que **notre usage pratique et moral exige que nous affirmions la liberté, ainsi que l'immortalité de l'âme et l'existence de Dieu**. En effet, sans ces affirmations (qui sont des objets de croyance et non de connaissance), nous ne croirions plus à la possibilité de réaliser notre destinée morale. Il faut que notre moralité soit en quelque sorte soutenue.

L'esthétique

L'artiste et le génie

Dans la *Critique de la faculté de juger*, Kant montre notamment ce qui rattache la création artistique à la nature. **La création artistique repose, selon lui, sur un don, sur le génie**, que Kant définit comme une « *disposition innée de l'esprit* (genius) *par laquelle la nature donne ses règles à l'art* ». L'artiste crée ainsi, sans règles déterminées, une œuvre originale. Il est « inspiré » par la nature, c'est-à-dire par un don inné qui lui « souffle » son œuvre, sans qu'il puisse ensuite dire comment il l'a faite.

L'agréable, l'utile et le beau

Pour définir le beau, Kant le distingue de l'agréable et de l'utile. **L'agréable est subjectif et particulier** (à chacun ses goûts) et **l'utile est objectif et universel** (on s'accorde pour juger un objet utile, car son utilité est déterminée par un concept). **Le beau, lui, procède d'un jugement à la fois subjectif et universel** : face à un bel objet, on ressent intérieurement et donc subjectivement une satisfaction qu'on suppose identique chez autrui. Ainsi le beau est « *ce qui plaît universellement*

sans concept ». Telle est sa particularité, tel es son paradoxe. Le plaisir ressenti est « désin téressé » : il ne repose pas sur l'existence d l'objet (son contenu utile ou agréable) mai uniquement sur sa « forme ».

Le sens commun

Selon Kant, le jugement de goût par leque nous ressentons du plaisir à la vue d'un obje beau s'enracine dans un « *sens commun* » C'est dire que **tout homme aurait en lui un aptitude à juger des choses belles**. Le sen esthétique serait, en quelque sorte, partag par tous les hommes.

L'histoire, la culture, la politique

L'histoire comme progrès

Dans son article *Idée d'une histoire universell au point de vue cosmopolitique* (1784), Kan montre que l'histoire humaine réalise u progrès, à travers une sorte de grand des sein de la nature tendant à l'unité. **Ce pro grès se sert de l'antagonisme** (oppositio entre deux principes) décrit sous le term d'« **insociable sociabilité** » des hommes : d'u côté, l'homme montre « *un penchant à s'asso cier* » ; d'un autre côté, « *il manifeste aussi un grande propension à se détacher (s'isoler)* ». L résistance que l'homme rencontre dans so effort d'association le pousse ainsi à dévelop per positivement toutes ses facultés propre (jusqu'aux principes élevés de la moralité).

Morale et politique

Pour autant, **seul un projet politique fond sur la raison et sur la liberté peut per mettre le progrès moral** de l'humanité. Dan son *Projet de paix perpétuelle* (1795), Kan montre **le besoin de créer une** « **fédératio de peuples** », telle que chaque État resterai libre tout en respectant des principes de droi envers les autres États.

Bibliographie essentielle

- **Critique de la raison pure (1781)**
Kant analyse les pouvoirs et les limites de la raison dans le domaine de la connaissance.

- **Fondements de la métaphysique des mœurs (1785)**

- **Critique de la raison pratique (1788)**
Kant montre en quel sens la liberté est au fondement de l'action morale et comment elle la conditionne.

- **Critique de la faculté de juger (1790)**
Cette troisième critique tente de réconcilier le domaine de la nature, soumis au déterminisme*, et le domaine moral, reposant sur la liberté. Kant y analyse les objets d'art et les être naturels, qui mettent en évidence un même type de jugement fondé sur la finalité.

Cf. fiches 8, 12, 14, 25, 26, 30 (6, 20, 26), 53, 54

PHILOSOPHIE CONTEMPORAINE

La période précédente avait été marquée par un singulier contraste entre les guerres et les crises en Europe et l'optimisme des Lumières, caractérisé par la confiance dans le pouvoir de la raison. Dans la période contemporaine, qui commence avec la Révolution française, la pensée semble refléter de manière plus évidente les bouleversements historiques (crises, guerres, révolutions) qui ont affecté l'humanité : qu'il s'agisse de la philosophie, de l'art ou de la science, c'est désormais un univers complexe et changeant que les différents domaines du savoir doivent appréhender. Les progrès scientifiques, techniques, et les changements politiques que connaît le monde contemporain sont tels que l'homme est conduit à s'interroger sur le sens de son rapport au monde et à autrui, ainsi que sur les limites entre l'humain et l'inhumain.

De la fin de l'Ancien Régime au totalitarisme

La Révolution française

Si on la considère comme l'aboutissement des Lumières et comme la fin d'une crise profonde qui affectait l'Ancien Régime, la Révolution française peut être interprétée comme un succès, voire un triomphe de la raison et de l'esprit critique contre plusieurs siècles d'arbitraire social et politique. Pourtant, cet événement fondateur de notre culture n'est pas seulement la résolution ou la fin d'une crise : du fait de son importance, de sa radicalité – et, dans une certaine mesure, de sa violence –, **la Révolution française introduit une rupture dans l'histoire** qui s'inscrira de manière durable et profonde dans les consciences.

La raison et l'histoire

Exception faite des réactions des contre-révolutionnaires (Louis de Bonald, Joseph de Maistre), la Révolution française pose le **problème philosophique général des rapports entre la raison et l'histoire**.

L'idéal révolutionnaire

C'est cette raison abstraite, sur laquelle repose l'idéal révolutionnaire, que critique notamment Hegel : au nom d'une conception abstraite de l'homme, de la justice et de la vérité, les acteurs de 1789 ont cherché à **imposer un ordre à l'histoire**, d'une manière qui ne pouvait engendrer que de nouvelles formes de violences. On pourrait objecter qu'une telle rupture a permis un progrès historique et politique et que cette violence fait partie de l'histoire. Mais l'essentiel n'est pas là. Il faut surtout comprendre que la Révolution française, dont l'importance en fait d'une certaine manière le modèle de toutes les révolutions postérieures, a posé le problème auquel seront confrontées les générations ultérieures : **la réalisation de l'idéal révolutionnaire dans l'histoire** en vue d'établir une société nouvelle.

Un phénomène nouveau : le totalitarisme

Les conflits et contradictions de la raison et de l'histoire marquent l'ensemble du XXᵉ siècle, qui connaît des crises et des violences sans précédent : non seulement des guerres d'une ampleur jusque-là inconnue, mais aussi la mise en place de systèmes politiques d'une **capacité de destruction et de déshumanisation** telle qu'aucun des régimes précédents n'en avaient possédé. Le totalitarisme (stalinisme et hitlérisme) constitue bien, à cet égard, un phénomène nouveau, nécessitant, comme le montrera Hannah Arendt, d'être analysé comme tel.

Les philosophies de l'histoire

La critique hégélienne

La critique hégélienne s'inscrit dans un mouvement plus général, qui est celui de la naissance et du développement des philosophies de l'histoire : celles-ci considèrent que, pour comprendre un événement ou un phénomène (par exemple, l'État ou la religion), il faut en analyser l'évolution historique ou les différentes manifestations dans l'histoire. Il n'y a donc de réalité qu'historique et il n'y a d'idées ou de concepts qu'incarnés dans un devenir historique, dont on peut tenter d'établir les lois. Les philosophies de l'histoire, d'Hegel à Comte ou Marx, se caractérisent ainsi par une méthode, qui consiste à **chercher les lois du devenir historique** et à lire dans le développement historique une **forme de progrès ou de mouvement général** convergeant vers les mêmes fins. Alors que durant la période moderne le progrès devait être porté par la volonté humaine, il est désormais autonome et devient lui-même une loi de l'histoire. Il est perçu positivement

Philosophie contemporaine

(il engendre du Bien) et s'impose à tous de façon irrémédiable.

L'État comme totalité rationnelle*

On ne saurait mettre sur le même plan toutes les philosophies de l'histoire et assimiler, par exemple, deux philosophies aussi distinctes que l'idéalisme* hégélien ou le matérialisme marxiste. Il est néanmoins un trait commun aux philosophies de l'histoire, qui est de **considérer l'histoire comme le développement de la raison**. Ainsi l'État est-il, par exemple, considéré comme un moment de la rationalité occidentale, car il constitue une totalité organisée, possédant une structure et une unité qui dépassent la simple addition des intérêts particuliers.

L'État comme « monstre froid »

Si l'État constitue d'ailleurs l'un des objets privilégiés de la philosophie politique au cours de la période contemporaine, c'est probablement parce qu'**il incarne à la fois les principales aspirations et les plus grandes craintes** : par sa rationalité et sa complexité, l'État apparaît comme le symbole du progrès et de la civilisation ; mais, par sa puissance et son caractère anonyme – bureaucratique –, il devient, dans un monde « désenchanté », comme le montre le sociologue Max Weber*, l'effet le plus pervers de la rationalité. Création humaine, ce « monstre froid », selon l'expression de Nietzsche, soumet à son tour les individus à des processus contraignants, les obligeant à jouer le rôle de simples exécutants.

Philosophie et engagement

L'intellectuel engagé

L'une des tâches de la philosophie à l'époque contemporaine sera ainsi de **concilier les aspirations au bonheur individuel et collectif et la nécessité d'une résistance à certaines formes d'oppressions** exercées par l'institution et/ou le politique. L'intellectuel surveille et critique le pouvoir ; il s'engage pour en dénoncer les abus ou les absurdités : de l'engagement de Zola dans l'affaire Dreyfus à ceux de Sartre ou Foucault, se construit la figure désormais familière de l'intellectuel engagé.

La raison mise en cause

Cet engagement est, en un sens, l'héritage des Lumières et celui de Voltaire dans l'affaire Callas joue un rôle, à cet égard, fondateur. Néanmoins, les philosophes de l'époque contemporaine ne s'engagent pas seulement au nom de la raison contre l'arbitraire. C'est aussi un certain usage de la raison qui est dénoncé, ou plutôt le lien entre raison et déraison, que la folie destructrice fait apparaître à travers les génocides et les guerres d'extermination qui caractérisent en particulier le xxe siècle : seule **une civilisation parvenue à un degré élevé de rationalité technique est susceptible d'organiser et de planifier avec rigueur la destruction massive**. Il faut ici comme partout se méfier des simplifications et ne pas assimiler la raison à un simple processus technique, mais les épisodes tragiques qui ponctuent de manière sinistre l'époque contemporaine ont assurément ébranlé la raison dans ses fondements.

L'idée de « progrès »

Ses ambiguïtés

La question essentielle qui se trouve posée est celle de l'usage qui doit être fait du progrès et des inventions techniques. L'époque contemporaine correspond assurément à l'âge de la science et les progrès réalisés sont sans commune mesure avec les avancées réalisées au cours des époques précédentes. Il s'agit d'un progrès à la fois scientifique et théorique, qui s'accompagne de changements sociaux importants, introduits notamment par les révolutions industrielles. On pourra ainsi objecter que, loin d'être ébranlées dans leurs fondements, **la raison et la science bénéficient d'une confiance toute nouvelle et pour ainsi dire sans limites**.

L'idée coloniale

Mais cette volonté de tout connaître, observer et classer produira également ses erreurs et ses excès, qui feront ensuite l'objet de critiques et de remises en question : les « zoos humains » (qualificatif donné dans les années 2000 aux Expositions coloniales) qui apparaissent dans les années 1870, c'est-à-dire à la fois à l'époque coloniale et à l'ère du positivisme*, en sont une parfaite illustration. **L'idée coloniale illustre d'ailleurs en elle-même les contradictions et les limites de la civilisation du progrès** qui se développe à l'aube du xxe siècle : pour certains esprits éclairés de la IIIe République, il s'agissait probablement de porter, comme un nouvel Évangile, les lumières de la raison et de la civilisation au-delà des frontières européennes. Mais l'essor du colonialisme, qui a pu à un moment apparaître comme l'un des éléments de ce que l'historien Claude Nicolet a appelé « *l'idée républicaine* », s'est aussi traduit par la violence, la ségrégation et la difficulté pour l'esprit européen de s'ouvrir à d'autres cultures.

La crise de « l'humanité européenne »

Peu à peu, **le progrès** – notamment les révolutions techniques comme la bombe atomique – n'est plus associé au bonheur de tous mais **peut apparaître comme une menace pour l'humanité**. Les contradictions et les limites d'un progrès fondé sur le pouvoir de la science sont celles qu'envisage Husserl dans *La Crise des sciences européennes et la Phénoménologie transcendantale* : cherchant à préserver et réveiller l'humanité européenne, il affirme que la raison, qui seule peut rendre l'homme heureux, ne peut se retourner contre la vie et contre les aspirations proprement humaines.

L'inventivité

L'inventivité de l'art

Dans cette perspective, on pourra considérer que l'aspect novateur ou avant-gardiste des productions intellectuelles et artistiques des XIXe et XXe siècles n'est pas simplement le symptôme d'une crise ou d'une inquiétude : il est vrai que, de Goya à Munch et aux expressionnistes en peinture, de Beckett à Ionesco en littérature, de Pasolini à David Lynch au cinéma, les œuvres qui expriment une forme de pessimisme à la fois angoissé et subversif ne manquent pas. Néanmoins, la vitalité et l'inventivité de l'art (cubisme, surréalisme, art abstrait...) sont aussi le signe d'une raison ou d'un esprit qui cherchent à s'ouvrir à la nouveauté et à la différence : l'usage révolutionnaire que fait Picasso de l'art primitif (« premier ») en est probablement l'une des manifestations picturales les plus suggestives.

L'inventivité philosophique

L'inventivité dont a fait preuve la philosophie au cours du XXe siècle confirme le caractère bénéfique, pour la pensée comme pour l'existence, des crises et des remises en question. Phénoménologie*, existentialisme, philosophie analytique* : si elle semble avoir en partie renoncé à ses ambitions systématiques, la philosophie, qui s'est également nourrie du développement de la psychanalyse et des sciences humaines, reste vivante à travers ses différents courants et ses différentes expressions. S'il est vrai que, selon la formule d'Hegel, les périodes de bonheur sont les pages blanches de l'histoire, cela signifie-t-il qu'il faut renoncer au bonheur pour commencer à penser ? Nous considérerons plutôt que c'est l'inquiétude et la recherche d'un bonheur auquel l'homme n'a jamais renoncé qui suscitent la réflexion.

Actualité de la philosophie

On aurait tort d'interpréter la fin des grands systèmes comme la marque d'une disparition progressive de la philosophie. La vitalité et la diversité des courants actuels prouvent le contraire. Les maîtres à penser comme Louis Althusser, Gilles Deleuze ou Jacques Derrida restent fortement présents dans les esprits. Le sociologue Pierre Bourdieu constitue sans aucun doute, par son œuvre et son engagement public, une figure majeure du XXe siècle finissant. On observe aussi le retour d'une démarche philosophique qui synthétise les apports des prédécesseurs afin de **repenser nos sociétés et la place de l'homme** : de John Rawls*, qui propose un nouveau « contrat social » adapté à nos sociétés, à son contradicteur Charles Taylor, en passant par Bruno Latour, qui remet en question l'opposition nature/culture, et Peter Singer, qui élabore la notion d'« *antispécisme* » (ne plus raisonner en termes d'espèces animale, humaine...)... Enfin, le développement de la logique et de la philosophie analytique, le renouveau de la philosophie politique ou de l'éthique* et de la bioéthique sont autant d'expressions du **besoin de philosophie** et de l'**évidence de sa nécessité**.

Philosophie contemporaine

DATES	ÉVÉNEMENTS HISTORIQUES ET CULTURELS	ÉVÉNEMENTS PHILOSOPHIQUES
1789	26 août : Déclaration des droits de l'homme et du citoyen.	
1793	Décapitation de Louis XVI.	
1804	Napoléon est sacré empereur.	
1807		Hegel, *La Phénoménologie de l'Esprit*.
1814	Abdication de Napoléon. Restauration.	
1830	Monarchie de Juillet. Bataille d'*Hernani*.	Comte, *Cours de philosophie positive*.
1848	IIe République. Louis Napoléon Bonaparte est élu président.	Marx et Engels, *Manifeste du Parti communiste*.
1857	Flaubert, *Madame Bovary*.	
1859	Darwin, *De l'origine des espèces*.	Naissance de Bergson.
1861	Début de la guerre de Sécession américaine.	
1862	Hugo, *Les Misérables*.	
1870	Guerre franco-prussienne. IIIe République.	
1871	Commune de Paris.	
1872	Monet, *Impression, soleil levant*.	
1900	Exposition Universelle à Paris.	Mort de Nietzsche.
1913	Proust, *À la recherche du temps perdu*.	
1914	Début de la Première Guerre mondiale.	
1917	Révolution russe.	Freud, *Introduction à la psychanalyse*.
1919	Traité de Versailles.	
1927		Heidegger, *Être et Temps*.
1929	Krach boursier et Grande Dépression.	Alain, *Propos sur le bonheur*.
1939	Début de la Seconde Guerre mondiale.	
1946		Sartre, *L'existentialisme est un humanisme*.
1951	Gracq, *Le Rivage des Syrtes*.	Arendt, *Les Origines du totalitarisme*.
1955		Lévi-Strauss, *Tristes Tropiques*.
1957	Traité de Rome (C.E.E.).	
1958	Début de la Ve République.	
1962	Indépendance de l'Algérie.	Décès de Bachelard.
1969	Premiers pas sur la Lune.	Foucault, *L'Archéologie du savoir*.
1973	Premier choc pétrolier.	
1980	Guerre Iran-Irak.	Décès de Sartre.
1981	Élection de François Mitterrand. Premiers cas de sida.	
1989	Chute du Mur de Berlin.	
1990	Libération de Nelson Mandela. 1re guerre du Golfe.	
2001	11 septembre : attentats terroristes aux États-Unis.	

GEORG WILHELM FRIEDRICH HEGEL (1770-1831)

Hegel est né en 1770 à Stuttgart (Allemagne), dans une famille de la moyenne bourgeoisie. Il suit des études de théologie* au séminaire protestant de Tübingen, mais renonce à une carrière de pasteur et devient précepteur à Berne de 1793 à 1796. Suit l'époque de Francfort, période de crise intellectuelle, pendant laquelle Hegel découvre l'économie politique et rompt avec le kantisme. Puis il devient enseignant libre à l'université d'Iéna en 1801 et commence à élaborer sa conception dialectique*. Il est ensuite professeur et directeur au lycée de Nuremberg, puis il est nommé professeur titulaire à la chaire de philosophie de l'université d'Heidelberg. Enfin, en 1818, il succède à Fichte* à la chaire de l'université de Berlin, où il mène alors une carrière prestigieuse. Il professe un enseignement très varié touchant aussi bien à l'histoire, à l'art et à la religion. L'ensemble de sa philosophie, qui a influencé Marx (dans son opposition matérialiste* à l'idéalisme* hégélien) et Sartre, est marqué par l'idée de « système » : Hegel entend réconcilier tous les aspects de la réalité et de la subjectivité en les concevant comme l'expression et le développement d'un principe rationnel* et divin, devant culminer dans l'Absolu. Hegel meurt du choléra en 1831.

La philosophie comme système

La chouette de Minerve

Dans sa préface aux *Principes de la philosophie du droit* (1821), Hegel explique en quoi consiste la démarche philosophique : « *Concevoir ce qui est, est la tâche de la philosophie, et ce qui est, c'est la raison.* » Selon Hegel, **la philosophie se produit lorsqu'une réalité vient à disparaître**. Alors, l'esprit humain peut **penser cette réalité**. La philosophie « *résume son temps dans la pensée* ». La philosophie n'a donc pas pour tâche d'enseigner comment « doit être » le monde : elle est une entreprise de compréhension. Elle ne peut saisir la réalité essentielle de ce dernier que lorsqu'il a atteint sa forme achevée et qu'une autre réalité se forme (par exemple, lorsque l'Empire romain succède au monde grec). D'où l'image de la chouette de Minerve pour symboliser la philosophie : « *Ce n'est qu'au début du crépuscule que la chouette de Minerve prend son vol.* »

La philosophie : un cercle de cercles

Selon Hegel, la philosophie doit permettre de penser **la totalité de la réalité** et doit donc prendre la forme d'un **système** (du grec *sustêma*, « ensemble »). Elle doit réussir à unifier l'ensemble de la réalité en rangeant tous ses aspects dans un seul et même ensemble. Hegel prend ainsi l'image du cercle pour désigner cet ensemble, en montrant que ce cercle contient d'autres cercles. En effet, **la philosophie pense tous les aspects de la réalité à partir d'un principe qui se retrouve dans chacun de ses éléments**. Ceux-ci sont pris dans une relation d'interdépendance, comme dans un organisme. Ils font partie du tout qui les contient, mais ont en eux-mêmes la même forme que ce tout dont ils participent.

L'idéalisme dialectique

La notion de « dialectique » caractérise un mouvement progressif en trois moments, marqué par des négations successives. Chaque moment nie le précédent tout en le conservant et en le dépassant. Ce dépassement avec conservation est inscrit dans le sens du mot allemand *Aufhebung*. Ces trois moments constituent une triade : thèse (affirmation de la réalité en soi), antithèse (développement de la réalité hors de soi) et synthèse (réconciliation des deux moments précédents dans une réalité supérieure). Hegel symbolise ce mouvement par le développement du fruit, lequel est d'abord bourgeon puis fleur (chaque moment « nie » bien le précédent en le dépassant). La notion de « raison » désigne le principe ou moteur de ce processus, qui qualifie aussi bien le développement de la réalité que celui de la pensée. Quant à l'Esprit absolu, il qualifie le point d'aboutissement de ce processus rationnel.

Philosophie contemporaine

Réel et rationnel*

« Ce qui est rationnel est réel et ce qui est réel est rationnel. » Cette phrase est extraite des *Principes de la philosophie du droit* (1821). Hegel montre que le réel et le rationnel sont une seule et même chose. D'une part, la raison se déploie dans le réel en l'ordonnant selon un processus de développement. Elle n'est pas quelque chose d'abstrait, mais se réalise effectivement et s'incarne dans tous les aspects de la réalité. Il s'agit d'une raison vivante se produisant sous des formes concrètes. D'autre part et inversement, le réel n'est pas quelque chose de « vain », de temporel et passager. Il contient en lui un principe rationnel et divin qui lui donne une dimension d'universalité et d'éternité. Il est gouverné par la raison.

La critique du romantisme

La philosophie doit, selon Hegel, être conceptuelle. En effet, **le concept est ce qui peut saisir le vrai dans sa totalité et permettre une connaissance objective du réel**. Le sentiment ne saisit qu'une vérité subjective ne pouvant déboucher sur un accord mutuel car « *il rompt tout contact avec qui n'est pas de son avis* ». Hegel critique, en ce sens, « *le préjugé selon lequel chacun sait immédiatement philosopher et apprécier la philosophie* ». Comparant la philosophie à n'importe quels art ou technique nécessitant un apprentissage et du travail, il pose que « *les pensées vraies et la pénétration scientifique peuvent seulement se gagner par le travail du concept. Le concept seul peut produire l'universalité du savoir* » (*Phénoménologie de l'Esprit*). C'est pourquoi Hegel critique le romantisme qui exalte les figures du sentiment et ne saisit le réel que dans ce qu'il est pour une subjectivité et non pas dans ce qu'il est en lui-même, dans ce qu'il a de rationnel et d'universel.

La phénoménologie*

Une histoire de la conscience

Par *phénoménologie* (du grec *phaïnoména*, « phénomènes célestes, apparences »), il faut entendre « *le processus dialectique* par lequel la conscience se manifeste à travers différentes figures progressant par étapes successives* ». La phénoménologie de l'Esprit (titre donné à l'œuvre qu'Hegel publie en 1807) décrit, en ce sens, **la manière dont la conscience se réalise**, à la fois dans sa **dimension subjective**, en tant que conscience, et dans sa **dimension objective**, en s'incarnant dans la réalité.

L'homme comme conscience de soi

Chez Hegel, la conscience humaine est marquée par la contradiction. Cette contradiction s'enracine dans la dimension réflexive de la conscience. En effet, à la différence des autres êtres naturels qui existent simplement, l'homme non seulement existe mais a conscience d'exister. Cette « *double existence* », qui lui permet d'**exister en lui-même et pour lui-même**, montre que la conscience de l'homme est essentiellement conscience de soi. Mais Hegel insiste sur l'aspect à la fois **théorique et pratique*** de cette conscience de soi : l'homme peut se connaître par la pensée, mais **il peut aussi se connaître à travers son action sur le monde extérieur**. En effet, l'homme cherche à se voir extérieurement et, pour cela, il modifie le monde extérieur en le façonnant à son image.

La lutte pour la reconnaissance

Dans ce besoin qu'éprouve la conscience de s'extérioriser, Hegel insiste notamment sur **le besoin de reconnaissance que manifeste la conscience** : elle n'est, en effet, conscience que lorsqu'elle est reconnue comme conscience par une autre conscience. Pour illustrer ce processus, Hegel utilise la figure d'une **lutte pour la reconnaissance**, appelée par A. Kojève (commentateur d'Hegel) « *dialectique du maître et de l'esclave* » et consistant en une lutte à mort. L'issue de cette lutte montre, d'un côté, une conscience asservie à la vie et préférant celle-ci à la liberté et, de l'autre, une autre conscience prête à mourir pour s'affirmer comme conscience. Seule cette dernière est donc reconnue par l'autre comme conscience et devient « le maître » (*Knecht* en allemand). L'autre conscience, maintenue dans son attachement sensible à la vie, devient la conscience esclave et doit, par son travail, satisfaire les besoins du maître. Mais le processus s'inverse car le maître, passif et non productif, devient esclave à son tour de l'esclave dont il dépend pour vivre. En face de lui, l'esclave s'affranchit de la nature par son travail et devient libre. La lutte pour la reconnaissance est donc un **processus incessant et fondateur**.

Georg Wilhelm Friedrich Hegel

L'histoire comme progrès

L'histoire comme réalisation de la raison

Dans les *Leçons sur la philosophie de l'histoire*, Hegel analyse le **processus rationnel*** à **l'œuvre dans l'histoire** et cherche le sens de toute l'histoire humaine. Il montre qu'elle n'est pas le produit du hasard et que tous les événements historiques sont au service d'un progrès : **la réalisation de la liberté dans le monde**. Cette liberté est le concept réalisé de l'Esprit, qui désigne la manière dont la raison s'incarne dans le monde. Hegel distingue **différentes étapes** dans la réalisation de l'Esprit, étapes **incarnées par les différents peuples** qui occupent la scène historique. Ainsi, la **démocratie grecque** de l'Antiquité (incarnée par Alexandre le Grand) représente la naissance de la liberté politique. L'**Empire romain** de César représente l'avènement de la liberté individuelle (la liberté absolue de l'empereur). Enfin, l'**Empire germanique** contemporain de la Révolution française et de Napoléon incarne la réconciliation de la liberté politique et de la liberté individuelle, à travers la mise en place d'un État de droit.

Raison et passions

Comment expliquer alors les événements tragiques et passionnels qui jalonnent l'histoire humaine ? Hegel condamne ce qu'il appelle « *la psychologie des maîtres d'école* », pour qui, selon lui, l'histoire ne s'explique que par les passions individuelles, égoïstes et immorales des grands personnages de l'histoire. Il montre, au contraire, que **ces passions ne sont qu'une** « *ruse de la raison* » : le désordre et l'irrationalité de l'histoire ne sont qu'une apparence permettant aux hommes illustres de croire qu'ils servent leur intérêt, alors que celui-ci n'est qu'un **moyen pour la raison d'atteindre son propre but (la liberté)**. Ainsi, derrière les conquêtes de César se cache l'avènement d'une nouvelle forme de liberté absolue qu'incarne l'Empire.

Il n'y a pas de leçons de l'histoire

Pour Hegel, **l'histoire ne peut pas permettre à l'homme de tirer des leçons du passé** et ainsi de ne pas refaire les mêmes erreurs. Le présent est fondamentalement original et différent par rapport au passé. Comme il est unique, on ne peut appliquer à l'une de ses situations une « maxime* générale ». Plus encore, le présent historique est tumultueux et Hegel le compare à une « *tempête* ». La vie et la liberté qui s'expriment ainsi dans le présent montrent un processus qui a en lui-même son principe de développement et qui reste **inaccessible à la volonté humaine**. Tout se passe comme si l'histoire se réalisait sans les hommes, simples instruments de la raison.

Art et vérité

L'art comme figure sensible* de l'Esprit

Dans son *Esthétique*, Hegel relie également l'art au développement de l'Esprit, dont il constitue une figure presque achevée, puisqu'elle inaugure le **premier moment de la réalisation de l'Esprit absolu** (avec la religion et la philosophie). L'art est une manière pour l'Esprit de se saisir lui-même, de revenir en lui-même après s'être réalisé dans le monde extérieur naturel et historique. Dans l'art, **l'Esprit apparaît à lui-même et se contemple lui-même sous la forme d'une œuvre qui a une signification spirituelle**. Bien que matérielle et sensible, l'œuvre d'art est ainsi l'expression d'une idée. Elle est une idée matérialisée ou encore une matière spiritualisée.

L'art est supérieur à la nature

Par conséquent, l'art est considéré comme étant supérieur à la nature et n'a pas pour but de l'imiter. Hegel ne nie pas l'existence de beautés naturelles, mais il montre qu'elles ne sont pas issues de l'esprit. Elles ne témoignent d'aucune liberté. Elles sont déterminées par la nature, alors que **les œuvres d'art sont créées librement par un esprit**. Envisageant la possibilité pour l'artiste de vouloir imiter la nature, Hegel montre qu'il n'obtiendrait qu'une œuvre inutile, présomptueuse et médiocre, inférieure à son modèle naturel. Au lieu de la vie elle-même présente dans la nature, il ne nous offrirait qu'une « *caricature de la vie* ».

Philosophie contemporaine

Œuvre clé

La Phénoménologie de l'Esprit (1807)

Contexte d'écriture

Hegel rédige et publie *La Phénoménologie de l'Esprit* alors qu'il est encore enseignant libre à l'université d'Iéna, après avoir publié les *Cours d'Iéna*. Hegel se passionne, à cette époque, pour l'actualité et l'histoire et il admire Napoléon, cette « *âme du monde* ». *La Phénoménologie de l'Esprit* prépare et présente tout le système futur d'Hegel, qu'il développera notamment dans l'*Encyclopédie des sciences philosophiques* en 1817.

Thèse centrale

Hegel s'attache à retracer tout le processus de développement de la conscience, en analysant toutes ses figures successives. Ce processus est ce qui permet de comprendre la conscience comme une dimension à la fois subjective (propre au sujet lui-même) et objective (réelle) : la conscience humaine a pour vocation de s'extérioriser et de s'incarner dans le monde extérieur pour se ressaisir elle-même comme conscience.

Structure de l'œuvre et idées principales commentées

Structure de l'œuvre

La Phénoménologie de l'Esprit comprend une progression de 8 sections allant de la conscience comme certitude sensible* à la conscience comme Savoir absolu. Les figures de la conscience sont présentées comme se niant et se dépassant progressivement les unes les autres dans un mouvement dialectique* de contradictions successives, jusqu'à atteindre leur niveau achevé de réali-sation et de réconciliation.

« Le vrai est le Tout » (préface)

Hegel affirme la nécessité de concevoir la vérité en un système capable de ramener la totalité du réel sous un seul principe, qu'il appelle « *l'Esprit* ». Mais, par le mot « *Tout* », il faut entendre à la fois « la totalité du réel », mais aussi « le total développement de ce réel parvenu à son achèvement ». Ainsi, la vérité, selon Hegel, n'est pas à comprendre comme une abstraction vide, une simple conception des choses, mais comme une réalité concrète parvenue au terme de sa réalisation effective. Elle est l'Esprit réalisé dans le monde et capable de se saisir comme tel.

« La vie qui porte la mort, et se maintient dans la mort même, [...] est la vie de l'esprit » (préface)

Le mode d'être de l'esprit est son aptitude à dépasser sa dimension sensible et son attachement à la vie elle-même. Pour affirmer sa dimension spirituelle, il faut ainsi être capable de risquer sa vie, de ne pas avoir peur de mourir. C'est dans une forme de « lutte à mort » que s'exprime la valeur de l'esprit humain (par exemple, être prêt à mourir pour défendre des idées ou des valeurs).

« Le travail [...] est désir réfréné, disparition retardée : le travail forme » (section IV)

En décrivant la lutte des consciences cherchant à être reconnues l'une par l'autre comme consciences, Hegel montre le renversement qui s'effectue entre la conscience devenue « maître » et la conscience devenue « esclave ». Certes, la conscience du maître est celle qui a réussi à risquer sa vie, contrairement à la conscience esclave, mais la conscience esclave arrive, par le travail qu'elle effectue ensuite au service du maître, à se libérer du désir immédiat dont le maître reste dépendant (puisqu'il ne travaille pas). Ainsi, par le travail, l'homme parvient à s'objectiver, c'est-à-dire à exister pour lui-même.

Bibliographie essentielle

- **La Phénoménologie de l'Esprit (1807)**

- **Principes de la philosophie du droit (1821)**
Exposition de la théorie hégelienne de l'État, comme réalisation concrète et effective de la liberté.

- **Esthétique (posthume, 1835)**
L'art et le Beau sont conçus comme des figures de l'Esprit se contemplant lui-même sous sa forme sensible.

- **Leçons sur la philosophie de l'histoire (posthume, 1837)**
Hegel présente l'histoire comme la réalisation de la raison et de la liberté dans le monde.

194   *Cf.* fiches 2, 10, 13, 14, 30 (9, 14, 16), 64, 76

ARTHUR SCHOPENHAUER (1788-1860)

Né à Dantzig et mort à Francfort – où ce misanthrope, convaincu que notre monde est le pire des mondes possibles, vécut en solitaire à partir de 1831 –, le philosophe allemand Schopenhauer ne connaît le succès que tardivement, quelques années avant sa mort. Sa philosophie peut être décrite comme un pessimisme métaphysique*. Il présente son livre majeur, *Le Monde comme volonté et représentation*, comme le développement d'« *une seule et unique pensée* ».

La volonté est l'essence* de toute chose

Le monde est ma représentation

« *Tout ce qui existe existe pour la pensée, c'est-à-dire, l'univers entier n'est objet qu'à l'égard d'un sujet, perception que par rapport à un esprit percevant, en un mot, il est pure représentation* » (*Le Monde comme volonté et représentation*, I, 1). Le monde est *mon* monde : **il n'existe qu'en moi et pour moi**. Schopenhauer hérite de Kant l'idée selon laquelle l'espace et le temps n'existent pas hors de moi, mais ne sont que les formes, inhérentes à l'esprit humain, dans lesquelles les choses me sont données, avec pour conséquence que je ne peux jamais connaître la « chose en soi* », mais seulement des phénomènes*, c'est-à-dire les choses telles qu'elles m'apparaissent dans l'espace et dans le temps.

La « clé de l'énigme du monde »

L'expérience que je fais de mon corps – seule chose du monde qui ne me soit pas seulement connue de l'extérieur, mais aussi de manière intime et immédiate – m'apprend qu'il n'est autre que « *ma volonté devenue visible* ». Avec cette expérience, « *nous sommes derrière les coulisses et apprenons le secret* » : nous comprenons que la chose en soi, **la substance* intime de toute chose est la volonté**, partout à l'œuvre dans la nature comme en nous. Toutefois, si « *tout acte particulier a un but, la volonté elle-même n'en a pas* » (II, 29).

La douleur du « *vouloir-vivre* »

Cet « *effort sans but* » qu'est la volonté prend, dans le domaine organique, la forme du « ***vouloir-vivre*** » (« *Wille zum Leben* »), source de toute notre misère. La **souffrance**, qui « *est le fond de toute vie* », croît dans l'échelle des êtres finis et atteint son plus haut degré en l'homme. Tout désir naissant d'un manque, nous souffrons tant qu'il n'est pas satisfait. Est-il satisfait, il renaît immédiatement sous une autre forme. Parvenons-nous malgré tout à l'apaiser, surgit alors un ennemi plus redoutable encore : l'ennui.

De la pitié à la négation du « *vouloir-vivre* »

Tous nos maux viennent de la croyance selon laquelle nous serions des individus distincts les uns des autres. Mais il n'en est rien. Qui a pris conscience de l'identité originelle de tous les êtres, manifestations d'une unique volonté universelle, se délivre de l'égoïsme. Il se reconnaît en ceux qui souffrent, éprouve de **la pitié, seul fondement authentique de la morale**. Il cesse, en outre, de craindre la mort, qui n'est rien, puisqu'elle ne concerne que les individus, qui eux-mêmes n'existent pas, et non le « *vouloir-vivre* » indestructible. La sagesse consistera, enfin, à nier en soi le « *vouloir-vivre* » (négation que les bouddhistes appellent « le nirvâna »), autrement dit à **supprimer tout désir**, seul moyen de parvenir à « *une paix imperturbable, un calme profond, une sérénité intime* ».

Bibliographie essentielle

- ***De la quadruple racine du principe de raison suffisante*** **(1813)**
Thèse de doctorat. Si « *rien n'est sans raison* », la nécessité peut toutefois prendre quatre formes : la nécessité logique, la nécessité physique, la nécessité mathématique et la nécessité morale.

- ***Le Monde comme volonté et représentation*** **(1818, complété en 1844, puis en 1859)**
Ce livre est le développement d'une « *seule et unique pensée* », à savoir que « *le monde est l'objectivation de la volonté* » (livre II).

Cf. fiches 6, 29, 54, 57

60 AUGUSTE COMTE (1798-1857)

Après des études à l'École polytechnique, Comte devient secrétaire du philosophe et économiste Saint-Simon. Brouillé avec lui, il ouvre un cours de « philosophie positive » à l'intention d'un public populaire. Une suite d'entraves compromettra la carrière qu'il espérait faire, rendant même ses conditions d'existence difficiles. L'année 1845 marque une étape essentielle dans sa vie et sa pensée, avec la rencontre de Clotilde de Vaux. Elle meurt l'année suivante et devient pour lui l'objet d'un véritable culte. Comte entame alors sa « *deuxième carrière* » et donne à sa philosophie une nouvelle dimension, par l'institution de « *la religion de l'humanité* ». Il meurt en 1857, alors même qu'il entreprenait la reprise de toute sa pensée sous la forme d'une nouvelle « *synthèse* ».

Le projet d'une grande réforme sociale

Le constat d'une crise sociale et historique

La pensée de Comte est inséparable d'une préoccupation historique, sociale et politique majeure. Son époque lui apparaît essentiellement comme une « **crise** » appelant une forme d'organisation inédite. En effet, la Révolution française a mis fin à des siècles de régime monarchique, entraînant une instabilité récurrente. En outre, les valeurs religieuses semblent en déclin. Parallèlement, l'époque est marquée par les progrès des sciences et de l'industrie. Pour Comte, il faut « *terminer la Révolution* », aller jusqu'au bout de cette crise, pour produire un nouvel ordre social. Par ailleurs, si cette crise se manifeste surtout en France et en Europe, il faut comprendre qu'**elle concerne l'Humanité entière**.

Le sens de l'Histoire

C'est la réflexion sur l'Histoire qui peut éclairer cette crise présente. Pour Comte, le sens de l'Histoire est **celui de l'esprit humain**. C'est la cause fondamentale des changements dans les autres domaines : à chaque développement de l'esprit doit correspondre un ordre social adéquat. Ce progrès est **nécessaire et irréversible**, au point de renvoyer à une loi : **la « loi des trois états »**, « *loi fondamentale qui régit la marche naturelle de la civilisation* ». L'Humanité dans son ensemble suit le même développement que l'individu durant son existence. Elle passe par trois « âges », correspondant à certaines structures de connaissance et d'explication des phénomènes*. L'objectif de Comte est de **hâter le mouvement de l'Histoire** vers le dernier âge (l'« état positif »).

Le système du savoir

La classification des sciences

Les sciences dépendent de cette histoire de l'esprit, au point de pouvoir être classées dans leur ordre d'accès à « l'état positif ». Cet ordre tient au **degré de complexité de leur objet**. Les mathématiques sont donc suivies dans le temps par l'astronomie, la physique, la chimie et la biologie. L'ordre des sciences correspond aussi au degré croissant de leur

Les « trois états »

À l'« état théologique », l'homme cherche des essences* et des causes absolues (comme l'origine de l'univers). Le sentiment et l'imagination prévalent sur la raison et donnent lieu à des explications anthropomorphiques (les phénomènes sont l'effet d'« esprits »). Dans son « état métaphysique », l'homme continue de se poser le même type de questions, mais en recourant à des principes d'explication plus abstraits (comme la notion de « force »). Cette phase, essentiellement « dissolvante », permet la transition vers l'« état positif », qui correspond à la prise de conscience de la relativité de toute connaissance possible pour l'homme. Afin de ne pas se perdre dans des questions insolubles, l'esprit doit savoir s'en tenir à l'observation de faits, permettant de dégager des relations constantes et objectives : des lois.

Auguste Comte

intérêt pratique pour l'homme. Ce système doit se trouver complété et couronné par une nouvelle science que Comte baptise lui-même « sociologie ».

L'invention de la « sociologie »

L'esprit positif consiste à comprendre que **la société humaine obéit à des lois**, tout comme les phénomènes* naturels. La sociologie, aussi appelée « physique sociale », a comme but l'**établissement de ces lois**, dont l'exemple par excellence est celui des « trois états ». Cette science comporte deux parties : une « statique » (l'étude des conditions de l'ordre social) et une « dynamique » (l'étude du progrès social). **Sa méthode doit beaucoup à la biologie**, qui la précède dans la classification. Une société doit être étudiée par une approche « synthétique », comme lorsqu'on a affaire à un organisme. La sociologie doit permettre de **remédier aux crises sociales**, comparables aux phénomènes pathologiques dans le vivant.

La religion positive

L'approche scientifique paraît cependant insuffisante aux yeux de Comte pour résoudre le problème social et politique. L'essor économique et industriel lié au progrès scientifique risque d'engendrer un état d'esprit matérialiste et individualiste, contraire à la bonne cohésion sociale. Il est, pour cela, nécessaire d'établir **un pouvoir « spirituel »**, une « Église », pour tempérer cette tendance. Le modèle avoué est celui de l'organisation sociale de la société du Moyen Âge, où la religion jouait un rôle essentiel. Il faut donc instituer une nouvelle « religion », mais adaptée à l'époque « positive ». Comte instaure ainsi un culte, dont l'objet n'est plus « Dieu » mais **l'Humanité**. Son enjeu est de faire prendre conscience aux individus qu'ils n'existent que par et pour ce « *Grand Être* », fait de la continuité des générations. C'est ce qui doit encourager et développer la tendance naturelle de l'homme à l'altruisme.

Œuvre clé

Discours sur l'esprit positif (1844)

Contexte d'écriture

Ce *Discours* devait servir d'introduction au traité d'astronomie donné à l'intention d'un public ouvrier. Comte voulait aussi qu'il puisse être lu en tant que « manifeste » du positivisme*.

Thèse centrale

Le *Discours* est une synthèse des 6 volumes du *Cours de philosophie positive*, soulignant la valeur et les avantages de la philosophie « positive » dans tous les domaines, d'action comme de pensée. Il annonce le tournant « religieux » du positivisme, en évoquant la nécessité de trouver un substitut à la religion.

Structure de l'œuvre et idées principales commentées

Structure de l'œuvre

La première partie expose une synthèse générale du positivisme. La deuxième en souligne les avan-

tages, ainsi que la nécessité de sa propagation. La dernière partie établit la hiérarchie des sciences.

Le fétichisme, le polythéisme et le monothéisme

Comte apporte ici un regard plus précis sur « l'état théologique », « état » initial de l'esprit humain. Il se décompose lui-même en trois phases successives, selon la prépondérance du sentiment, de l'imagination ou de la raison.

La « *science réelle* » n'est pas une « *vaine érudition* »

Comte tient à démarquer le positivisme d'un simple « empirisme* ». L'observation des faits est essentielle pour la science, mais elle n'est pas une fin en soi : ce n'est qu'un matériau dont le but est l'établissement de lois permettant de prévoir les phénomènes*. Il s'agit toujours de « *savoir pour prévoir, prévoir pour agir* ».

Bibliographie essentielle

- ***Cours de philosophie positive* (1830-1842)**
  La première grande somme de la pensée d'Auguste Comte, en 6 volumes et 72 leçons.
- ***Discours sur l'esprit positif* (1844)**

197   *Cf.* fiches 12, 13, 22, 30 (1, 3, 9), 67, 70

Philosophie contemporaine

61 ALEXIS DE TOCQUEVILLE (1805-1859)

Issu de la noblesse monarchiste normande, Alexis de Tocqueville reste marqué par son éducation et sa culture aristocratiques. Pourtant, il apparaît comme un penseur de la modernité, voire comme le premier grand penseur de la démocratie. Après la révolution de 1830, il part pour les États-Unis où il observe la nouvelle démocratie, qui y est comme « *à l'état pur* ». Suite à ce voyage, il rédige *De la démocratie en Amérique*.

L'individualisme est d'origine démocratique

Individualisme et égoïsme

L'individualisme est, pour Tocqueville, un sentiment récent, lié à l'avènement des démocraties modernes. La vague démocratique a, en effet, produit l'effondrement d'une société divisée en corps et a fait de l'individu la nouvelle unité ou le nouvel atome qui compose les sociétés : « *L'individualisme est une expression récente qu'une idée nouvelle a fait naître. Nos pères ne connaissaient que l'égoïsme* » (*De la démocratie en Amérique*). Ce triomphe de **l'individualisme est un danger** « *qui menace de se développer* », puisque l'homme se tourne vers lui-même plutôt que vers les autres, mais il constitue, **par rapport à l'égoïsme, une forme de progrès** : l'égoïsme est « *un amour passionné et exagéré de soi-même* » ; il « *naît d'un instinct aveugle* » et est « *un vice aussi ancien que le monde* ». Au contraire, l'individualisme est « *un sentiment réfléchi et paisible* ». Néanmoins, à terme, il finit par s'absorber dans l'égoïsme, car il **corrompt toutes les vertus**.

La toute-puissance de la majorité

Tocqueville met en évidence le lien entre l'opinion des masses et le nouveau despotisme, « *bienveillant* » et « *doux* », qui caractérise les États démocratiques : l'égalité. Loin de favoriser l'amour et le lien civil au sein d'une communauté véritable, **l'égalité ne fait que placer les hommes les uns à côté des autres** et les isoler. Ce développement d'une « *vertu publique de l'indifférence* » rend certes possible la tranquillité de l'État, mais il ne crée pas les conditions d'une véritable prospérité commune. Comme le despotisme, **l'égalité encourage l'isolement et la peur**. « *Ainsi, les vices que le despotisme fait naître sont précisément ceux que l'égalité favorise.* »

Liberté aristocratique et liberté démocratique

Dans *L'État social et politique de la France avant et depuis 1789*, Tocqueville oppose deux conceptions de la liberté : aristocratique et démocratique. On peut vouloir être libre, parce qu'on possède un **droit particulier à rester indépendant**. Cette liberté aristocratique, liée à un privilège et à une inégalité de conditions, « *produit chez ceux qui l'ont reçue un sentiment exalté de leur valeur individuelle* ». La liberté démocratique, au contraire, repose sur « *un droit égal et imprescriptible à vivre indépendant de ses semblables* ». De ce point de vue, même si la liberté démocratique constitue la notion juste de « liberté », elle n'est plus un privilège ni même une vertu du citoyen.

Égalité et servitude

Suivant les traces de La Boétie, Tocqueville imagine une fiction : non pas un état de nature, mais une situation où **les hommes consentiraient à la servitude**. On verrait alors « *une foule innombrables d'hommes semblables et égaux* », cherchant à « *se procurer de petits et vulgaires plaisirs* », laissant ainsi la place à un nouveau despotisme, un « *despotisme bienveillant* », qui se chargerait d'assurer leur jouissance. Derrière cette inquiétante fiction se cache une **réalité familière** : celle des nouvelles sociétés démocratiques.

Bibliographie essentielle

- ***De la démocratie en Amérique* (1835-1840)**
L'ouvrage analyse les rapports entre démocratie et liberté et les paradoxes de l'égalité.

- ***L'Ancien Régime et la Révolution* (1856)**
Tocqueville montre que le désir d'égalité a précédé la Révolution.

Cf. fiches 21, 22, 27, 29, 30 (15), 54

JOHN STUART MILL
(1806-1873)

Fils du philosophe et économiste écossais James Mill, John Stuart Mill est à la fois philosophe politique, moraliste et économiste. Après une éducation austère et studieuse, il entre à la Compagnie des Indes et adhère avec son père à l'Utilitarian Society. Disciple de Jeremy Bentham*, théoricien du principe de « convergence du devoir et de l'intérêt », il favorise le développement de l'utilitarisme*, tout en apportant des correctifs aux thèses élaborées par ses devanciers. Enfant très précoce, il connaît à 20 ans une crise au terme de laquelle il s'émancipe de la tutelle de son père et s'éloigne de l'utilitarisme. Élu au Parlement en 1865, il défend, en tant que socialiste libéral, le droit de vote des femmes et l'abolition de la peine de mort.

Il faut distinguer bonheur et satisfaction

La qualité des plaisirs...

L'homme peut être défini, du point de vue de ses facultés et de ses aspirations, comme un être supérieur, au sens où il ne se contente pas de satisfaire ses besoins ou ses désirs élémentaires. La difficulté est évidemment « qu'un être d'aspirations élevées sentira toujours que le bonheur qu'il peut viser [...] est un bonheur imparfait » (*L'Utilitarisme*, chap. II) et que ses chances d'être satisfait sont moindres. Et pourtant il ne peut envier un être inférieur, qui ignore cette imperfection : « *Il vaut mieux être un homme insatisfait qu'un porc satisfait ; il vaut mieux être Socrate insatisfait qu'un imbécile satisfait.* »

... vaut plus que leur quantité

D'où la nécessité d'apporter quelques correctifs ou précisions à la thèse classique, telle qu'elle se trouve chez Bentham ou schématisée par ses commentateurs, du plus grand bonheur pour le plus grand nombre. Il ne s'agit pas de mesurer la quantité de plaisirs ou de peines, ni d'acquérir pour tous et sans discernement un maximum de plaisir ou de satisfaction, mais de permettre un bonheur défini selon des critères et des exigences qui ne contredisent pas, par exemple, la morale stoïcienne*. Il est simplement inutile de se dévouer ou de se sacrifier, si cet acte est sans utilité pour la communauté. Ainsi, la seule renonciation qu'approuve l'utilitarisme est le **dévouement au bonheur d'autrui**, c'est-à-dire à l'humanité prise collectivement.

L'utilité et le spectateur désintéressé

Une vertu comme le dévouement personnel est conciliable avec une **morale de l'utilité**, car il ne s'agit pas de rechercher le bonheur des individus pris séparément, ni même le bonheur personnel, mais celui de tous les intéressés. Une morale de l'utilité exige de ne pas faire passer son bonheur avant celui des autres et d'agir en spectateur impartial et bienveillant, sans faire preuve ni d'égoïsme ni de sacrifice inutile.

La règle d'or de l'utilitarisme

On peut ainsi interpréter la **règle d'or de Jésus** (aimer son prochain comme soi-même) d'une façon qui ne contredit pas, bien au contraire, l'utilitarisme, puisque cette règle constitue, en un sens, « *la perfection idéale de la moralité utilitariste* ».

Bibliographie essentielle

- ***Système de logique inductive et déductive* (1843)**
Ouvrage d'inspiration baconienne, dans lequel l'expérience apparaît comme l'horizon indépassable de la connaissance.

- ***Principes d'économie politique* (1848)**
Mill envisage le rapport entre le développement économique et la répartition des richesses dans les nouvelles sociétés industrielles.

- ***L'Utilitarisme* (1861-1863)**
Mill s'écarte de l'utilitarisme hédoniste de Bentham pour établir l'importance de la qualité des plaisirs.

63 SØREN AABYE KIERKEGAARD (1813-1855)

Né à Copenhague (Danemark), Kierkegaard reçoit une éducation chrétienne très stricte. Il commence des études de théologie* en 1830 puis les abandonne pour mener une vie de dandy jusqu'en 1838, année où il reprend ses études pour écrire une thèse sur le concept d'« ironie » chez Socrate (1841). C'est à partir de 1843 qu'il produit une œuvre importante. Sa vie personnelle est marquée par la profonde influence de son père mais aussi par la rupture de ses fiançailles avec Régine Olsen. Sa pensée est consacrée à la critique d'Hegel et de l'Église de son temps, qu'il accuse d'enfermer l'homme dans une pensée totalisante et systématique. À cela il oppose une conception centrée sur l'existence individuelle conduite par la foi et nourrie d'incertitudes. Sa philosophie inaugure l'existentialisme.

Une pensée de l'existence

Le courage d'être un individu

Kierkegaard dénonce tout ce qui menace la réalité individuelle : l'Église (en tant qu'institution), la science, l'histoire, mais aussi **la foule**. Celle-ci, comprise comme collectivité, est à concevoir comme mensonge. Elle retire à l'homme le courage et la responsabilité de ses actes ainsi que sa parenté avec la divinité. Elle le maintient dans la temporalité et la rationalité, l'empêchant de s'élever à l'éternité et à la foi. S'inspirant de la parole de l'apôtre Paul *(« Un seul atteint le but »)*, Kierkegaard souligne que la vérité réside dans le courage **d'être seul avec Dieu** et dans **l'amour du prochain**, qui consiste à *« honorer absolument tout homme pris isolément »*.

Le stade religieux, modèle et dernier stade

Dans ce cheminement individuel, Kierkegaard distingue trois manières de vivre ou *« stades sur le chemin de la vie »* : le stade **esthétique**, le stade **éthique*** et le stade **religieux**. Le premier, incarné par **Don Juan**, est marqué par l'inscription de l'homme dans l'instant présent et le triomphe de la sensualité. Il ne mène qu'à l'échec et au désespoir. Le deuxième stade est incarné par le héros grec **Agamemnon** et le dernier par le prophète **Abraham**. Dans *Crainte et Tremblement*, Kierkegaard compare le sacrifice d'Agamemnon et celui d'Abraham. Il montre que le héros tragique reste prisonnier de valeurs générales, en sacrifiant sa fille Iphigénie (pour obtenir de la déesse Diane des vents favorables pour son armée) ; son sacrifice, dans lequel il trouve une sécurité, est une manière de renoncer *« à lui-même pour exprimer le général »* : il se soumet au devoir et son acte n'est pas l'œuvre d'une volonté autonome. À l'opposé, **le « chevalier de la foi » Abraham** *« renonce au général pour devenir l'Individu »*. Dans le sacrifice de son fils Isaac, il ne trouve que **l'absurde** (sacrifier son unique fils si longtemps désiré et promis par Dieu) et **la solitude** (il n'a personne pour le guider). Mais il accomplit par là le **cheminement de l'Individu**. Il obéit à cet ordre incompréhensible par un **pur acte de foi en la volonté divine**. Le stade religieux est ainsi ce qui permet d'atteindre la **véritable liberté**.

L'épreuve de l'angoisse

Peur sans objet par laquelle l'âme s'affecte elle-même, l'**angoisse** est, avec le désespoir, une épreuve essentielle de l'existence humaine. Pour l'expliquer, Kierkegaard se réfère à l'épisode biblique précédant la **chute** d'Adam : Adam vit encore un état d'innocence, mais Dieu lui interdit *« les fruits de l'arbre du bien et du mal »* (Genèse). Cet interdit provoque l'angoisse, car il fait pressentir à Adam la *« possibilité de pouvoir »* (transgresser l'ordre et ainsi pécher, sans même savoir ce que cela signifie). L'angoisse que provoque l'existence est du même ordre : l'homme est mis face à l'infinité des possibles, livré à l'exigence de donner du sens à son existence, alors même que ce sens lui est refusé.

Bibliographie essentielle

- *Traité du désespoir* (1849)
Kierkegaard y décrit toutes les formes humaines du désespoir, appelé « *la maladie mortelle* » et dont on ne sort que par la foi.

KARL MARX (1818-1883)

Né dans une famille aisée allemande, Marx fait des études de droit et de philosophie et se lie avec le groupe révolutionnaire des « hégéliens de gauche » (qui critique l'absolutisme prussien). À 23 ans, il rédige une thèse de doctorat sur Épicure et Démocrite. On lui refuse un poste de professeur et il devient journaliste à *La Gazette rhénane*. Il est ainsi amené à défendre la cause des opprimés et à analyser la réalité sociale de son époque. Il se passionne pour le matérialisme* de Feuerbach. En 1843, il s'installe à Paris et y rencontre Engels, fils d'un industriel. Il découvre (comme Engels en Angleterre) le triomphe du capitalisme, mais voit aussi des mouvements prolétariens s'organiser à partir des théories inspirées par le socialisme utopique. Il participe à l'action révolutionnaire, anime notamment la Ire Internationale ouvrière et aide les insurgés de la Commune de Paris. Il meurt à Londres en 1883. Son œuvre est à la fois une analyse « scientifique » de la société et l'élaboration d'un projet politique.

L'histoire comme processus

Contradiction et lutte des classes

S'appuyant sur la dialectique* hégélienne tout en rejetant l'idéalisme*, Marx s'intéresse à l'histoire dans ses aspects concrets, vivants, en tant que **processus**. Or, ce que montre la réalité historique, ce sont des **contradictions particulières**, toujours spécifiques à une situation, qui sont l'expression d'une **contradiction plus centrale : celle qui oppose les classes entre elles**. Les « classes » sont déterminées par la division du travail et le fait de détenir ou non les moyens de production matérielle. Marx montre ainsi que l'histoire s'est développée en opposant successivement **les maîtres et les esclaves, les seigneurs et les serfs, les bourgeois et les prolétaires**.

Le déterminisme* économique

Selon Marx, **c'est donc l'infrastructure matérielle qui conditionne l'évolution de l'histoire et non un principe rationnel*** qui l'orienterait d'après une fin idéale et positive, comme pour Hegel (le moteur de l'histoire étant, selon lui, le concept de « liberté »). L'infrastructure matérielle désigne tout ce qui définit le système économique d'une société, la manière dont elle organise la production de ses biens matériels à partir du travail humain. Ainsi, les rapports de production (par exemple, entre l'ouvrier et son patron) correspondent aux relations sociales définies par le système de production et les forces de production renvoient aux moyens (hommes, outils, machines) permettant de produire les biens matériels nécessaires à la satisfaction des besoins. Tous ces aspects économiques conditionnent et déterminent, selon Marx, les **superstructures idéologiques** (art, science, philosophie, religion…) et, plus largement, les consciences et les mentalités.

La critique de la propriété privée

La propriété privée se trouve au centre de ce processus, car c'est elle qui **pose la distinction et l'opposition entre les classes**. Il y a, d'un côté, les propriétaires des moyens de production (les bourgeois dans la société capitaliste) et, de l'autre, ceux qui n'ont que leur force de travail (les prolétaires). Ainsi, selon Marx, « *cette propriété privée matérielle, immédiatement sensible*, est l'expression matérielle sensible de la vie humaine aliénée. Son mouvement – la production et la consommation – est la révélation sensible du mouvement de toute la production passée. […] La religion, la famille, l'État, le droit, la morale, la science, l'art, etc. […] tombent sous sa loi générale* » (*Manuscrits de 1844*). D'où la nécessité, pour lui, d'abolir cette propriété privée qui est à l'origine de toute l'aliénation humaine.

La fin de l'histoire

La fin (le terme) de l'histoire est, selon Marx, **la société communiste, société sans classe et sans État**, reposant sur la mise en commun (socialisation) des moyens de production. L'État est remplacé par une association de producteurs. Une phase transitoire doit cependant permettre la mise en place de la société communiste : **la dictature du prolétariat**, qui correspond au socialisme. Le communisme, qui doit marquer l'accomplissement de l'histoire, repose notamment sur l'idée d'un communisme primitif, désignant une société archaïque où ni la division du travail, ni la division en classes, ni la propriété n'existaient.

L'action révolutionnaire

Seule l'action révolutionnaire peut alors permettre à l'histoire de s'orienter vers une fin libérée de ce processus. L'histoire semble donc être à la fois l'œuvre d'un déterminisme* qui dépasse la volonté humaine et l'œuvre possible d'une liberté capable d'en infléchir le cours. En effet, **lorsqu'ils en perçoivent la contradiction ultime, les hommes deviennent capables d'agir sur le système de production pour lui faire franchir un nouveau stade.** À ce titre, les révolutionnaires français ont poussé jusqu'au bout les contradictions auxquelles était arrivé le système féodal, grâce à la bourgeoisie naissante qui était alors en mesure de faire émerger un nouveau système. Mais, dans ce nouveau système, un nouvel antagonisme surgit pour opposer non plus les serfs aux seigneurs, mais les prolétaires aux bourgeois. Selon Marx, le capitalisme moderne représente toutefois le dernier stade de l'histoire et les prolétaires issus de ce système incarnent les conditions capables de mener l'histoire jusqu'à son terme (la société communiste).

Le travail aliéné

La spécificité du travail humain

Le réflexion de Marx sur l'histoire et l'économie l'entraîne à faire une analyse concrète du travail humain, tel qu'il se trouve pris dans la réalité économique du système de production capitaliste. C'est l'occasion pour lui de montrer en quoi le travail humain est spécifique et se distingue de l'activité animale : **le travail humain permet, dans sa nature, l'humanisation de l'homme.** L'homme n'est, en effet, devenu ce qu'il est que par son travail sur la nature, qu'il modifie à son image, en lui imprimant son caractère. Le travail humain met en œuvre la pensée et sollicite toutes les facultés propres à l'homme (conscience, imagination, volonté), alors que l'activité animale reste instinctive. À ce titre, **le travail humain, dans sa généralité, est l'expression de la dimension spirituelle de l'homme**.

Valeur d'usage et valeur d'échange

Dans son étude de la marchandise, Marx distingue une valeur d'usage et une valeur d'échange. La valeur d'usage correspond à son **utilité**, *« déterminée par les propriétés du corps de la marchandise »* (par exemple, fer, froment, diamant). La valeur d'échange correspond à la **quantité de marchandises qu'elle représente lorsqu'on veut l'échanger** (par exemple, tant de froment équivaut à tant de fer). Marx montre que la valeur d'échange suppose un **moyen terme** permettant de mesurer cette quantité et que ce moyen terme, qui sert d'étalon, est la *« quantité de travail »*, calculée selon une *« force sociale moyenne »*.

La plus-value

Analysant les conditions de l'ouvrier fileur du XIXe siècle, Marx montre plus précisément en quoi son travail est exploité par le capitaliste. Celui-ci, en effet, ne peut se contenter de produire une marchandise ne lui rapportant que ce qu'elle lui coûte (matière première, outils, salaire, etc.). **Il doit produire une marchandise lui rapportant « plus »**, il doit augmenter sa valeur. Or, il ne peut le faire avec efficacité qu'en prélevant sur le travail effectué une **part de travail non payée** (le surtravail). Ainsi, l'ouvrier fileur qui travaille douze heures produit une marchandise équivalant à ses douze heures de travail. Mais le

Le matérialisme historique

Pour Marx (et Engels), c'est une manière de critiquer l'idéologie allemande héritée d'Hegel, qui pose que ce qui est premier dans la réalité et dans l'histoire, c'est un principe rationnel* (l'Idée*). Selon Marx, pour étudier l'histoire et l'homme, il faut abandonner l'idée d'une essence* de l'homme et cesser de vouloir défendre, dans le vide, *« les intérêts de l'être humain, de l'homme en général, de l'homme qui n'appartient à aucune classe ni à aucune réalité et qui n'existe que dans les brouillards de la fantaisie philosophique »* (Manifeste du Parti communiste). Il faut, au contraire, s'intéresser aux *« choses vivantes et réelles »*, aux *« processus historiques »* et à *« leurs résultats »*. Selon Marx, la réalité historique montre des contradictions incessantes procédant de manière dialectique* : chaque contradiction est surmontée et dépassée par un moment supérieur, qui lui-même entre en contradiction avec autre chose et se voit dépassé à son tour. Ainsi procèdent les crises, qui opposent les rapports de production et les forces de production (par exemple, le mode de production artisanal se voit contredit par le développement du machinisme et disparaît au profit du mode de production industriel).

Karl Marx

capitaliste ne va le payer que l'équivalent de six heures de marchandise produite et réaliser ainsi une **plus-value** de six heures de travail produit non payé.

Une dépossession de soi

Ainsi, le travail tel qu'il existe dans la société de production, dans sa réalité concrète, est aliéné et aliénant. Il devient un moyen pour celui qui ne travaille pas non seulement de faire produire un bien par quelqu'un d'autre, mais aussi de s'enrichir de ce travail et de ce bien qu'il n'a pas produit. En conséquence, **le travailleur se voit dépossédé de lui-même de plusieurs façons** : son bien ne lui appartient pas ; lui-même devient la propriété de

Œuvre clé

Le Capital (livre I, 1867)

Contexte d'écriture

Seul le livre I fut publié du vivant de Marx, en 1867. Les autres livres, restés à l'état de manuscrits, furent repris et publiés à titre posthume (les livres II, III et IV par Engels en 1885 et 1894, et le livre V par Kautsky en 1905). Marx se consacre à cette œuvre à partir des années 1850, lors du reflux du mouvement révolutionnaire face aux alliances conservatrices et pendant la révolution industrielle. Il vit alors à Londres avec sa famille, dans une grande misère. Engels est, à cette époque, à Manchester pour diriger son entreprise familiale. Il envoie à Marx des aides financières et aussi des informations sur le capitalisme.

Thèse centrale

Le Capital s'attache essentiellement à faire la « *critique de l'économie politique* » (titre de l'œuvre de Marx publiée en 1859 et sous-titre du *Capital*). Marx critique, en ce sens, l'économie politique classique (Smith*, Ricardo...) qui a tendance à légitimer le système économique en se contentant de le décrire. Il se propose de dénoncer le capitalisme (dans lequel il ne voit que contradictions et exploitation) et d'analyser « scientifiquement » les conditions qui l'ont fait naître.

Structure de l'œuvre et idées principales commentées
Structure de l'œuvre

Le livre I du *Capital* se compose de 8 sections centrées sur l'analyse de la manière dont est produit le capital à partir de la plus-value.

« Le caractère mystique de la marchandise » (première section, chapitre I)

Marx interroge la manière dont la marchandise acquiert une valeur qui dépasse sa simple valeur d'usage. Il situe l'origine de ce qu'il appelle « *le fétichisme* » de la marchandise dans sa « forme » apparente de marchandise, à savoir dans la manière dont on peut la considérer en faisant abstraction de son contexte de production : on la considère alors dans son existence naturelle, créée à partir de rien. L'argent est l'aboutissement de ce fétichisme.

« La plus-value ne provient que de la durée allongée du travail » (troisième section, chapitre VII)

Cherchant la manière dont le capitaliste peut échanger ses marchandises en gagnant de l'argent, Marx met en évidence la différence entre la valeur que possède la force de travail d'un ouvrier et la valeur que possèdent les biens qu'il peut produire. Le capitaliste comprend cette différence et ne paie donc à l'ouvrier que la valeur de sa force de travail (soit l'équivalent d'une demi-journée de biens produits), en calculant ce dont il a besoin pour vivre. Mais il le fait travailler une journée entière – ce qui lui permet de produire « pour rien » l'équivalent (en biens) de ce qu'il a payé à l'ouvrier.

« Dans la manufacture et le métier, l'ouvrier se sert de son outil ; dans la fabrique, il sert la machine » (quatrième section, chapitre XV)

Marx analyse, par conséquent, la manière dont le capitalisme parvient à intensifier le travail pour le rendre plus productif. La fabrique (agglomération de machines-outils dans un même local) devient ainsi le moyen d'augmenter « *et le matériel humain exploitable et le degré de son exploitation en s'emparant des femmes et des enfants, en confisquant la vie entière de l'ouvrier par la prolongation outre mesure de sa journée et en rendant son travail de plus en plus intense, afin de produire en un temps toujours décroissant une quantité toujours croissante de valeurs* ». La machine, par son autonomie, ne requiert ni virtuosité, ni apprentissage. C'est elle qui impose la tâche à accomplir et le rythme de travail (qu'elle peut donc augmenter), alors que dans l'atelier de la manufacture l'outil restait au contraire manuel, donc dépendant du travailleur.

Philosophie contemporaine

L'existence sociale détermine la conscience

« *Ce n'est pas la conscience des hommes qui détermine leur être ; c'est inversement leur être social qui détermine leur conscience* » (*Contribution à la critique de l'économie politique*, 1858). Cette phrase s'inscrit dans un passage où Marx analyse le matérialisme* historique en décrivant les contradictions qui animent son processus. Il montre à quel point l'homme est pris dans des conditions matérielles d'existence qui, nécessairement, influencent sa vision des choses. Plus largement, ce sont toutes les productions idéologiques qui se voient ainsi déterminées par le système de production économique, dont elles sont en quelque sorte l'expression, le reflet. Du même coup, cela rend possibles une conscience de classe et une certaine conscience révolutionnaire, car, lorsque le système arrive au terme d'une contradiction, « *les hommes prennent conscience de ce conflit et le mènent jusqu'au bout* ».

quelqu'un d'autre et ses conditions de travail ne lui permettent pas de se réaliser humainement et personnellement.

Le règne de la liberté

La position de Marx à l'égard du rapport entre travail et liberté semble ambiguë. Il écrit, en effet, dans *Le Capital* : « *Le règne de la liberté commence seulement là où cesse le travail dicté par la nécessité et les fins extérieures.* » Cette nécessité qui enchaîne le travail doit être comprise comme « *l'empire de la nécessité* », c'est-à-dire le résidu incompressible des besoins à satisfaire par le travail (manger, boire, dormir, etc.). C'est dire que, **même dans le travail rendu à sa dignité par la suppression du capitalisme, il y a une nécessité à satisfaire, qui empêche la liberté** et la renvoie à la sphère des loisirs. Mais, d'un autre côté, le travail non aliéné est posé comme humanisant et peut donc être compris comme synonyme de « liberté ». Il nous faut donc peut-être distinguer dans l'idée de Marx, d'une part, **un travail non soumis à la nécessité des besoins** (par exemple, le travail artisanal, intellectuel, artistique), synonyme de « liberté » et de « loisir », et, d'autre part, **un travail qui, bien que non aliéné, reste soumis à la nécessité.**

La critique de la religion

La religion comme création sociale

Marx fait de la religion à la fois **un produit de l'histoire et une source d'aliénation**. L'homme produit en quelque sorte la religion, qui, à son tour, légitime l'ordre social tel qu'il est et maintient l'homme dans son aliénation. D'où la formule affirmant qu'elle « *est l'opium du peuple* ». En effet, selon Marx, l'homme projette dans la religion son propre monde idéalisé, que, de ce fait, il justifie. Or, ce monde que l'homme projette est le monde social, réel, aliéné. C'est une « *vallée de larmes* », que la religion pourtant « auréole » (*Critique du droit politique hégélien*).

La religion comme illusion

À ce titre, la religion crée un bonheur illusoire, reposant sur l'idée que la vraie vie n'est pas ce monde, illusion dont l'homme se nourrit pour supporter sa condition. Marx souligne alors à quel point l'homme doit s'efforcer de renoncer à cette illusion, en commençant par renoncer « *à une situation qui a besoin d'illusions* ». De ce fait, **pour renoncer à la religion, il doit se défaire du monde qui l'engendre.**

Bibliographie essentielle

- **Manuscrits de 1844 (1844)**
Marx analyse de façon critique les rapports de production modernes et leur caractère aliénant.

- **L'Idéologie allemande (avec Engels, 1845-1846)**
Une critique de l'analyse humaniste et abstraite de l'aliénation, issue des hégéliens de gauche.

- **Manifeste du Parti communiste (avec Engels, 1848)**
Ce manifeste expose les principes devant permettre le renversement de la société capitaliste et l'instauration de la société communiste.

- **Le Capital (1867-1905)**

Cf. fiches 11, 12, 13, 23, 30 (2, 18, 25), 58

FRIEDRICH NIETZSCHE
(1844-1900)

Nietzsche est le fils d'un pasteur allemand. Après de brillantes études, il se tourne vers la philologie (étude d'une langue par l'analyse critique des textes) et devient, à 25 ans, professeur à l'université de Bâle. Sa première œuvre, *La Naissance de la tragédie* (1871), témoigne de ses influences : la lecture de Schopenhauer, la culture grecque antique, la musique de Wagner, qu'il admire et fréquente. Vers 1876, les symptômes d'une maladie dont il souffre depuis quelques années s'aggravent. Il quitte l'université et voyage en Suisse, en France et en Italie. C'est dans ce contexte de solitude et de santé balbutiante qu'il compose ses principales œuvres, dont *Le Gai Savoir* (1882). En 1889, à Turin, il est saisi d'une crise de démence, dont il ne sortira plus jusqu'à sa mort. Il laisse une œuvre originale, qu'il voulait polémique et « *vivifiante* », au risque de s'exposer à de graves contresens, comme l'accusation d'antisémitisme. « *Malheur à moi, je suis* une nuance », déplorait-il : saisir la justesse et la valeur de sa pensée exige un travail de lecture particulièrement patient et attentif.

Un « *platonisme inversé* »

La connaissance, « *volonté d'erreur* »

Dans son effort de connaissance, l'homme s'attache à faire apparaître la structure logique et rationnelle* du réel. Il essaie de ramener la diversité des phénomènes* à des concepts généraux ou des principes réguliers et constants comme les lois. Pour Nietzsche, il faut comprendre que **cet effort fait partie de nos conditions humaines d'existence**. La connaissance du réel n'est pas une « *fin en soi* », mais répond à une nécessité d'ordre vital ou physiologique. L'homme a besoin de pouvoir concevoir le réel comme rationnel, c'est-à-dire conforme aux attentes de sa raison et plus profondément encore à son instinct de conservation. Ainsi, dès le niveau de nos sens, il se produit tout un travail de « *simplification* » du réel et même de « *falsification* », que prolonge et accentue le travail de l'esprit. La prétendue « *volonté de vérité* » doit être vue au contraire comme **une « *volonté d'erreur* »**.

La fiction d'un « *monde vrai* »

Cette tendance conduit à la **conception métaphysique*** d'une réalité séparée en deux « mondes » opposés, dont le paradigme est, par excellence, le « **platonisme** » aux yeux de Nietzsche. La réalité perçue par nos sens se voit qualifiée de « ***monde apparent*** » ou de « *monde faux* », en comparaison avec le « *monde vrai* » que l'esprit doit s'efforcer d'atteindre. L'affirmation de l'existence de ce « *monde vrai* », qui est pourtant fictif, s'accompagne, en outre, de la dépréciation, voire de la condamnation de la réalité sensible*, considérée comme fausse ou trompeuse. C'est ce qui amène Nietzsche à soupçonner que cette prétendue « *volonté de vérité* » est **le symptôme d'une forme de vie affaiblie**. L'idée d'un « *monde vrai* », stable et permanent, est une illusion forgée par des êtres faibles, pour qui la vérité est une source de souffrance.

Critique de la science

Aux yeux de Nietzsche, **la science** est faussement opposée à la fiction métaphysique. Elle est portée exactement par **le même idéal**, c'est-à-dire la même prétendue « *volonté de vérité* ». En apparence, sa démarche est « critique », puisqu'elle conduit à la remise en cause de certaines idées métaphysiques ou religieuses (comme l'existence de Dieu, par exemple). Mais la science continue de « garder foi » dans l'idée qu'il faut chercher un principe ultime des choses, au-delà des apparences. Pour Nietzsche, l'atomisme* en offre un exemple paradigmatique. Surtout, la science ne pose pas la vraie question critique : **pourquoi vouloir « la vérité » ?** Pourquoi pas « l'erreur », « l'incertitude » ou « l'apparence » ? C'est pourquoi elle reste « platonicienne » et dogmatique*.

Le monde est « *volonté de puissance* »

Nietzsche « renverse » cette conception de la vérité au moyen du concept de « ***volonté de puissance*** ». Il s'agit à la fois d'une force dominatrice, conquérante, et d'une énergie créatrice de formes, cherchant sans cesse à se dépasser elle-même. C'est elle qui compose toute la réalité, de sorte que le monde n'est rien d'autre qu'un ensemble

Style et philosophie

L'originalité de l'œuvre de Nietzsche tient pour une part à son style. La plus grande partie de ses pensées est exposée sous la forme de courts fragments, d'« aphorismes ». Cette manière d'écrire correspond, de la façon la plus juste, à sa conception de la réalité comme « volonté de puissance », celle d'un monde mobile, aux perspectives multiples. Jusque dans son style, Nietzsche s'efforce de rompre avec la tradition philosophique qui veut penser le monde sous la forme d'un « système », une unité close et harmonieuse. Il recourt aussi volontiers à la poésie, conformément à la nouvelle valeur qu'il accorde à l'art dans sa philosophie.

« d'apparences ». Il faut bien comprendre que la notion de « volonté de puissance » ne désigne pas une « essence* » ultime des choses, qui serait la cause des phénomènes* que nous pouvons observer. Ce serait retomber dans une conception métaphysique*, à l'image de la notion de « vouloir-vivre » que l'on trouve chez Schopenhauer. Pour Nietzsche, il faut arriver à penser **une immanence* de l'apparence**. Comme il l'écrit dans un fragment posthume : « *L'apparence, au sens où je l'entends, est la véritable et l'unique réalité des choses.* » Il ne faut pas non plus penser cette volonté comme un principe unique et stable, mais au contraire comme **une pluralité de forces en mouvement et en lutte permanente**.

Nietzsche développe ainsi une nouvelle conception de la réalité : « *Notre monde, c'est bien plutôt l'incertain, le changeant, le variable, l'équivoque, un monde dangereux peut-être, certainement plus dangereux que le simple, l'immuable, le prévisible, le fixe, tout ce que les philosophes antérieurs, héritiers des besoins du troupeau et des angoisses du troupeau, ont honoré par-dessus tout* » (Œuvres posthumes). Cette ontologie* conduit à une autre conception de « la vérité » : le « **perspectivisme** ». Il n'y a pas de « vérité » au sens absolu, mais seulement des points de vue possibles, des « perspectives ». Le monde de la « *volonté de puissance* » est comme un texte susceptible d'une **pluralité d'interprétations**, dont aucune ne peut être dite « exacte ». Pour être plus juste encore, il faudrait même concevoir qu'il n'y a **que des interprétations** et pas de « texte » original.

Vers une « transvaluation des valeurs »

La généalogie

Pour Nietzsche, la morale n'a jamais été envisagée réellement **comme problème** (*Par-delà bien et mal*, § 186). Les philosophes ont toujours cherché à fonder les valeurs morales,

qu'ils acceptaient donc comme données. L'altruisme, par exemple, a toujours été pris comme une vertu évidente. L'originalité de Nietzsche est de mettre en question « *la valeur de ces valeurs* ». Cela revient à chercher quelle est leur origine, en faisant une **généalogie** de la morale. Ces valeurs qui se donnent comme absolues, transcendantes, ont pourtant une certaine origine historique et même **physiologique** qu'il faut dévoiler. Ce qui frappe alors, c'est qu'elles vont toutes dans le sens d'une condamnation de la vie. Elles sont **le symptôme d'une** « *volonté de puissance* » **malade**, affaiblie, pour qui la vie est une souffrance. Les qualités morales sont **l'expression d'un ressentiment** à l'égard de tout ce qui manifeste la vie, la force et la grande santé. La généralisation de ces valeurs entraîne ainsi un affaiblissement général.

Le « nihilisme »

Historiquement, ces valeurs morales ainsi que les plus grands idéaux étaient adossés à la religion. Ils se trouvent donc entraînés dans le déclin de la foi religieuse. C'est en ce sens que Nietzsche souligne que « *Dieu est mort* » dans *Le Gai Savoir* (IIIe partie, § 125). Il ne s'agit pas d'une simple déclaration athée mais du constat de l'écroulement de tout ce qui donnait jusque-là sens et valeur à l'existence humaine, qui aboutit à une phase de « **nihilisme** » (de *nihil*, « rien, le néant »). Les hommes ne peuvent plus croire en des valeurs absolues et se complaisent même à critiquer les valeurs passées. Cela a pour conséquence un « *rapetissement* » de l'existence humaine, dans la mesure où elle apparaît comme absurde, sans fin ni valeur. Pour Nietzsche, c'est le signe que la plupart des gens ne comprennent pas réellement l'importance de cet « événement » qu'est « la mort de Dieu ». Ce moment devrait être vu comme **une** « *aurore nouvelle* » ou comme « *un horizon de nouveau libre* » pour l'apparition de nouvelles valeurs ou de nouveaux idéaux (*Le Gai Savoir*, Ve partie, § 343). Pour cela, il faut aller jusqu'au bout du nihilisme (faire preuve d'un nihilisme « actif » ou « complet »), en allant jusqu'à **détruire entièrement les anciennes valeurs** pour permettre leur dépassement, et non rester à un nihilisme « passif ».

La création de nouvelles valeurs

Nietzsche en appelle donc à une « *transvaluation de toutes les valeurs* », à la création d'une nouvelle morale qui soit, cette fois, pleine **affirmation de la vie**. Il la qualifie d'« *aristocratique* », par opposition avec la morale négatrice de la vie qui est celle des « esclaves ». Elle revalorise *l'égoïsme* », comme « *glorification de soi* » ou comme expression d'un « *sentiment de plénitude et de puissance qui veut déborder* » (*Par-delà bien et mal*, § 260). D'ailleurs, cette morale ne se présente pas comme des impératifs ou des devoirs (comme chez Kant), mais plutôt comme l'expression spontanée des **instincts**, en tant que signe de « *grande santé* ». Cela s'accompagne donc d'une **réhabilitation du** « *corps* », comme source d'évaluation.

La pensée de « *l'éternel retour* »

La capacité des hommes à entretenir un rapport « affirmatif » à la vie peut être évaluée par la pensée de « *l'éternel retour* ». Au sens propre, il s'agit d'une doctrine cosmologique concevant le temps comme la **répétition cyclique des mêmes événements**. Dans la philosophie de Nietzsche, cette idée représente surtout une sorte d'« *épreuve de pensée* ». La question à laquelle chacun doit se confronter est : « Puis-je vouloir que chacun des instants que j'ai vécus revienne une éternité de fois, les plus beaux comme les pires épreuves ? » La « tâche » de l'homme est ainsi de pouvoir répondre de façon pleinement affirmative à cette question à chaque instant de son existence. Si c'est une « tâche » ou une « épreuve », c'est que l'homme actuel n'en est pas encore entièrement capable. La pensée de « *l'éternel retour* » a ainsi un enjeu « sélectif ». Elle doit amener la disparition de l'homme en tant qu'être « malade » ou animé de ressentiment à l'égard de la vie. Son horizon est la venue de ce que Nietzsche appelle le « *surhomme* », un type d'homme encore inédit, à l'égard duquel l'homme actuel n'est qu'une transition.

L'art

L'art occupe une place essentielle dans la philosophie de Nietzsche et déborde très largement le champ de la réflexion proprement « esthétique ». En effet, l'art est par essence* le lieu de la **célébration des apparences**, du plaisir pris à tromper et être trompé. Il est bien plus près de la réalité du monde de la volonté de puissance que la philosophie héritée du platonisme ou la science. Nietzsche y voit donc le moyen le plus approprié de penser ou d'exposer la réalité d'un monde qui ne consiste qu'en « apparences ». En outre, l'artiste est l'expression par excellence de la « *volonté de puissance* ». Il est **l'image même de la vie** comme créatrice de formes, comme volonté permanente de se dépenser, pour produire autre chose au-delà d'elle-même. Il est nécessaire cependant de distinguer deux types de rapports à l'art, comme il y a deux types de rapports à la vie. Certains cherchent dans l'art une forme de refuge ou de consolation, pour fuir la souffrance que leur cause la vie. Au contraire, l'art a pour véritable rôle d'être « *le grand stimulant à la vie* », en célébrant tout ce que celle-ci peut avoir même de « tragique », et d'en faire un objet d'affirmation. C'est d'ailleurs en ce sens qu'il faut entendre la célèbre phrase : « *Nous avons l'art pour ne pas périr de la vérité.* »

Philosophie contemporaine

« *Le corps est une grande raison* »

Nietzsche considère la conscience comme un phénomène « *superficiel* », contrairement à toute une tradition philosophique. Il reproche en particulier à Descartes d'en avoir fait un objet de certitude immédiate et simple (*Par-delà bien et mal*, § 16-19) ou encore d'en faire le « noyau *de l'homme* » (*Le Gai Savoir*, § 11). Pour Nietzsche, la pensée qui arrive à la conscience n'est qu'une faible partie des pensées qui se produisent en l'homme et pas la plus authentique. La véritable source des pensées est bien plutôt « *le corps* », qu'il faut voir comme *un édifice d'âmes multiples* ». L'une des causes de la décadence de l'homme, de son affaiblissement, c'est d'ailleurs d'avoir accordé trop d'importance au point de vue de la conscience. La pensée consciente, ou « *raison* », est celle qui oublie son origine et qui en vient à se retourner contre le corps et la vie. C'est pourquoi Nietzsche juge nécessaire de renverser les rapports de l'âme et du corps : « *Le corps est une grande raison* » et doit être pris comme « *un montreur de route* » (*Ainsi parlait Zarathoustra*).

Œuvre clé

La Généalogie de la morale (1887)

Contexte d'écriture

Comme l'indique lui-même le sous-titre de cette œuvre, elle a été écrite afin de « *compléter* Par-delà bien et mal *récemment publié* » et d'en « *accentuer la portée* ». Nietzsche avait, en effet, esquissé le projet d'une « *histoire naturelle de la morale* », comme seule façon de penser la morale comme « *problème* ». *La Généalogie de la morale* lui donne l'occasion de retracer en détail cette « *histoire naturelle* », nécessaire à poser la question de « *la valeur* » des valeurs morales.

Thèse centrale

L'histoire est marquée par le triomphe des valeurs et des idéaux « ascétiques », qui se caractérisent par une hostilité et un ressentiment à l'égard de la vie. Nietzsche retrace ici les raisons de cette victoire paradoxale de la faiblesse sur la force et de la maladie sur la santé. Il montre, en même temps, l'urgence de pouvoir y opposer enfin « *un idéal adverse* », pour sortir du nihilisme.

Structure de l'œuvre et idées principales commentées

Structure de l'œuvre

Exceptionnellement, le propos ne se présente pas ici sous la forme de courts aphorismes indépendants, mais de 3 « dissertations » suivies. La première est intitulée « Bon et méchant, bon et mauvais », la deuxième « La faute, la mauvaise conscience, et ce qui leur ressemble », et la dernière « Quel est le sens de tout idéal ascétique ? ».

Les deux origines des valeurs

Nietzsche dévoile deux foyers d'origine des valeurs morales, qui correspondent en même temps à deux « types » physiologiques. La morale « aristocratique » correspond à une pure et simple affirmation de soi, de la part d'êtres puissants et robustes. Le concept de « bon » ne désigne pas autre chose que l'expression spontanée de leur nature instinctive. La valeur contraire n'est pas la « méchanceté » en ce cas, mais simplement ce qui est repoussé comme « mauvais », nuisible. La « morale des esclaves » se construit au contraire dans la réaction. Elle est issue d'êtres plus faibles, n'éprouvant que ressentiment à l'égard d'êtres d'une nature plus « réussie ». C'est seulement en les condamnant comme « méchants » qu'ils arrivent à pouvoir se penser eux-mêmes comme « bons ». Leur tour de force est d'arriver à transformer en mérite moral ce qui n'est en réalité que faiblesse ou incapacité constitutive.

Le rôle du « prêtre »

Le paradoxe de cette histoire des valeurs morales, c'est qu'elle aboutit à la victoire complète de « la morale des esclaves ». Comment se fait-il que les valeurs « aristocratiques » aient disparu, si elles sont issues de la force ? C'est le rôle joué par « le prêtre » qui permet de le comprendre. C'est lui qui va prendre la tête de ces natures plus faibles, pour servir sa propre « volonté de puissance » et triompher des « aristocrates ». Le prêtre est celui qui entretient et propage la morale du ressentiment, au point de contaminer même les plus forts.

La genèse de la (mauvaise) conscience

La genèse de la conscience et du sentiment de culpabilité est le moyen essentiel de cette contamination. La conscience naît d'une « introjection » des instincts de l'homme. Empêchés par les interdits moraux de se tourner vers l'extérieur, les instincts se retournent contre l'homme lui-même. C'est ce qui fait de l'homme un « animal malade », qui souffre de la vie et qui a besoin de la religion pour donner du sens à cette souffrance. Nietzsche souligne cependant que l'apparition de la conscience est en même temps ce qui fait de l'homme « un être intéressant, plein de promesses ». La conscience est un instrument « d'empoisonnement » de la vie, mais c'est seulement par elle que l'homme « s'approfondit » et devient autre chose qu'un animal parmi d'autres.

Bibliographie essentielle

• **Ainsi parlait Zarathoustra (1883-1885)**
Une œuvre tant philosophique que poétique, dont Nietzsche voulait faire la « *Bible de l'avenir* ».

• **Par-delà bien et mal ou Par-delà le bien et le mal (1886)**
Une critique radicale des différents préjugés et un appel à une nouvelle façon de penser et de juger.

• **La Généalogie de la morale (1887)**

Cf. fiches 14, 17, 20, 26, 30 (21, 25), 31

SIGMUND FREUD
(1856-1939)

Sigmund Freud naît en Moravie (alors sous domination autrichienne), de parents juifs. Il entame des études de médecine à Vienne en 1873 et se tourne vers la neurologie. Ses études sur le cerveau l'amènent à s'intéresser aux névroses à partir de 1880. En 1885, un voyage d'étude à Paris lui fait rencontrer Charcot qui utilise l'hypnose pour traiter l'hystérie. Freud publie en 1895 *Études sur l'hystérie*, en collaboration avec le docteur Breuer. Puis il abandonne l'hypnose et invente la psychanalyse, thérapie reposant sur la technique dite « des associations libres » et sur l'analyse des rêves. À partir de son travail avec ses patients, Freud élabore progressivement sa théorie de l'inconscient, fondée sur l'hypothèse que des pulsions sexuelles d'origine infantile seraient refoulées dans les profondeurs du psychisme et seraient la cause des névroses. Toute son œuvre témoigne d'un extrême souci de rationalisme* scientifique et d'une méfiance envers la philosophie. En exil à Londres à cause du nazisme, il meurt en 1939 des suites d'un cancer.

L'hypothèse de l'« inconscient psychique »

L'inconscient comme instance psychique

Constatant que les malades ont du mal à exprimer les causes de leurs troubles, Freud en vient à établir l'hypothèse de « l'inconscient psychique », affirmant l'existence de **pensées restant ignorées de la conscience**. Il élabore ainsi une description des « lieux » (*topos* en grec) de l'âme, appelée « topique », qui distingue **trois instances** : l'Inconscient (éléments rejetés hors du champ de la conscience), le Préconscient (éléments susceptibles de devenir conscients) et le Conscient (éléments conscients). Une seconde topique (élaborée après 1920) distinguera le Ça, le Moi et le Surmoi. Par cette description, Freud suggère que le sujet n'est pas marqué par l'unité de la conscience (comme le pose Descartes), mais qu'il est composé de plusieurs éléments, dont certains sont inconscients. L'inconscient devient alors une entité autonome.

Le mécanisme du refoulement

Cette méconnaissance d'éléments psychiques (de contenus de pensée) pourtant présents en nous s'explique, selon Freud, par un mécanisme de refoulement : **une censure d'ordre moral** empêche certaines représentations de devenir conscientes et les **rejette dans l'inconscient**. Loin de disparaître ou de demeurer inactives, ces représentations dynamiques tentent de **passer la barrière de la censure** pour devenir conscientes. Le sujet apparaît ainsi divisé en lui-même, tiraillé entre des exigences contradictoires qu'il s'emploie à concilier. La « résistance » qu'il montre protège le refoulement.

Le déterminisme* psychique

Le déterminisme consiste à poser que tous les faits sont soumis à un enchaînement causal et ne sont, au fond, que les effets de causes qui les précèdent et les déterminent. Spinoza est, en ce sens, un défenseur du déterminisme : selon lui, la liberté humaine est une illusion ; nos pensées et nos actes ne sont que le produit de désirs que nous attribuons à l'esprit mais qui ont leur source dans le corps. Notre liberté se réduit alors à comprendre la nécessité à laquelle nous sommes soumis. La théorie freudienne va dans ce sens en posant que les phénomènes psychiques sont soumis à des règles d'associations et qu'ils ne sont que le résultat d'autres faits psychiques, enracinés dans des pulsions somatiques (du grec *soma*, « le corps »). La technique des « associations libres » est une manière de saisir ces mécanismes internes de la pensée : le patient est invité à parler « librement » à partir de l'élément d'un rêve ou d'un mot proposé par l'analyste. Freud montre que les idées qui lui viennent à l'esprit n'ont « *rien d'arbitraire ni d'indéterminé* » : elles sont liées par des liens de cause à effet au complexe dont souffre le patient. En ce sens, nos pensées sont des faits au même titre que les faits physiques, lesquels obéissent à des lois qui les déterminent. Nous ne pensons donc pas librement : « Ça pense en nous. »

« Le Moi n'est pas maître dans sa propre maison »

Cette phrase, extraite des *Essais de psychanalyse appliquée* (1917), illustre, selon Freud, la manière dont la psychanalyse « *voudrait instruire le* moi » en lui révélant qu'il se connaît mal. Elle lui montre, d'une part, que sa sexualité ne peut être « *complètement domptée* » et, d'autre part, qu'il ne peut connaître son inconscient que de façon « *incomplète et incertaine* ». Mais, selon Freud, la psychanalyse doit aussi permettre au sujet de « *rentrer en lui-même* » afin de mieux connaître son inconscient et éviter de tomber malade. Poser que « *le Moi n'est pas maître dans sa propre maison* », c'est donc inviter le sujet humain à comprendre les limites de sa connaissance et les limites de sa maîtrise, pour l'inviter toutefois à une meilleure connaissance de lui-même et à une plus grande maîtrise.

Rêves, actes manqués et symptômes névrotiques

Cette dynamique conflictuelle permet cependant aux représentations inconscientes refoulées de se manifester, de s'exprimer par le biais d'un compromis : la censure laisse parfois passer des objets refoulés mais qu'elle déguise ou traduit afin de les rendre méconnaissables pour la conscience. Freud distingue trois formes de manifestations de l'inconscient : les **rêves**, les **actes manqués** (lapsus, oublis, maladresses...) et les **symptômes névrotiques** (phobies, angoisses, douleurs inexpliquées...) sont, en ce sens, des **réalisations indirectes, déguisées, de désirs inconscients**. Ils traduisent un refoulement en même temps que son échec.

Nature sexuelle et infantile des représentations inconscientes

Remarquant, dans la plupart des cas, le caractère sexuel des éléments refoulés ainsi que leur origine infantile, Freud en vient à supposer une **sexualité infantile**, se développant progressivement par différents moyens et objets (en ce sens, le plaisir de l'enfant qui tète est de nature sexuelle). Freud appelle « *libido* » cette énergie sexuelle qui se déploie dans le psychisme et qui passe par différents stades d'organisation en se heurtant à des barrières de refoulement (comme, par exemple, le sevrage). C'est dans ce cadre que Freud met en évidence le *complexe d'Œdipe* (inspiré de la légende grecque) qui consiste, pour l'enfant, à être attiré par le parent de sexe opposé et à rejeter le parent de même sexe. Dans cette relation triangulaire, l'enfant est amené à refouler son attirance pour son père ou sa mère et à se tourner vers d'autres objets d'amour. C'est dans l'échec de ce refoulement et dans le maintien de l'enfant dans le stade œdipien que Freud voit le « noyau des névroses » et l'origine des éléments inconscients refoulés.

La psychanalyse

Hypnose et psychanalyse

Freud s'inspire de Charcot, qui utilise l'hypnose pour étudier les symptômes hystériques, puis de Breuer, qui applique la méthode hypnotique à une jeune patiente (Anna O.) souffrant de divers troubles (paralysie, hallucinations, troubles du langage). En l'endormant par l'hypnose, Breuer remarque qu'elle **se laisse aller à exprimer la cause de ses troubles et paraît ensuite guérie**, par le seul fait de les avoir exprimés. D'où l'expression *talking cure* utilisée par la patiente elle-même pour qualifier ces séances. Freud utilise d'abord le même procédé, puis l'**abandonne pour laisser le patient s'exprimer en étant conscient**. Il veille, par contre, à ce que celui-ci soit le plus détendu possible et met en place le principe du divan.

Les associations libres

Freud développe ainsi la pratique des « associations libres », consistant à **faire parler le patient** à partir d'un élément de rêve ou d'un mot et ce que cela lui évoque. Ces évocations permettent d'atteindre progressivement le complexe refoulé. Le principe est de **permettre à la pensée de suivre le cheminement de l'inconscient**, en levant l'obstacle de la censure. L'analyste doit, pour cela, incarner une forme de neutralité et de bienveillance, pour encourager le patient à parler sans se sentir jugé.

Le transfert

Dans *Études sur l'hystérie*, Freud et Breuer évoquent le cas d'Anna O. L'analyse de cette patiente met certes en évidence l'origine œdipienne de la maladie d'Anna (ses symptômes apparurent lorsqu'elle veilla son père mourant), mais elle montre également, à travers les sentiments développés envers Breuer, que le patient est amené à **revivre les scènes**

Sigmund Freud

de son passé avec son analyste, sur lequel il projette ses sentiments œdipiens. D'où le concept de « transfert » élaboré par Freud pour qualifier le fait que le patient « tombe amoureux » de son analyste. C'est la réussite de ce transfert qui, selon Freud, signale une guérison proche.

Névrose et psychose

S'intéressant principalement aux névroses, incarnées par les différentes formes possibles d'hystéries, Freud est cependant confronté à d'autres maladies, comme la schizophrénie

(du grec *schizein*, « fendre », et *phrênos*, « esprit »). Celle-ci, étudiée notamment par Bleuler en Suisse, est rangée parmi les psychoses et considérée comme une forme grave de démence. C'est, pour Freud, l'occasion de distinguer névroses et psychoses en posant que **les psychotiques ne sont pas capables de transfert** (ils sont trop narcissiques, centrant leurs désirs sur eux-mêmes) et non adaptés au traitement psychanalytique. Depuis cette distinction freudienne, certains analystes utilisent toutefois la psychanalyse pour soigner des psychotiques.

Œuvre clé

Introduction à la psychanalyse (1917)

Contexte d'écriture

Cette œuvre contient une série de conférences faites chaque samedi de l'hiver 1915-1916 à la faculté de médecine de Vienne et renouvelées l'année suivante. Traduites en seize langues du vivant de Freud, elles contribuèrent à la large diffusion de la psychanalyse dans le monde.

Thèse centrale

Dans cette *Introduction à la psychanalyse*, Freud insiste surtout sur les difficultés de la psychanalyse, en tant que nouvelle approche thérapeutique des phénomènes pathologiques (névrotiques). Il y explique les principes de la thérapie, en s'attachant de près aux diverses manifestations de l'inconscient sur lequel l'analyste travaille, à savoir : les actes manqués, les rêves et les symptômes névrotiques.

Structure de l'œuvre et idées principales commentées

Structure de l'œuvre

L'*Introduction à la psychanalyse* comprend 3 groupes de leçons. Les 4 premières leçons sont consacrées aux actes manqués. Les 11 leçons suivantes s'attachent au phénomène du rêve et les 13 dernières proposent une « théorie générale des névroses ».

L'acte manqué : « un acte psychique complet, ayant son but propre » (chap. 2)

Freud montre les différentes formes que peuvent prendre les actes manqués. L'acte manqué peut ainsi être un lapsus (dire, écrire ou entendre un mot à la place d'un autre), mais aussi un oubli ou une maladresse. Il montre que tous ces actes ont en commun de réaliser un désir refoulé et qu'ils

ont donc une forme d'autonomie comme n'importe quel autre acte conscient et « réussi ». Ils traduisent un échec du refoulement ou encore ce que Freud appelle « *le retour du refoulé* ». Par exemple, le président de la Chambre des députés qui, au moment d'ouvrir la séance, dit : « La séance est close » montre par là même son désir inconscient de ne pas ouvrir la séance.

L'interprétation des rêves (chap. 4)

Freud distingue dans le rêve deux sens, deux contenus. Le premier est le sens manifeste (apparent), permettant au sujet de ne pas reconnaître l'élément refoulé qui s'exprime dans son rêve. Le second est le sens latent (caché) qui exprime le sens véritable du rêve, celui que le sujet refoule et qui est déguisé par le travail de la censure. Pour interpréter un rêve, il faut donc en quelque sorte déconstruire ce travail de déguisement pour passer du sens manifeste au sens latent. La technique des « associations libres » le permet.

Le but de la cure psychanalytique est de supprimer le refoulement (chap. 27)

Freud montre que la névrose est une sorte de compromis, tout comme le rêve et l'acte manqué. Elle permet au sujet de réaliser un désir inconscient tout en ne le réalisant pas vraiment. Le sujet trouve donc un certain avantage à être malade, parce que cela lui permet de ne pas affronter ce qu'il refoule, tout en l'exprimant quand même. Mais la souffrance qui accompagne ce compromis doit être comprise comme étant un réel désavantage par rapport à la saisie de l'élément refoulé. Il faut donc faire en sorte de supprimer la barrière de refoulement et faire comprendre au patient qu'il ne gagne rien à être malade.

Philosophie contemporaine

Psychanalyse et culture

L'art

Freud applique ses découvertes du psychisme humain à d'autres domaines, notamment à tous ceux de la culture. L'art peut, en ce sens, être compris comme une **expression de la névrose** et remplit, à ce titre, la même fonction que le rêve, à savoir : **permettre à un désir refoulé de s'exprimer de façon indirecte**. La différence entre l'art et la névrose réside, selon Freud, dans le fait que les œuvres d'art, « *à l'inverse des productions asociales narcissiques du rêve* », plaisent aux autres hommes par leur beauté, mais aussi par le fait qu'elles leur permettent de réaliser leurs désirs inconscients (*Ma Vie et la Psychanalyse*, 1925). Par la production d'une œuvre, l'artiste arriverait ainsi à une forme de **compromis : réaliser un désir tout en produisant un bien social reconnu**.

La religion

Freud applique également les concepts de la psychanalyse au phénomène religieux, qui devient l'expression d'une « *névrose obsessionnelle de l'humanité* » (*L'Avenir d'une illusion*, 1927), issue, comme chez l'enfant, du complexe d'Œdipe, « *de la relation au père* ». Selon Freud, **la croyance religieuse témoignerait**, en effet, **d'un attachement infantile au père et à la peur de grandir**. Or, Freud demande : « *Le stade de l'infantilisme n'est-il pas destiné à être dépassé ? L'homme ne peut pas éternellement demeurer un enfant : il lui faut enfin s'aventurer dans l'univers hostile.* » Ainsi, la religion, selon lui, empêche l'homme d'accomplir son devoir de grandir et d'accepter les contraintes imposées par la culture, qui seules lui permettent d'accéder à la maturité.

Instinct de vie et instinct de mort

La guerre et le retour de l'agressivité

Très marqué par la violence de la guerre de 1914-1918, Freud est amené à s'interroger sur l'efficacité de la **culture**, qui se révèle, dans certaines circonstances, **incapable d'empêcher le retour de l'agressivité** qu'elle était censée contenir. Cette agressivité naturelle peut être illustrée par cette définition que Freud donne de l'homme : un être tenté « *de satisfaire son besoin d'agression aux dépens de son prochain, d'exploiter son travail sans dédommagements, de l'utiliser sexuellement sans son consentement, de s'approprier ses biens, de l'humilier, de lui infliger des souffrances, de le martyriser et de le tuer* » (*Malaise dans la civilisation*, 1930).

Éros et Thanatos

Dans son *Abrégé de psychanalyse* (1938), publié à la fin de sa vie et résumant l'ensemble de sa théorie, Freud distingue **deux formes d'instincts**, à comprendre comme des « *exigences d'ordre somatique* », c'est-à-dire liées aux besoins du corps. Cherchant à ramener l'ensemble des instincts à « *quelques instincts fondamentaux* », Freud distingue alors « *l'Éros et l'instinct de destruction* » : le premier est au service de la conservation et de l'amour, l'autre a tendance à « *détruire toute chose* ». Freud montre plus précisément que le but final de l'instinct de destruction est « *de ramener ce qui vit à l'état inorganique* ». C'est pourquoi il l'appelle également « *instinct de mort* » (les disciples de Freud l'appelèrent « *Thanatos* », en référence au mot grec signifiant « mort »).

Bibliographie essentielle

- *L'Interprétation des rêves* (1900)

Freud y analyse le travail et la fonction du rêve dans son rapport avec les désirs refoulés et développe sa théorie (première topique) de « l'appareil psychique ».

- *Totem et Tabou* (1913)

L'ouvrage tente d'analyser l'origine des sociétés et de la religion à partir des concepts de la psychanalyse. Freud fait ainsi remonter la prohibition de l'inceste à un meurtre collectif, commis par une horde primitive.

- *Introduction à la psychanalyse* (1917)

- *L'Avenir d'une illusion* (1927)

Freud montre en quoi la religion est une forme de névrose étendue à l'ensemble de l'humanité, enracinée dans le complexe d'Œdipe et dans la peur d'affronter la réalité. Dieu est rattaché à l'image du père.

Cf. fiches 1, 2, 3, 30 (3, 5, 25), 70, 76

ÉMILE DURKHEIM (1858-1917)

Professeur à l'université de la Sorbonne (Paris), Émile Durkheim est le chef de file de l'École française de sociologie. Bien qu'il n'appartienne pas à l'École positiviste*, Durkheim entend néanmoins poursuivre l'entreprise d'Auguste Comte et élaborer une sociologie positive, en faisant de la sociologie une science. Plutôt qu'un père fondateur, Durkheim peut être considéré comme le premier sociologue, car il a été le premier à se considérer comme tel et a fondé une nouvelle discipline universitaire. Pour lui, la sociologie doit permettre d'éclairer les problèmes de la société de son temps. Au moment de l'affaire Dreyfus, il devient secrétaire de la Ligue de défense des droits de l'homme à Bordeaux. En 1896, il fonde *L'Année sociologique*, qui est la plus ancienne revue de sciences sociales.

La méthode : traiter les faits sociaux comme des choses*

La critique d'Auguste Comte

Fortement influencé par Auguste Comte, Durkheim voit en lui un prédécesseur, pour avoir affirmé que les phénomènes sociaux étaient des faits soumis à des lois naturelles*. Il reconnaissait ainsi **leur caractère de choses**, c'est-à-dire d'éléments existant dans la réalité et pouvant être observés et décrits comme tels. Néanmoins, Durkheim **reproche à Comte de supposer l'idée d'un progrès de l'humanité dans le temps**, sans établir la réalité d'une telle idée, qui semble être une représentation subjective, voire une idée fausse. « *Ce qui existe, ce qui seul est donné à l'observation, ce sont des sociétés particulières* », avec leur vie et leurs lois propres (*Les Règles de la méthode sociologique*). Traiter les faits sociaux comme des choses signifie notamment, pour Durkheim : **s'en tenir à ce qui est observable**.

La complexité des faits

Les faits, qui doivent être observés sans *a priori* et analysés avec rigueur et méthode, **ne permettent pas de dégager une évolution générale**. Les faits sociaux sont propres à une société donnée, à un temps et un lieu, et varient en fonction d'un certain nombre de données. C'est ce que montre l'étude de Durkheim sur le suicide, qui permit d'établir des statistiques, c'est-à-dire des fréquences et des régularités, montrant que les suicides sont plus nombreux chez certaines catégories d'individus, en fonction de leur religion, de leur classe sociale ou de leur environnement.

Qu'est-ce qu'un fait social ?

Le fait social se définit comme un fait humain qui présente un **degré de généralité** suffisant pour être considéré comme une manifes-

Max Weber

Contemporain de Durkheim, le sociologue et économiste allemand Max Weber (1864-1920) joue également un rôle fondateur dans la constitution de la sociologie comme discipline, mais, à la différence de Durkheim, il s'attache principalement à comprendre le sens des conduites individuelles (en ayant recours à des « idéaux-types », modèles théoriques et outils d'analyse). Ainsi, il ne cherche pas tant à décrire des faits et établir des lois qu'à saisir les raisons qui ont motivé telle ou telle action. Il a également mis en évidence le processus de rationalisation qui caractérise, selon lui, l'histoire du monde occidental, marqué par le développement du capitalisme et de la bureaucratie. Enfin, il a développé une œuvre importante en sociologie de la religion : dans son ouvrage *L'Éthique* protestante et l'esprit du capitalisme*, il analyse les effets d'un courant du protestantisme sur les pratiques économiques, montrant ainsi combien la religion peut indirectement avoir des conséquences sur l'économie, selon une perspective complémentaire de celle de Marx. Opposé à la tradition positiviste, Max Weber voit dans la sociologie une discipline qui dépend des « sciences de la culture » : la compréhension de l'action sociale ne peut se faire sur le modèle des sciences de la nature, car elle doit prendre en compte la subjectivité, les intentions et les motifs de celui qui agit.

tation collective. De ce point de vue, le fait social dépasse l'individu et est extérieur à lui, c'est-à-dire que l'individu n'a pas conscience du fait social et que celui-ci ne dépend pas de sa volonté. Au contraire, **le fait social s'impose aux individus et a un caractère contraignant** (normes) : il n'est pas une conséquence de leur choix, mais plutôt ce qui leur dicte leur comportement. Enfin, le fait social apparaît à un certain moment, une certaine période historique, comme les phénomènes de mode. Les faits sociaux ne sont donc pas des choses, au sens de « choses matérielles », mais des **représentations collectives**.

Individu et société

L'influence de la société sur l'individu

Pour Durkheim, il faut expliquer les comportements individuels à partir de la société considérée comme un tout. Cette démarche constitue ce que l'on appelle « **le holisme*** ». Ainsi, c'est la collectivité, et non les conduites individuelles en tant que telles, qui permet d'expliquer, par exemple, les variations du taux de suicide. Cette démarche se fonde sur une conception de la **société considérée** non comme une simple addition ou juxtaposition d'individus, mais **comme un ensemble structuré et organisé**, dans lequel les individus et les groupes sont classés les uns par rapport aux autres, et qui produit une conscience collective. Ainsi, les fêtes, les chasses ou les expéditions militaires inscrivent l'individu dans un temps commun, auquel l'individu se conforme.

La conscience collective

La société peut être conçue comme un tout, car elle est dotée d'une conscience collective, **produite par l'association, la combinaison et la fusion des consciences individuelles**. La conscience collective n'est pas la somme des consciences individuelles. Chaque groupe social en possède une qui la conduit à agir autrement que ne le feraient ses membres isolément. La société est un corps, dans lequel vit une âme, qui est « *l'ensemble des idéaux collectifs* » (*Sociologie et Philosophie*, 1924).

La division du travail social

Pour Durkheim, la division du travail a un rôle plus social qu'économique et concerne donc toutes les activités humaines. Pour caractériser les sociétés en fonction de leur type d'organisation, il distingue, dans *De la division du travail social* (1893), deux formes de solidarité (ou de lien social) : la **solidarité mécanique** caractérise une société avec une faible division du travail et désigne les rapports (des similitudes) entre individus exerçant une même activité ou poursuivant une même fin (par exemple, un groupe de chasseurs) ; la **solidarité organique** suppose, au contraire, une forte division du travail et des activités différenciées et complémentaires (comme dans les sociétés industrielles). Ce dernier type de solidarité se fonde sur la différence entre les individus, permettant ainsi le **développement de l'individualisme**. En réalité, ces deux types de solidarités coexistent : dans nos sociétés modernes dominées par la solidarité organique, la lutte syndicale, par exemple, est une forme de solidarité mécanique.

Bibliographie essentielle

• *De la division du travail social* **(1893)**
Durkheim expose l'évolution des sociétés à partir du passage de la solidarité mécanique (sociétés archaïques) à la solidarité organique (sociétés modernes).

• *Les Règles de la méthode sociologique* **(1894)**
Durkheim expose sa méthode et ses enjeux pour fonder la sociologie comme science. La sociologie est l'étude du fait social.

• *Le Suicide* **(1897)**
Étude des facteurs qui, dans une société donnée, ont un effet sur le nombre et la nature des suicides. Il s'agit d'une étude de sociologie empirique* : elle se fonde sur des études de cas et des statistiques. Durkheim démontre que le suicide est bien un fait social et pas seulement individuel.

• *Les Formes élémentaires de la vie religieuse : le système totémique en Australie* **(1912)**
L'ouvrage cherche à déterminer les formes élémentaires de la vie religieuse à travers les religions primitives, pour montrer ensuite l'origine religieuse des principales catégories de la pensée. Pour Durkheim, la religion est un miroir de la société qui la produit. La sociologie de la religion permet ainsi de renouveler la théorie de la connaissance.

Cf. fiches 11, 22, 23, 30 (11, 14, 20), 52, 60, 64

EDMUND HUSSERL
(1859-1938)

Après avoir étudié les mathématiques, la physique, l'astronomie et la philosophie, le philosophe allemand Husserl devient assistant du mathématicien Weierstrass à Berlin, puis suit l'enseignement de Franz Brentano à Vienne, avant de devenir professeur et d'obtenir une chaire à Fribourg. Mais ses origines juives l'obligent à quitter ses fonctions au profit de son disciple, Martin Heidegger. Auteur d'une œuvre immense et inachevée, Husserl reprend le terme de *phénoménologie** pour désigner sa philosophie, qu'il envisage comme une science rigoureuse et descriptive des essences* des phénomènes*.

Toute conscience est conscience de quelque chose

L'intentionnalité de la conscience

Il est impossible d'isoler la conscience et ce qu'elle vise, c'est-à-dire ce dont elle est conscience : « *La perception de cette table est, avant comme après, perception de cette table. Ainsi, tout état de conscience en général est, en lui-même, conscience de quelque chose* » (Méditations cartésiennes). **La chose visée peut être réelle ou imaginaire** : ainsi, la perception de la maison vise la maison, le souvenir de la maison vise la maison comme souvenir.

Phénomènes physiques et phénomènes psychiques

Reprenant une thèse de Brentano dans *La Psychologie du point de vue empirique**, Husserl montre que nous faisons toujours quelque chose (penser, désirer, craindre...) **dans l'intention de quelque chose**. Ainsi, il y a dans la perception quelque chose de perçu, dans l'énoncé quelque chose d'énoncé, dans l'amour quelque chose d'aimé, et ainsi de suite.

La réduction eidétique

Les phénomènes ne sont pas de **simples apparences** et **la conscience y cherche ce qu'il y a d'invariant**, par le biais de ce qu'Husserl appelle « *la réduction eidétique* ». Du grec *eidos* (« essence, idée ou objet de vision »), la réduction eidétique désigne le fait de se tourner vers les « essences phénoménologiques » visées par la signification : ainsi, reconnaître cette table comme table suppose l'intuition* de l'*eidos* de la table. Lorsque je reconnais cette table, je saisis, d'une part, quelque chose d'individuel : cette table est d'abord l'être visible que j'ai devant moi. D'autre part, cette reconnaissance ne serait pas possible si je ne saisissais pas, dans cette intuition individuelle, ce qui est caractéristique de l'essence de la table, de même que, lorsque je reconnais dans une figure un triangle, j'identifie le fait d'avoir trois côtés comme l'élément invariable qui constitue l'essence du triangle.

Le psychologisme

Le psychologisme désigne une prétention de la psychologie à constituer l'essentiel de la philosophie. Il consiste à affirmer notamment que les règles de la logique et les lois de la pensée doivent être rapportées aux événements de la vie mentale et expliquées par eux. La pensée logique, par sa rigueur et sa clarté, a longtemps été considérée comme un type auquel on pouvait ramener les autres formes de vie mentale (par exemple, pour Descartes et Port-Royal), mais les progrès de la psychologie scientifique ou expérimentale ont conduit à imposer, au contraire, l'idée que les lois de la logique pouvaient être réduites à leurs conditions psychologiques d'exercice et à leur milieu : ainsi, une certaine tradition incarnée par Berkeley ou Hume voit dans les lois de la pensée un ensemble d'habitudes mentales. Le psychologisme s'oppose au logicisme, qui tend à ramener les différentes opérations de la pensée à la logique et à établir la possibilité d'une logique pure. C'est le sens de l'opposition d'Husserl à Brentano. Comme lui, Husserl considère que les opérations de la pensée correspondent bien à des états psychiques et dépendent de conditions psychologiques (par exemple, l'attention ou la concentration), mais, à la différence de Brentano et du psychologisme, il affirme que les opérations de la pensée n'en relèvent pas moins de conditions idéales qui valent pour toute conscience possible.

La réduction phénoménologique comme réduction transcendantale

La « chose même » comme essence* de la science eidétique

La variation eidétique consiste à envisager les différents caractères sans lesquels une chose* ne serait pas ce qu'elle est. **Cette méthode permet de mettre au jour l'essence de tout objet.** Ainsi, un triangle n'en serait plus un s'il n'avait pas trois côtés, de même qu'il appartient au phénomène* « couleur » de ne pouvoir apparaître sans étendue* ; la « chose même » ne se laisse pas enfermer dans une définition : elle est, dans la perception, le foyer de tous les aspects possibles de cette chose.

L'*épokhê*

S'inspirant de la méthode cartésienne, **Husserl suspend son jugement (*épokhê*) sur le monde objectif** qu'il met entre parenthèses. Cette réduction phénoménologique, pratiquée comme une opération méthodique, permet de mettre en évidence une activité intentionnelle de la conscience : s'abstenir de toute prise de position ou attitude à l'égard de l'être* ne me place pas devant un néant, mais permet de me ressaisir purement et simplement comme *je*, avec toute la vie pure de la conscience qui m'est propre.

Ego cogito

Le monde de la vie désigne le monde tel qu'il se donne d'abord à nous, avant toute science, avant toute analyse ou synthèse. Sur les traces de Descartes, Husserl entreprend un retour vers l'*ego cogito*, le « Je pense », qui conduit à la **subjectivité transcendantale**, vers le « *sol de jugement* » sur lequel se fonde toute philosophie radicale. Mais, à la différence du solipsisme* cartésien, Husserl affirme que **la présence d'autrui me donne accès**, de manière originaire, **à une autre existence que la mienne** : la présence d'autrui, que je vois et qui me voit, permet l'expérience de la coexistence, qu'Husserl nomme « *intersubjectivité* ».

Œuvre clé

La Crise des sciences européennes et la Phénoménologie transcendantale (posthume, 1954)

Contexte d'écriture

Ce texte (la *Krisis*) est considéré comme le testament d'Husserl, comme l'achèvement de l'entreprise phénoménologique. Le manuscrit principal date de 1935-1936, au moment où l'Europe bascule dans les dictatures.

Thèse centrale

Face à l'horrible mouvement qui emporte « l'humanité européenne », le projet de l'ouvrage est de réveiller l'immanence* de la raison dans l'homme qui définit son humanité.

Structure de l'œuvre et idées principales commentées

Structure de l'œuvre

L'ouvrage se compose d'un texte principal et de « textes complémentaires ». Le texte principal comporte 3 chapitres : « La crise des sciences comme expression de la crise radicale de la vie », « L'origine de l'opposition entre objectivisme et subjectivisme », « Le problème transcendantal et la psychologie ».

« Le monde de la vie est un domaine d'évidences originelles »

Toute connaissance se rattache à un objet d'intuition* ou de perception possible et quelque chose d'« intuitionnable » ou d'éventuellement perceptible. Toute théorie objective se trouve ainsi fondée dans le monde tel qu'il se donne à nous avant toute science.

« La raison n'admet aucune séparation en raison "pratique*", "théorique", "esthétique" »

La raison désigne ce qui peut rendre l'homme heureux, ce qui peut seul le satisfaire : c'est par elle que l'humanité réalise l'ensemble de son être concret.

Bibliographie essentielle

• **Ideen (1913-1928)**
Connu aussi sous le titre d'*Idées directrices pour une phénoménologie pure et une philosophie phénoménologique*, l'ouvrage constitue le premier développement majeur de la phénoménologie transcendantale.

• ***La Crise des sciences européennes et la Phénoménologie transcendantale (posthume, 1954)***

Cf. fiches 2, 5, 7, 30 (2, 14, 25, 26), 45, 47, 76

HENRI BERGSON
(1859-1941)

Henri Bergson naît à Paris en 1859, d'un père polonais et d'une mère anglaise de confession juive. Élève brillant, il entre en section « Lettres » à l'École normale supérieure en 1878 et obtient l'agrégation de philosophie en 1881. Il est nommé professeur de philosophie au lycée Henri-IV. Il soutient ensuite deux thèses de doctorat en 1889, dont la principale est l'*Essai sur les données immédiates de la conscience*. Il poursuit alors une carrière qui le conduit à un poste de maître de conférences à l'École normale supérieure, puis à une chaire au Collège de France en 1900. Entre-temps, il a publié *Matière et Mémoire* (1896). En 1907 paraît *L'Évolution créatrice*. Il est élu à l'Académie française en 1914 et reçoit le Prix Nobel de littérature en 1927. En 1932, il fait paraître *Les Deux Sources de la morale et de la religion*. Sa philosophie se caractérise par la critique du matérialisme* scientifique et l'influence spiritualiste*. Sa réflexion porte également sur la religion. Il songe à se convertir au catholicisme, mais son inquiétude et ses pressentiments à l'égard de la montée de l'antisémitisme le poussent à rester solidaire de la communauté juive. Il meurt en 1941, en pleine occupation allemande. Les seuls membres du cortège funèbre sont sa femme, sa fille, Paul Valéry (représentant de l'Académie française) et Édouard Leroy (son successeur au Collège de France).

La critique de la science

Temps et durée

La philosophie bergsonienne a pour thème central la notion d'« intuition ». Dans l'article « L'intuition philosophique » (que l'on trouve dans *La Pensée et le Mouvant*), Bergson montre que le propre du philosophe est d'avoir eu un jour une intuition, que son œuvre s'emploie ensuite à expliciter. **L'intuition de Bergson est la durée.** Ayant cherché d'abord à consacrer sa thèse à la notion scientifique de « temps », il constate qu'en réalité **la science ne travaille pas sur le vrai temps** mais sur un temps artificiellement construit sur le modèle de l'espace. Le temps de la science est mathématique et quantitatif et ne correspond pas au temps que l'on éprouve qualitativement à travers la conscience (dans l'attente ou dans l'ennui, par exemple), à cette réalité que Bergson désigne par le terme de « *durée* ». À la différence du temps mathématique, **la durée est marquée par la continuité, l'indivisibilité et le changement**, à l'image d'une mélodie que l'on perçoit comme un tout.

Conscience et mémoire

La conscience représente ce qui rend compte de la durée en tant que telle. **Elle retient le passé dans le présent et anticipe l'avenir** : elle est un trait d'union entre passé et avenir. Elle est donc **mémoire** (*Essai sur les données immédiates de la conscience*). La durée se trouve ainsi unifiée dans la conscience qui lui assure une continuité indivisible. D'où l'idée de Bergson que « *nous n'oublions rien* » de tout ce dont nous avons eu un jour conscience : « *Notre vie passée est là, conservée jusque dans ses moindres détails.* » L'inconscient devient donc un manque de mémoire, une mise à l'écart de certains souvenirs inutiles, présents mais imperceptibles. L'inconscience pure consis-

L'intuitionnisme

La notion d'« intuition » désigne, chez Bergson, le mode d'accès par la conscience aux choses mêmes, permettant d'atteindre leur essence* singulière. Elle définit la démarche consistant à saisir la durée intérieure de la chose, en coïncidant avec elle par sympathie (en se plaçant à l'intérieur d'elle). D'où l'opposition entre la connaissance (notamment scientifique), qui procède de façon discursive*, par le raisonnement et l'analyse, et l'intuition, qui, elle, est immédiate. L'intuition désigne alors la conscience, « *mais conscience immédiate, vision qui se distingue à peine de l'objet vu, connaissance qui est contact et même coïncidence* ». L'intuition bergsonienne n'est donc pas une intuition intellectuelle, ni une intuition pure qui, comme chez Kant, précéderait l'expérience sensible* : elle est l'expérience elle-même, celle d'une réalité singulière saisie dans sa durée.

Philosophie contemporaine

terait, quant à elle, à ne plus être capable de retenir aucun état, à vivre dans un présent continuel, sans aucun souvenir du passé. À cet égard, Bergson distingue deux sortes de souvenirs et de mémoires : il y a, d'une part, la **mémoire-habitude**, centrée sur l'action et sur la conservation de souvenirs utiles (mécanismes appris, tels que la marche ou la lecture), et, d'autre part, la **mémoire pure**, composée de tous nos souvenirs qui définissent notre vie et durée intérieures.

L'intelligence au service de l'action

La conscience doit alors bien être distinguée de l'intelligence. L'intelligence de l'homme est **fabricatrice**, car l'homme est un *Homo faber* (« fabricant d'outils »). C'est une capacité à fabriquer des objets artificiels, en vue de **maîtriser le monde et les choses*** et d'**agir sur le réel**. Ainsi, la connaissance que nous donne l'intelligence est **générale**, car au service de l'utilisation des choses. Mais elle est aussi et par conséquent incapable de saisir l'intériorité singulière et mobile des choses, que seule la conscience, au moyen de l'intuition, peut saisir. Par exemple, l'intelligence nous fait reconnaître un objet en vue de l'utiliser, mais elle ne nous le fait pas regarder pour lui-même, dans ce qu'il a d'unique.

Les limites du langage

Par conséquent, Bergson reproche aux mots issus du langage et de l'intelligence d'être trop généraux et, en cela, incapables de saisir les *« choses mêmes »* (*Le Rire*). En effet, les mots correspondent à des *« étiquettes »* permettant d'agir sur le réel et ils ne rendent pas compte de ce que les choses ont de singulier (par exemple, dire : « C'est une table » ne permet pas de rendre compte de « cette » table que j'ai sous les yeux). Plus encore, **les mots sont incapables de saisir nos sentiments intérieurs**, lesquels contiennent justement notre singularité (se dire : « Je suis triste » ne rend pas compte de ce que « ma » tristesse a d'unique). Seul un usage poétique et plus largement artistique du langage permet de rendre compte de cette singularité intérieure.

L'élan vital

De la matière inerte à la vie de l'esprit

Le spiritualisme* de Bergson consiste à poser qu'un élan vital, de nature spirituelle, parcourt toute la réalité en se développant en strates successives, allant de la matière inerte à la conscience humaine. En ce sens, la matière inorganisée ne serait qu'une forme d'esprit en sommeil, se réalisant ensuite dans les formes vivantes (végétales et animales) et s'accomplissant en tant qu'esprit dans la conscience humaine. **La vie est alors à concevoir comme élan créatif, invention, imprévisibilité**. Bergson réfute, en cela, le mécanisme* qui pose une évolution déterminée par des lois nécessaires (la sélection naturelle) rendant impossible toute création. De même, Bergson réfute le finalisme* supposant un plan et un progrès établis à l'avance, prédéterminés. Le vivant est au contraire, pour Bergson, **jaillissement continuel de nouveauté**.

La liberté

La liberté devient alors une expression de cet élan vital, de cette création imprévisible. Elle vient du choix que la conscience rend possible grâce à la durée intérieure qu'elle compose. **Un acte est ainsi libre lorsqu'il est l'expression d'une intériorité qui dure, d'un Moi qui s'affirme**. Elle n'est ni l'expression d'un libre arbitre* (choisir de façon contingente* entre plusieurs possibles qui s'offrent à nous), ni l'expression d'un acte imposé par la raison. Elle est plutôt l'expression d'un acte qui nous ressemble, qui correspond à ce que nous sommes profondément.

Le « caractère »

Dans un passage de l'*Essai sur les données immédiates de la conscience* (1889), la liberté est définie comme « expression de soi », de ce que Bergson appelle également le « *caractère* ». Cette liberté ne signifie pas une soumission à ce qui nous définit (comme caractère), car Bergson montre que le caractère est justement ce qui nous exprime : il est « nous », même s'il se modifie (ce que nous modifions en nous finit par faire partie de nous). Contre le déterminisme*, qui ramène cet acte à quelque chose de prévisible, et contre ceux qui nient le déterminisme en posant que cet acte est purement contingent, Bergson montre que l'acte libre n'est ni déterminé ni contingent : il correspond à un acte imprévisible mais enraciné dans la durée intérieure de notre être, à une création de soi.

Henri Bergson

Les deux Moi

Mais la conscience n'est pas toujours capable d'exprimer ce que nous sommes réellement. Bergson distingue, en effet, « *deux appréhensions bien différentes de la durée, deux aspects de la vie consciente* » *(Essai)*. Il y a ainsi **un Moi social**, marqué par le souci et l'exigence d'agir avec efficacité dans le réel et en société, et **un Moi profond**, le Moi véritable. D'où une certaine difficulté d'atteindre le Moi véritable souvent masqué par le Moi social. Seul ce dernier se montre, en effet, facilement, sous un aspect « *net, précis, mais impersonnel* », alors que le Moi véritable se montre sous un aspect « *confus, infiniment mobile, et inexprimable* ».

Œuvre clé

L'Évolution créatrice (1907)

Contexte d'écriture

Bergson écrit *L'Évolution créatrice* alors qu'il est au sommet de sa carrière universitaire. Il occupe, en effet, depuis 1900, une chaire au Collège de France. Dans cet ouvrage majeur, Bergson s'inspire de la cosmologie de Spencer, du spiritualisme* de Lachelier (1832-1918) et de Ravaisson (1813-1900), et enfin de la philosophie mystique de Plotin. C'est l'occasion pour lui de critiquer le matérialisme* scientifique et la théorie évolutionniste issue de Darwin.

Thèse centrale

Bergson montre que le phénomène de la vie ne peut se réduire à un simple mécanisme matériel. Ce qui anime l'ensemble du vivant, ainsi que la matière, c'est un « élan vital », c'est-à-dire une création imprévisible qui fait jaillir sans cesse de nouvelles formes.

Structure de l'œuvre et idées principales commentées

Structure de l'œuvre

Dans le chapitre I, Bergson s'attache à critiquer le mécanisme* et le finalisme*. Dans le chapitre II, il insiste notamment sur ce qui distingue l'intelligence et l'intuition*. Le chapitre III interroge la signification de la vie. Le chapitre IV est consacré notamment au mécanisme cinématographique de la pensée.

La dimension créatrice du vivant

Bergson explique en quoi l'évolution du vivant procède de façon imprévisible, tout en maintenant une forme ancienne dans une forme nouvelle. En effet, selon Bergson, le vivant organisé est comparable à la conscience et à sa dimension créatrice. Ce que la vie crée, c'est le produit d'un acte libre exprimant le passage d'une forme ancienne à une forme nouvelle.

L'évolution créatrice et les limites de la science

La science n'arrive pas à rendre compte de cette création imprévisible, car elle ne saisit dans les choses* que ce qui en elles demeure identique, afin d'établir des lois générales. Elle enferme ainsi le vivant dans un mécanisme soumis à la nécessité* et à la prévision. L'évolution apparaît alors, aux yeux de la science, comme déterminée et incapable de création.

« C'est à l'intérieur même de la vie que nous conduirait l'intuition »

L'intuition est ce qui rend possible la coïncidence avec la fluidité et la mobilité des choses et avec notre vie spirituelle. Elle est une manière, pour l'instinct, de devenir conscient de lui-même et désintéressé (détourné de l'action). Chez l'être vivant, l'instinct est la faculté d'agir sur la matière. Bergson montre que, si cet instinct était conscient de lui-même chez le vivant, il permettrait de donner « *la clé des opérations vitales* ».

Résistance féconde de la matière à l'esprit

En posant que la matière est une forme de dégradation ou de retombée de la vie, Bergson met en évidence le mouvement inverse qu'elle suppose : celui d'une énergie spirituelle s'opposant à cette retombée. Tout se passe comme si l'élan vital avait besoin de la matière pour lui opposer une résistance sur laquelle exercer son pouvoir de création.

La vie comme effort

Parce que ce double mouvement d'élan et de retombée rencontre en face de lui la résistance de la matière, « *il ne peut créer absolument* ». En ce sens, la création de l'élan vital est limitée. C'est un effort et une exigence de création plus qu'une création spontanée et facile (de nature divine).

Philosophie contemporaine

L'art comme perception détachée du réel

Bergson interroge l'art à plusieurs occasions, notamment lorsqu'il s'agit de comparer la perception tournée vers l'action et la perception capable de saisir les choses* mêmes. **L'artiste est alors compris comme un être dont la perception se trouve détachée de tout motif emprunté à l'utilité et à l'action.** C'est une perception gratuite et désintéressée et, en ce sens, plus à même d'écarter ce qui masque la réalité sous des symboles pratiques et utilitaires. La sensibilité de l'artiste s'attache alors au caractère individuel des choses, celui que l'action gomme lorsqu'elle enferme les choses dans leur généralité.

Deux morales et deux religions

Morale close et morale ouverte

Dans *Les Deux Sources de la morale et de la religion*, Bergson met en évidence deux formes de morales et de religions : les unes statiques et closes ; les autres ouvertes et dynamiques. La forme statique correspond à un ensemble de codes et de règles dictés par la nécessité de s'adapter à la vie en société. La forme ouverte correspond à l'expression de l'élan vital et de la création. **La morale close définit ainsi la justice comme un équilibre reposant sur** « *des idées de proportion, de compensation* » et

s'accomplissant dans la notion d'« égalité ». La morale ouverte repose plus fondamentalement sur « les droits de l'homme », qui, selon Bergson, n'expriment plus « *des idées de relation et de mesure, mais au contraire d'incommensurabilité et d'absolu* » : les droits de l'homme, en effet, sont absolus, au sens où ils ne reposent sur rien d'autre que sur l'essence* humaine, laquelle n'est pas mesurable ni quantifiable. Ils correspondent, en ce sens, à **une morale dynamique, dont les « créations successives » réalisent la** « *personnalité* » **et** « *l'humanité* » **dans leur unité.**

Religion close et religion ouverte

De même, **la religion close**, ou statique, correspond à des pratiques (cultes, rituels) destinées essentiellement à accomplir deux fonctions : **assurer la conservation sociale** et **prémunir contre l'angoisse que représente la mort**. Bergson montre que la pensée de la mort est préjudiciable à la vie, car, étant une pensée déprimante, elle empêche l'homme de trouver la force d'agir. La religion close permet alors de lever cet obstacle en lui opposant l'hypothèse de la survie de l'âme à la mort du corps physique. À l'inverse, **la religion dynamique** correspond à **l'âme mystique**, capable, par l'intuition*, d'accueillir en soi l'Être divin, de coïncider avec Lui dans la joie et l'amour, et de puiser en Lui une **inspiration active et créatrice**. Il s'agit d'un rapport personnel et intime à Dieu, que l'on trouve chez les grands mystiques chrétiens (par exemple, Thérèse d'Avila).

Bibliographie essentielle

- ***Essai sur les données immédiates de la conscience* (1889)**
Premier ouvrage et thèse de doctorat de Bergson, où il expose les grands principes de sa philosophie, notamment la durée et la liberté, qu'il oppose aux concepts du positivisme* scientifique.

- ***Matière et Mémoire* (1896)**
Bergson s'attache à dépasser l'opposition entre le corps et l'esprit, lequel est conçu comme le point d'articulation entre la matière et la mémoire. Il établit également sa distinction entre les deux formes de mémoires.

- ***L'Évolution créatrice* (1907)**

- ***Les Deux Sources de la morale et de la religion* (1932)**
Cet ouvrage prend la suite des précédents à partir de la notion de « durée ». Celle-ci est comprise comme étant la double source de la morale et de la religion : une source d'essence sociale et une source d'essence créatrice.

Cf. fiches 2, 9, 12, 19, 27, 30 (5, 16, 18, 26)

ALAIN
(1868-1951)

Élève de Jules Lagneau, le philosophe français Émile Chartier, dit « Alain », est professeur de khâgne au lycée Henri-IV jusqu'en 1933. Il élabore une philosophie rationaliste*, fondée sur le bon sens et la sagesse, qu'il développe dans une œuvre nourrie par la fréquentation des auteurs classiques (Platon, Descartes, Spinoza, Kant) et la pensée d'Auguste Comte. Engagé volontaire en tant que simple soldat en 1914, Alain devient, à son retour de la guerre, un militant pacifiste et participe à la création du Comité de vigilance des intellectuels antifascistes. En 1921, il publie son pamphlet *Mars ou la Guerre jugée*, dans lequel il évoque les horreurs et absurdités de la guerre. Plutôt qu'une création propre, sa philosophie, qui est un humanisme où l'homme en tant que sujet pleinement responsable est placé au centre, s'inspire des grandes philosophies. Soucieux d'éveiller les esprits et méfiant à l'égard des dogmes et des systèmes, son enseignement a marqué plusieurs générations.

Percevoir et savoir

La perception comme activité de l'esprit
Alain accorde une place déterminante à la notion de « perception ». Il montre qu'elle n'est pas une pure passivité, c'est-à-dire un simple enregistrement de ce que mes sens me livrent, mais une activité dans laquelle mon esprit joue un rôle important. Les sens me livrent certes une information, mais **il n'y a de perception que grâce à l'interprétation** que fait mon esprit de cette donnée.

Représentation et perception
Jules Lagneau, dans ses *Célèbres Leçons et Fragments*, distinguait la représentation et la perception. Imaginons, par exemple, un mouvement soudain de ma main devant mes yeux : si je ne saisis que le mouvement, c'est une représentation ; si j'interprète ce mouvement comme le passage de ma main devant mes yeux, c'est une perception, c'est-à-dire **un acte qui implique interprétation et connaissance**. La perception a donc une dimension active, qui apparaît, par exemple, lorsque je cherche à voir ou à entendre.

La perception comme anticipation
Alain reprend, dans les *Éléments de philosophie*, la perspective rationaliste de son maître Jules Lagneau. À partir du phénomène de l'anticipation, il met en évidence le rôle de l'esprit et du jugement dans la perception. Ainsi, lorsque je veux cueillir un fruit ou éviter le choc d'une pierre, c'est le but que je vise qui oriente mon geste, et ce geste est la conséquence de mon anticipation. Lorsque je perçois la pomme sur l'arbre, je sais d'avance quel mouvement précis j'aurai à faire pour la cueillir : **la perception suppose donc une évaluation et un jugement**, qui peut être juste ou erroné. Ainsi, l'enfant qui veut saisir la Lune avec ses mains perçoit mal, c'est-à-dire que les informations que lui livrent ses sens ne sont pas interprétées correctement par son esprit.

La critique de l'inconscient

Alain place au centre de sa philosophie la raison et la conscience. Il est ainsi amené à porter un regard critique sur la psychanalyse et la place qu'elle accorde à la notion d'« inconscient ». Néanmoins, ce n'est pas tant la notion qui, pour Alain, pose problème que le terme et un certain usage qu'en a fait le freudisme (c'est-à-dire l'héritage de Freud et la vulgarisation de sa pensée). L'inconscient est, en effet, présenté comme un personnage mythologique ou un autre Moi, *« une sorte de mauvais ange, diabolique conseiller »* (*Éléments de philosophie*), qui agirait en moi malgré moi, comme un double caché, qui commanderait mes passions, mes peurs et tout ce qui, en moi, échappe à ma conscience. Or, cette représentation n'est pas toujours conforme à ce qu'en disait Freud lui-même, qui mettait en garde contre cette tendance naïve. La mise en garde contre certains usages simplistes du terme d'*inconscient* permet à Alain de réaffirmer l'identité de la pensée et de la conscience et de soutenir « qu'il n'y a point de pensées en nous sinon par l'unique sujet, Je ».

Philosophie contemporaine

Concept et existence

« L'existence ne peut naître d'un raisonnement »

La rationalisme* d'Alain est **tourné vers l'action et la pratique***. C'est, pour lui, dans une réflexion sur la manière d'agir, et non dans les raisonnements abstraits, que l'esprit s'exerce et se manifeste. Il se tourne ainsi vers Kant, mais également vers Spinoza, qui ont critiqué la raison abstraite et l'idée que l'on peut tout démontrer par des raisonnements. **Alain cherche ainsi à concilier rationalisme et réalisme***. Comme l'existentialisme ou la phénoménologie*, il tente de concevoir un esprit tourné vers le monde, mais c'est chez les auteurs classiques qu'il trouve les éléments les plus pertinents sur les rapports entre le concept et l'existence.

L'existence est indémontrable

Reprenant la critique kantienne de la preuve ontologique* de l'existence de Dieu et l'argument selon lequel on ne peut déduire l'existence du concept, Alain montre que « *l'existence ne peut naître d'un raisonnement* ». Celle-ci **ne peut nous être donnée que par l'expérience** et Alain la définit comme « *le bord de notre esprit* » (*Entretiens au bord de la mer*).

Œuvre clé

Propos sur le bonheur (1928)

Contexte d'écriture

Les chroniques hebdomadaires rédigées dès 1903 par Alain sont publiées à partir de 1906 sous le titre de *Propos*. Il s'agit de textes courts, portant sur des sujets variés, qui, sous une forme littéraire, illustrent une idée philosophique. Le style est d'une grande clarté, mais le propos se termine souvent par une formule qui oblige le lecteur à faire un effort pour rechercher le sens de la thèse de l'auteur.

Thèse centrale

L'ouvrage se présente comme un ensemble de réflexions visant à élaborer un art d'être heureux. La thèse peut néanmoins être identifiée de manière plus précise : l'homme passe souvent à côté du bonheur car il donne à ses passions et ses contrariétés une importance démesurée, au lieu de les ramener à ce qu'elles sont, c'est-à-dire des mouvements d'humeur qui naissent d'un événement physiologique passager.

Structure de l'œuvre et idées principales commentées

Structure de l'œuvre

Les réflexions sont regroupées en 93 chapitres brefs, qu'Alain présente non pas comme un « traité du bonheur », mais comme « *des propos se rapportant au bonheur par quelque côté* ». La composition semble être à l'image du bonheur, puisque, comme l'observe l'auteur, « *dans le fait le bonheur est divisé en petits morceaux* ».

Connaître les causes des passions

Pour pouvoir agir sur nos passions, il faut pouvoir en connaître les vraies causes. Or, les hommes imaginent souvent que les passions sont liées au caractère, à l'hérédité ou à la fatalité et n'en cherchent pas la cause réelle : ainsi, lorsque l'enfant pleure, la nourrice imagine des causes multiples, au lieu de chercher l'épingle qui le fait pleurer, c'est-à-dire une cause simple et matérielle, qui provoque son mouvement d'humeur. Alain conclut : « *Ne dites jamais que les hommes sont méchants ; ne dites jamais qu'ils ont tel caractère. Cherchez l'épingle* » (I).

« Penser, c'est vouloir » (XXXVI)

On consacre beaucoup de temps et d'énergie à son commerce ou sa carrière, mais « *on ne fait rien pour être heureux chez soi* ». Ainsi, Alain conseille de travailler à son propre bonheur, en ne considérant pas les humeurs comme des faits et en évitant de céder aux premiers mouvements d'impatience. De même que l'on ne joue pas aux cartes pour les jeter dans un mouvement d'humeur et que l'on ne joue pas au hasard sur un piano, il faut, dans la vie privée comme dans la vie publique, faire preuve de volonté.

Bibliographie essentielle

- *Propos sur le bonheur* (1928)
- *Éléments de philosophie* (1941)
Ouvrage plus systématique sur le problème de la connaissance, qui traite de la connaissance par les sens, l'expérience méthodique, les idées, la connaissance discursive*.

Cf. fiches 3, 4, 29, 30 (2, 14), 45, 47, 60

BERTRAND RUSSELL
(1872-1970)

Le Gallois Bertrand Russell est, parallèlement à Frege, l'un des principaux inventeurs de la logique formelle moderne. Il a développé une philosophie selon une méthode issue de la logique : définir tous les concepts et démontrer toutes les propositions. Pour justifier les principes de la connaissance, la philosophie doit résoudre la question essentielle du fondement des vérités mathématiques. Russell fut également, avec G. E. Moore, l'initiateur de la philosophie analytique*.

Fonder la mathématique par la logique

Les mathématiques réductibles à la logique

La lecture des *Éléments* d'Euclide constitua pour Russell une source d'inspiration et un modèle. **Tous les énoncés**, y compris les énoncés mathématiques, **peuvent s'exprimer dans le langage parfait de la logique**, car celle-ci constitue un système entièrement déductif : définir tous les termes premiers et toutes les premières propositions à partir desquelles seront déduites toutes les autres permet de diminuer le champ des erreurs possibles et constitue en cela un véritable progrès.

Le paradoxe de la classe des classes

Une classe est un **ensemble d'éléments ayant un point commun**. Cette classe peut ne pas être membre d'elle-même (par exemple, la classe des petites cuillères, qui n'est pas elle-même une petite cuillère) ou être membre d'elle-même (par exemple, la classe des choses qui ne sont pas des petites cuillères, puisque, comme les éléments qui la composent, elle n'est pas une petite cuillère). **Les classes qui ne sont pas membres d'elles-mêmes forment à leur tour une classe**. Or, l'existence d'une classe des classes qui ne sont pas membres d'elles-mêmes conduit à une contradiction : on ne peut dire qu'elle est membre d'elle-même, ni qu'elle n'est pas membre d'elle-même. Dans un cas, elle devrait posséder la propriété déterminante de cette classe (ne pas être membre d'elle-même) ; dans l'autre, elle ne doit pas la posséder et donc être membre d'elle-même (*Histoire de mes idées philosophiques*). Une difficulté similaire apparaît dans le paradoxe du menteur, qui dit : « Tout ce que j'affirme est faux. » Russell propose de résoudre les paradoxes en distinguant des **types logiques de hiérarchie différente**. Le paradoxe vient d'un énoncé qui se prend lui-même pour objet.

L'atomisme logique

Les « atomes logiques » correspondent à des **atomes de réalité** : le rapport à la vérité dépend d'un certain rapport aux faits. Selon le principe de l'atomisme logique, les seules propositions qui ont un sens sont celles qui se rapportent à des faits indépendants et simples. On peut ainsi distinguer les **réalités individuelles** et les **entités abstraites**, qui donnent souvent lieu à des illusions et confusions. Une langue bien faite doit se fonder sur le principe de « l'atomisme logique » et utiliser des propositions simples (atomiques), qui expriment des faits indépendants les uns des autres, ou des propositions complexes pouvant se décomposer en propositions simples.

La théorie des descriptions définies

Russell appelle « description définie » une proposition dans laquelle **un nom commun désigne un individu déterminé** (par exemple, « l'auteur de *Waverley* » pour « Walter Scott », « l'auteur d'*Hamlet* » pour « Shakespeare »). **Ces expressions sont trompeuses**, car elles ne correspondent pas à des noms désignant des objets : elles n'ont pas de sens par elles-mêmes. Ainsi, une proposition comme « L'actuel roi de France est chauve » est fausse aujourd'hui, car elle ne désigne pas, à la différence du nom propre, un être réel.

Bibliographie essentielle

- ***Principia mathematica*** (avec A. N. Whitehead, 1910-1913)
Russell formule les principes de la logicisation des mathématiques.

72 GASTON BACHELARD (1884-1962)

Après avoir été professeur de physique, Gaston Bachelard, licencié de mathématiques et agrégé de philosophie, se tourne vers la philosophie et devient, en 1940, professeur à la Sorbonne. Son œuvre comporte deux aspects : d'un côté, une philosophie des sciences qui définit un nouveau rationalisme* ; de l'autre, une philosophie de l'imagination et de l'activité onirique (la poésie). L'épistémologie*, telle que la conçoit Bachelard, remet en cause la structure immuable de la raison, le progrès scientifique étant fait de crises, de ruptures et de révolutions. L'esprit scientifique doit se délivrer des évidences sensibles* et du réalisme* naïf. Bachelard a concilié deux exigences : la poésie et la science, le rêve et le rationnel*.

« La connaissance scientifique est toujours la réforme d'une illusion »

La connaissance conçue comme un travail
« Mais voici que la Physique contemporaine nous apporte des messages d'un monde inconnu » (« Noumène et microphysique », in *Études* I) : les découvertes de la science, notamment celles de la physique, nous donnent accès à un monde qui n'est pas notre monde usuel, mais un monde construit grâce à la raison. Dans la méthode scientifique, les formulations mathématiques ont un rôle plus important que l'observation naïve des phénomènes*.

L'infiniment petit et les limites du réalisme
L'idée même de « phénomène » dans la science contemporaine doit être reconsidérée, puisque le réel est « désubstantialisé », c'est-à-dire qu'il ne correspond plus à des « choses » que le savant observe ou découvre, mais à une *nouménologie* : le phénomène n'est que « *l'instant particulier d'une méthode* » ; il est l'objet d'une étude théorique rationnelle avant d'être l'objet d'une vérification expérimentale. Ainsi, un objet ultra-microscopique ne peut être connu directement et ne peut être isolé de phénomènes plus larges : le corpuscule « est plutôt un moyen d'analyse qu'un objet pour la connaissance empirique*. C'est un prétexte de pensée, ce n'est pas un monde à explorer » (« Noumène et microphysique »).

« Une mesure précise est toujours une mesure complexe »

Le savant doit organiser rationnellement ses expériences, en particulier dans la physique infinitésimale. C'est, en effet, une expérience organisée rationnellement qui permet d'augmenter la précision des résultats : « *C'est la réflexion qui donnera un sens au phénomène initial en suggérant une* suite organique *de recherches.* » Ce ne sont donc pas le donné immédiat ni la description minutieuse qui rendent possible une expérience féconde, mais une pensée coordonnée, qui a pour objet des liens mathématiques.

L'« obstacle épistémologique »

Le devenir scientifique se caractérise par une série de ruptures successives, nécessaires à chaque nouvelle crise, qui constitue le véritable moteur du progrès scientifique. L'esprit est amené à rectifier sans cesse les habitudes de pensées (préjugés) et les intuitions* spontanées, ces représentations qui entravent les avancées scientifiques et constituent un « obstacle épistémologique ».

Bibliographie essentielle

• **Le Nouvel Esprit scientifique (1934), La Logique de la découverte scientifique (1935), La Formation de l'esprit scientifique (1938), La Philosophie du non (1940)...**
Ces œuvres exposent les principes de l'épistémologie bachelardienne, selon laquelle l'esprit progresse par ruptures et mutations. L'ouvrage de 1938 formule un axiome fondamental : « *Rien ne va de soi. Rien n'est donné. Tout est construit.* »

• **La Psychanalyse du feu (1938), L'Eau et les Rêves (1942), L'Air et les Songes (1943)...**
L'activité onirique est, avec l'activité scientifique, une activité imageante, qui exprime le pouvoir de l'imagination créatrice.

Cf. fiches 15, 18, 19, 20, 30 (19), 45, 75

LUDWIG WITTGENSTEIN (1889-1951)

Ludwig Wittgenstein est un philosophe britannique d'origine autrichienne qui réalise une partie de sa carrière philosophique à l'université de Cambridge. Il ne publie qu'un seul ouvrage de son vivant : le *Tractatus logico-philosophicus*, rédigé pendant la Première Guerre mondiale et qui paraît en 1921. Dans ce court traité de logique philosophique, Wittgenstein entend clarifier la relation entre langage et monde et déterminer ce qui fait qu'une proposition est douée ou vide de sens. Après la rédaction de cet ouvrage, Wittgenstein observe une période de silence d'une dizaine d'années, avant de revenir à la philosophie aux alentours de 1929. Il produit alors un grand nombre de cours et de notes consacrés principalement à la philosophie du langage et à la philosophie de la psychologie. Il travaille également à la rédaction des *Recherches philosophiques*, ouvrage majeur qui restera inachevé et sera publié à titre posthume en 1953.

Sur ce dont on ne peut parler, il faut garder le silence

Tracer une frontière à l'expression des pensées

Dans son avant-propos au *Tractatus logico-philosophicus*, Wittgenstein affirme vouloir tracer une « *frontière à l'expression des pensées* ». L'objet de ce traité est ainsi de découvrir **ce qui permet au discours d'avoir un sens, d'affirmer quelque chose de vrai ou de faux** (donc, de vérifiable) au sujet du monde objectif réel. Au terme d'une telle enquête, le philosophe doit s'apercevoir qu'un certain nombre d'énoncés ne satisfont pas à ces conditions : c'est le cas, notamment, des propositions de l'éthique* ou de la métaphysique* qui s'efforcent vainement de dire quelque chose qui ne peut qu'être montré. Il convient alors de tracer une frontière entre sens et non-sens et de rejeter hors de la sphère du discours les pseudo-énoncés (ni vrais ni faux, donc logiquement invérifiables).

La philosophie comme thérapie

Influencé par l'atomisme logique de Russell, Wittgenstein considère qu'une telle exclusion du non-sens joue un rôle thérapeutique : elle permet de **nous guérir des confusions philosophiques et métaphysiques** qui naissent d'une mauvaise compréhension de la logique de notre langage. Les prétendus problèmes philosophiques apparaissent donc comme autant de faux problèmes, qu'il ne convient pas de résoudre mais bien de dissoudre par un travail de clarification logique.

Signification et usage

À partir des années 1930, Wittgenstein réélabore en profondeur la conception de « la signification » qui avait été la sienne dans le *Tractatus logico-philosophicus*. Il renonce à la thèse selon laquelle la signification consisterait dans l'objet ou dans le fait signifié par le discours (la signification du mot *table* renvoie à l'objet, celle du verbe *marcher* au fait de marcher) et soutient désormais qu'elle est liée à l'usage. Comme il l'affirme dans le paragraphe 43 des *Recherches philosophiques*, la signification d'un mot repose le plus souvent sur l'emploi qui en est fait dans le langage. Selon Wittgenstein, le langage est ainsi composé d'un ensemble de « jeux ». Se servir du langage revient à suivre des règles, comme dans un jeu ou un calcul, et ce sont les règles d'usage propres à ces jeux qui déterminent la signification des mots : par exemple, la signification du salut ou de la formule de politesse ne peut se comprendre que dans un cadre défini par l'usage et les convenances. Cette nouvelle approche de la signification implique une prise en compte du contexte pour déterminer le sens d'un discours (en fonction du contexte et de notre objectif, la signification du discours ne sera pas la même). Ce contexte peut être linguistique, mais aussi social et culturel. Selon les termes de Wittgenstein, les jeux de langage qui confèrent un sens à nos mots ne sont eux-mêmes possibles que par leur inscription dans des « *formes de vie* ».

Philosophie contemporaine

Rejeter l'échelle

La démarche entreprise par Wittgenstein dans le *Tractatus logico-philosophicus* comporte cependant une dimension fondamentalement paradoxale, en ceci que les propositions de cet ouvrage elles-mêmes ne satisfont pas aux critères qu'elles assignent au discours doué de sens. C'est la raison pour laquelle, à la toute fin de son traité, Wittgenstein compare son propre livre à une « *échelle* » que l'on doit rejeter après s'en être servi pour parvenir à « *voir le monde correctement* ». Voilà pourquoi, également, le *Tractatus logico-philosophicus* se clôt par une **injonction au silence**, le silence étant la seule chose qui demeure lorsqu'on a épuisé le discours doué de sens.

Œuvre clé

Recherches philosophiques (posthume, 1953)

Contexte d'écriture

Les *Recherches philosophiques* ont été maintes fois réélaborées, pour demeurer finalement inachevées et n'être publiées qu'à titre posthume. Cet ouvrage devait, aux yeux de son auteur, constituer l'expression la plus accomplie de sa « seconde » philosophie, c'est-à-dire de sa philosophie postérieure au *Tractatus logico-philosophicus*, au cours de laquelle il abandonne l'atomisme logique de Bertrand Russell. C'est pourquoi Wittgenstein souhaitait que le *Tractatus* et les *Recherches* soient publiés conjointement, afin que le lecteur puisse saisir le contraste mais aussi la complémentarité existant entre les deux moments de sa pensée.

Thèse centrale

L'ouvrage propose un nouvel examen de la question de la nature de « la signification » et affirme que le langage ne peut « signifier » qu'au moyen de règles d'usage qui sont essentiellement publiques et qui supposent l'inscription du discours dans le contexte social de « *formes de vie* ».

Structure de l'œuvre et idées principales commentées

Structure de l'œuvre

L'ouvrage se compose de 2 parties. La première partie est la plus rédigée et se divise en brefs paragraphes numérotés traitant principalement de la nature de « la signification » ou de la démarche qui doit être celle de la philosophie. La seconde partie est divisée en chapitres qui abordent des questions de philosophie du langage et de philosophie de la psychologie.

Une théorie des « *jeux de langage* » (§ 7)

Wittgenstein défend l'idée selon laquelle le langage se décompose en « *jeux de langage* », c'est-à-dire en pratiques entre individus gouvernées par des règles publiques. La philosophie peut alors à son tour s'appuyer sur une méthode, c'est-à-dire inventer pour son propre compte des jeux de langage fictifs qui l'aideront à saisir, par contraste, la nature de nos pratiques linguistiques réelles.

Les « *ressemblances de famille* » (§ 66)

Wittgenstein s'interroge sur ce qui confère une unité aux concepts généraux de notre langage. Il s'oppose alors aux approches rigides selon lesquelles les différentes instances tombant sous un concept ou une classe d'objets (par exemple, l'ensemble des chaises que désigne le concept « chaise ») devraient posséder une caractéristique unique qui leur serait commune à toutes. Wittgenstein affirme, quant à lui, que la relation qui unit les différents membres d'un même concept est une relation d'« *air de famille* » : ces membres s'inscrivent dans un réseau enchevêtré de ressemblances qui s'entrecroisent et se chevauchent, sans que l'on puisse isoler une caractéristique unique partagée par tous. Ce flou relatif dans la signification des concepts ne porte, selon Wittgenstein, nullement atteinte à la possibilité de la compréhension mutuelle.

Laisser toute chose en l'état (§ 124)

Wittgenstein défend une approche thérapeutique de la philosophie selon laquelle cette discipline n'a pas vocation à nous apprendre quoi que ce soit de nouveau, mais bien à nous guérir des confusions qui sont les nôtres en nous proposant une vision claire de notre langage et de ses règles. À ce titre, la philosophie est fondamentalement descriptive et ne propose pas de thèses.

Ludwig Wittgenstein

L'intérieur et l'extérieur

Une « mythologie » de l'intériorité

Parmi les problèmes insolubles qui ont pu tourmenter les philosophes de la tradition, Wittgenstein compte en particulier la **question du rapport entre l'âme et le corps**. Dans le vocabulaire wittgensteinien, cette dualité entre le physique et le psychique est souvent reformulée comme une dualité entre l'extérieur (le corps, qui est objectif et public) et l'intérieur (l'esprit, souvent considéré comme privé, caché). Or, on constate que la philosophie dualiste* traditionnelle a rencontré un grand nombre de difficultés lorsqu'il s'agissait de comprendre l'union ou l'inter-action de ces deux « substances* » que sont l'esprit et le corps. Aux yeux de Wittgenstein, ces difficultés ne sont pourtant qu'un ensemble de faux problèmes issus de confusions et, en particulier, d'une tendance qui est la nôtre à croire qu'au substantif « esprit » devrait nécessairement correspondre une substance réelle (*cf. Le Cahier bleu et le Cahier brun*). Dès l'instant où l'on saisit que l'intérieur et l'extérieur ne s'opposent pas comme deux substances symétriques, ces problèmes métaphysiques* traditionnels se dissolvent sans difficulté.

Ce qui est caché ne nous intéresse pas

Cette clarification conceptuelle ayant été établie, Wittgenstein développe une analyse de l'esprit que l'on peut qualifier d'« externaliste » : l'esprit existe d'abord et avant tout par ses manifestations. Les états d'âme ou les émotions, par exemple, sont principalement caractérisés par la façon dont nous les exprimons au travers de nos comportements et de notre discours. Quant à ce discours, il obéit à son tour à des règles qui, aux yeux de Wittgenstein, sont essentiellement publiques : de là, par exemple, les critiques que les *Recherches philosophiques* (§ 243 *sq.*) adressent à l'idée d'un prétendu « langage privé » dont les signes renverraient aux sensations intimes d'un locuteur et qui ne pourrait, par conséquent, être compris que par ce dernier. Contre cette idée de « *langage privé* », Wittgenstein soutient que **le langage est essentiellement ouvert et public** : c'est grâce à son expression dans ce langage public que le mental gagne la réalité qui est la sienne.

Une analyse « *grammaticale* » de l'esprit

Une telle critique des mythologies du mental ou de l'intériorité n'implique cependant nullement que Wittgenstein nie la réalité de l'esprit. Bien au contraire, une part importante de l'œuvre du philosophe est consacrée à une mise en lumière de ce qui fait la spécificité du mental sur le physique. Simplement, une telle spécificité est, selon Wittgenstein, « *grammaticale* » : elle tient à la différence irréductible qui existe entre la façon dont on emploie les énoncés psychologiques prononcés en 1re personne et la façon dont on emploie les énoncés empiriques* formulés en 3e personne. Par exemple, remarque Wittgenstein, il n'y a aucun sens à mettre en doute un énoncé psychologique prononcé en 1re personne (par exemple, « J'ai mal aux dents »), tandis qu'il y a bien un sens à mettre en doute les descriptions d'objets extérieurs à soi. C'est la raison pour laquelle **le terme mental**, selon lui, **n'est pas** « *une épithète métaphysique, mais logique* ».

Philosophie contemporaine

Bibliographie essentielle

• *Tractatus logico-philosophicus* (1921)
Ce premier ouvrage de Wittgenstein consiste en un ensemble de propositions numérotées et regroupées en 7 sections principales censées clarifier le rapport existant entre langage et monde.

• *Le Cahier bleu et le Cahier brun* (1933-1935)
Ce texte, composé de notes de cours dictées par Wittgenstein à ses étudiants de l'université de Cambridge, revient sur les conceptions qui avaient été proposées dans le *Tractatus logico-philosophicus* et travaille à la mise en place progressive des idées caractéristiques de la « seconde philosophie » de l'auteur.

• *De la certitude* (1949-1951)
Ces fragments, dernier texte de Wittgenstein, s'interrogent sur le fondement de la certitude *a priori* qui s'attache à certaines propositions de notre langage. Wittgenstein y fait valoir la nécessité d'établir un noyau de propositions décrétées certaines qui serviront de cadre formel pour le déploiement des autres propositions du discours.

• *Recherches philosophiques* (posthume, 1953)

Cf. fiches 9, 19, 20, 30 (16, 19), 45, 71

74 MARTIN HEIDEGGER (1889-1976)

Heidegger naît à Messkirch, dans le Sud de l'Allemagne. Il suit des études de théologie* à l'université de Fribourg et découvre Husserl et le néokantisme. Renonçant à devenir prêtre, il s'oriente alors vers la philosophie et soutient une thèse sur Duns Scot. Il est d'abord chargé de cours à Fribourg puis nommé professeur à Marbourg (1923-1928). Il rédige et publie en 1927 *Être et Temps*. Puis il succède à Husserl à Fribourg et devient recteur de l'université en 1933. Ayant adhéré au Parti nazi alors au pouvoir, Heidegger démissionne de sa fonction de recteur et se retire de la vie publique pour se consacrer notamment à l'étude de l'œuvre du poète Hölderlin. En 1945, les autorités alliées le suspendent de sa fonction de professeur, lui interdisant ainsi d'enseigner. En 1951, il est réintégré comme professeur à l'université de Fribourg, où il enseignera jusqu'en 1973. Il meurt en 1976 dans sa ville natale, après avoir publié une œuvre considérable constituée en partie de nombreux cours et conférences. Heidegger s'est également lié d'amitié avec des poètes français tels que René Char. Sa philosophie a beaucoup inspiré le courant existentialiste en France, ainsi que la philosophe Hannah Arendt.

La question de l'Être*

L'oubli de l'Être
Heidegger met la question de l'Être au centre de sa réflexion, en distinguant celui-ci de l'étant*. **L'Être** désigne ce qu'il y a **au fondement même des choses**, alors que **l'étant** désigne **les choses telles qu'elles existent**. L'Être pose la question de savoir ce qui fait que quelque chose « est » (pourquoi il y a quelque chose), alors que l'étant nous pousse simplement à nous demander « ce » que sont ces choses, c'est-à-dire quelle est leur essence*. Selon Heidegger, il faut revenir à la question fondamentale de l'Être, oubliée par la philosophie depuis Héraclite.

L'homme et le *Dasein*
Heidegger pose que **l'essence de l'homme est d'exister** et d'avoir à choisir sa manière d'exister. L'homme peut ainsi choisir une existence tournée vers la question de l'Être, soucieuse d'authenticité et marquée par le souci. Pour souligner que l'homme est le seul être pour lequel l'Être a du sens, Heidegger introduit la notion de « *Dasein* » (souvent traduit par « être-là » mais que Heidegger traduisait par « être-le-là »). Le *Dasein* désigne ainsi une catégorie de l'existence humaine, le lieu où devient possible une **ouverture à l'Être et à la vérité**.

La vérité de l'Être
Pour Heidegger, la vérité repose sur la liberté. Elle ne peut se découvrir que si on laisse les choses apparaître d'elles-mêmes, librement. Mais cette vérité se saisirait dans un mode particulier d'apparition, que le mot grec *alètheia* (« vérité ») s'efforce d'exprimer. L'Être, en effet, se manifesterait sur le mode du **dévoilement**, qui suggère une forme de **présence voilée**. L'image de la clairière est souvent utilisée par Heidegger pour exprimer cette ouverture de l'Être au sein de ce qui demeure pour autant oublié et qui se dérobe aux regards. C'est dire que nous ne saisirions l'Être que de façon fugitive, telle **une « éclaircie » que le poète serait le plus à même de dire, de signifier**.

La poésie comme expression possible de l'Être
Heidegger a beaucoup étudié l'œuvre du poète Hölderlin (1770-1843), consacrée notamment à la nature, aux dieux grecs et à la conception grecque de la vérité comme *alètheia*. Pour Heidegger, l'œuvre d'art est à comprendre comme le **lieu possible de l'avènement de la vérité de l'Être**. La beauté est, en ce sens, une « apparition » de cette vérité. Plus précisément, cette vérité est à comprendre comme « poème », car seule la langue peut véritablement dire l'Être. En ce sens, tout art (peinture, sculpture…) doit prendre cette forme qu'Heidegger nomme « *poématique* », en préfigurant en quelque sorte le discours de la poésie.

La question de l'homme

La déréliction
L'homme occupe, dans cette question de l'Être, une place privilégiée, car il est, parmi

Martin Heidegger

les étants*, le seul pour qui cette question fait sens et il est l'être capable de saisir et d'accueillir l'Être* dans sa vérité. L'homme exprime cette capacité de par sa situation particulière : « jeté » dans le monde, **il ressent à la fois sa condition d'homme esseulé**, perdu dans un monde qu'il n'a pas choisi et dans lequel il n'a pas demandé de naître, **et sa condition d'homme libre**, à qui toutes les possibilités sont offertes. Ce statut particulier est souvent rattaché au terme de *déréliction*.

L'angoisse de la mort comme ultime possibilité

Mais l'homme est également ce qu'Heidegger appelle un « *être-pour-la-mort* » (en allemand, « *Sein zum Tode* »), signifiant par là que **toutes les possibilités humaines sont déterminées par une possibilité ultime : la mort**. La mort humaine est donc à comprendre comme un « mode d'exister » (ce qu'Heidegger appelle un « *existential* »). L'homme ne meurt pas de la même fin que la tempête qui cesse ou que la route qui se finit. L'homme, au contraire de l'animal, a la mort pour horizon et **cet horizon indépassable et sans objet crée l'angoisse**. C'est l'angoisse « de » la mort pour un être précisément « pour » (destiné à) la mort.

La question de la science et de la technique

La technique comme « *arraisonnement* »

S'attachant à la modernité et à ses figures – la science et la technique –, Heidegger les rattache également à la question de l'Être. **Science et technique parachèvent l'oubli de l'Être**, en se consacrant à l'utilité des choses existantes (des « étants ») et à leur maîtrise par la raison humaine. Il s'agit ainsi, pour la science, de rendre raison des choses*, en en cherchant les lois constitutives, et, pour la technique, de soumettre les choses aux lois de la raison. La notion d'« *arraisonnement* » (« *Gestell* », en allemand, c'est-à-dire aussi « dispositif ») exprime cette idée de **la technique comme « provocation » de la nature**, sommée de livrer son énergie et considérée par l'homme comme un réservoir dont on puise les ressources pour satisfaire les besoins humains. Paradoxalement, cette volonté de soumettre la nature échappe au contrôle de l'homme, comme en témoigne, selon Heidegger, l'exemple de la bombe A.

La technique comme figure de l'Être

Mais Heidegger n'en appelle pas à une condamnation morale de la science et de la technique, qui sont, selon lui, des sortes de figures de l'Être, au sens où elles seraient en quelque sorte **appelées par l'Être lui-même, qui nous inviterait à le soumettre à la raison**. Il conviendrait plutôt de laisser faire ce passage obligé, en posant qu'il n'est qu'une étape dans le dévoilement de l'Être. Aujourd'hui, l'Être nous apparaît sous la forme d'une maîtrise scientifique et technique des choses ; plus tard, il nous apparaîtra sous un autre mode. L'ère « écologique » peut nous le laisser penser.

Philosophie contemporaine

Bibliographie essentielle

• *Être et Temps* (1927)
Heidegger interroge ici le mode d'être de l'être humain, mode à comprendre comme « existence temporelle », c'est-à-dire ouverte sur des possibilités. Ces possibilités sont des manières de se rapporter au monde, aux autres, mais aussi à soi-même et à la mort, sur le mode du souci et de l'exigence d'authenticité. Il s'agit, pour l'homme, d'assumer sa capacité à être le « lieu » de la manifestation de l'Être.

• *Introduction à la métaphysique** (1935)
Heidegger interroge notamment la manière dont la métaphysique a favorisé l'oubli de l'Être pour se consacrer aux choses existantes, aux « étants », déterminant ainsi l'histoire de l'Occident.

• *Chemins qui ne mènent nulle part* (1950)
Les « *chemins qui ne mènent nulle part* » (« *Holzweg* », en allemand) désignent des chemins de forêt s'arrêtant parfois soudainement et ne menant ainsi nulle part. Heidegger utilise cette métaphore pour mener 6 réflexions sur divers sujets. Il s'agit, pour l'auteur, de prendre ces chemins perdus, tels des chemins dans la « forêt de l'Être », susceptibles de laisser entrevoir la vérité.

Cf. fiches 7, 10, 11, 20, 30 (5, 10), 76

75 KARL RAIMUND POPPER (1902-1994)

Philosophe et épistémologue britannique d'origine autrichienne, Karl Popper a été à un moment donné proche du Cercle de Vienne*, avant de proposer de nouveaux principes pour l'épistémologie*, en particulier à partir du concept de « falsifiabilité » comme critère de scientificité, préférable au concept classique de « vérifiabilité ». Bien qu'elle ait une valeur objective, la connaissance scientifique doit procéder par approximations successives pour conquérir sa validité. Théoricien d'une rationalité* rigoureuse et non dogmatique*, Popper renouvelle également la philosophie de l'histoire : récusant tout fatalisme et s'opposant à l'historicisme, qui affirme l'existence d'une loi générale du devenir historique, il conçoit une société et un avenir ouverts, c'est-à-dire non orientés selon un plan ou une fin prédéterminés.

Une théorie scientifique se définit par la possibilité d'être réfutée

La critique de l'empirisme* et du néopositivisme

L'empirisme classique, de Bacon à Hume, faisait reposer la science sur l'observation et la méthode inductive, qui se fondait sur l'expérience. De même, le néopositivisme (celui du Cercle de Vienne) considérait que l'expérience permettait de vérifier la validité d'une théorie scientifique. Pour Popper, ce n'est pas « l'assise observationnelle » qui caractérise la science : comme le montrent les théories physiques modernes (par exemple, celle d'Einstein), qui sont extrêmement spéculatives et abstraites, la science est semblable aux « anticipations de l'esprit » que récusait Bacon. Popper propose un **nouveau critère de démarcation entre science et non-science** : « la possibilité, pour un système théorique, d'être réfuté ou invalidé. »

La falsifiabilité

Une proposition est falsifiable ou réfutable si l'on peut **montrer, par l'expérience ou la démonstration, qu'elle est vraie ou fausse**. Ainsi, l'affirmation « Tous les chats sont gris » peut être réfutée par l'expérience. Pour Popper, une proposition scientifique doit pouvoir être réfutée. Une proposition irréfutable (qui ne peut faire l'objet d'une réfutation) ne peut être considérée comme scientifique.
Une théorie ne peut être vérifiée empiriquement, mais, en revanche, « un système faisant partie de la science empirique doit pouvoir être réfuté par l'expérience ». Ainsi, l'énoncé « Il pleuvra ou il ne pleuvra pas ici demain » ne sera-t-il pas considéré comme empirique pour la simple raison qu'il ne peut être réfuté, alors que l'énoncé « Il pleuvra demain » sera considéré comme empirique (La Logique de la découverte scientifique).

La démarche critique de la science

Comme Hume, Popper considère que **l'observation n'est pas le critère de la scientificité**. Le progrès scientifique apparaît plutôt comme une succession d'erreurs corrigées que comme une addition de connaissances. En même temps, c'est en examinant les systèmes scientifiques de manière critique que le savant peut voir s'ils sont en mesure d'y résister – ce qui permet de les tester : « Pouvoir être testé, c'est pouvoir être réfuté. »

Science et métaphysique*

On peut envisager pour les théories « divers degrés d'assujettissement aux tests ». Plus une théorie est précise, plus elle se prête aux tests. Ainsi, **les théories qui ne peuvent être testées** n'intéressent pas les chercheurs des sciences empiriques et **peuvent être qualifiées de « métaphysiques »**.

Bibliographie essentielle

• *Logique de la découverte scientifique* (1934)
Popper pose la question du critère de démarcation entre science et non-science et affirme que l'observation ne suffit pas à fournir un critère de scientificité.

• *Conjectures et Réfutations* (1963)
La science ne nous donne pas de certitude, mais des approximations de la vérité. Cela ne signifie pas qu'elle est vague, mais, au contraire, qu'elle cherche sans cesse à préciser ses mesures et ses calculs.

Cf. fiches 15, 16, 20, 30 (4, 9, 11), 43, 53

JEAN-PAUL SARTRE (1905-1980)

Né d'un père officier de marine mort très jeune, Jean-Paul Sartre est élevé par sa mère et son grand-père maternel, d'origine alsacienne et protestante. Entré à l'École normale supérieure à 19 ans, Sartre est reçu premier à l'agrégation de philosophie en 1929. Il publie sa première œuvre philosophique, *L'Imagination*, en 1936. Il enseigne en lycées et publie des écrits littéraires *(La Nausée, Le Mur)*. En 1943, *Les Mouches* fait de lui un écrivain célèbre, mais sa grande œuvre philosophique *L'Être et le Néant* n'a, quant à elle, que peu de succès. Il quitte l'enseignement en 1945 pour se consacrer à l'écriture et à l'activité politique. Son œuvre s'inscrit dans différents domaines : littérature, théâtre, philosophie. En 1945, il fonde, avec Simone de Beauvoir (sa compagne) et Maurice Merleau-Ponty, la revue *Les Temps modernes*. En 1964, il refuse le Prix Nobel de littérature. Philosophe engagé, il défend de nombreuses causes en luttant notamment pour l'indépendance de l'Algérie et contre la guerre du Viêt-nam. « Compagnon de route » du Parti communiste, il rompt en 1968, après les événements de Tchécoslovaquie. Bien qu'atteint de cécité à partir de 1973, il continue de travailler et de militer jusqu'à sa mort en 1980.

Existence et liberté

Existence des choses* et de l'homme

Dans *La Nausée*, Sartre met en évidence le sentiment qui frappe l'homme lorsqu'il prend conscience de la **contingence*** des choses : ce qui existe aurait pu ne pas être. Il en va de même pour l'homme. Cette prise de conscience engendre une forme de dégoût que Sartre appelle *« la nausée »* : les choses apparaissent comme enfermées (*« engluées »*) dans une existence que rien ne justifie (pas de Dieu, pas de sens). Mais autant les choses ne peuvent être autre chose que ce qu'elles sont, autant **l'homme « existe » véritablement et peut donc échapper à ce qu'il est pour ne pas demeurer « en lui-même »**. Ainsi, il est capable de ne pas être ce qu'il est ou bien d'être ce qu'il n'est pas.

Facticité et transcendance*

C'est ce que Sartre distingue par les notions de « facticité » et de « transcendance ». **La facticité est le mode d'être des choses (l'en-soi), enfermées dans leur caractère de « fait » que rien ne peut justifier**. L'homme aussi a ce caractère, qui le range parmi les choses : il n'a pas choisi d'être et certains aspects de son être sont déterminés (par exemple, sa naissance ou encore la maladie, qu'il ne peut choisir). Ces aspects sont des *« situations »* dans lesquelles l'homme se trouve. Mais, à la différence des choses, **l'homme peut modifier ce qu'il est par sa conscience et sa liberté**. Cette capacité de dépassement est la **transcendance**. Par sa liberté, l'homme peut décider de ce qu'il veut être et ne pas se contenter d'être ce qu'il est. Il peut ainsi échapper aux situations qui semblent le déterminer. Par exemple, je ne choisis pas d'être malade, mais je peux choisir la manière dont je serai malade. Par conséquent, rien ne définit l'homme, sinon cette **existence toujours capable de se projeter vers autre chose**. D'où l'idée sartrienne affirmant que « *l'existence précède l'essence* » ». En effet, c'est par ce qu'il fait, par son existence, que l'homme s'affirme et se définit, et non l'inverse. L'homme n'est pas prédéfini et ne se contente pas d'exister après avoir été défini.

La conscience comme pouvoir de « néantisation »

En ce sens, la conscience humaine (qu'il nomme « *pour-soi* ») a le pouvoir de toujours repousser les choses et l'existence de l'homme au-delà d'elles-mêmes, en faisant de ce qu'elles sont un « néant d'être ». En effet, projetant les choses ou nous-même dans une réalité autre, **la conscience humaine pose la réalité dans une réalité « à faire » et fait donc de l'être (ce que les choses ou nous-même sommes) un pur néant**. C'est en ce sens que Sartre reprend l'idée d'Husserl selon laquelle « *toute conscience est conscience de quelque chose* ». La conscience est, en ce sens, « *visée* », « *intentionnalité* » : rien n'entre en elle pour venir s'y imprimer comme sur une

Philosophie contemporaine

chose* ; au contraire, elle vise les choses à travers la forme d'un projet.

L'angoisse de la liberté

Du même coup, l'homme se trouve confronté à une liberté totale qui paradoxalement est vécue dans l'angoisse. En effet, l'homme est face à une infinité de possibles, que rien ne justifie sinon sa pure liberté. Il lui incombe de modifier les choses et lui-même en décidant de ce qu'il veut qu'elles et lui-même soient. **La liberté devient alors fardeau, poids, car tout est sans cesse « à faire ».** Impossible de se reposer dans l'être que nous sommes ni de laisser les choses être ce qu'elles sont.

Le rapport à autrui

Le regard de l'autre

Cette liberté se voit encore compliquée par le rapport à autrui. En effet, Sartre envisage le regard d'autrui comme un regard figeant, **qui nous enferme dans un statut de chose et nous prive ainsi de notre liberté.** Autant notre propre regard sur nous-même porte la marque de la subjectivité, autant un regard extérieur porte la marque de l'objectivité : nous sommes, dans le regard d'autrui, placé sur le même plan que les objets extérieurs. Du même coup, le regard d'autrui ne saisit que ce que nous sommes « pour lui » et ne rend pas compte de notre liberté fondamentale. Le voyeur surpris en train de regarder est jugé « voyeur ». Il ne peut échapper au fait d'être ramené à une essence* ou définition de « voyeur », alors même que, par sa liberté, il peut échapper à ce qu'il est (cesser d'être voyeur ou bien ne l'avoir été que par accident).

La « mauvaise foi »

Notre réaction à ce regard peut alors consister **à vouloir regagner cette liberté qui pourtant nous pèse lorsque nous la possédons.** D'où une réaction paradoxale, que Sartre analyse sous le terme de « *mauvaise foi* » et qu'il envisage sous plusieurs aspects. Ainsi, nous pouvons vouloir échapper au jugement d'autrui en affirmant être autrement que ce que nous sommes, mais, par là même, nous nous replaçons dans une chose que nous ne sommes pas non plus. Par exemple, l'homosexuel jugé comme tel peut vouloir s'affirmer comme « n'étant pas homosexuel » – d'où des tentatives pour justifier ses conduites. Mais ces justifications l'enferment dans un statut d'hétérosexuel – ce qu'il n'est pas. À l'inverse, l'homme peut vouloir justifier ce qu'il est pour autrui, en disant, de bonne foi : « Je suis ce que je suis », mais, là encore, Sartre montre qu'il est de mauvaise foi, car il refuse d'attribuer ce qu'il est à sa liberté, l'attribuant à une essence déterminée et déterminante contre laquelle il ne peut rien. Sartre montre en quoi la mauvaise foi est à la fois justifiée et en même temps critiquable : elle est justifiée car elle consiste à refuser de se laisser enfermer par le jugement d'autrui et elle est critiquable car, **au lieu de permettre l'affirmation d'une vraie liberté, elle consiste à « jouer » à être ce que nous sommes ou ne sommes pas.**

L'inconscient

L'inconscient est également, pour Sartre, une **manière d'être de mauvaise foi.** La coquette, qui veut maintenir le flirt engagé par son prétendant sans pour autant céder comme une femme facile, se laisse prendre la main mais **fait semblant de ne pas s'en apercevoir.** Son inconscience n'est que simulée. Sartre refuse donc la thèse freudienne : **le refoulement implique le fait même de savoir ce que l'on veut refouler.** Le névrosé fait donc semblant de ne pas savoir et sa maladie n'est, au fond, qu'une manière pour lui d'être de mauvaise foi. Comme la coquette qui joue la femme vertueuse, il refuse sa liberté tout en faisant semblant de l'affirmer.

(suite, p. 234)

L'existentialisme athée

L'existentialisme athée, qui représente la doctrine de Sartre, relève à la fois de l'existentialisme, qui fait de l'existence individuelle une valeur absolue, et de l'athéisme. Alors que l'existentialisme chrétien suggère une existence certes éprouvante et solitaire mais toutefois conduite par la foi, l'existentialisme athée conçoit l'existence d'une manière plus radicale. En effet, parce que Dieu n'existe pas, alors rien ne peut orienter ni justifier l'existence. L'homme est ainsi « *délaissé* », seul face à sa liberté, sans rien pour le guider dans ses choix. Devant lui s'ouvre un horizon fait d'une infinité de possibles qui sont tous à sa charge.

Jean-Paul Sartre

Œuvre clé

L'Être et le Néant (1943)

Contexte d'écriture

C'est la première grande œuvre philosophique de Sartre, après _La Transcendance de l'ego_, _L'Imagination_ et _L'Imaginaire_. Il a aussi écrit, pendant ses années de captivité (1940-1941), les _Carnets de la drôle de guerre_, qui ne seront publiés qu'après sa mort. Dans le domaine littéraire, il a également fait paraître _La Nausée_ (1938) et _Le Mur_ (1939). Libéré en 1941, Sartre reprend son enseignement à Paris et c'est en 1943 qu'il publie _L'Être et le Néant_.

Thèse centrale

Dans cette œuvre très dense, Sartre s'attache principalement à analyser la conscience humaine, en montrant en quel sens elle place l'homme dans un mode particulier d'existence et de relation aux choses*. La conscience est, en effet, ce qui empêche l'homme d'« être » sur le même mode d'être des choses. La conscience est ce qui fait « éclater l'être* » en le transformant en néant. L'homme est alors placé face aux choses et face à lui-même, avec la charge de les « faire être » par sa liberté : il lui incombe entièrement de décider de ce qu'il veut être et de ce qu'il veut que les choses soient.

Structure de l'œuvre et idées principales commentées

Structure de l'œuvre

L'Être et le Néant se compose de 4 parties. La première partie analyse la structure de la conscience et ses différentes possibilités. La deuxième partie explique en quoi l'être humain est un « _être pour soi_ », caractérisé par une non-coïncidence avec lui-même. La troisième partie s'intitule le « _pour autrui_ » et interroge le rapport à autrui. La quatrième partie définit la liberté comme fondatrice, correspondant à ce qui, pour l'homme, est un « _néant d'être_ ».

Le garçon de café (première partie)

Sartre montre en quel sens l'homme peut être amené à refuser sa liberté. Par sa conscience, il est, en effet, amené à nier ce qu'il est. Mais il peut le faire de plusieurs façons, plus ou moins authentiques. La mauvaise foi est une de ces attitudes et le garçon de café un exemple. Celui-ci « joue » le rôle du garçon de café (gestes vifs, empressement, tenue du plateau...) et montre,

par là, qu'il « n'est pas » garçon de café ; son jeu lui permet ainsi de nier qu'il est une « chose ». Mais encore faudrait-il qu'il ne soit pas pris à son propre jeu et que son jeu reste un jeu. Or, Sartre montre à quel point le garçon de café s'installe dans son jeu comme dans un statut de chose. Il joue à être le garçon de café qu'il croit être devenu. En cela, il est de mauvaise foi.

« Le désir est manque d'être » (deuxième partie)

Le désir est à comprendre comme étant également une expression ou modalité de la conscience humaine. Parce que la réalité humaine est manque d'être, il y a désir. En effet, si l'homme avait une nature, s'il était simplement ce qu'il est, alors il n'aurait pas de désir. Le désir existe précisément parce que l'homme a à être ce que précisément il n'est pas. Le désir vise ce que l'homme n'est pas, ce qui lui manque pour être.

« L'autre, c'est-à-dire le moi qui n'est pas moi » (troisième partie)

Dans son analyse du rapport à autrui, Sartre insiste sur la difficulté de ce rapport, vécu sur le mode du conflit. En effet, autrui est une conscience comme moi et, en même temps, il est une autre conscience : il n'est pas moi. Sartre montre alors que ce « n'est pas » est une expression du néant d'être que représente autrui pour moi-même, c'est-à-dire une expression de sa liberté fondamentale. La relation à autrui met donc en rapport deux libertés qui se projettent l'une autant que l'autre vers des possibilités qui ne sont pas les mêmes.

« La délibération volontaire est toujours truquée » (quatrième partie)

Le caractère radical et fondateur de la liberté rend en quelque sorte caduc tout ce qui semblerait l'affirmer autrement. Ainsi, la délibération, qui examine plusieurs motifs avant de décider, n'est en fait, selon Sartre, qu'un effet de la liberté et non un moment qui la précéderait. En effet, l'acte de délibération s'inscrit dans un projet plus fondamental (ce que l'on projette d'être). Par conséquent, « _quand je délibère, les jeux sont faits_ » et, « _quand la volonté intervient, la décision est prise_ ». La volonté est en quelque sorte au service d'une liberté qui s'affirme plus en amont, à travers des motifs qu'elle ne fait que proposer à la volonté.

Philosophie contemporaine

« L'homme est condamné à être libre »

Cette phrase est extraite de *L'existentialisme est un humanisme* (1946). Sartre montre que, si Dieu n'existe pas, alors rien n'a créé l'homme d'après un « concept » ni d'après une « nature ». L'homme ne peut, par conséquent, invoquer une excuse (sa nature) pour justifier ce qu'il est. Il ne doit ce qu'il est qu'à lui-même, à sa liberté. Cette liberté est une condamnation, au sens où l'homme ne peut lui échapper. Elle se manifeste dans tous ses actes, même lorsque l'homme croit s'en défaire. Selon Sartre, même quand l'homme a le sentiment de ne pas choisir, il choisit encore (de ne pas choisir). En refusant sa liberté et en se laissant porter par les choses (passions, signes, etc.), l'homme est encore en train d'affirmer sa liberté.

Histoire et politique

L'influence du matérialisme marxiste

La philosophie de Sartre est une philosophie de la liberté, à comprendre cependant comme une manière pour l'homme de **sortir d'un contexte de déterminations (de situations) qu'il n'a pas choisies**. L'histoire et l'économie font partie de ces déterminations. Sartre reprend, en ce sens, les analyses de Marx qui montrent que l'oppression est un produit de l'économie capitaliste. L'homme doit donc s'affirmer contre ces causes d'oppression. D'où le soutien de Sartre aux modèles socialistes et communistes qui, pour lui, symbolisent cette affirmation de la liberté.

L'homme engagé

L'engagement prend donc chez Sartre un sens politique. L'homme ne doit pas seulement affirmer sa liberté à travers « ses » projets et « son » existence. L'engagement doit aussi s'ouvrir à la perspective d'un projet et d'une liberté communs. **L'homme est, en ce sens, responsable de lui-même, mais aussi de tous les hommes.** En ne s'engageant pas dans le monde, l'homme laisse celui-ci livré aux déterminismes* et à l'oppression.

Art et imagination

La conscience imaginative

On retrouve la notion de « liberté » au fondement des analyses de Sartre sur l'imagination et l'imaginaire. **La capacité de la conscience à imaginer un objet absent est, pour lui, une expression de la liberté.** L'image de Pierre, par exemple, est une manière d'affirmer que Pierre n'est pas là (telle une photographie rappelant un être disparu). Sartre appelle « *analogon* » cette image qui est ainsi un objet renvoyant à un autre objet. C'est parce que la conscience est libre qu'elle peut créer de tels objets.

Art et morale

L'art est également un mode de la liberté, en tant qu'il permet la **création** d'une œuvre. **L'artiste fait, en effet, exister ce qui n'existe pas** et son œuvre répond à un désir émotionnel et à un choix intellectuel. Il est donc aussi l'affirmation d'une liberté. Mais, du même coup, l'art se trouve partie liée avec la morale et avec l'engagement. Car la liberté ne doit pas seulement être l'affirmation d'une liberté individuelle, indifférente au monde. Elle doit aussi permettre l'affirmation d'une liberté de l'homme en général. C'est en ce sens que Sartre défend l'idée d'un **art engagé**, dont ses œuvres littéraires et théâtrales d'ailleurs témoignent.

Bibliographie essentielle

- **L'Imaginaire (1940)**
Sartre analyse la conscience imageante et ses effets dans le psychisme, notamment sur les émotions, ainsi que dans l'art.

- **L'Être et le Néant (1943)**

- **L'existentialisme est un humanisme (1946)**
Sartre expose les principes de l'existentialisme athée et répond à certaines critiques des milieux marxistes et catholiques.

- **Critique de la raison dialectique (1960)**
Sartre y analyse la manière dont la liberté doit compter avec des conditions réelles déterminées et comment elle doit prendre aussi le sens d'un engagement politique.

Cf. fiches 2, 3, 5, 10, 27, 30 (5, 10, 25), 68

HANNAH ARENDT (1906-1975)

Philosophe américaine d'origine allemande, Hannah Arendt a exercé une influence notable sur la pensée politique. Élève de Martin Heidegger et de Karl Jaspers, elle fuit l'Allemagne nazie en 1933 du fait de ses origines juives. Arendt s'attache à redéfinir la philosophie politique à partir des concepts d'« autorité », de « démocratie » et de « liberté », et à penser la rupture introduite dans l'histoire par le totalitarisme (stalinisme et hitlérisme), tout en cherchant à définir un nouvel ordre pour l'action.

L'action est la manifestation même de notre liberté

« Tout est permis, tout est possible »

Loin d'être « *sans lois* », le régime totalitaire « *remonte aux sources de l'autorité* » : il n'est donc pas un système arbitraire, dans lequel le pouvoir s'exerce au profit d'un seul homme, mais un système qui prétend accomplir la loi de l'Histoire ou de la Nature et instaurer le règne de la justice sur Terre. Pour cette raison, **la légitimité totalitaire lance un défi à la légalité**, sans se soucier des normes du bien et du mal pour la conduite individuelle des hommes. En ce sens, le régime totalitaire révèle une prétention monstrueuse : celle de produire le genre humain.

Droits de l'homme et droits des peuples

La question des droits de l'homme est liée, pour Arendt, à la question de l'émancipation nationale : comme le montre l'histoire moderne, la déclaration de droits humains inaliénables ne peut sans paradoxe se référer à un être abstrait qui ne semble exister nulle part. Elle se comprend **dans le cadre d'un gouvernement qui reconnaît la souveraineté émancipée du peuple**, d'une autorité ou d'une institution qui garantit ses droits et le protège contre l'oppression (*L'Impérialisme*).

Vie active et vie contemplative

Les rapports entre la philosophie et l'action révèlent l'hostilité des hommes de pensée envers les hommes d'action. Le philosophe se méfie de la vie politique et de l'action, qu'il considère comme un *embarras*, une absence de loisir studieux. Il importe donc de **redéfinir les rapports de la pensée** (*theoria*) **et de l'action** (*vita activa*) et de renverser cette hiérarchie grâce à une redéfinition de la *vita activa* par le travail, l'œuvre et l'action.

« Le travail de nos corps et l'œuvre de nos mains »

Reprenant une formule de Locke et se fondant sur les analyses d'Aristote à propos de l'artisan, Arendt propose de **distinguer le travail et l'œuvre** : le travail, lié à la nécessité de subsister, produit des objets de consommation et impose à l'homme une existence répétitive et pénible – laborieuse –, faite de tâches et de productions constamment renouvelées ; en revanche, « *l'œuvre de nos mains* […] *fabrique l'infinie variété des objets dont la somme constitue l'artifice humain* » (*Condition de l'homme moderne*). Ainsi, les objets fabriqués, par leur durabilité, stabilisent l'existence humaine, car ils sont destinés à subsister dans un monde humain qui, grâce aux œuvres, acquiert une existence objective. L'action, quant à elle, met en rapport les hommes les uns avec les autres et **Arendt place l'action politique au sommet de l'activité humaine**.

Bibliographie essentielle

- ***Les Origines du totalitarisme*** (3 vol., 1951)
Hannah Arendt analyse l'apparition du totalitarisme comme un nouveau type de régime politique, qu'on ne peut rapprocher des formes traditionnelles comme le despotisme, la tyrannie ou la dictature. Négation du politique, le totalitarisme se caractérise par la destruction du corps social et la société de masse.

- ***La Crise de la culture*** (1968)
L'ouvrage propose notamment une définition et une réhabilitation de l'autorité.

78 EMMANUEL LÉVINAS (1906-1995)

Français d'origine lituanienne, Emmanuel Lévinas (ou Levinas) fut directeur de l'École normale israélite de Paris et professeur à l'Université (Poitiers, Nanterre, la Sorbonne). Élève d'Husserl et d'Heidegger, il contribue à introduire en France la phénoménologie*. Il place au cœur de sa philosophie la question éthique* et la relation à autrui. Puisant son inspiration dans la tradition juive, mais également dans l'humanisme, un certain platonisme et la phénoménologie, il interprète cette relation à autrui comme un mouvement vers la transcendance* du Bien, située au-delà de l'essence*. Son œuvre a influencé des générations d'intellectuels de l'après-guerre et nombre de ceux qui, dissidents ou hommes d'État, ont milité en faveur de la démocratie et du respect d'autrui.

La relation éthique à l'autre

Le visage se refuse à la possession

Pour décrire l'expérience de l'altérité, Lévinas, dans *Totalité et Infini*, part d'une figure étrange et familière : le visage d'autrui. Celui-ci n'est pas un objet, ni une chose* parmi les choses, mais une forme qui permet de faire l'expérience de la transcendance. Le visage d'autrui n'est pas un obstacle ou une résistance, mais **une conscience et un regard** qui me mettent en cause ou qui mettent en doute le pouvoir que je peux avoir sur le monde. Par le visage, je ne fais donc pas l'expérience d'autrui comme objet de plaisir ou de connaissance, mais **l'expérience de l'altérité**.

Le meurtre seul prétend à la négation totale

Autrui est à la fois insaisissable et vulnérable. Par cet acte en un sens banal qu'est le meurtre, je peux ôter la vie, mais le meurtre ne répond pas simplement à un besoin : il prétend à la négation totale. **Tuer n'a pas pour but de dominer mais d'anéantir l'autre.** Il faut alors comprendre l'énoncé déconcertant selon lequel « *autrui est le seul être que je peux vouloir tuer* » comme une conséquence de l'altérité : parce qu'autrui n'est pas un objet que je peux m'approprier, il ne peut être, dans le meurtre, que l'objet d'une négation totale.

La résistance éthique

Ce n'est pas dans l'universalité de la loi mais dans le rapport vécu à autrui que la relation éthique s'instaure. Malgré la vulnérabilité du corps ou du visage, autrui peut résister à la négation totale visée par le meurtre. Il ne résistera pas par la force ou la ruse, mais en opposant à la force qui le frappe « *l'infini de sa transcendance* », c'est-à-dire **le caractère sacré de la vie humaine**. Le meurtre ne saurait donc faire oublier ou réduire au silence l'injonction fondamentale « *Tu ne tueras point !* ».

Humanisme de l'autre homme

Le rapport à autrui devient le **principe de la relation éthique** et permet de définir un nouvel humanisme, qui affirme l'impossibilité de ne pas entendre le commandement moral (de ne point tuer) exprimé par la présence du visage. Si je dois m'acquitter de mes devoirs envers autrui, ce n'est pas pour obéir à la loi morale, mais parce que le visage, qui fait apparaître autrui comme un être unique, me fait immédiatement **prendre conscience de ma responsabilité à son égard**. La relation éthique n'est donc pas anonyme, mais vivante. Autrui est ainsi un être de chair, incarné, et non une généralité ou une abstraction sans visage.

Bibliographie essentielle

- ***Totalité et Infini : essai sur l'extériorité* (1961)**
Principal ouvrage de Lévinas, dans lequel apparaît la primauté de l'éthique.

- ***Humanisme de l'autre homme* (1972)**
L'auteur reprend certaines thèses de l'ouvrage précédent et développe la question de la responsabilité face à autrui.

- ***Éthique et Infini* (1982)**
L'éthique, comme ouverture à l'infini, tient lieu de métaphysique*.

MAURICE MERLEAU-PONTY (1908-1961)

Maurice Merleau-Ponty est né à Rochefort. Agrégé de philosophie, il est professeur à la Sorbonne puis au Collège de France, où il occupe la chaire qui avait été celle de Bergson. Il s'inspire d'Husserl et d'Heidegger, mais développe une phénoménologie* originale, qui se donne pour tâche un « *retour aux choses elles-mêmes* » et un retour à la perception comme expérience du monde antérieure à toute construction ou préjugé. Partisan de la « nouvelle psychologie » (la psychologie de la forme), il montre que, contrairement à ce qu'affirme la psychologie classique, nous percevons des ensembles (une structure et non une somme). Notre perception est globale et organise nos sensations. Son œuvre s'inscrit, par ailleurs, dans le contexte spécifique de la philosophie française de l'après-guerre, notamment l'existentialisme. Avec Sartre, il fonde et dirige la revue *Les Temps modernes*.

Le monde préexiste à toute analyse

La critique des représentations préconçues
Nous avons pris l'habitude de confondre notre représentation du monde issue des constructions de la science et le monde tel qu'il se donne à nous avant toute opération de connaissance. Or, ce ne sont pas les catégories grâce auxquelles nous découpons le réel qui nous donnent accès à lui, mais bien l'inverse : **le « monde perçu », le senti rendent possibles l'analyse et la réflexion**. Ce n'est pas le sujet connaissant qui constitue le monde, mais le monde qui se donne au sujet. Ainsi, *« le réel est à décrire, et non pas à construire ou à constituer »* (*Phénoménologie de la perception*).

Revenir au « monde vécu » et au « monde perçu »
Ce retour au « monde perçu » doit nous permettre de comprendre que le réel (le « monde vécu ») n'est pas un simple rapport entre nos représentations ni un simple objet de notre jugement, mais qu'il **est présupposé par eux**. Ainsi, je ne perçois qu'une partie des objets, selon mon point de vue ou ma perspective : par exemple, je ne vois que le dessus ou le dessous d'une table. Néanmoins, je sais que **l'objet ne se limite pas à ce que j'en perçois** et constitue l'ensemble des points de vue possibles. Quelqu'un qui se trouve face à moi perçoit bien le même objet, même s'il en perçoit un autre aspect.

Le monde est ce que nous voyons
Revenir au « monde vécu », c'est comprendre que la philosophie ne cherche pas à réduire le monde à un ensemble de significations ou de mots, mais qu'elle veut conduire les choses mêmes à l'expression, c'est-à-dire **saisir la richesse du visible**, tel le peintre Cézanne qui parvient à représenter de manière originale les volumes, recréant ainsi une sorte de rapport concret, charnel au monde qui nous entoure. Il faut apprendre à voir le monde et s'accorder à lui.

Mon corps est à la fois voyant et visible

Le « *corps propre* »
Merleau-Ponty place au centre de ses analyses la notion de « *corps propre* », c'est-à-dire le **corps comme lieu des sensations et des perceptions**. Le « *corps propre* » est ce par quoi j'agis, le corps qui m'appartient et qui incarne mon existence.

Il n'y a de conscience qu'incarnée
Voir, ce n'est pas s'approprier le monde, c'est-à-dire chercher à nommer les objets et à les utiliser, **mais établir avec lui une relation de connivence**. La vision précède la réflexion et la connaissance objective ; elle permet d'ouvrir sur le monde. En ce sens, le voyant est *« immergé dans le visible par son corps »* (*L'Œil et l'Esprit*). Le monde n'est pas une simple étendue* ou matière que l'esprit cherche à connaître et à transformer, mais les êtres perçus sont de la même étoffe que le corps percevant. Ainsi, dès que je perçois, je cherche immédiatement à trouver une forme ou un sens : par exemple, lorsque je perçois une tache de peinture sur un mur, je perçois à la fois une forme et une couleur, ainsi que le support. Je suis d'emblée placé au milieu des choses comme dans un décor qui m'est d'emblée familier. Le sens n'est pas une construction de mon esprit, mais ce que me suggère la disposition des choses en fonction de la position qu'occupe mon corps dans l'espace.

Philosophie contemporaine

Mon corps est visible et sensible pour soi-même

Parce qu'il se voit voyant, qu'il se touche touchant, **mon corps n'est pas simplement une chose*, il est un soi**, c'est-à-dire qu'il peut se regarder et se reconnaître : il a une face et un dos, un passé et un avenir ; il n'est pas simplement un objet inerte dans l'espace.

Mon corps est un être à deux feuillets

Chose parmi les choses, mon corps est aussi celui qui les voit et les touche. **Il appartient à la fois à l'ordre du sujet et à l'ordre de l'objet.** Mais, s'il est chose parmi les choses, c'est en un sens plus profond qu'elles, car il se détache d'elles : bien que je ne perçoive pas mon corps dans son entier (je ne vois pas mon dos), c'est grâce à mon corps dans son ensemble que je perçois le monde.

La conception de l'histoire et la critique de la dialectique*

Philosophie du corps et de l'incarnation – au sens où il combat les abstractions –, la pensée de Merleau-Ponty se tourne naturellement vers l'histoire. Cependant, il s'oppose à toute forme de science de l'histoire qui chercherait à y voir un scénario déjà écrit par avance : **comprendre l'histoire, c'est aussi comprendre la nécessité de s'engager et de réagir** face aux événements. Dans *Les Aventures de la dialectique* (1955), Merleau-Ponty met en garde – contre Sartre notamment et son « ultra-bolchevisme » – sur les dangers qu'il y a à ne pas prendre en compte la spécificité des situations historiques, stigmatisant ainsi le défaut de certains intellectuels marxistes.

Œuvre clé

Phénoménologie de la perception (1945)*

Contexte d'écriture

Publié un demi-siècle après les premiers travaux d'Husserl, l'ouvrage s'ouvre par une question : « *Qu'est-ce que la phénoménologie ?* » Dès les premières lignes, Maurice Merleau-Ponty esquisse une réponse : la phénoménologie n'est pas seulement l'étude des essences* ; elle s'intéresse à l'existence.

Thèse centrale

L'ouvrage propose de comprendre l'homme et le monde à partir de leur facticité, c'est-à-dire de leur existence contingente*, et entend rendre compte de l'espace, du temps et du monde « vécus ».

Structure de l'œuvre et idées principales commentées

Structure de l'œuvre

Outre une introduction substantielle, qui examine les préjugés classiques et le retour aux phénomènes*, l'ouvrage se compose de 3 parties :

le corps ; le monde perçu ; l'être-pour-soi et l'être-au-monde.

« La pensée objective ignore le sujet de la perception » (II, 1, « Le sentir »)

Aux empiristes* qui considèrent la perception comme un fait qui se produit dans le monde, Merleau-Ponty oppose l'idée que la perception est une *re*-création ou une *re*-constitution du monde et propose de revenir à la sensation, qui met en rapport de manière vivante le sujet percevant avec son corps et avec le monde qui l'entoure.

« Le temps suppose une vue sur le temps » (III, 2, « La temporalité »)

La métaphore tenace selon laquelle le temps s'écoule comme un ruisseau est trompeuse : le temps à proprement parler ne s'écoule pas. On ne peut donc parler d'« événements » sans un observateur qui découpe dans la totalité du temps un ensemble de séquences et de changements. C'est l'idée de l'observateur ou du témoin qui introduit celle du changement.

Bibliographie essentielle

- **Phénoménologie de la perception (1945)**
- **L'Œil et l'Esprit (1961), Le Visible et l'Invisible (inachevé et posthume, 1964)**
Ces deux œuvres mettent au premier plan les notions de « *chair commune* » et de « *réversibilité du sensible* » (le corps touchant et touché).

Cf. fiches 1, 4, 13, 19, 30 (2, 25), 68, 74, 76

MICHEL FOUCAULT
(1926-1984)

Né à Poitiers, Michel Foucault est professeur à Clermont-Ferrand, Tunis, Lille, Paris-Vincennes, avant d'être élu au Collège de France en 1970, où il occupe la chaire d'histoire des systèmes de pensée. Sa philosophie, jugée provocatrice, se donne principalement pour objet une archéologie du savoir, c'est-à-dire un examen des conditions de possibilité du savoir, qui s'inspire à la fois de la tradition critique kantienne et de la méthode nietzschéenne de la généalogie, cherchant dans la production des savoirs les forces, intérêts, volontés ou pouvoirs qui y sont à l'œuvre. Cet examen critique porte non seulement sur les savoirs, mais aussi sur les nouvelles pratiques qui les accompagnent et émergent dans l'histoire. Foucault associe une pratique d'historien à une réflexion critique sur le présent, qui prend aussi la forme d'une philosophie engagée, comme le montre, par exemple, son activité au sein du GIP (Groupe d'information sur les prisons). Lié au structuralisme, Foucault peut être considéré comme un penseur de l'effacement du sujet : c'est la structure dans laquelle il s'insère (la société) qui détermine l'individu.

L'homme est une invention récente

Une archéologie des sciences humaines

Dans *Les Mots et les Choses*, Foucault cherche à montrer ce qui a rendu possible la naissance des sciences humaines et leur place dans le champ du savoir ou de l'*épistémè** moderne. Il formule un paradoxe notable, selon lequel **l'homme**, « cet objet privilégié et singulièrement embrouillé », **n'est pas le propre des sciences humaines**, car « ce n'est pas l'homme qui les constitue et leur offre un domaine spécifique ». Il faut, en effet, entendre par *sciences humaines* non pas « ce où il est question de l'homme », mais « l'étude et la mise en évidence des conditions de ses formes et de ses contenus » : en d'autres termes, « l'étude de l'ensemble des savoirs qui rendent possible telle ou telle représentation de l'homme ».

L'homme : un objet qui vit, qui parle et qui produit

Dans la mesure où la définition de l'homme ne renvoie pas à une nature humaine immuable, mais correspond plutôt à un domaine à analyser, il faut comprendre que « *le champ épistémologique** *que parcourent les sciences humaines n'a pas été prescrit à l'avance* ». C'est « *dans la mesure où il vit, où il parle, où il produit* » que les sciences humaines s'adressent à l'homme, c'est-à-dire qu'elles sont amenées à prendre en compte la manière dont la vie, le travail et le langage constituent pour l'homme un **espace complexe**, dans lequel s'enchevêtrent l'existence corporelle, la production d'outils, l'échange de biens ou encore l'univers symbolique.

Le paradoxe d'une science de l'homme

Le paradoxe et la difficulté d'une science de l'homme tiennent au fait qu'il apparaît, à un moment précis de l'histoire de la rationalité, comme **un sujet qui devient lui-même objet de connaissance**. Un tel statut est susceptible de remettre en cause la scientificité des sciences humaines et l'homme devient ainsi un objet paradoxal, puisqu'il « *doit être domaine positif du savoir et ne peut pas être objet de science* ».

Philosophie contemporaine

Bibliographie essentielle

- ***Les Mots et les Choses : une archéologie des sciences humaines*** (1966)
À partir de la naissance des sciences humaines, Foucault montre comment le sujet a pu devenir objet de savoir.

- ***L'Archéologie du savoir*** (1969)
Foucault examine les conditions de possibilité historiques du savoir.

- ***Surveiller et Punir : naissance de la prison*** (1975)
Foucault propose une généalogie du pouvoir carcéral.

Cf. fiches 1, 20, 21, 30 (11), 57, 65

LEXIQUE

Les mots signalés par un astérisque (*) dans les fiches sont définis dans ce lexique. Vous y trouverez également les définitions d'autres termes et courants philosophiques, ainsi que de brèves notices sur quelques auteurs ou personnages importants.

A-B

Accidentel
Voir *Fiche 30, repère n° 10.*

Adventice
De façon générale, ce terme qualifie ce qui vient d'une source extérieure ou étrangère. Chez Descartes, les idées « adventices » sont celles qui proviennent de nos sens, de l'expérience. Il les distingue des idées « innées », naturellement présentes en l'homme, ainsi que des idées « factices », construites par notre esprit.

Analytique (philosophie –)
Courant philosophique contemporain s'appuyant sur la nouvelle logique créée par Frege et Russell et sur l'analyse logique du langage et les problèmes liés au langage ordinaire (Wittgenstein, Austin).

Anomie
D'après l'étymologie, *anomie* signifie « absence de loi » (*nomos* en grec) ou encore « désordre ». En sociologie, et plus particulièrement chez Durkheim, il s'agit de l'état d'une société désorganisée, où les individus n'ont plus de règles et de valeurs communes pour orienter leurs vies et leurs actions.

Apologétique
Qualifie un discours ou un écrit qui prend la défense d'une cause ou d'une personne, et plus précisément la défense d'une religion. Il s'agit plus particulièrement de montrer le caractère légitime des idées « révélées » (celles qui auraient été directement communiquées par Dieu) à l'aide d'une argumentation rationnelle.

Apologie
Fait de défendre et de valoriser quelque chose (faire l'apologie de quelqu'un, de la religion). L'œuvre de Platon intitulée *Apologie de Socrate* renvoie à l'histoire de la mort tragique et héroïque de ce philosophe grec : condamné à mort par sa propre cité, Socrate accepte dignement et sagement sa sentence en buvant la ciguë, le poison mortel qui doit mettre fin à sa vie. De même, les *Pensées* de Pascal s'inscrivent dans un projet qui, au départ, s'intitule *Apologie de la religion chrétienne* et qui se propose de faire l'éloge de la religion chrétienne en montrant qu'elle est la seule issue pour l'homme.

Apologiste
Personne qui fait l'apologie de quelque chose.

Aristotélicien
Désigne un principe dû à Aristote ou un auteur s'inspirant d'Aristote.

Aristotélisme
Philosophie d'Aristote ou déduite des écrits conservés d'Aristote.

Atomisme
Conception selon laquelle l'ensemble de la réalité se composerait, en dernière analyse, d'« atomes », particules matérielles insécables. L'atomisme qualifie, par exemple, la philosophie matérialiste d'Épicure, pour qui toutes les choses, tous les êtres, et même nos pensées et nos sensations sont des composés d'atomes. Voir aussi l'atomisme logique de Bertrand Russell *(Fiche 71).*

AVERROÈS
Abu al Walid Muhammad Ibn Ruchd, dit Averroès (1126-1198), est un philosophe arabe né à Cordoue (Andalousie). Il fut aussi médecin, mathématicien, juriste et théologien. Grand commentateur d'Aristote, il s'attacha à séparer la foi et la raison comme relevant de deux ordres de vérité distincts. Cela lui valut d'être déclaré comme hérétique par les autorités musulmanes de son époque et de voir ses principes condamnés par l'Église chrétienne.

BENTHAM
Jurisconsulte, économiste et philosophe anglais, Jeremy Bentham (1748-1832) est le fondateur du courant utilitariste, faisant du principe d'« utilité » le fondement de la morale et de la réflexion politique (voir *Utilitarisme*). Le philosophe John Stuart Mill, qui fut à la fois son filleul et son disciple, prolongera et infléchira sa pensée. Bentham s'est attaché, en outre, à l'amélioration du droit, ainsi que du système pénitentiaire,

240

allant jusqu'à établir, dans *Le Panoptique* (1780), le projet d'une prison modèle (Michel Foucault en fait l'analyse dans *Surveiller et Punir*).

C

Casuistique

La casuistique désigne, dans la religion et dans la morale, l'étude des « cas de conscience » (que faire dans *telle situation* ? qu'est-il bon et juste de faire dans *tel cas* ?). De façon critique et péjorative, elle désigne la manière dont les jésuites arrivaient, dans n'importe quelle situation, à s'accommoder des règles religieuses et morales.

Catharsis

À l'origine, ce terme grec, qui appartient au vocabulaire médical, désigne le fait de « se purger » de quelque chose. Par extension, il s'agit d'un moyen de « se libérer » de quelque chose. Aristote souligne la fonction « *cathartique* » de la tragédie qui permet aux spectateurs d'extérioriser et d'évacuer leurs passions. Freud accorde la même fonction libératrice à la cure psychanalytique par la « *libre parole* ».

Cause efficiente

Chez Aristote, « *cause motrice* », celle qui rend effective la production ou la transformation de quelque chose. Par exemple, le sculpteur qui fait surgir la statue du bloc de marbre joue le rôle de « cause efficiente ».

Cercle de Vienne

Groupe de philosophes et de scientifiques (1925-1936) réunis autour d'une conception « néopositiviste » de la connaissance. Selon celle-ci, les questions et les propositions « métaphysiques » sont dépourvues de sens. Seuls des énoncés empiriques (portant sur des faits) ou des énoncés logiques peuvent avoir un sens et être dits « vrais ». Les principaux membres de ce « cercle » sont Rudolf Carnap, Moritz Schlick et Kurt Gödel.

Chose

Au sens large, désigne toute réalité existant. On peut distinguer « chose » et « objet ». Un « objet » existe par rapport à un « sujet » qui le perçoit ou le pense, alors qu'une « chose » a une existence immédiate et indistincte. D'un point de vue moral, on oppose la notion de « chose » à celle de « personne », qui désigne un être ayant une dignité et appelant le respect.

Chose en soi

On appelle « chose en soi » la réalité telle qu'elle existe en elle-même, indépendamment de nos représentations. Pour Kant, la « chose en soi » est ce que nous ne pouvons connaître, dans la mesure où l'expérience ne nous met en présence que de « phénomènes ».

Concupiscible

Qualifie ce qui renvoie au désir, à la « concupiscence ». Chez Platon, la partie concupiscible de l'âme est la partie désirante, enracinée dans le corps ; elle se distingue de la partie irascible (siège de la colère mais aussi du courage) et de la partie rationnelle (siège de la raison).

Contingence, contingent

Voir *Fiche 30, repère n° 5*.

Contrainte

Voir *Fiche 30, repère n° 20*.

Corruptible

Les choses corruptibles désignent les choses matérielles soumises à la corruption, c'est-à-dire au fait de se désorganiser, de se décomposer et de disparaître.

COURNOT

Antoine Augustin Cournot (1801-1877) est un mathématicien et philosophe français. Son œuvre défend un rationalisme assoupli, accordant notamment une place au « hasard » défini comme « un concours de causes indépendantes ». À ses yeux, science et philosophie doivent s'allier sans se confondre. On lui doit aussi d'importants travaux d'économie mathématique.

D

Déduction

Raisonnement consistant à tirer de façon nécessaire une conclusion particulière à partir de propositions universelles ou générales. Le syllogisme en est un exemple.

Déterminisme

Conception (illustrée notamment par la philosophie de Spinoza) selon laquelle tout ce qui est est le résultat d'une cause, laquelle est elle-même le résultat d'une cause, etc. (comme dans une machine). Tout est soumis à un enchaînement causal déterminé, c'est-à-dire nécessaire. Il n'y a pas de cause « libre », la volonté elle-même n'étant que l'effet d'une cause qui la précède (si, par exemple, je « choisis » d'être médecin, c'est parce que ma volonté obéit en fait à un principe qui la précède et la détermine).

Devenir

Désigne la réalité, en tant qu'elle est soumise au changement et au passage du temps. Le « devenir » s'oppose ainsi à « l'Être », la réalité considérée comme éternelle et immuable.

Lexique

Dialectique

Désigne, de façon générale, l'art du dialogue, du discours. Chez Hegel, la dialectique correspond à un processus (intellectuel ou réel) consistant en trois étapes qui se nient et se dépassent successivement (thèse, antithèse et synthèse). Chez Platon, la dialectique désigne la manière dont la connaissance s'achemine progressivement jusqu'aux Idées, en partant du monde sensible.

Discursif

Voir *Fiche 30, repère n° 16.*

Dogmatique

Au sens courant, *être dogmatique* consiste à croire ou affirmer quelque chose de façon catégorique, sans aucun recul « critique ». Plus particulièrement, on qualifie de « dogmatique » une doctrine soutenant qu'il est possible de parvenir à des connaissances ou des certitudes absolues, par opposition à une doctrine « sceptique ». La « dogmatique » désigne la partie de la théologie qui expose les articles de foi ainsi que leurs preuves.

Dogmatisme

Voir *Dogmatique.*

Droit divin

Il s'agit de ce qui est juste selon l'autorité de Dieu. Chez Thomas d'Aquin, le droit divin est inaccessible à l'homme, mais il est partiellement révélé dans la Bible. Les lois instituées par les hommes doivent lui être conformes pour être légitimes.

Droit naturel, de nature

Droit qui désigne ce qui serait juste « par nature », indépendamment des lois instituées par les hommes. Ce droit « naturel » est fondé soit sur la « nature » de l'homme (son « essence »), soit sur « la nature » en général (« l'ordre des choses »). Cette notion permet en principe de juger de la valeur du droit positif.

Droit positif

Ensemble des lois établies par les hommes et qui ont une existence effective, réelle (c'est le sens de l'adjectif *positif*), au sein d'une société donnée. Il se distingue du « droit naturel ».

Dualisme

Système philosophique ou religieux fondé sur l'affirmation de l'existence de deux principes irréductibles l'un à l'autre. Descartes, par exemple, prône un dualisme en montrant la nécessité d'admettre deux « substances » distinctes pour rendre compte de l'ensemble de la réalité : la matière (ou « *substance étendue* ») et l'esprit (ou « *substance pensante* »). Une doctrine dualiste s'oppose ainsi à un « monisme » (du grec *monos*), ramenant toute la réalité à un seul et même principe, comme le matérialisme ou encore l'immatérialisme (voir ces mots).

Dualiste

Voir *Dualisme.*

E

École

Désigne la philosophie scolastique (du grec *scholé*), c'est-à-dire la philosophie chrétienne du Moyen Âge. (Voir *Scolastique.*)

Efficiente

Voir *Cause efficiente.*

Empirique, empirisme, empiriste

Ces termes qualifient la conception et la démarche faisant reposer la connaissance sur l'expérience (du grec *empeiria*). Connaître une chose empiriquement, c'est la connaître telle que l'expérience nous la fait connaître, comme phénomène s'offrant à notre sensibilité. Ces termes s'opposent à *rationnel, rationalisme, rationaliste,* lesquels désignent la conception et la démarche faisant reposer la connaissance sur la raison.

Entendement

Intelligence ou faculté qui nous permet de connaître et de penser les choses. Ce terme est souvent synonyme d'« esprit » ou de « raison ». Kant distingue l'entendement (« *Verstand* »), comme faculté de connaissance des phénomènes, de la raison (« *Vernunft* »), qui prétend parvenir à la connaissance des « choses en soi ».

Épicurisme

Au sens courant, « façon de vivre consistant dans la simple recherche du plaisir ». Dans un sens plus strict et plus juste, il s'agit de la doctrine d'Épicure selon laquelle « *le bonheur suppose notamment une certaine sagesse par rapport à nos désirs* ».

Épistémè

Ce terme grec, que l'on traduit habituellement par « science », désigne pour Michel Foucault une forme d'*a priori* historique, qui permet de comprendre comment s'élaborent les savoirs. Cet *a priori* doit être compris comme la condition de possibilité d'un savoir, historique, propre à une époque donnée. Une *épistémè* se définit par ses ruptures ou discontinuités : Foucault repère ainsi, à la fin du XVIIᵉ siècle (âge classique) et au début du XIXᵉ siècle (modernité), des configurations ou domaines du savoir à partir desquels on peut penser l'émergence d'une science de l'homme.

Épistémologie, épistémologique

Relatif à la science et à son mode de connaissance. Chez Bachelard, « *l'obstacle épistémologique* » désigne tout ce qui vient s'opposer à la connaissance rationnelle et entraver sa démarche.

ÉRASME

Érudit et théologien néerlandais, Didier Érasme (1469-1536) représente l'une des figures majeures de l'humanisme de la Renaissance. Critique à l'encontre du clergé de son temps, il défend une conception tolérante de la croyance religieuse. Il est notamment l'auteur de l'*Éloge de la folie* (1511) et *Du libre arbitre* (1524).

Eschatologie

Ensemble des doctrines religieuses portant sur « la fin des temps », les derniers événements de l'histoire du monde (du grec *eschatos*, « dernier »).

Essence

Voir *Fiche 30, repère n° 10.*

Étant

Désigne de façon générale tout ce qui existe en tant qu'être singulier (« un étant »). Chez Heidegger, l'Étant désigne l'être tel qu'il se manifeste sous telle ou telle forme, en nous faisant oublier l'Être en lui-même, c'est-à-dire ce par quoi il « est », ce qui le fait « être ».

Étendu

Ce qui occupe une certaine portion d'espace. Pour Descartes, c'est l'attribut essentiel de la matière, qu'il désigne, par conséquent, comme « *substance étendue* ». Elle se distingue de la pensée (ou « *substance pensante* »), à laquelle on ne peut assigner aucun « lieu » précis.

Éthique

Souvent synonyme de « morale », ce terme désigne des règles morales concrètes, parfois propres à un domaine. La morale est plus abstraite et plus générale que l'éthique.

Être

Désigne soit une chose qui existe (un être), de nature matérielle ou spirituelle, soit le fait d'exister, soit ce qui fait qu'une chose « est ». L'Être, chez Heidegger, représente ce qui a été oublié par la philosophie depuis les présocratiques : la philosophie s'attache aux étants et à leur essence (ce par quoi ils sont ce qu'ils sont), mais ne pose plus la question de savoir par quoi ces étants « sont », ce qui les fait « être ».

F

FICHTE

Johann Gottlieb Fichte (1762-1814) est un philosophe allemand, influencé par la philosophie critique de Kant, mais rejetant le concept kantien de « chose en soi » qui constitue une limite pour la connaissance humaine. Son système philosophique qualifié d'« idéalisme subjectif » vise le savoir absolu par la réconciliation du « Moi » et du « Non-Moi » (le monde extérieur).

Finalisme

Désigne la conception (et ce qui en dérive) selon laquelle tout ce qui est obéit à des fins, c'est-à-dire à des buts, en étant le résultat d'un projet ou d'une volonté. La philosophie d'Aristote repose, par exemple, sur une conception finaliste de la nature : celle-ci « *ne fait rien en vain* », c'est-à-dire au hasard ; si l'homme a des mains, c'est pour servir son intelligence et non pas par hasard. Le finalisme s'oppose au mécanisme, qui affirme que les choses sont reliées entre elles par des causes « mécaniques » ou encore « aveugles », c'est-à-dire uniquement matérielles.

Finaliste

Voir *Finalisme.*

Formalisme

Au sens général, désigne une attitude accordant plus d'importance ou de valeur à la forme qu'à la « matière » ou au contenu (le terme a assez souvent une connotation péjorative). La morale kantienne est un « formalisme » dans la mesure où la valeur d'une action dépend, selon Kant, de la seule « forme » de la maxime que l'on se donne pour agir. Cette maxime doit pouvoir se présenter sous la forme d'une loi universelle (c'est « *l'impératif catégorique* »). Dans le domaine des sciences, le formalisme désigne la présentation, sous la forme d'un système, de propositions exprimées en symboles abstraits et indépendantes de toute référence sensible ou empirique.

Formel

Voir *Fiche 30, repère n° 12.*

H

Heuristique

Désigne un principe qui permet de guider une recherche et de découvrir de nouveaux faits. Comme discipline, l'heuristique consiste dans l'établissement des règles de recherche et de découverte des faits. En histoire, il s'agit de la recherche des documents.

Lexique

Holisme

Du grec *holos* (« tout entier »), conception selon laquelle un « tout » doit être considéré comme plus ou comme autre chose que la simple somme des ses « parties ». Ainsi, dans l'étude du fonctionnement d'un organisme vivant, par exemple, on ne peut se contenter de faire l'analyse de ses différentes parties. Il faut l'appréhender aussi en tant que totalité. En sociologie, Durkheim fait du holisme un principe méthodologique essentiel. Selon lui, les faits sociaux ne doivent pas être expliqués à partir de la conscience individuelle, puisque la façon de penser et d'agir de l'individu est déterminée par des facteurs sociaux qui le dépassent. La sociologie doit donc étudier la société comme un « tout ».

I-J

Idéalisme

Désigne un courant de pensée (illustré notamment par Platon, Berkeley, Hegel) qui pose que le réel est structuré par quelque chose de nature spirituelle, ayant trait aux Idées. Pour Platon, le monde réel est ordonné par des Idées de nature intelligible, lesquelles sont elles-mêmes ordonnées par l'Idée de Bien (ordre suprême, divin). Pour Hegel, l'ensemble de la réalité progresse de façon logique et rationnelle selon le développement de l'Esprit, dont l'Idée est le terme (liberté réalisée dans l'histoire et dans la philosophie).

Idées

Désignent des réalités intelligibles accessibles à l'esprit ou des produits de la pensée. Se distinguent des choses matérielles et sensibles, sauf si on les considère comme étant matérielles (comme dans le matérialisme d'Épicure). Pour Platon, les Idées sont des modèles d'ordre et de réalité qui structurent l'ensemble du réel, et dont les choses sensibles ne sont que des copies affaiblies, imparfaites. Par exemple, l'Idée de Beauté est ce par quoi toutes les choses belles sont belles. La belle jeune fille et la belle marmite sont belles parce qu'elles participent de cette Idée, sans être elles-mêmes cette Beauté idéale qu'elles ne font que refléter.

Immanence, immanent

Voir *Fiche 30, repère n° 25.*

Immatérialisme

Terme par lequel le philosophe irlandais George Berkeley qualifie son propre système philosophique. À l'opposé des penseurs « matérialistes », qui affirment que toute réalité est de nature matérielle, Berkeley soutient que « l'esprit » seul existe. Il renverse l'évidence commune en montrant que « la matière » n'est qu'une notion abstraite et inventée par l'homme, que nous ne rencontrons jamais dans l'expérience. On désigne aussi son système comme « idéalisme radical ».

Immédiat, immédiatement

Voir *Fiche 30, repère n° 18.*

Incorruptible

Qualifie les choses non soumises à la « corruption », entendue comme « décomposition matérielle ». C'est le cas de l'âme ou de l'esprit en principe, en tant que réalités immatérielles et distinctes du corps (voir Descartes, par exemple). Plus particulièrement, chez Épicure, les dieux sont incorruptibles, bien que matériels (les atomes qui les constituent se renouvellent sans cesse).

Induction

Type de raisonnement consistant à tirer une conclusion générale, voire universelle, à partir d'un certain nombre d'éléments particuliers. C'est ainsi que sont établies les lois dans le domaine scientifique.

Innéisme

Courant de pensée affirmant qu'il existe des « idées innées », inscrites en l'homme dès la naissance et lui permettant de penser. Pour Descartes, ces idées innées seraient issues de Dieu et garantiraient la correspondance entre nos représentations et la réalité (Dieu n'ayant pu faire que l'on se trompe, Il aurait donné à l'homme les moyens de se représenter adéquatement la réalité).

Innéiste

Voir *Innéisme.*

Intellection

Fait de se représenter la réalité par le moyen de l'esprit, ainsi que la connaissance qui en dérive. Selon Platon, l'intellection est le degré supérieur de la connaissance, le terme de la dialectique, et correspond à la saisie des Idées par l'esprit.

Intelligible

Au sens courant, désigne ce qui est compréhensible par l'esprit ou l'intelligence. Chez Platon, le *« monde intelligible »* désigne le domaine des Idées ou des essences, vers lequel l'esprit doit se tourner pour accéder à la véritable connaissance. Il se distingue du *« monde sensible »*, offert à nos sens et marqué par le devenir (voir ce mot).

Intuitif, intuition

Voir *Fiche 30, repère n° 16.*

Jansénisme

Courant religieux issu du protestantisme et incarné par la pensée de Pascal. Issu de la pensée de Jansénius (1585-1638) et inspiré par saint Augustin, ce mouvement prône la rigueur morale et affirme que la grâce n'est accordée qu'à quelques élus.

Janséniste

Voir *Jansénisme*.

L

Libre arbitre

Capacité de délibérer par sa seule volonté. Selon Descartes, c'est le pouvoir de choisir indépendamment de toute contrainte extérieure. Il distingue plusieurs degrés, allant de la liberté d'indifférence (choisir sans motif) jusqu'à la liberté éclairée (choisir en fonction de motifs reposant sur la raison).

Loi naturelle

Désigne ce que la nature pose comme règle, comme norme, pouvant servir à établir ce qui est juste. Par exemple, pour Rousseau, la loi naturelle pose que « *les fruits sont à tous et la terre n'est à personne* ».

Loi positive

Loi inventée artificiellement par les hommes et non donnée par la nature. C'est la loi issue de la société et des règles imposées par la vie en société.

Lumière naturelle

Cette expression désigne la raison, la capacité de réflexion présente naturellement et universellement en chaque homme. Elle est ce qui permet à chaque homme, par sa propre réflexion, de discerner le vrai du faux. Le domaine de la foi religieuse correspond à la lumière révélée (ou surnaturelle) qui est une grâce faite par Dieu.

M

Manichéisme

Au sens courant, ce terme désigne une conception de la réalité opposant le bien et le mal comme deux principes absolument distincts et opposés. *Faire preuve de manichéisme* revient, par exemple, à diviser sans nuance l'humanité en deux : les « bons » et les « méchants ». Historiquement, le manichéisme désigne la religion fondée par le Persan Manès au IIIe siècle ap. J.-C., mêlant le christianisme et le mazdéisme (religion de la Perse ancienne, connue aussi sous le nom de *zoroastrisme*).

Matérialisme, matérialiste

Désigne une pensée qui affirme que toute la réalité se réduit à de la simple matière et que même les pensées sont de nature matérielle. Par *matière*, il faut entendre « des corps soumis à la "corruption", accessibles aux sens et obéissant à des lois mécaniques ».

Matérialisme vitaliste

Théorie selon laquelle la sensibilité serait une propriété de la matière elle-même. Elle est soutenue par Denis Diderot pour résoudre l'opposition traditionnelle du matérialisme et du vitalisme (voir ce mot). Diderot critique la conception classique de la matière comme réalité inerte, qui permet mal d'expliquer le phénomène de la vie.

Mauss

Marcel Mauss (1872-1950) est un sociologue et un ethnologue français, neveu et disciple d'Émile Durkheim. On lui doit notamment l'*Essai sur le don* (1923), illustrant le concept de « *phénomène social total* ». Pour Mauss, tout fait social, comme celui de l'échange, comporte toujours des dimensions économique, politique, juridique et religieuse indissociables dans son étude.

Maxime

En philosophie, désigne la règle générale qu'un individu se donne pour guider son action. Dans un sens plus courant, une maxime est une formule à caractère solennel, énonçant un principe ou un jugement d'ordre général (du latin *maxima*, sous-entendu *sententia* : la « formule » ou la « pensée » la plus grande).

Mécanisme

Voir *Mécaniste*.

Mécaniste

Attitude consistant à concevoir le réel à l'image d'une machine soumise à des lois matérielles. Une conception mécaniste du vivant (Descartes) pose que le vivant n'est qu'un « animal machine », composé de rouages reliés les uns aux autres sur le même modèle que ceux d'une horloge.

Métaphysique

Partie de la philosophie qui étudie des objets inaccessibles à l'expérience, situés au-delà de l'expérience (Dieu, l'âme...). Chez Aristote, la métaphysique désigne soit ce qui vient « *après la Physique* », soit la « *science de l'Être en tant qu'Être* ».

Monisme

Position philosophique affirmant que la réalité se compose d'une seule substance

Lexique

(soit matérielle, soit spirituelle). Le monisme d'Épicure pose que toute la réalité se compose uniquement de matière.

N-O

Nécessaire, nécessité
Voir *Fiche 30, repère n° 5*.

Néoplatonicien
Voir *Néoplatonisme*.

Néoplatonisme
Mouvement philosophique fondé par Plotin au IIIe siècle ap. J.-C., inspiré par la pensée grecque (de Platon particulièrement) et par la mystique orientale. (Voir *Fiche 31*.)

Nominalisme
Conception philosophique selon laquelle les concepts ne sont que des mots commodes pour désigner des classes d'individus ou de choses. Cette conception est une des solutions possibles à la « querelle des Universaux » qui a divisé les philosophes du Moyen Âge : les concepts universels (genres, espèces) existent-ils par eux-mêmes ou sont-ils seulement des créations de l'esprit ?

Nominaliste
Voir *Nominalisme*.

Nouvelle Académie
L'Académie est l'école fondée par Platon (en 388-387 av. J.-C.). Ses successeurs imposeront de nouvelles orientations à la doctrine qui y est enseignée. La direction d'Arcésilas (268 av. J.-C.) marque notamment un tournant « sceptique », que l'on peut voir comme un retour à la dialectique socratique et à la conscience de l'ignorance. La « Nouvelle Académie » fait évoluer cette tendance sceptique vers un « probabilisme » : il ne peut y avoir aucune certitude absolue, mais il faut du moins admettre des degrés de vraisemblance entre les opinions. Le principal représentant de ce courant est Carnéade, qui dirigea l'Académie de 186 à 128 av. J.-C.

Ontologie
Science qui interroge l'essence de l'être. (Voir *Ontologique*.)

Ontologique
Désigne ce qui a rapport à « l'ontologie ». Depuis Kant, on appelle « preuve ontologique » l'argument selon lequel « l'existence » de Dieu se déduit nécessairement de la considération de « Son essence ». Ainsi, on ne peut se faire une juste idée de ce qu'est « Dieu » ou l'Être parfait sans devoir reconnaître en même temps qu'Il existe (voir saint Anselme et Descartes). Désigne aussi une certaine conception de la réalité ou de ce qu'est l'Être.

P

Pacte social
Sorte de « contrat » par lequel la société se trouve fondée ou établie. Les théoriciens du « pacte social », comme Hobbes ou Rousseau, s'opposent ainsi à l'idée d'une sociabilité naturelle de l'homme. C'est seulement par un acte « artificiel » que les hommes peuvent sortir de leur état naturel d'indépendance et vivre en société.

Panthéisme, panthéiste
Désigne une position philosophique qui pose que Dieu est présent en toute chose et que toute la réalité est d'essence divine. Pour les stoïciens, par exemple, Dieu n'est pas un être transcendant : Il est immanent au monde lui-même. Le système « immanentiste » de Spinoza, qui identifie Dieu à la Nature, est souvent désigné comme un panthéisme.

Phénomène
Au sens courant, un *phénomène* désigne « une chose ou un être qui attirent particulièrement l'attention ». En philosophie, ce terme désigne de façon générale tout ce qui se présente à notre conscience ou à nos sens dans l'expérience. Les « phénomènes » représentent ainsi la façon dont la réalité se présente à nous, dans nos conditions humaines de perception. Ils se distinguent, pour cela, de la « chose en soi » (voir cette expression).

Phénoménologie
Après avoir désigné, notamment chez Fichte, l'étude philosophique des phénomènes (c'est-à-dire ce « qui apparaît »), la phénoménologie désigne, chez Hegel, l'étude de la conscience, comme « *phénomène de l'Esprit* », par lequel l'Esprit apparaît ou se manifeste. La phénoménologie retrace l'histoire de la formation progressive de la conscience par elle-même : on ne peut comprendre l'Esprit comme une pure abstraction et il faut, pour le saisir, décrire l'ensemble de ses manifestations dans l'histoire. Pour Husserl, la phénoménologie se définit comme « *un retour aux choses elles-mêmes* », par lequel le philosophe entreprend de comprendre comment le monde est donné à la conscience : la phénoménologie est la science des vécus. Plus proche d'Husserl que de la phénoménologie existentielle d'Heidegger, Merleau-Ponty développe une « *phénoménologie de la perception* » (par opposition ou différence avec la « *phénoménologie de l'esprit* » d'Hegel), qui accorde au corps, au senti et au perçu une place centrale : la perception a un rôle actif, car par elle se noue la relation de l'homme au monde.

Positivisme

Au sens strict, il s'agit du système philoso-phique d'Auguste Comte, caractérisé notam-ment par le renoncement aux questions métaphysiques et la prétention à des connais-sances absolues. Dans un sens plus large, on qualifie ainsi toute doctrine considérant qu'il faut savoir s'en remettre uniquement aux faits pour parvenir à des connaissances certaines.

Positiviste

Voir *Positivisme*.

Pratique

Qualifie ce qui a trait à l'action (*praxis*, en grec), à ce que l'on « fait ». Le domaine pratique s'oppose, en ce sens, au domaine théorique qui a trait à la pensée.

Présocratiques

Penseurs qui précèdent Socrate et qui sont les précurseurs de la philosophie, au sens où leur réflexion n'est plus mythologique mais ration-nelle. Ils cherchent ce qui donnerait au monde (*Cosmos*) son unité et sa consistance. Thalès, Pythagore et Héraclite sont des « présocra-tiques ». Ils réfléchissent plus sur le monde que sur l'homme – d'où leur appellation de « cosmologues » ou de « physiologues » (du grec *phusis*, « la nature »).

R

Rationalisme

Courant de pensée (opposé à l'empirisme) qui pose que la connaissance repose sur la rai-son et non sur les sens (Descartes incarne le rationalisme).

Rationaliste

Voir *Rationalisme*.

Rationnel

Qualifie ce qui est conforme à la raison (du latin *ratio*) et à ses principes. Par opposition à ce qui est « empirique », désigne ce qui est fondé sur la raison et non sur les sens, l'expé-rience sensible.

Rawls

John Rawls (1921-2002) est un philosophe américain, auteur d'une *Théorie de la justice* (1971) qui a suscité de nombreux débats. Elle s'attache à définir une forme d'organisation sociale juste, en partant d'une situation hypo-thétique (une sorte d'« état de nature ») qui rappelle les théories du contrat social.

Réalisme, réaliste

Désigne une façon de penser qui prétend se fonder sur la réalité ou le caractère effectif des choses (contrairement à l'idéalisme). Plus particulièrement, le réalisme correspond à l'une des réponses apportées au Moyen Âge à la « querelle des Universaux » : c'est la concep-tion selon laquelle les « idées » et les essences universelles existent pour elles-mêmes et ne sont donc pas seulement des constructions de l'esprit. (Voir *Nominalisme* et *Fiche 40*.)

Rhétorique

Art des beaux discours, habileté à bien parler. Platon critique celle des sophistes, qui utilisent le discours pour persuader leur interlocuteur, sans égard pour la vérité.

Ricœur

Paul Ricœur (1913-2005) est un philosophe français, influencé en particulier par la phéno-ménologie d'Husserl et la lecture de la Bible. Sa réflexion s'étend des questions éthiques à la littérature et l'histoire et fait de lui un des principaux représentants de l'herméneutique (ou « art d'interpréter »), avec l'allemand Hans Gadamer (1900-2002).

S

Scepticisme, sceptique

Du grec *skepsis* (« examen » ou « recherche »), le scepticisme est un courant philosophique né dans l'Antiquité, selon lequel l'homme ne peut rien affirmer de certain dans aucun domaine. Pour Pyrrhon, le principal repré-sentant de ce courant, la sagesse consiste, par conséquent, dans la suspension (*épokhê*, en grec) de toute forme de jugement. Sous une forme aussi radicale, cette doctrine paraît « impraticable ». C'est pourquoi certains auteurs, comme Hume, prônent plutôt un « scepticisme modéré ».

Scolastique

Au sens strict et historique, la *scolastique* désigne la doctrine philosophique et théolo-gique officiellement enseignée dans les écoles et les universités européennes au Moyen Âge. Elle forme une synthèse de philoso-phies antiques (platonisme, aristotélisme), de christianisme, ainsi que d'influences arabes et juives. Le terme *scolastique* a fini par prendre une connotation péjorative et qualifie alors une forme de pensée dogmatique et figée.

Sensible

Désigne ce qui est relatif aux sens et s'oppose, en ce sens, à *intelligible* (voir ce mot).

Sensualisme

Doctrine selon laquelle toutes nos idées et toutes nos facultés proviennent de nos sens. Ce terme désigne plus particulièrement la théorie de la connaissance défendue par Condillac, que l'on peut aussi définir comme un « empirisme radical ». Le mot *sensualisme* lui a été donné par ses adversaires.

SIMMEL
Georg Simmel (1858-1918) est un philosophe et un sociologue allemand. Philosophe de la modernité, il a abordé des sujets aussi variés que la femme, la ville, l'individu, la mode. Il est notamment l'auteur de *La Philosophie de l'argent* (1907). Par son approche « formelle » en sociologie, mettant au jour les structures des relations entre les individus, il a fortement influencé les fondateurs de l'École de Chicago.

SMITH
Adam Smith (1723-1790) est un philosophe et économiste écossais, souvent considéré comme « le père de l'économie politique ». Son ouvrage majeur, *Recherche sur la nature et les causes de la richesse des nations* (1776), est un des textes fondateurs du capitalisme libéral. Il soutient que la poursuite des intérêts individuels doit permettre l'établissement d'un ordre social harmonieux et prospère.

SOCRATE
Socrate (470-399 av. J.-C.) est considéré comme le père de la philosophie occidentale, bien que n'ayant laissé aucune œuvre écrite. L'essentiel de sa pensée nous est parvenu par son disciple Platon. Pour Socrate, la philosophie est la manière pour l'homme d'atteindre la sagesse en répondant à l'invitation : « *Connais-toi toi-même.* » Il fut condamné à mort pour corruption de la jeunesse et impiété.

Solipsisme
Du latin *solus* (« seul ») et *ipse* (« soi-même »), le solipsisme est une conception selon laquelle le sujet pensant individuel (le Moi) serait la seule véritable réalité. Aucune philosophie ne soutient réellement une telle idée. Il peut s'agir, en revanche, d'une étape dans la réflexion, comme dans la démarche du « *doute hyperbolique* » des *Méditations métaphysiques* de Descartes.

Sophisme
Voir *Sophiste, Sophistique.*

Sophiste
Désigne un maître de savoir et de sagesse (*sophia*, en grec), contemporain de Socrate et critiqué par celui-ci pour son assurance et son indifférence à l'égard de la vérité. Le maître mot du sophiste est : « *L'homme est la mesure de toute chose* » (Protagoras). Il qualifie une pensée fondée sur le relativisme : à chacun sa vérité, à chacun son point de vue.

Sophistique
Au sens premier et historique, la *sophistique* désigne la doctrine et l'art des « sophistes »,

passés maîtres dans l'utilisation habile du langage. Par extension, on qualifie de « sophistique » un raisonnement valide en apparence, mais incorrect en réalité et avancé dans l'intention de tromper. On parle aussi de « sophisme ».

Spéculatif (théologien –)
La partie « spéculative » de la théologie est celle qui vise à éclaircir ou défendre les dogmes de la religion. Elle se distingue de la « théologie pratique » qui prescrit les devoirs et les règles conformes à la religion. On distingue aussi la théologie spéculative de la « théologie positive » : cette dernière étudie les fondements historiques de la doctrine et porte sur ce qui est formellement « révélé », alors que la première s'efforce de développer les conséquences rationnelles des dogmes (ce qui « peut être révélé »).

Spiritualisme
Doctrine qui affirme l'existence d'une réalité « spirituelle » distincte par nature de la matière. On peut, par suite, distinguer un spiritualisme « dualiste », pour qui la réalité est à la fois matière et esprit, d'un spiritualisme absolu ou « idéaliste ». Ce dernier correspond notamment au système de George Berkeley, qui remet en question l'évidence de l'existence de « la matière » (voir aussi *Immatérialisme*).

Spiritualiste
Voir *Spiritualisme.*

Stoïcien
Voir *Stoïcisme.*

Stoïcisme
Courant philosophique antique, qui doit son nom au lieu – Le Portique (qui se dit *stoa* en grec) – où se réunissaient les premiers disciples de cette école fondée par Zénon de Cittium. (Voir *Fiche 35.*)

Substance
Selon l'étymologie, le mot *substance* signifie « ce qui se tient dessous » (*sub-stare*, en latin). La substance désigne ainsi ce qui demeure identique et permanent à travers toutes les modifications que peut connaître la réalité. C'est, en ce sens, le « support » de toutes les qualités changeantes dont un être ou une chose sont susceptibles. La notion de « substance » désigne en même temps ce qui existe par soi-même, ce qui n'a pas besoin d'autre chose pour exister.

Substance étendue
Voir *Étendu.*

Subsumer
Rapporter un objet ou un concept à l'ensemble plus large auquel il appartient. Un individu peut ainsi être « subsumé » à une espèce et une

espèce à un genre. Chez Kant, *subsumer* désigne « l'acte même de juger » : c'est l'application d'un concept ou d'une catégorie générale de l'entendement à un donné sensible particulier.

Syllogisme
Raisonnement en trois propositions, dont un exemple est : « Tous les hommes sont mortels ; or, Socrate est un homme ; donc Socrate est mortel. » Des deux premières propositions (majeure et mineure, qu'on appelle « les prémisses ») on en tire une troisième (conclusion) qui est établie logiquement à partir des seules données des deux propositions précédentes. C'est ce raisonnement étudié sous tous ses aspects par Aristote qui a permis de poser les règles de la logique.

Syncrétisme
Au sens courant, « assemblage de théories ou de doctrines disparates créant ainsi une nouvelle théorie ». Plus particulièrement, « religion dont les pratiques et les dogmes mêlent des éléments empruntés à d'autres croyances ».

T-U

Téléologie
La téléologie (du grec *telos*, « fin, but », et *logos*, « raison » ou « discours ») est la réflexion sur la finalité des êtres et des choses.

Téléologique
Un jugement téléologique consiste à expliquer l'existence et l'organisation d'un être par rapport à une certaine fin ou visée.

Téléonomie
Propriété d'un organisme vivant dans la mesure où sa structure semble être la réalisation d'un « projet » (du grec *telos*, « but », et *nomos*, « loi »).

Théologie
Le terme vient du grec *theos* (« dieu ») et *logos* (« raison » ou « discours »). Au sens métaphysique, il désigne « la réflexion portant sur l'existence de Dieu et de Ses attributs en ne s'appuyant que sur la raison » (voir, par exemple, Aristote). Dans le contexte d'une religion, il s'agit de « la discipline ayant pour objet les dogmes et les préceptes révélés à travers les textes sacrés ».

Thomisme
Nom donné à la doctrine de saint Thomas d'Aquin.

Thomiste
Relatif à saint Thomas d'Aquin et à sa doctrine théologique et philosophique.

Transcendance, transcendant
Voir *Fiche 30, repère n° 25*.

Trope
Argument utilisé par les philosophes sceptiques pour montrer l'impossibilité de parvenir à une connaissance certaine et conduisant à la « suspension » du jugement (*épokhê*, en grec). Par exemple, le fait que les sensations par lesquelles nous percevons la réalité sont variables selon les espèces.

Utilitarisme
Doctrine considérant « l'utile » ou « l'utilité » comme le critère fondamental de la moralité. Selon ce principe, la valeur morale d'une action ne tient pas dans son intention (contrairement à la morale kantienne), mais dans sa capacité à produire le plus de satisfaction possible. Pour J. Bentham, le fondateur de ce courant, l'action morale doit donc viser « *le plus grand bonheur du plus grand nombre* », sous la forme de la plus grande quantité de plaisir possible. Son disciple J. S. Mill y ajoutera notamment la nécessaire prise en compte des différentes qualités de plaisir.

V-W

Vico
Giambattista Vico (1668-1744) est un professeur de rhétorique et philosophe italien. Critique du « cartésianisme », il est l'auteur d'une réflexion originale sur l'éducation. Par ailleurs, dans l'histoire de l'humanité, il distingue trois « âges » (qu'il conçoit comme un cycle) dans le développement de tout peuple : *l'âge des géants* ou *divin* (temps de l'idolâtrie et de la théocratie), *l'âge des héros* ou *héroïque* (temps caractérisé par la force et un gouvernement aristocratique) et *l'âge des hommes* ou *humain* (temps de la civilisation, caractérisé par l'égalité, la liberté et la raison). On le considère comme le précurseur de la philosophie de l'Histoire, voire de la sociologie.

Vitalisme
Conception selon laquelle le phénomène de la vie suppose un principe d'explication distinct de la matière. Ce principe immatériel peut être désigné comme une « âme » (chez Aristote notamment) ou encore comme un « principe vital » pour le médecin X. Bichat (1771-1802).

Weber
Max Weber (1864-1920) est un sociologue et un économiste allemand. Son œuvre s'attache en particulier à comprendre pourquoi la société occidentale s'est développée dans le sens d'une rationalisation croissante, aboutissant entre autres au régime économique capitaliste (*L'Éthique protestante et l'esprit du capitalisme*, 1904-1905). Ses travaux méthodologiques font de lui un des véritables fondateurs de la sociologie. (Voir *Fiche 67*.)

Lexique

INDEX GÉNÉRAL

A-B

accidentel 36, 48, 60, 85, 88, 90-91

adventice 240

ALAIN 16, 28-29, 34-35, 149, 221-222

alèthéia 228

aliénation 22, 38-40, 42, 68, 180, 201, 204

allégorie de la Caverne 18, 61, 88, 91, 94

âme 11-14, 43, 47, 51, 54-55, 57-58, 62, 71, 75, 77, 81-83, 86, 96-97, 99, 105, 107, 109-110, 112, 115-118, 122, 124-125, 127, 134-136, 143, 149-153, 159-162, 165-167, 176, 179, 183-186, 194, 200, 207, 209, 214, 220, 227, 241, 244-245, 249

amitié 104-105, 114-115, 118-119, 143

amour 102, 107-108, 110, 118, 126-127, 142, 153, 178, 198, 200, 212, 215

  amour de soi 67, 114, 126, 177-178

  amour-propre 154, 177, 179-180

angoisse 200, 220, 229, 232

animal

  machine 33, 59, 245

  politique 66-68, 104, 113, 146

anomie 240

ANSELME DE CANTERBURY 129, 132, 246

apodictique 51

apologétique, apologie, apologiste 11, 153-155, 240

aponie 75, 118

ARENDT (HANNAH) 187, 228, 235

ARISTOTE 38-39, 47, 50-51, 54-55, 64-70, 82, 87, 89, 92, 94, 98, 104-105, 111-114, 119-120, 128-134, 144, 171, 235, 240-241, 243, 245, 249

arraisonnement 40-41, 229

art, artiste 14, 20-21, 25-26, 29, 34-37, 40, 46-47, 52-53, 62-63, 92, 110, 113, 128, 138, 180, 186, 189, 192-194, 207, 212, 220, 234

artisan 34-35, 37, 39, 107, 147, 235

ataraxie 58, 75, 118, 124-125

atome 56, 87, 103, 116-118, 166, 223, 240, 244

atomisme 115, 205, 240

  atomisme logique 223, 225-226

autrui 10, 14-15, 20, 22-24, 32, 34, 45, 63, 67, 70, 75-76, 80-81, 95-96, 99, 176-179, 185-186, 199, 216, 232-233, 236

AVERROÈS 128-130, 240

BACHELARD (GASTON) 20, 88, 224, 243

BACON (FRANCIS) 46, 48-49, 136, 138, 144, 163, 181, 230

Beau, beauté 26, 34-36, 61, 91-93, 108, 110, 153, 175-176, 181, 186, 228, 244

BENTHAM (JEREMY) 75, 199, 240, 249

BERGSON (HENRI) 16-18, 20-21, 26-27, 32-33, 36-37, 58-59, 93-94, 100, 107, 217-220

BERKELEY (GEORGE) 18-19, 56-57, 135-136, 161, 170, 181, 184, 215, 244, 248-249

BERNARD (CLAUDE) 49, 54-56, 90

BICHAT (XAVIER) 54-55, 249

bonheur 24-26, 40, 62, 74-77, 82-83, 103-105, 110, 113-114, 116-118, 122, 130, 138, 152-153, 176, 188-189, 199, 204, 222, 242, 249

BURIDAN (JEAN) 130

C

Ça 17, 81, 209

canonique 115

Capital (Le) [Marx] 203

capitalisme 68, 91, 201-204, 213, 248

caractère (Bergson) 21, 218, 220

caractéristique universelle 166

casuistique 156, 241

catégorie 183-184

catharsis 113, 241

causalité 18, 173, 183-185

cause efficiente 54, 87, 112, 241

Cercle de Vienne 230, 241

chose 10, 12-15, 19-20, 22, 26-27, 33, 37-38, 41, 46, 51, 56-57, 60, 62, 70, 74, 78-79, 86, 90-96, 107-109, 111, 120-121, 135, 151, 157-159, 163, 165, 176, 213-216, 218-220, 229, 231-233, 236, 238, 241-242, 244

chose en soi 184, 195, 241-243, 246

chrématistique 68-69

CICÉRON 119

CLASTRES (PIERRE) 72

cogito 13, 97, 127, 145, 150, 216

COMTE (AUGUSTE) 44, 187, 196-197, 213, 221, 247

conatus 145, 157, 159

CONDILLAC 19, 139, 181, 182, 247

Confessions (Les) [saint Augustin] 127

connaissance (théorie de la) 75, 107-108, 157, 161, 163, 183, 214, 248

conscience 10-18, 20-24, 26-28, 35, 37-38, 42, 45, 47, 50, 52-53, 58-59, 70, 74, 79-83, 87, 91, 94-96, 99, 125, 127, 136-137, 139, 149, 153, 159, 165, 167-168, 174, 176, 179, 181-182, 192, 194-197, 202-204, 207-210, 214-221, 231, 233-234, 236-237 collective 80, 214

de soi 12-13, 22, 192

morale 12, 14-17, 80-81, 179

CONSTANT (BENJAMIN) 62-63

contingence, contingent 26-27, 46, 50-51, 62, 85, 88, 97, 114, 218, 231, 238

contrat social 66, 71-73, 164, 179-180, 189, 247

corps 15-16, 20-21, 24, 30, 54-55, 57-59, 61, 63, 75, 77-79, 134, 143, 145-146, 150-152, 156, 158, 164, 169, 195, 207, 209, 214, 220, 227, 237-238

corruptible 47, 56, 241

COURNOT (ANTOINE) 241

coutume 31, 103, 155-156, 171-172

Crise des sciences européennes et la Phénoménologie transcendantale (La) [Husserl] 216

criticisme 96, 183-184

culture 25, 28-31, 38, 40, 186, 212

cyniques (École des) 103

D

Dasein 228

déduction 51, 149-150, 154, 241

De l'esprit des lois [Montesquieu] 172

démocratie 47, 64, 73, 108, 160, 171, 193, 198, 235-236

DÉMOCRITE 56, 103, 115, 201

démonstration 42-43, 49-51, 94, 124-125, 144, 149, 151, 154-155, 158, 167, 230

déréliction (Heidegger) 26, 228-229

désaide 43

DESCARTES (RENÉ) 12-13, 21-22, 32-33, 42, 46, 48, 50-51, 54-55, 57, 60-63, 74-77, 82, 87, 91, 96-99, 127, 132, 137, 139, 145, 149-152, 157, 160-161, 163, 165, 167-168, 174, 207, 209, 215-216, 221, 243, 245

désir 11, 14-15, 17, 24-25, 43, 46-47, 60, 71, 75-79, 82-83, 110, 117-118, 122, 145-147, 159, 195, 209-212, 233, 241

despotisme 73, 172, 180, 198, 235

déterminisme 10, 24, 59, 76, 78, 88, 172, 175, 185-186, 201-202, 218, 234, 241

psychique 209

devenir 26, 36, 112, 241, 244

devoir 22-23, 29-30, 62-63, 74, 78-83, 90, 96, 100, 119, 178, 184-185, 199-200, 207, 212, 236, 248

dialectique 46, 87, 94, 107-109, 132, 191-192, 194, 201-202, 234, 238, 242, 244, 246

diallèle 124

DIDEROT (DENIS) 18-19, 58-59, 138, 161, 177, 181

DILTHEY (WILHELM) 52-53, 91

Discours sur l'esprit positif [Comte] 197

discursif 50, 61, 85, 94-95, 108, 217, 222

divertissement 27, 153, 155

division du travail 40, 69, 201, 214

dogmatique, dogmatisme 96, 111, 124-125, 133, 139, 143, 155, 157, 161, 173, 183, 205, 230, 242, 247

don 34, 68-69, 89, 186

doute 13, 47, 49, 97, 143, 149-151, 248

droit 70-71, 89-90

divin 71, 73, 130, 164, 242

naturel, de nature 67, 70-71, 119, 136, 147, 163, 179, 242

positif 70-71, 94-95, 119, 154, 171, 242

positif révélé 71

droits de l'homme 14, 95, 162, 213, 220, 235

dualisme, dualiste 56-58, 150, 165, 227, 242, 248

durée 27, 159, 217-220

DURKHEIM (ÉMILE) 42-43, 69, 80, 91, 149, 213-214, 240, 244-245

E

échanges 40, 62-63, 66, 68-69, 114

voir aussi libre-échange

Écritures (interprétation des) 160

éducation 14-15, 17, 25, 28-29, 65-66, 71, 73, 80-81, 89, 103, 105, 107-108, 113, 123, 144, 164, 177-178, 180, 198-200

égalité 29, 70, 73, 85, 93-94, 98, 104, 114, 124, 147, 171, 179-180, 198, 220

égoïsme 69, 70, 157, 176, 195, 198-199, 207

eidétique 215-216

élan vital 218-220

Émile ou De l'éducation [Rousseau] 178

empirique, empirisme, empiriste 15, 18, 46-49, 51, 57, 74, 90, 99, 111, 124, 135, 144, 146, 161, 167, 173, 176, 182-185, 197, 214-215, 224, 227, 230, 238, 241-243, 247-248

en puissance 28, 85, 89, 112, 179

entéléchie 112

entendement 19, 35, 48-49, 77, 96-97, 135, 139, 144, 151, 157-164, 166-168, 175-176, 181-184, 242, 249

ÉPICTÈTE 83, 105, 120-123

ÉPICURE 24-26, 56-57, 62, 74-75, 83, 99, 105, 115-118, 201, 240, 242, 244, 246

épicurisme 120, 124, 145, 242

épistémè 239, 242

épistémologie, épistémologique 20, 224, 230, 239, 243

obstacle épistémologique 20, 88, 224, 243

Index général

épokhê (suspension du jugement) 60, 125, 216, 247, 249

équité 67-68, 70, 114, 147

ÉRASME (DIDIER) 243

erreur 60, 63, 78, 127, 151, 155, 159, 165, 205, 230

eschatologie 243

esprit 10, 15-19, 21, 24, 30, 35-37, 45, 48-49, 51-53, 56-61, 63, 77-78, 86, 91, 95, 116, 135, 145, 150, 155-156, 161-163, 170, 172-176, 182-183, 191-197, 205, 209, 218-222, 224, 227, 237-238

Esquisses pyrrhoniennes [Sextus Empiricus] 125

Essai sur l'entendement humain [Locke] 163

essence 26-27, 29, 41-42, 60, 70, 89, 91-95, 100, 107-108, 110-111, 129, 135, 150-151, 157, 159, 166, 170, 175, 180, 184, 195-196, 202, 206-207, 215, 217, 220, 228, 232, 236, 238, 242-244, 246-247

esthétique 34-35, 37, 176, 193, 200, 207

étant 228-229, 243

État 65-73, 107-109, 126, 136, 141, 147, 160, 162, 164, 186-188, 193, 198, 201, 236

état de nature 15, 28, 41, 66-67, 70, 73, 80-81, 98, 145, 147-148, 162, 164, 177-180, 198

étendu 48, 50, 55-57, 63, 91, 150, 152, 182, 216, 237, 242-243

éternel retour 27, 207

Éthique [Spinoza] 159

éthique 15, 23, 40-41, 58, 65, 98, 113-115, 123, 125, 157-160, 189, 200, 213, 225, 236, 243

Éthique à Nicomaque [Aristote] 114

ethnocentrisme 30-31

Être 92, 112, 150-151, 197, 220, 228-229, 233, 241, 243, 245-246

Être et le Néant (L') [Sartre] 233

eudémonisme 74, 82, 113, 117

Évolution créatrice (L') [Bergson] 219

existence 13, 19, 26-27, 29, 38, 46, 51, 57-60, 74, 76, 79, 82, 92, 95, 99, 127, 132-133, 150-151, 154-155, 170, 174, 176, 184, 186, 192, 200, 204, 207, 216, 222, 228-229, 231-234, 237-238

existentialisme 29, 79, 200, 222, 232, 234, 237

expérience 18-21, 26, 34, 46-51, 54, 57-58, 62, 86-87, 90, 93, 99, 111, 129, 133, 141, 143-144, 156-158, 161-162, 165, 167, 173-175, 178, 183-186, 195, 199, 216-217, 222, 224, 230, 236-237, 240-241, 244-247

F-G

facticité (Sartre) 79, 231, 238

fait social 213-214, 244

falsifiabilité 230

FEUERBACH (LUDWIG) 42, 201

FICHTE (JOHANN) 184, 191, 243, 246

finalisme, finaliste 39, 67, 87, 115, 218-219, 243

Fondements de la métaphysique des mœurs [Kant] 185

formalisme 243

forme 18-19, 41, 50, 89, 92, 111-112, 120, 183, 185

formel 51, 85, 91-92

FOUCAULT (MICHEL) 92, 188, 239, 241-242

FREUD (SIGMUND) 14, 16-17, 24-25, 42-43, 52-53, 60, 78, 81, 89, 209-212, 221, 241

généalogie 206, 239

Généalogie de la morale [Nietzsche] 208

générosité 69, 74-75, 152

génie 20, 29, 34-36, 53, 89, 156, 186

H

harmonie préétablie 167

hédonisme 74, 82

HEGEL (GEORG) 14, 22, 24, 32-34, 36-38, 43-47, 73, 86-87, 92, 95, 126, 187, 189, 191-194, 200-202, 242, 244, 246

HEIDEGGER (MARTIN) 12, 26, 40-41, 46, 215, 228-229, 235-237, 243, 246

HÉRACLITE 26, 102-103, 228

herméneutique 52-53

heuristique 99, 243

historicisme 230

HOBBES (THOMAS) 22, 28, 64, 66-67, 70, 72-73, 133, 137, 145-148, 157, 160, 162-163, 171, 174, 176, 179

holisme 214, 244

HUME (DAVID) 14-15, 18, 34, 46-48, 51, 74, 89-90, 135-136, 138-139, 173-176, 183, 215, 230

HUSSERL (EDMUND) 12, 15, 99, 189, 215-216, 228, 231, 236-238, 246

I

idéalisation 36

idéalisme 45, 46, 60, 91, 121, 181, 184, 188, 191, 201, 243-244, 247

dialectique 191

transcendantal 184

idéal-type 213

Idées 18-19, 36-37, 45-46, 48-49, 56-57, 61, 86, 91-94, 104, 108-109, 111, 115, 135, 150-151, 157, 161-163, 170, 173, 175, 182, 184, 205, 244

illusion 14-16, 18, 24, 36, 42-43, 47, 60-63, 78-79, 82, 88, 108, 110, 150, 153-156, 174, 184, 204-205, 209, 223-224

imagination 35, 46, 48, 63, 65, 139, 155-156, 159, 173, 177, 179-180, 183, 196-197, 224, 234 immanence, immanent 85, 99, 111, 120, 158, 206, 216, 246

immanentisme 88, 99, 158

immatérialisme, immatériel 12, 17, 19, 54, 56-58, 127, 129, 134, 145, 166, 170, 242, 244, 248-249

impératif
  catégorique 22-23, 79, 81, 90, 100, 119, 148, 185, 243
  hypothétique 23, 81

inconscient 11, 14, 16-17, 21, 24, 53, 78, 168-169, 209-212, 217, 221, 232

incorruptible 56, 111, 244

indiscernables (principe des) 167

individualisme 72-73, 138, 162, 198, 214

induction 49, 100, 125, 244

innéisme 48, 57, 163, 167, 244

insociable sociabilité 45, 67, 186

instinct
  de conservation 16, 18, 28, 30, 66, 157, 205, 207-208, 212
  naturel 16, 28, 30, 207-208, 212

intellection 61, 244

intelligible 37, 61, 91, 94, 102, 108-109, 111, 165, 183, 244, 247

intentionnalité 15, 99, 215, 231

intériorité 127, 173, 218, 227

interprétation 46, 52-53, 160

intersubjectivité 53, 216

Introduction à la psychanalyse [Freud] 211

intuitif, intuition 27, 33, 42-43, 50, 60, 85, 94-95, 98, 135, 149-150, 157, 183-184, 215-220, 224

intuitionnisme 217

J-K

JAMES (WILLIAM) 62, 199

jansénisme, janséniste 126, 137, 153, 156, 245

jugement 18, 22-23, 30, 34-35, 60, 71, 86-87, 92, 95-96, 115, 122, 134, 137-139, 143-144, 163-164, 176, 186, 216, 221, 232, 237, 247, 249

justice 70-71
  commutative, distributive 114

KANT (EMMANUEL) 13, 22-23, 34-35, 44-45, 54-55, 58, 62-63, 68, 74, 78-83, 87, 90, 92, 96, 98, 100, 137-139, 151, 183-186, 195, 222, 241-243, 246, 249

KELSEN (HANS) 95

KIERKEGAARD (SØREN) 200

L-M

LA METTRIE (JULIEN OFFROY DE) 58

langage 12, 32-33, 47, 59, 62-63, 66, 100, 103, 107, 128, 133, 144, 146, 162-163, 166, 179, 182, 218, 225-227, 239-240, 248

LEIBNIZ (GOTTFRIED) 16, 50, 62, 138-139, 161, 166-169, 183

Lettre à Ménécée [Épicure] 117

Léviathan [Hobbes] 147

LÉVINAS (EMMANUEL) 23, 236

LÉVI-STRAUSS (CLAUDE) 30-31, 40, 68, 190

libéralisme 69, 138, 162

liberté 10, 12, 15-17, 22-24, 27-30, 40, 42, 44-45, 47, 56, 58-59, 62, 66, 68, 72-73, 76-82, 88, 92, 96, 108, 110, 116, 121, 136-138, 148, 151-152, 158-160, 162-164, 171-172, 178-180, 182, 185-186, 192-194, 198, 200-202, 204, 209, 218, 220, 228, 231-235, 244-245, 249

libre arbitre 58, 76-79, 142, 151, 218, 245

libre-échange 69

libre nécessité 79, 88

lien social 42, 66, 68-69, 164, 214

LOCKE (JOHN) 18-19, 46, 48-49, 57, 135-136, 138-139, 161-164, 167, 174, 179, 182, 235

logicisme 215

logique 33, 46-48, 51, 91-92, 97-98, 104, 111, 115, 120-121, 126, 128-130, 132, 135, 149, 163, 189, 195, 215, 223, 225, 240, 249

loi 171-172
  des trois états (Comte) 196-197
  morale 23, 58, 80, 94, 236
  naturelle 37, 67, 70, 88, 119, 130, 148, 154, 172, 213, 245
  positive 67, 95, 245

LUCRÈCE 56-57, 115-116

lumière naturelle 153, 165, 245

lutte des classes 45, 201

MACHIAVEL (NICOLAS) 64-65, 67, 93, 141-142

machinisme 39, 202

main 21, 38-39
  main invisible 68-69, 139

MALEBRANCHE (NICOLAS DE) 100, 165-166

manichéisme 126, 245

Manuel [Épictète] 122

MARC AURÈLE 105, 120, 123

MARX (KARL) 14, 38-45, 68, 72, 95, 162, 187-188, 191, 201-204, 213, 234, 238

matérialisme, matérialiste 16, 19, 54, 56-59, 67, 99, 115-116, 145, 160, 181, 188, 191, 201, 217, 219, 240, 242, 244-245
  historique 45, 202, 204
  marxiste 188, 234
  vitaliste 181, 245

matière 19, 34-35, 38, 54-59, 91-92, 99, 111-112, 116, 120, 145-147, 150, 152, 167, 169-170, 218-220, 237, 242-246, 248-249

MAUSS (MARCEL) 68, 245

Index général

mauvaise foi 14, 16, 22-23, 27, 79, 95, 232-233

mécanisme, mécaniste 54-55, 87, 93, 145, 152, 218-219, 243, 245

Méditations métaphysiques [Descartes] 151

mémoire 17, 26, 59, 127, 166, 181, 217-218, 220

  mémoire-habitude 17, 59, 218

mensonge 60, 62-63, 143, 200

MERLEAU-PONTY (MAURICE) 12, 20-21, 231, 237-238, 246

métaphysique 13, 46-47, 51, 58, 62, 81, 86, 96, 98-99, 112, 129, 149-152, 169, 183-185, 195-196, 205-206, 225, 227, 229-230, 236, 245

méthode 38, 48-49, 51, 90, 94, 144, 149-150, 154, 156, 159-160, 197, 210, 213-214, 216, 226, 230

métriopathie 25, 117, 125

MILL (JOHN STUART) 75, 199, 240, 249

Moi 11-12, 14-17, 22-23, 59, 81, 95, 143, 153, 174, 176, 184, 209-210, 218-219, 221, 233, 243, 248

MOLYNEUX (WILLIAM) 19, 161

monade 166-169

monde
  intelligible 37, 111, 183, 244
  sensible 36-37, 46, 111, 183, 242, 244

monisme 56-57, 242, 245

MONTAIGNE 79, 133, 136, 139, 143, 176

MONTESQUIEU 72-73, 138-139, 171-172

morale 12, 14-17, 22-23, 27, 38, 40-41, 58, 62, 64-66, 68, 70, 74-76, 78-83, 86, 89, 94, 96-97, 100, 107, 109, 115, 117-118, 120, 123-125, 134, 141, 152-153, 158, 165, 167, 174-176, 179, 184-186, 199, 206-208, 220, 234, 236, 240-241, 243, 249

mort 26-27, 55, 57-58, 62, 74-75, 83, 117-118, 176, 194-195, 212, 220, 229

N-O

nature 11, 28, 30-31, 35, 38-40, 45, 57, 70, 89, 95, 102-103, 111-112, 115, 119-122, 129, 133, 152, 156, 158-160, 169, 186, 189, 229
  voir aussi état de nature
  nature humaine 15, 28-29, 64, 67, 78-79, 113, 154, 171, 174-176, 234

nécessaire, nécessité 10, 24-26, 38, 41, 45, 47-48, 50-51, 54, 62, 66, 72, 79, 81, 83, 88, 90, 96, 98, 111, 115, 117-118, 121, 123, 132-133, 135, 146, 150, 158-159, 173, 196, 204

néoplatonicien, néoplatonisme 105, 107, 126, 128, 130, 246

néopositivisme 230, 241

NIETZSCHE (FRIEDRICH) 11, 24, 25, 27, 32, 42, 46-47, 52-53, 62-63, 74-75, 93, 97, 188, 205-208

nihilisme 206-208

nominalisme, nominaliste 121, 128-130, 132, 135, 182, 246

non-infirmation (méthode de) 115

noumène 183-184, 224

Nouveaux Essais sur l'entendement humain [Leibniz] 167

objectivité 12, 14, 20-21, 44-45, 53, 60, 85, 95-96, 144, 232

objet 10, 20-25, 29, 58, 61, 95-96, 236-239

occasionnalisme 165

OCKHAM 129, 135

ontologie (argument, preuve ontologique) 132, 151, 184, 206, 222, 246

opinion 11, 20, 60-62, 65, 78, 88, 94, 97, 100, 103, 107-108, 121-122, 125, 149, 156, 198, 246

P

pacte social 126, 179-180, 246

panthéisme, panthéiste 88, 120, 246

paralogisme 184

pari (Pascal) 154

PASCAL (BLAISE) 13, 26-27, 42-43, 63, 97-98, 126, 136-137, 139, 153-156, 245

passion 25, 27, 33, 45, 65, 67, 73, 75, 77, 97, 105, 113, 121, 125, 134, 141, 145-147, 152, 158-160, 168, 172, 174-176, 178-179, 193, 222, 241

Pensées [Pascal] 155

perception 15, 18-21, 36-37, 47, 56-57, 86, 121, 136, 150, 157, 161-163, 168-170, 174, 176, 181, 215-216, 220-221, 237-238, 246

perfectibilité 178-179

personne 10, 13, 22-23, 30, 40, 68, 70, 74, 80, 92-93, 162-164, 167, 185, 241

perspectivisme 46, 52, 206

phénomène 46, 53, 87, 96, 99-100, 112, 124, 146, 152, 165, 175, 183-184, 195-197, 205-206, 215-216, 224, 238, 246

phénoménologie 12, 15, 189, 192, 194, 215-216, 222, 236-238, 246

Phénoménologie de l'Esprit (La) [Hegel] 194

Phénoménologie de la perception [Merleau-Ponty] 238

philosophie
  analytique 189, 223, 240
  de l'histoire 126, 136, 187-188, 193-194, 230, 249

pitié 15, 66-67, 70, 80-81, 98, 177, 195

PLATON 11, 18, 24, 36-37, 39, 46, 49, 60-62, 64, 70-71, 74-77, 82, 88, 91-94, 97, 102-105, 107-111, 113, 119, 121, 135, 171, 241-242, 244, 246-248 *voir aussi* néoplatonisme

PLOTIN 107, 219

politique 64-65, 67-69, 78, 92-94, 97-98, 103-105, 108, 113-114, 118-119, 123, 129-130, 137-139, 141-142, 145-148, 158-160, 164, 171-172, 175, 179, 186, 188-189, 193, 202-204, 234-235, 248

POPPER (KARL) 48, 230

positivisme 44, 188, 196-197, 213, 220, 247
voir aussi néopositivisme

pouvoir 22, 64-67, 70, 72-73, 86, 88, 90, 97, 118, 126, 129-130, 137-138, 141-142, 144, 146-148, 154-155, 159, 164, 171-172, 197, 235

pratique 14, 21, 58, 62, 64, 78-79, 83, 90, 98, 100, 114, 119, 185-186, 192, 216, 222, 247

prénotion 115

présocratiques 103, 243, 247

Prince (Le) [Machiavel] 142

principe vital 54-55, 249

prohibition de l'inceste 30-31, 68, 212

Propos sur le bonheur [Alain] 222

prosopopée 71

prudence 65, 104, 107, 114, 117, 134, 142, 172

psychanalyse 16-17, 78, 80, 189, 209-212, 221,

psychisme 12, 16-17, 209-210, 212, 234

psychologie de la forme 18, 237

psychologisme 215

pulsion 14, 17, 24, 81, 89, 209

PYRRHON 47, 60, 105, 124, 247

PYTHAGORE 46, 102-103, 247

Q-R

querelle des Anciens et des Modernes 156

raison 14, 19-20, 33, 35, 42-43, 45-49, 52, 60, 62-63, 71, 76-81, 89, 91, 96, 100, 102, 108, 110, 119-120, 123, 126-127, 129-130, 132-134, 137-139, 143-144, 149-150, 152-155, 158, 160, 163, 166, 168, 172, 174, 177-178, 183-189, 191-193, 196-197, 207, 216, 221-222, 224, 229, 240-242, 245, 247, 249

d'État 141

pratique 185-186

suffisante 168, 195

rationalisme, rationaliste 46, 48-49, 51, 60, 91, 149, 167, 173, 181, 209, 221-222, 224, 241-242, 247

rationnel 13, 42-43, 45-47, 49-50, 60-62, 66, 71, 77-78, 89, 97, 102, 107-108, 120, 129, 132, 144-145, 154, 160, 166, 180, 188, 191-193, 201-202, 205, 224, 240-244, 247-248

RAWLS (JOHN) 94, 189, 247

réalisme, réaliste 65, 128-129, 135, 141, 222, 224, 247

Recherches philosophiques [Wittgenstein] 226

réel 18, 20-21, 32-33, 36-37, 46-52, 56, 58, 60-63, 85, 87-88, 91-94, 135, 145, 183, 192, 194, 205, 218, 224, 237, 244

relativisme culturel 30, 48, 86, 124

religion 25, 42-43, 52, 99, 127, 129-130, 137, 143, 157-158, 160, 162, 164-165, 183, 196, 201, 204, 206, 208, 212-214, 217, 220, 240-241, 245, 248-249

naturelle 174, 178

positive 197

République (La) [Platon] 109

ressentiment 74-75, 206-208

rêve (Descartes) 150

rhétorique 97, 103, 126, 247

RICŒUR (PAUL) 44-45, 53, 247

ROUSSEAU (JEAN-JACQUES) 11, 15, 25, 28, 38, 40-41, 66-68, 70-73, 79-81, 90, 97-98, 127, 138, 173, 177-180, 183

RUSSELL (BERTRAND) 89, 223, 225-226, 240

S

sagesse 10-11, 58, 74-75, 102-103, 105, 109, 120, 122-123, 134, 143, 152, 156, 168, 195, 242, 247-248

SAINT AUGUSTIN 126-127, 130, 132, 165

SARTRE (JEAN-PAUL) 12, 14-16, 22-23, 26-29, 44, 78-79, 88, 95, 99, 188, 191, 231-234, 237-238

savoir 50, 65, 85, 88, 123, 165, 194, 205-207

savoir-faire 29, 34, 39, 40

scepticisme, sceptique 46-47, 60, 89, 105, 119, 124-126, 143, 150, 155, 170, 173, 176, 242, 246-247, 249

SCHOPENHAUER (ARTHUR) 24, 82-83, 195, 205-206

science 13, 20, 44, 49-50, 56, 59, 62, 86, 88, 94, 98, 102, 104, 107, 111-113, 126, 129, 136, 139, 144, 146-147, 152, 156, 165, 173, 175, 188-189, 197, 205, 215-217, 219, 224, 229-230, 237-239, 241-243, 246

scolastique 129, 133, 144-145, 242, 247

SÉNÈQUE 105, 120-121

sensation 18, 115-117, 161-163, 170, 181-182, 238

sensible 13, 36-37, 46, 48, 52, 57-58, 60-61, 63, 71, 79-80, 82, 86, 91-92, 94, 108-111, 113, 121, 134, 161-162, 165, 170, 180, 183-184, 193-194, 201, 205, 217, 224, 242-244, 247

sensualisme 181-182, 247

SEXTUS EMPIRICUS 60, 124-125, 143, 162

signe 32, 53, 135, 146, 166, 182, 227, 234

signification (Wittgenstein) 225

SIMMEL (GEORG) 248

SMITH (ADAM) 68-69, 139, 176, 203, 248

Index général

société 15, 17, 28, 30-31, 40, 42-43, 45, 62-64, 66-73, 75, 78, 89, 92, 98, 119, 123, 147, 160, 162-163, 174, 177, 179, 197-198, 201-204, 213-214, 240, 244-246

sociologie 171, 197, 213-214

SOCRATE 10, 11, 22, 50-51, 61, 71, 75-77, 91, 103-104, 107, 109-110, 247-248

solipsisme 22, 216, 248

Somme de théologie [Thomas d'Aquin] 134

sophisme, sophiste 11, 22, 82, 86, 103-104, 110-111, 247-248

sophistique 103, 248

souvenir 16-17, 26, 59, 167, 217-218

souverain 73, 146-148, 160, 163-164, 179-180

Souverain Bien 62, 74-75, 82, 113-114, 119, 159

spéculatif (théologien) 129, 132, 248

SPINOZA (BARUCH DE) 14-15, 24, 42, 66, 71, 78-79, 88, 96, 99, 128, 137, 139, 149, 157-160, 164, 166, 168, 174, 209, 221-222

spiritualisme, spiritualiste 57, 107, 145, 170, 217-219, 248

stoïcien, stoïcisme 105, 119-124, 152, 154, 199, 246, 248

subjectivité 10, 14, 22, 44-45, 53, 88, 96, 191, 192, 213, 216, 232

substance 55-57, 91, 111, 127, 135, 145, 150, 153, 159, 166-170, 174, 176, 195, 227, 242, 245, 248

substance étendue *voir* étendu

substance pensante 12, 99, 145, 150-151, 242-243

subsumer 248

sujet 10-18, 21-23, 53, 60, 71-74, 80-81, 92-93, 95, 160, 163-164, 179, 183-184, 194-195, 209-211, 221, 237-239, 241, 248

surhomme 27, 74, 75, 207

Surmoi 14, 17, 80, 81, 209

syllogisme 50-51, 94, 98, 111, 124, 149, 241, 249

syncrétisme 249

T

table rase 18, 48-49, 161, 167

technique 34, 38-41, 45, 66, 144, 174, 188-189, 192, 229

téléologie, téléologique 55, 249

téléonomie 55, 249

temps 26-27, 40-41, 121, 127, 183, 195, 207, 217, 228-229, 238, 241, 243

théodicée 168-169

théologie 107, 113-114, 128-134, 156, 174, 248-249

théorie 48-49, 85, 90, 98, 119, 124, 216, 230, 249

des trois ordres (Pascal) 156

THOMAS D'AQUIN 71, 111, 129-130, 133-134, 242, 249

TOCQUEVILLE (ALEXIS DE) 198-199

totalitarisme 187, 235, 238

totémisme 43

Traité de la nature humaine [Hume] 175

transcendance, transcendant 27, 42, 78-79, 85, 99, 145, 158, 206, 231, 236, 246

travail 25, 38-41, 68-69, 76, 95, 116, 164, 192, 194, 201-204, 214, 235, 239

trope 249

U-V

UEXKÜLL (JACOB VON) 18-19

unicité 14, 36, 167

universalité 29, 100, 123, 134, 185, 192, 236

Universaux (querelle des) 128, 135, 246-247

utilitarisme, utilitariste 74-75, 199, 240, 249

utilité 18, 21, 35-37, 62, 75, 114, 141, 175, 186, 199, 202, 220, 229

utopie 93, 141, 144

VALÉRY (PAUL) 20, 89, 217

valeur d'échange, d'usage 69, 202-203

vérité 12-13, 20, 36-37, 42-43, 46-47, 50-51, 60-63, 78, 82, 86, 88, 90, 92-93, 97, 100, 102, 104, 111, 115, 121, 124, 127, 133-134, 137, 143-144, 149-151, 154-157, 165, 167, 192-194, 200, 205-206, 223, 228-229, 247

VICO (GIAMBATTISTA) 249

visage 23, 36, 57, 143, 236

vitalisme, vitaliste 54-56, 181, 245, 249

vivant 18, 21, 28, 54-56, 58, 112, 152, 169, 218-219, 245, 249

volonté 15-16, 42, 58, 72-74, 76-81, 97, 125, 133-134, 143, 145, 147, 151-153, 158-159, 163, 168, 172, 179-180, 182, 184-185, 193, 195, 200, 205-208, 214, 222, 233, 241, 243, 245

volonté de puissance 75, 205-208

vouloir-vivre 195, 206

W

WEBER (MAX) 73, 91, 98, 188, 213, 249

WITTGENSTEIN (LUDWIG) 225-227